NEW COM.-PASS
ニューコンパスノート公共

もくじ

公共の扉
憲法・政治
経済
国際
課題
特別講座

時事正誤チェック 各単元に関連する時事予想問題を登載しました。

■編集協力／長島隆行

特集 「公共」のポイント ～概要から共通テスト対策まで～

確認問題 次の表の［　　］にあてはまる語句をあとの語群から選び，書きなさい。

区　分	人物や思想のポイント
西洋：古代ギリシャ **紀元前５～４世紀** ・ポリス（都市国家）の市民としての生き方を模索 ・三大哲学者が誕生 ・「徳」とは何かを探求	**●ソクラテス**　［①　　　　　　］＝**魂への配慮** ・人間は，ただ生きるのではなく「善く生きる」ことが大切であるとした。「善く生きる」とは，真・善・美とは何かを問い，自らの魂をよりよいものにしようとする「魂への配慮」である。これは知を愛するという「愛知」の態度であり，フィロソフィア（哲学）の原点ともいえる。 ・哲学は，「**無知の知**」から出発し，**問答法**（対話法）に基づいて議論することによって深化する。
	●プラトン　**イデア論**←**エロース** ・理想主義者のプラトンは，不完全な人間が完全な理想形である**イデア**を追求することを重視し，イデアに思い焦がれる気持ちを**エロース**と呼び，愛の本質と捉えた。 ・理想の国家として知恵・勇気・節制・正義の［②　　　　　］を唱え，哲人政治による正義の実現を目指した。
	●アリストテレス　［③　　　　　　］＝**幸福**　**正義・友愛・中庸を重視** ・人間の最高善を幸福であるとした。幸福とは，理性を働かせて真理を探求する**観想**（テオーリア）的生活を送ること。徳を「知性的徳」と，**中庸**を規準とした「倫理的徳（習性的徳）」に分類し，この二つの徳を身につけることを重視した。 ・「人間はポリス的動物である」人間は社会的・集団的存在であり，幸福も徳も，ポリス（社会・国家）において実現されるとした。ポリスの結合原理を「**正義**」と「**友愛**」とし，「正義」を「全体的正義」（ポリスの法を守る）と「部分的正義」（**配分的正義**と**調整的正義**）に分類した。
東洋：源流思想 **紀元前６～４世紀頃** ・戦乱の時代を背景に，孔子は諸侯に理想の統治を説いた。	**●**［④　　　　］**仁と礼** ・為政者倫理として［⑤　　　　　］を主張。 ・内面的徳である**仁**（自然発生的な親族間の愛情）と，外面的徳である**礼**（仁が実践の形で表れたもの）を重視し，両者を持ち合わせた君子を理想とした。 **●道家** ・為政者倫理ではなく，人としての自然の生き方を尊重。 ・「道（タオ）」は万物の在り方そのものを指し，［⑥　　　　　］を理想とした。
近代西洋哲学 **16～17世紀頃** ・中世の封建的制度から解放され，人間の合理的生き方や近代的思考方法を追求。	**●ベーコン**　**イギリス経験論**　**帰納法** ・［⑦　　　　　］科学的知識を数多く得ることが，具体的な行動を決定する力となる（具体的・経験的事実から推論することで，具体的な行動を決定する力となり，原理を発見できるとする帰納法を主張）。 **●**［⑧　　　　　］**大陸合理論**　**演繹法** ・**「われ思う，ゆえにわれあり」**あらゆる角度から疑っても，疑っている自分の存在は疑えない→人は疑う能力（ボン・サンス＝良識）をもっている。 ・方法的懐疑により公理を定立し，そこに具体的行動をあてはめていくとする演繹法を主張。
近代日本思想 **19世紀～** ・日本的な近代的自我を追求した倫理学が登場。	**●和辻哲郎**　**倫理学**　［⑨　　　　　　］ ・「人間とは『世の中』であるとともにその世の中における『人』である。」西洋の個人主義的倫理を批判し，「社会なき個人」も「個人なき社会」もともに虚構であり，人間は個人と社会の弁証法的統一であるとした。 ・人と人との間柄から「人間（じんかん）の学としての倫理学」を構築した。
近代合理主義の再検討 **20世紀～** ・全体主義を生みだした大衆民主主義を反省し，多様性を認め合った公共性と新たな民主主義の確立を目指す新たな思想が展開されている。	**●ハンナ・**［⑩　　　　　　］**全体主義を批判**　**「活動」による人間的条件の復権** ・人間の活動力を，生存維持のための「労働」，道具や作品を作り出す「仕事」，言論と行為をもって他者とかかわる「**活動**」に分類。「活動」によって公的領域が開かれるとし，人間的条件として最重要視した。 ・全体主義の起因を，近代社会の画一的な経済活動による「活動」領域への浸食，公的領域を支配した結果と分析した。 **●ハーバーマス**　**対話的理性** ・一つの価値観に固定された理性を批判的に捉え，［⑪　　　　　］の活用を重視した。 ・対話的理性に基づき，対等な立場による自由な議論により合意を作り出すことや，目標が共有されることで公共性が確立されると主張した。

区　分	人物や思想のポイント
現代政治思想 **20世紀〜** ・新しい社会の形成により「公正な社会」とは何かが問い直されている。 ・現代社会における公共性をもった「正義」とは何か？	**●ロールズ　公正としての正義　無知のヴェール** ・功利主義ではマイノリティ（少数派）の権利が無視されやすい。 ・社会契約説を用いて，人々が自らの地位・名誉などに関係のない原初状態［⑫　　　　］で納得できるものを正義とする。 第１原理「**平等な自由の原理**」全ての人が自由を平等にもつこと。 第２原理「**公正な機会均等の原理**」格差是正につながる不平等（格差の原理）のみ許容。 ［⑬　　　　］（コミュニタリアニズム）の立場にある**サンデル**は，人はさまざまな共同体に属している「状況の中に位置付けられた自我」であると捉え，ロールズの個人像は「負荷なき自我」であると批判した。 **●［⑭　　　　］　潜在能力（ケイパビリティ）** ・貧困問題や富の偏在問題に経済学の立場から取り組んだ。 ・どのような立場の人でも生き方の幅としての「**潜在能力（ケイパビリティ）**」を高められるようにすることが福祉の目標であるとした。 **●＋α**　人と社会とのあり方に関する思想として，重視する価値の違いから様々な立場がある。

立場 重視する価値	リベラリズム 自由と平等	コミュニタリアニズム 共同体のもつ価値（共通善）	リバタリアニズム 個人の自由
主な思想家	ロールズ，セン	サンデル，マッキンタイア	ノージック

区　分	功利主義（帰結主義）18・19世紀		［⑮　　　　］（動機説）18世紀
功利主義と義務論 ・「**功利主義（帰結主義）**」行為の正しさは，その行為からもたらされる善さや幸福などの結果によって決まるという立場。 ・「**義務論（動機説）**」結果にかかわりなく守るべき義務に従う行為が正しいとする考え方。他者を何らかの目的のために手段として利用してはならないと考える立場。	**●［⑯　　　　］** **量的功利主義** **「最大多数の最大幸福」** →「社会全体の幸福＝個人の幸福の総和」と考え，これを最大にすることが道徳的に善であり，個人や政府の行為の原理となるとした。 **「外的制裁」** →個人の利己心を抑えるため，四つの制裁（物理的，道徳的，政治的，宗教的）による強制を主張した。	**●J.S.ミル** **質的功利主義** **「満足した豚より，不満足な人間が良い」** →肉体的快楽よりも精神的快楽を重視。他者のために働くような献身的な精神的快楽のほうが快楽として質が高いとした。 **「内的制裁」** →義務に反したときに感じる良心の痛みが制裁となるとした。 ［⑰　　　　］ →自由の追求は，他者の利益を害しない範囲で認められる（愚行権）。	**●カント** **道徳法則**　［⑱　　　　］ **人格主義** **「人格のうちなる人間性を，つねに目的として扱い，決して単に手段としてのみ扱わないように行為せよ」** **「汝の意志の格率が，つねに同時に普遍的な立法の原理となるように行為せよ」** →道徳法則（理性から自己立法された，誰にでもあてはまる行為の規則）に従う意志を善意志と呼び，無条件に善いものとした。これに基づく自律的行為が「自由」であるとし，行為の主体である人格に人間の尊厳を見出した（人格主義）。

・ベンサムやミルに代表される「功利主義（帰結主義）」と，カントに代表される「義務論（動機説）」は，思考実験など概念的な枠組みを用いて考察する際や，現代における課題を考察する際に手掛かりとなる考え方である。

【語群】
善く生きる　間柄的存在　アーレント　無為自然　善意志　潜在能力
人格主義　他者危害の原理　デカルト　対話的理性　観想的生活　ベンサム
知は力なり　徳治主義　セン　孔子　義務論　調整的正義　問答法
平等な自由の原理　サンデル　四元徳　帰結主義　中庸　プラトン　外的制裁
無知のヴェール　老子　道徳法則　共同体主義

①	②	③	④
⑤	⑥	⑦	⑧
⑨	⑩	⑪	⑫
⑬	⑭	⑮	⑯
⑰	⑱		

特別講座

練習問題❶ 次の会話文の［　　］にあてはまる語句をあとの語群から選び，書きなさい。

先生 今日は「トロッコ問題」について，みんなの意見を聞いてみたいと思います。

マミ この問題は，ベンサムの［①　　　　］の考え方を適用すればよいと思います。ベンサムは［②　　　　］が道徳の基準となると唱えていますので，［③　　　　］ことが正しい行為になります。

ヒロ 待ってください。それでは何の落ち度もない人が犠牲になることになりますよ。カントは「人格のうちなる人間性を，つねに目的として扱い，決して単に手段としてのみ扱わないように行為せよ」という［④　　　　］を唱えています。マミさんの意見に従うと，犠牲となる人の命を，他者の命を救う［⑤　　　　］として利用することになるのではないでしょうか。

マミ 確かにそうですね。でも私たちの社会では，ごみ処理場など必要ではあるけれど人々が望まない嫌忌（けんき）施設をどこかに作らなければなりません。その場合，［⑥　　　　］の意見に従う民主主義では影響を受ける住民の少ない場所や政治に熱心な人が少ない地域に設置せざるを得ないのではないでしょうか。

ヒロ だからといって一方的に押し付けることが正しいことなのでしょうか。［⑦　　　　］の権利に配慮する必要があると思います。

マミ それではアリストテレスの［⑧　　　　］に基づいて，利得を得る地域から負担を強いられる地域にとって有利な条件を提案してみるというのはどうでしょう。

ヒロ それも一つの方法かもしれません。でもトロッコ問題のように，十分に話し合う時間がない場合はどうすればよいのでしょうか。

マミ そうなると［②］を適用するしかないと思います。災害時の救急事故現場などで利用されている［⑨　　　　］はその例ですよね。

ヒロ それは理解できるのですが，後回しにされた被害者やその家族の苦しみを想像すると胸が痛みます。こうした問題は，正義の原理だけではなく，［⑩　　　　］の立場から考えを深めていくのも大切だと思います。

トロッコ問題 イギリスの哲学者フィリッパ・フットが提起した倫理学の思考実験。
制御不能になったトロッコの先には５人の作業員がいて，分岐先には１人の作業員がいる。自分のできることが分岐器の操作だけである場合，分岐器を操作してレールを切り替える（５人が助かり，１人が死ぬ）のと，何もしない（１人が助かり，５人が死ぬ）のでは，どちらが「正しい行為」か考えさせるもの。

トリアージ 災害などで多数の傷病者が同時に発生した場合，傷病者の緊急度や重症度によって治療の優先度を決めること。

ケア 個々の状況を踏まえて他者のニーズに心を配る態度。

ケイパビリティ センが提唱した潜在能力（＝人間がよりよく生きるための指標）のこと。貧困の克服には潜在能力（自分の達成できる状態や活動をより自由に実現できるようにすること）の保障が必要だとした。

【語群】	手段　功利主義　実存主義　調整的正義　配分的正義　道徳法則 レールを切り替える　レールを切り替えない　最大多数の最大幸福 少数者　多数者　為政者　対話的理性　ノーマライゼーション トリアージ　ケイパビリティ　ケア

①	②	③
④	⑤	⑥
⑦	⑧	⑨
⑩		

練習問題2

(1) 次の会話文の［　　］にあてはまる語句をあとの語群から選び，書きなさい。

マミ　ねえ，ヒロ。私が真剣に相談しているのに，欠伸（あくび）をするのって失礼じゃないかな？

ヒロ　だって，昨日はゲームに夢中になって徹夜してさ，眠いんだよ。徹夜をするのは僕の自由だろ。欠伸したって，仕方がないじゃないか。

マミ　あくまでも自分は悪くない，っていうのね。

ヒロ　徹夜も欠伸も，マミに迷惑をかけていないよ。

マミ　それって，［①　　　　　　］に基づく判断ね。徹夜をしたことに関してはそうね。でも，私が話している時に私の［②　　　　］に配慮せず，欠伸をしたことは非難できるはずよ。私は馬鹿にされたみたいで不愉快に感じたのだから。あなたも同じように感じることないかな？

ヒロ　そうだな，話を無視されたらいやかな。自分の存在を否定されたみたいで。そうか，この場合は［③　　　　　　］の考え方に基づいて，欠伸は［④　　　　］だけど，それが相手を不快にさせるなら自分を律して我慢すべきだったよ。ごめんね。

マミ　ヒロの［⑤　　　　］を無視して，一方的に話しかけてしまった私も思慮が足りなかったわ。［⑥　　　　　　］からすれば，私も人格的に未熟な存在ということね。声を荒げて，ごめんなさい。ヒロは大切な友人よ。明日また改めて私の相談に乗ってね。

カントの定言命法　実践理性によって打ち立てられた道徳法則を，無条件で「～せよ」という命令形で示したもの。

アリストテレスの徳倫理　知性がよく機能することによる徳を「**知性的徳**」（学問的真理を認識する徳である**知恵**，行為の適切さである**中庸**を判断できる**思慮**）とし，中庸を得た習慣の繰り返しによって備わる徳を「**倫理（習性）的徳**」とした。

【語群】	カントの定言命法　アリストテレスの徳倫理　ミルの他者危害の原理　ベンサムの最大多数の最大幸福　理性　感情　体調　生理現象　欲望

(1)	①	②	③
	④	⑤	⑥

(2) (1)の③の考え方に基づくと道徳的な人とはどのような人か。その事例として最も適当なものを，次の①～④のうちから一つ選べ。〈02：倫理追試改〉

① Aさんは商売で客を公平に扱うことにしているが，それは，そうすることで信用が得られると考えているからである。

② Bさんは絶望的な状況にあっても死を選ばなかったが，それは，生き続けることが人間の義務であると考えたからである。

③ Cさんはいつも他人に親切であろうと努めているが，それは，他人からも親切にされたいと考えているからである。

④ Dさんはある嘘（うそ）をついたが，それは，自分が嘘をつけば友人が助かることを知り，友情を大切にしたいと考えたからである。

(2)	

特別講座

練習問題3 次の会話文の［　　］にあてはまる語句をあとの語群から選び，書きなさい。

先生 今日は次の事例を考えてみてください。

　中学からバンドを組んでいた親友と，高校を卒業したらプロのミュージシャンを目指そう，と約束してきた。ところが，卒業間近になって，業績を伸ばしているIT会社を経営する叔父さんから，好待遇で採用したいとの申し出があった。情報処理は得意で，IT関連の仕事に興味もある。
　さて，あなたならどちらを選びますか？
　Ⓐ親友との約束を守り，先の見えないバンド活動を選ぶ
　Ⓑ高収入が保証され，将来像も描きやすいIT会社への就職を選ぶ

ヒロ 親友を裏切るのは心苦しいよ。僕ならⒶだな。これって「約束を守る」ことを選んでいるわけだから［①　　　］の立場だよね。

マミ そうかな？「裏切るのは心苦しい」っていうのは［②　　　］的な判断でしょ。だから［③　　　］の立場だと思うよ。

ヒロ そうか，［①］は「約束を守る」ことに［④　　　］的価値を見いだすわけか。価値への尊敬という［⑤　　　］も自分のなかにはある。でも，僕は自分の気持ちを優先して考えたい。親友との関係はかけがえのないものだからね。

マミ そうね。個人の生き方を選択する場合は，自分自身が納得できるかどうかが大事だと思う。わたしならⒷを選ぶな。18歳になったら，大人として早く経済的に［⑥　　　］したいし，ライフサイクルを見据えて［⑦　　　］を形成していきたいと思う。

ヒロ なるほどね。いずれにしろ，成人なら［⑧　　　］に基づく判断が尊重されるべきだ，ということだね。それは，どんな［⑨　　　］であっても本人の選択したことに他人が口出しをすべきではないという［⑩　　　］の立場だ。

先生 18歳は［⑪　　　］では大人とされますが，社会経験が少ないので，判断を見誤ったり，［⑨］が思い通りにならないこともあるでしょう。でも，みなさんは若いのだからやり直しがききますよ。それが［⑫　　　］（支払い猶予）という青年期の特徴でもあるのですから。

愚行権 ミルによって提唱された，他人から見て愚かだと思われる行為でも，他人に迷惑をかけなければ自由にできる権利。

境界人（マージナル・マン） 周辺人とも。アメリカの心理学者レヴィンによって提唱された青年期の特徴（子どもと大人の二つの集団に所属しながら，どちらにも所属しきれない状態）を指す言葉。

18歳成年 改正民法によって成年年齢が18歳に引き下げられた（2022年4月施行）。これを受け，改正少年法では，罪を犯した18・19歳を「特定少年」と位置づけ，成人と同様の刑事手続きをとる検察官送致（逆送）の対象犯罪が拡大されたほか，起訴後の実名報道が可能になった。

モラトリアム もとは経済用語で「支払い猶予」を指す。転じて，青年がアイデンティティを確立するまでの猶予期間という意味でアメリカの心理学者エリクソンによって提唱された。

【語群】	主観　客観（普遍）　動機　自己決定　結果　義務論　帰結主義 愚行権　キャリア　自立　適応　境界人（マージナル・マン） モラトリアム　第二の誕生　民法　憲法　刑法

①	②	③
④	⑤	⑥
⑦	⑧	⑨
⑩	⑪	⑫

練習問題4 次の会話文の［　　］にあてはまる語句をあとの語群から選び，書きなさい。ただし，①，③，⑦には下表のⅠ～Ⅵの記号（1つあるいは複数）が入る。

先生 誰もが自由に利用できる場所を利用者が自分勝手に使用した結果，その場所が荒れ果てて誰も利用することができなくなってしまう。こうした事態を，アメリカの生物学者ハーディンは「共有地（コモンズ）の悲劇」と名付けました。これを次のモデルで考えてみましょう。

モデル

100頭の羊を飼育することができる牧草地がある。そこは羊飼いのAとBの二人が自由に利用できる。ただし，100頭を1頭でも超えて放牧すると，牧草地は荒廃し，翌年には使用できなくなる。また，100頭を超えると，超えた分の羊が翌年までに死亡する。二人が利用できる放牧地は他にはない。AとBはそれぞれ100頭の羊を所有しており，AとBが放牧する羊の数の組合せは右の表のいずれかとする。また放牧可能な羊の数は面積に比例するものとする。

放牧する羊の数		羊飼いA		
		100頭	50頭	0頭
羊飼いB	100頭	Ⅰ	Ⅱ	Ⅲ
	50頭	Ⅱ	Ⅳ	Ⅴ
	0頭	Ⅲ	Ⅴ	Ⅵ

ヒロ 翌年までに生き残る羊の数を羊飼いの幸福度とみなしてベンサムの理論を適用すると，［①　　　　］の組合せを選ぶことができるね。

マミ その中には羊飼いのAとBとで，幸福度に差が出る組合せが含まれているよ。［②　　　　］の基準を加えると［③　　　　］が残り，さらに，翌年も放牧地を使用できる［④　　　　］という観点を取り入れると1つに絞られるわね。その組合せを最善策として，二人の羊飼いが最初に取り決めればいいんじゃない？

ヒロ それだと，最初に羊を間引くことを強いられるよね。いっそのこと二人で牧草地を均等に分けて，放牧する羊の数は各自の［⑤　　　　］に任せるというのはどう？

マミ その場合，翌年に自分の羊の数が減ったら［⑥　　　　］ってことね。でも，私有地化して［⑦　　　　］の組合せが選ばれたら，翌年牧草地全体で飼育できる羊の数は半分になって，牧草地としての［⑧　　　　］は低下してしまう。それに放牧地の半分が荒廃したら，周囲の環境に影響がでないか心配だわ。

先生 いろいろな意見が出ましたね。最後のマミさんの指摘はレオポルドの土地の倫理と関係しています。レオポルドの土地という言葉は，生物学でいう［⑨　　　　］に近い概念です。環境問題では，［⑥］や［⑧］という価値や基準だけでなく，［④］や［⑨］の保全という視点からも考えてみることが大切ですね。

共有地（コモンズ）の悲劇 誰もが利用できる共有資源を個別の利用者が過剰に利用することによって，共有資源が枯渇する現象。

レオポルド アメリカの思想家。人間を自然（共同体）の支配者ではなく，自然を構成する一つであるとする土地の倫理を提唱した。

特別講座

【語群】	効用	公平	自由	持続可能性	生態系	自己責任

①	②	③
④	⑤	⑥
⑦	⑧	⑨

1 青年期の意義と課題

A ポイント整理　当てはまることばを書いて覚えよう　（＿＿欄には数値が入る）

①＿＿＿＿
②＿＿＿＿・＿＿＿＿
③＿＿＿＿
④＿＿＿＿
⑤＿＿＿＿
⑥＿＿＿＿
⑦＿＿＿＿
⑧＿＿＿＿
⑨＿＿＿＿
⑩＿＿＿＿
⑪＿＿＿＿

1 青年期の特徴

(1)　青年期（思春期）は中学生から大学生に相当し，大人としての身体的変化があらわれる（第二次①＿＿＿）。

(2)　青年期は，思想家によりそれぞれ以下のように表された。

名　称	提唱者とその内容	
②＿＿＿＿・＿＿＿（境界人，周辺人）	レヴィン	青年期は，二つの集団（子どもと大人）に所属しながら，どちらにも所属しきれない状態＝子どもと大人の中間である。
③＿＿＿＿＿＿	④＿＿＿＿	生物としての誕生とは異なり，青年期は精神の誕生の時期である。「わたしたちは，いわば，二回この世に生まれる。一回目は存在するために，二回目は生きるために。」
疾風怒濤(しっぷうどとう)の時代	ホール	自我形成の中で精神の状態が激しく揺れ動く時期であることから，18世紀後半のドイツの激しい文学運動になぞらえて称した。
心理的⑤＿＿＿	ホリングワース	それまでの親への依存から離脱し，自我を確立しようとする心の動きを指す。
（心理的・社会的）⑥＿＿＿＿＿＿・＿＿	エリクソン	元々「支払猶予」という意味の経済用語を，エリクソンは「大人としての責任が猶予されている時期」という意味で用いた。

(3)　青年期には，現実の自分を理想に近づける自我同一性の確立が行われるが，このことを⑦＿＿＿＿＿＿＿＿・＿＿＿＿＿（自我同一性）の確立と呼ぶ。

(4)　年齢の段階ごとに，⑧＿＿＿＿＿＿という達成すべき課題がある。エリクソンのライフサイクル論によると，乳児期の信頼，幼児期の自律性など，年齢の段階ごとに取り組むべき課題がある。

(5)　＿⑧＿が達成されないと，次の段階の課題の達成も難しくなる。これを発達危機，または⑨＿＿＿＿＿＿＿＿・＿＿＿＿＿の拡散と呼ぶ。

(6)　多くの場合，青年は，表面的には平穏のうちに大人になっていく（青年期平穏説）が，内面的には孤独感や不安感，⑩＿＿＿感などに悩まされる。

(7)　2022年に，成年年齢は20歳から⑪＿＿＿＿歳に引き下げられた。

青年期の発達課題

ハヴィガーストは青年期の発達課題として，精神的成熟と社会的成熟を掲げた。

①同年齢の仲間との洗練された交際を学ぶ
②男女の社会的役割を学ぶ
③自己の身体的変化の理解と使用
④両親や大人からの情緒的独立
⑤経済的独立の目安確立
⑥職業選択と準備
⑦結婚と家庭生活の準備
⑧市民としての態度の確立
⑨社会的責任ある行動
⑩自己の価値観・倫理観の確立

ライフサイクル論

エリクソンは人の一生を８つの発達段階に区分した。

①乳児期（0～2歳頃）
基本的信頼 ⇔ 基本的不信
②幼児期（2～4歳頃）
自律性 ⇔ 恥・疑惑
③遊戯期（5～7歳頃）
自主性 ⇔ 罪悪感
④学童期（8～12歳頃）
勤勉性 ⇔ 劣等感
⑤青年期（13～22歳頃）
アイデンティティの確立
⇔ アイデンティティの拡散
⑥前成人期（23～34歳頃）
親密 ⇔ 孤立
⑦成人期（35～60歳頃）
生殖性 ⇔ 停滞性
⑧老年期（61歳頃～）
統合性 ⇔ 絶望

2 欲　求

(1)　マズローは，欲求階層説を唱え，下位の欲求が充足されると，より高い次元の欲求が発生すると述べた。

欲求の階層	レベル
⑫＿＿＿的欲求	生命の維持など生物学的なレベルの欲求　基礎的
安全の欲求	恐怖や危険，苦痛などを回避する欲求
所属と愛情の欲求	愛情や親和の欲求
承認（自尊）の欲求	顕示・名誉などの欲求
⑬＿＿＿＿＿＿の欲求	生きがいなど高次元の欲求　高次元

(2)　二つの両立しない欲求によって悩むことを⑭＿＿＿（コンフリクト）という。

⑫＿＿＿＿
⑬＿＿＿＿　⑭＿＿＿＿

⑭（コンフリクト）の三つのパターン	
接近・接近型	二つの望ましいもののうち一つしか選べない
回避・回避型	望ましくない二つのもののどちらかを選ばねばならない
接近・回避型	望ましいものに同時に望ましくない面が伴っている

(3)　青年期には，悩みながらも周りに適合するよう変化したり，欲求を満たすため周りに働きかけたりする⑮______をとる。

(4)　欲求が満たされず，心の緊張が高まる状態を⑯______（フラストレーション）という。精神分析学者の⑰______は，⑭や⑯に対して無意識のうちに自己を守る心理的メカニズムを防衛機制と呼んだ。

防衛機制の例	自己を守ろうとしてはたらく心のうごき
⑱____	失敗したことに対して理由や口実をつけて正当化する。
⑲______	抑圧した欲求と反対の行動を示す。
⑳___	満たせなかった欲求を文化的価値の高いもので満たす。

⑮______
⑯______
⑰______
⑱______
⑲______
⑳______

青年期にみられる心の発達

脱中心化　自己中心的な見方から，多面的な見方や客観的・抽象的な思考へと変化する。

道徳的判断の発達　道徳についての判断が，慣習的な規則に従うものから，幸福や正義など，普遍的な原理によるものへと変化する。

社会的自我の形成　様々な他者と関わり，自分以外の他者の視点を習得・内面化していく。

Ⓑ 図表でチェック

1　人生の発達段階に関する次の図の空欄に当てはまる語を答えよ。

人生の節目に行われる①____（イニシエーション）

17・18世紀：子ども → 大人

20世紀初頭：子ども／青年期／大人

現在：子ども／②____人・周辺人（③____・マン）／大人

幼児期	児童期	青年期			プレ成人期	成人期
		プレ	前期	後期	④____期	
～7	～10	～14	～17	～22位	～30位	

年齢

ギャング・エイジ ……→ わがままが社会的には許される

①
②
③
④

2　フロイトが唱えた無意識のうちに自己を守るしくみに関する次の図の空欄に当てはまる語を答えよ。

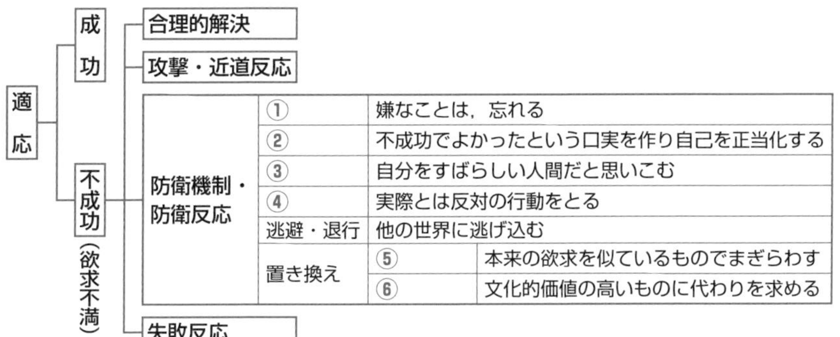

①
②
③
④
⑤
⑥

2 自己形成と社会参加

A ポイント整理 当てはまることばを書いて覚えよう

（＿＿欄には数値が入る）

①＿＿＿＿
②＿＿＿＿ ③＿＿＿＿
④＿＿＿＿
⑤＿＿＿＿
⑥＿＿＿＿
⑦＿＿＿＿
⑧＿＿＿＿
⑨＿＿＿＿
⑩＿＿＿＿
⑪＿＿＿＿
⑫＿＿＿＿

人間の活動力（ハンナ・アーレント）

労働	生命活動を維持するためのもの
仕事	永続性と耐久性を備えた人工物を作り出すもの
活動	共通の関心事について言論と行為をもって他者と関わるもの

⑬＿＿＿＿
⑭＿＿＿＿
⑮＿＿＿＿
⑯＿＿＿＿
⑰＿＿＿＿
⑱＿＿＿＿
⑲＿＿＿＿
⑳＿＿＿＿

LGBTとは

レズビアン，ゲイ，バイセクシュアル，トランスジェンダーの略語である。これに，Queer（その他の性的マイノリティ）あるいはQuestioning（自分の性に対して決まっていない人）を加えて「LGBTQ」と表現されることもある。

1 自己形成

(1) 個人がもっている行動傾向を①＿＿＿＿＿.＿＿（個性・人格）というが，それは知識や技能などの②＿＿と喜怒哀楽のような感情の表し方などの③＿＿，意志の実現に向けての態度を示す性格の三つの総合体ということができる。＿①＿の把握には，性格特性の組合せや量によって分析する特性論と，いくつかの類型（典型）に分類して捉えようとする類型論がある。

(2) ユングは，性格を④＿＿＿と外向型の二つに分類した。

(3) ⑤＿＿＿＿＿.＿は体格と気質の関係を分析して，肥満型（躁鬱（そううつ）気質），筋骨型（闘士型，粘着気質），やせ型（細長型，分裂気質）と分類した。

(4) ⑥＿＿＿＿＿.＿＿は，文化的価値をどこに置くかによって人間を，理論型，経済型，審美型，宗教型，権力型，社会型に分類した。

(5) ＿①＿の形成には，個人が自分の能力や個性を自覚する⑦＿＿化という側面と，社会の規範を学び，適応した行動様式を身につける⑧＿＿化の側面がある。こうした精神の自立が社会との調和につながり，自己の生きる場としての⑨＿＿的な空間をよりよいものにしていく。

思想家	著　書	＿⑨＿的な空間をつくるための考え方
⑩＿＿＿	『実践理性批判』	人間は普遍的な⑪＿＿＿＿を自ら定め，善悪に関わる選択や判断をする。こうした自律的な人格こそが，尊厳ある存在といえる。
J. S. ミル	『功利主義』	他者に危害がおよばない限り，幸福を追求する手段は本人が選ぶことができる。これを⑫＿＿＿＿の原理という。
⑬＿＿＿＿	『存在と無』	自己のあり方を選択することは，人類のあり方を選択することにつながる→社会に参加しながら生きる⑭＿＿＿＿＿.＿＿の必要性。

2 他者の尊重

(1) 個人として相互に尊重される社会の実現へ向け，⑮＿＿＿＿と呼ばれる性的少数者（性的マイノリティ）の自己決定権の主張が高まっている。

(2) 生物学的性とは別に，社会的・文化的に形成された性のあり方を⑯＿＿＿＿＿といい，男女差別を生む場合がある。

(3) 人種・性別・年齢などによる違いを⑰＿＿＿＿＿.＿＿（多様性）として捉えることで，よりよい公共的な空間が生まれる。多様性を認め，一人ひとりの個性を尊重するソーシャル⑱＿＿＿＿＿.＿＿＿（社会的包摂）の姿勢が求められる。

(4) ドイツの哲学者ハンナ・⑲＿＿＿＿＿は，人間の活動力を労働・仕事・活動に分類し，中でも，公共的な空間の中で自由な意思によって他者と交わる「活動」の有用性を説いた。

(5) ⑳＿＿＿＿＿は，他者は自己とは絶対的に異なった独自の「顔」をもつものとして現れ，常に自己の理解を超えていく無限な存在であり，そのような他者に自己が応答する責任を負うことが人間の倫理的なあり方だと説いた。

公共の扉

3 社会への参画

(1)　人生において職業生活を中核とし，家庭生活や地域活動などによって築いた個人の生きてきた履歴を㉑＿＿＿＿という。

(2)　誕生から入学，就職，結婚などの局面ごとに区分した人生の周期を，㉒＿＿＿＿＿＿という。この周期を踏まえた上で，社会との関わりの中で生きがいを見いだしていくことが＿㉑＿開発（＿㉑＿発達）である。

(3)　＿㉑＿を形づくるにあたって，職業人・家庭人としての役割に加え，市民としての役割を頭に入れる必要がある。例えばソーシャルビジネスに関わる，無報酬で社会に役立つ活動を自らの意志で行う㉓＿＿＿＿＿＿活動に参加する，などの姿勢である。

(4)　学生が就職活動の前に実際の職場におもむき，一定期間の就業体験をすることを㉔＿＿＿＿＿＿＿という。これを通じて，自らの適正と職業観を見定めることができる。

(5)　職業に就くことには，社会を支えるという目的と意義がある。一方で，フリーターや，通学や就職をせず職業訓練も受けていない㉕＿＿＿と呼ばれる人々が社会問題となっている。

(6)　人は，生きがいを得るために，生涯にわたって主体的に学び続ける㉖＿＿＿＿が求められている。

(7)　ホランドは，職業選択はパーソナリティの表現であるとし，D. E. スーパーは，人生の時間軸と役割を「ライフ・キャリア・㉗＿＿＿＿＿」という虹の形で表現した。

㉑＿＿＿＿＿＿＿＿

㉒＿＿＿＿＿＿＿＿

㉓＿＿＿＿＿＿＿＿

㉔＿＿＿＿＿＿＿＿

㉕＿＿＿＿＿＿＿＿

㉖＿＿＿＿＿＿＿＿

㉗＿＿＿＿＿＿＿＿

インターンシップとは

高校や大学などの在学時に教育の一環として，職業選択の参考にするなどの目的で，短期間の職場就労体験を得ること。

キャリアの開発

「キャリア」とは，職業生活を中心として，余暇などを含めた経歴全体をいう。青年期の時期に，ボランティア活動やインターンシップなどを体験することは，自分のキャリアを考える上でも有意義である。

B 図表でチェック

1　パーソナリティを形成する要素に関する次の表の空欄に当てはまる語を語群から選んで答えよ。

	三要素	説　明
パーソナリティ	①	感情の表れ方。人が生まれながらに持っている性質。
	性格	意志の表れ方。行動に表れるその人独特の特徴。
	②	知識や技能。

①

②

能力　労働
キャリア　気質
個性　環境

2　ライフ・キャリア・レインボーに関する次の図の空欄に当てはまる語を語群から選んで答えよ。

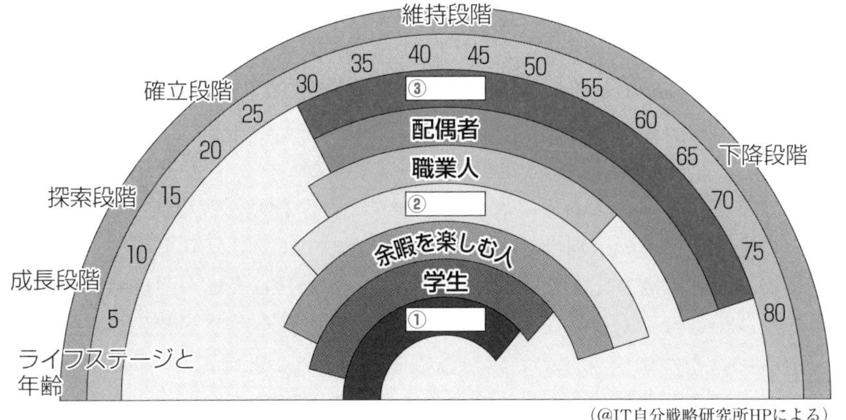

（@IT自分戦略研究所HPによる）

①

②

③

大人　成年期
子ども　モラトリアム
会社員　市民
家庭人

時事正誤チェック　インターンシップは，大学生などが一定期間，企業等で就業体験することで職業意識を高めていくことを目的の一つとして実施されている。〈15：現社本試〉　[　　]

3 日本の伝統的考え方

A ポイント整理 当てはまることばを書いて覚えよう

（＿＿欄には数値が入る）

①＿＿＿＿＿＿
②＿＿＿＿＿＿
③＿＿＿＿＿＿
④＿＿＿＿＿＿
⑤＿＿＿＿＿＿
⑥＿＿＿＿＿＿
⑦＿＿＿＿＿＿

1 日本人の独自の考え方

(1) 古代，日本の人々は，恵まれた自然と四季の移り変わりの中で恵みを素朴に受け入れ，そこに「①＿＿＿＿＿＿」の働きをしかるべきものとして受容する姿勢が育まれた。

(2) 日本では古来より，自然のなかに神を見出すアニミズムという考えがある。

(3) 『日本書紀』と同時期の歴史書『②＿＿＿＿』に記されているように，古代日本人は自然を生み出す存在として神を認めている。ここにいう神は，唯一絶対の人格神ではなく「③＿＿＿＿の神」である。多数の神々を許容する世界観は，日本が様々な外来文化を受容し共存させる④＿＿＿的文化を形成してきた。

(4) 古代日本人の倫理観としては，自然を素直に受け入れる純粋な心が尊重され，私心のない純真な心である⑤＿＿＿＿が重視され，中世の私利私欲のない⑥＿＿＿，近世以降の人を欺かず真実を貫く⑦＿へとつながっていく。古来，日本人は偽り（いつわ）のない真実の心であり，素直でおおらかな心情である真心（まごころ）を大切にしてきた。

ルース・ベネディクト『菊と刀』

日本文化	欧米文化
タテ社会	ヨコ社会
公権重視	私権重視
人と自然の調和	人と自然の対立
恥の文化→外面を重視	罪の文化→内面を重視

ルース・ベネディクトは著書『菊と刀』で日本文化を「恥の文化」，欧米文化を「罪の文化」とよんだ。欧米人の行動はキリスト教思想に基づく内面的な罪の意識によって決定される。

⑧＿＿＿＿＿＿
⑨＿＿＿＿＿＿
⑩＿＿＿＿＿＿
⑪＿＿＿＿＿＿
⑫＿＿＿＿＿＿
⑬＿＿＿＿＿＿
⑭＿＿＿＿＿＿
⑮＿＿＿＿＿＿
⑯＿＿＿＿＿＿
⑰＿＿＿＿＿＿
⑱＿＿＿＿＿＿
⑲＿＿＿＿＿＿

2 日本人の生活と信仰

(1) 日本の伝統文化に根ざした民族宗教として，⑧＿＿があある。

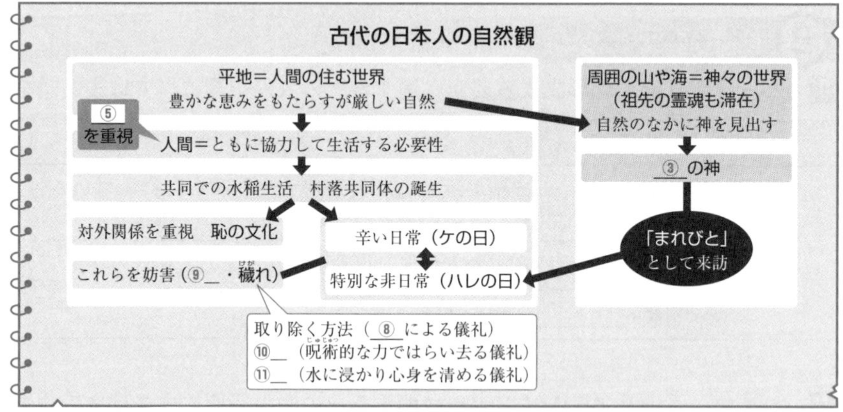

(2) 現代の日本でも，１年の決まった時期に行われる伝統的な行事である⑫＿＿＿＿＿が残っており，５月の⑬＿＿＿の節句，11月の⑭＿＿＿＿などがある。多くが農事暦（のうじれき）と関わりの深いもので，宗教的な背景をもつものも多い。

(3) 正月には歳神（としがみ）を招き入れ，お盆には先祖の霊を迎える。これらは日本の⑮＿＿＿＿＿と仏教の先祖を供養する儀式が結びついたものである。

(4) 日常生活をケとよぶのに対して，祭りなどが行われる特別な日を⑯＿＿＿という。これらの区別は，単調な農耕生活の中にめりはりを与えていた。

(5) 古くから大陸文化を意欲的に吸収していった日本人は，独自の伝統文化を生み出した。安土桃山時代の⑰＿＿＿＿は茶の湯をわび茶として大成し，道具に新たな価値を与えて楽しむことを⑱＿＿＿＿と呼んだ。「わび」は，能楽で理念とされてきた「⑲＿＿＿」に通じる美意識である。

※ 「ハレ」と「ケ」は，大正～昭和時代の民俗学者柳田国男が提唱した日本人の伝統的な世界観である。「晴れ」を語源とするハレは，儀礼や祭礼，年中行事などの非日常で，振る舞いや言葉づかい，食事などの面でふだんと区別される。ケは「褻」と書かれ，普段の食事を表す褻稲（けしね）などの言葉から生まれた。柳田は近代化によりハレとケの区別が曖昧となってきたことで，民俗が変容しつつあることを指摘した。

3 日本的仏教の形成

(1)　6世紀に入ると，日本にも仏教や儒教が伝えられる。聖徳太子は『十七条憲法』を示し「⑳＿をもって貴しとなす」として調和の精神を伝えた。

(2)　古代国家が成立した奈良時代には，仏教は国の安泰をはかる㉑＿＿国家の宗教として定着した。

(3)　平安時代に入ると，唐で学んだ最澄や空海によって新しい仏教が伝えられた。天台宗の開祖である最澄は比叡(ひえい)山に㉒＿＿寺を，真言宗の開祖である空海は高野山に㉓＿＿＿寺を，それぞれ建立した。この時代は，㉔＿＿＿＿（古代以来の神への信仰と外来宗教である仏教を融合させる考え）がさらに広がりをみせた。

(4)　平安末期から鎌倉時代にかけて，日本的な仏教に変容し，信仰が庶民に拡大していく。㉕＿＿のように，ひたすら坐禅(ざぜん)をくんで（只管打坐(しかんたざ)），身心が解放される身心脱落(しんじんだつらく)に至ると唱える立場が登場する一方，念仏を唱えて仏の力にすがって成仏する㉖＿＿本願が登場し，庶民の心をとらえた。

(5)　浄土宗の開祖である㉗＿＿は，ひたすら「南無阿弥陀仏(なむあみだぶつ)」と唱えれば，仏の慈悲によって救われるとする㉘＿＿念仏を主張した。＿㉗＿の弟子の㉙＿＿は，その教えを徹底し，浄土真宗を開いた。＿㉙＿は「絶対他力」を主張し，悪人と自覚している者こそ阿弥陀仏に救われる対象であるという悪人正機説を説いた。

(6)　㉚＿＿は，法華経のみが真実の教えとし（法華経至上主義），ひたすら「南無妙法蓮華経(なむみょうほうれんげきょう)」の題目(だいもく)を唱えること（唱題）を主張した。

⑳＿＿＿＿
㉑＿＿＿＿
㉒＿＿＿＿
㉓＿＿＿＿
㉔＿＿＿＿
㉕＿＿＿＿
㉖＿＿＿＿
㉗＿＿＿＿
㉘＿＿＿＿
㉙＿＿＿＿
㉚＿＿＿＿

神道（古代～近代）

神道は，日本固有の神への信仰全般を指す。仏教の発展とともに，奈良時代には神と仏を重ね合わせて崇拝する神仏習合があらわれ，さらに平安時代には，仏主神従（仏が根源で，神はその現れ）とする神仏習合の思想である本地垂迹説が生まれた。一方，鎌倉時代に入ると，神主仏従に基づく反本地垂迹説を説く伊勢神道・吉田神道などがあらわれ，江戸時代には，仏教ではなく朱子学と神道を結びつけた垂加神道が展開された。明治時代には，神道の国教化を進める新政府により神仏分離令が発令された。

B 図表でチェック

1　わが国の仏教についてまとめた次の表の空欄①～⑦に当てはまる人物を，語群より選んで答えよ。

飛鳥時代の仏教（6～8世紀）	奈良時代の仏教（8世紀）	平安時代の仏教（8～9世紀）
〈仏教と儒教が伝来〉 ①＿＿ 仏教と儒教の精神を政治に導入 **和の精神** 「和をもって貴しとなす」（『十七条憲法』） **仏教的人間観** 「世間虚仮(せけんこけ)，唯仏是真(ゆいぶつぜしん)」	〈仏教が国家宗教に〉 **鎮護国家** 仏教によって国家の安泰をはかる。 **鑑真**（戒壇院(かいだんいん)） **行基**（民間仏教）	〈仏教を個人の現世利益に〉 **山岳仏教** **天台宗** ②＿＿（比叡山(ひえいざん)・延暦寺）『山家学生式(さんげがくしょうしき)』 **真言宗** ③＿＿（高野山・金剛峯寺(こんごうぶじ)）『三教指帰(さんごうしいき)』

平安時代中期以降，源信や空也による布教や，不安定な社会情勢によって民衆に浄土信仰が広まった。

鎌倉時代の仏教（12～13世紀）
＜庶民の仏教に拡大＞

他力本願

浄土宗	浄土真宗	日蓮宗	曹洞宗	臨済宗
④＿＿	⑤＿＿	⑥＿＿	⑦＿＿	
専修念仏(せんじゅねんぶつ) 「南無阿弥陀仏」 『選択本願念仏集(せんちゃくほんがんねんぶつしゅう)』	絶対他力 悪人正機説 『教行信証(きょうぎょうしんしょう)』	唱題 「南無妙法蓮華経」 『立正安国論(りっしょうあんこくろん)』	只管打坐(しかんたざ) →身心脱落 『正法眼蔵(しょうぼうげんぞう)』	坐禅と戒律 →鎮護国家 『興禅護国論(こうぜんごこくろん)』

※『歎異抄(たんにしょう)』は，弟子の唯円が⑤の言行を書き留めたもの。

語群：法然　最澄　日蓮　道元　聖徳太子　空海　親鸞

①
②
③
④
⑤
⑥
⑦

4 外来思想の受容と展開

Ⓐ ポイント整理 当てはまることばを書いて覚えよう

（＿＿欄には数値が入る）

①＿＿＿＿
②＿＿＿＿
③＿＿＿＿
④＿＿＿＿
⑤＿＿＿＿
⑥＿＿＿＿

1 儒教の日本的展開

(1) 江戸時代に入ると儒教が学問（儒学）としてわが国に拡大する。特に江戸幕府公認の御用学問となった①＿＿を唱えた林羅山（はやしらざん）は，儒教の仁と礼のうち，特に礼を重視し，幕藩体制を支える身分秩序である上下定分（ていぶん）の理を基礎づけた。これに対して，②＿＿の考え方を取り入れた中江藤樹（なかえとうじゅ）は，愛敬の心を本質とする③＿を人倫の基本と考えた。

(2) その後，これらの考え方は後世の儒教の解釈にすぎないことから，『論語』などの原典に立ち返るべきだとする立場が登場する。古義学にたった④＿＿＿は徳を実践する誠を強調した。古文辞学にたった⑤＿＿＿も，古代の先王が定めた天下安定の道である礼楽刑政（儀礼・音楽・刑罰・政治制度）に従って民衆を救うべきだとする経世済民（けいせいさいみん）を唱えた。

江戸時代の主な儒学者の学統

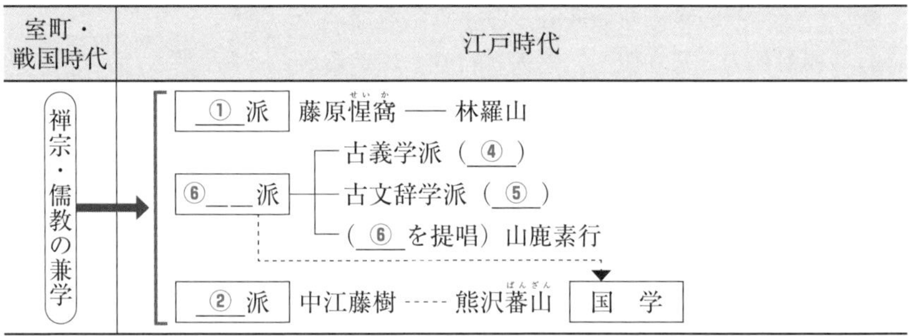

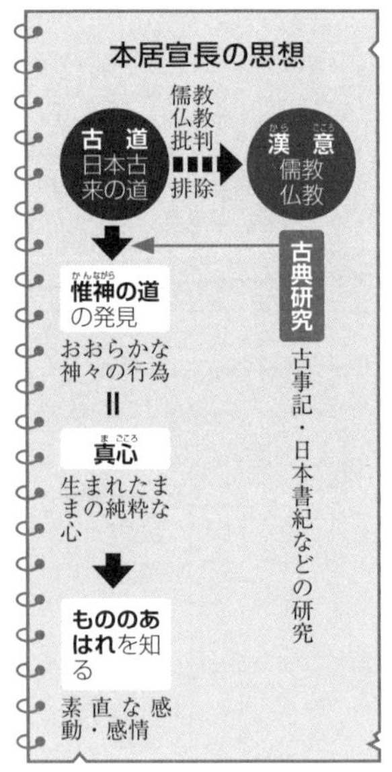

2 国学とその他の学問

(1) 儒学が展開する一方，『万葉集』を研究した賀茂真淵（かものまぶち）や『古事記』を研究した⑦＿＿＿らにより⑧＿＿が形成された。⑧では，外来思想である「漢意（からごころ）」（儒教や仏教）を捨て，それらに影響を受けない日本人の心を古典のうちに見出そうとした。その中で，「真心（まごころ）」（生まれたままの純粋な心）や「もののあはれ」（素直な感情・感動）を提唱した。

国学の成立と発展

学者	著書	業績
⑨＿＿	『万葉代匠記』	日本の古典を研究し国学の基礎を築く
賀茂真淵	『国意考』	荷田春満の門人。古代の思想・文化を明らかにし国学を確立する
⑦	『古事記伝』	『源氏物語』は「もののあはれ」を理解させる書である

(2) 町人や商人の倫理を唱えた⑩＿＿＿は，町人の営利追求を卑（いや）しいとする当時の儒教的価値観を批判し，「正直」と「倹約」を重んずる心学を唱えた。

⑦＿＿＿＿
⑧＿＿＿＿
⑨＿＿＿＿
⑩＿＿＿＿
⑪＿＿＿＿
⑫＿＿＿＿

3 西洋近代思想の受容と展開

(1) 明治初期には西洋の近代的・合理的思想が日本に導入された。それに先立ち，幕末には佐久間象山が「東洋⑪＿＿，西洋⑫＿＿」と述べ，東洋の道徳と西洋の近代技術のそれぞれの長所をとり入れる和魂洋才を唱えた。

(2) ⑬＿＿＿＿＿は，実用学問の必要性と独立自尊の精神を重視し，「天は人の上に人を造らず人の下に人を造らず」と述べ，天賦人権・平等思想を唱えた。中江兆民は，ルソーの『⑭＿＿＿＿＿論』を翻訳し，人民主権論を日本に紹介した。⑮＿＿＿＿＿は，キリスト教のプロテスタントを日本に伝え，日本の武士道精神とキリスト教精神を一体化する⑯＿＿＿＿＿（イエスと日本）を重視し，絶対平和主義の観点から非戦論を展開した。

(3) 夏目漱石や森鷗外は近代的自我の確立に苦悩した。漱石は日本の近代化をうわべだけの「外発的開化」であると批判して⑰＿＿＿＿＿＿を求め，自己本位に基づく独自の⑱＿＿＿＿＿を唱えた。しかし，＿⑱＿の追求において利己主義（エゴイズム）との矛盾や克服に苦しみ，それらは彼の作品からも読み取れる。

(4) 明治末期から大正期において日本にも独創的思想が登場する。西田幾多郎は西洋哲学の主観（精神・心。例音楽を聴いていると考える私）と客観（できごと・物。例音楽・空気の振動）の対立を批判し，坐禅の体験に基づき，主観と客観が一体化した主客未分の⑲＿＿＿＿＿を提唱した。

(5) 和辻哲郎は，人間は単に独立した個人として存在するのではなく，世間（社会・共同体・人と人）との関係による⑳＿＿的存在であるとし，独自の倫理学体系への基礎を築いた。

⑬＿＿＿＿＿＿＿＿

⑭＿＿＿＿＿＿＿＿

⑮＿＿＿＿＿＿＿＿

⑯＿＿＿＿＿＿＿＿

⑰＿＿＿＿＿＿＿＿

⑱＿＿＿＿＿＿＿＿

⑲＿＿＿＿＿＿＿＿

⑳＿＿＿＿＿＿＿＿

B 図表でチェック

1 次の表はわが国の近代思想家の考え方の特徴を示したものである。空欄①～⑤に当てはまる人物を答えよ。

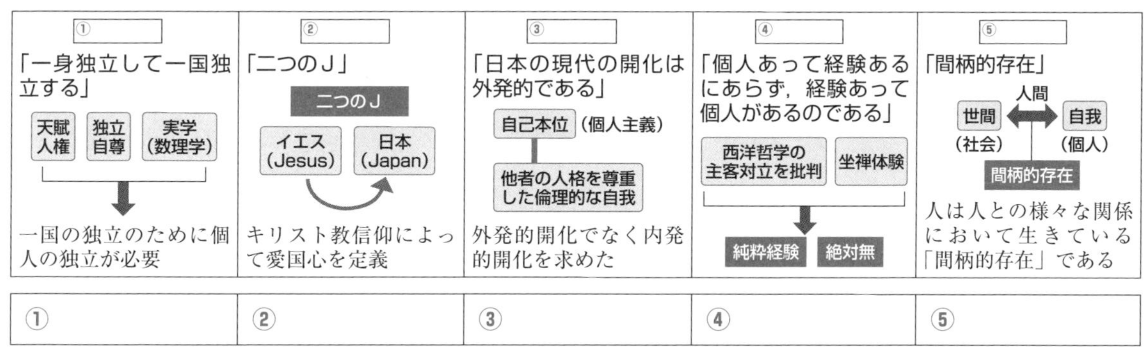

①	②	③	④	⑤

2 次の表は，和辻哲郎が，その著書『風土』の中に示した文化の類型を表したものである。表中の空欄①～③に当てはまる類型を語群１から，④～⑥に当てはまる語を語群２から選び，記号で答えよ。

類型		①	②	③
風土	自然	夏に暑熱と湿潤 自然の恵みと暴威（大雨・洪水・干ばつ）の繰り返し **気まぐれな自然**	極度に乾燥 不毛の土地 わずかな草地と乏しい水 **厳しい自然**	夏は乾燥，冬は湿潤 夏草(雑草)が育たず，冬草(牧草)が台地をおおう。 **穏やかな自然**
	人間	④ 豊かな自然の恵みに対する期待，自然の暴威に耐え忍ぶ 自然と合一し，その中で生きる **農　耕**	⑤ 自然は死の脅威を持って人間に迫る **遊　牧**	⑥ 自然の法則を見出して，自然を従わせる **農耕・牧畜**
主な地域		日本，インド	アラビア	ヨーロッパ

語群１
ア．モンスーン型
イ．牧場型
ウ．砂漠型

語群２
ア．合理的，規則的
イ．受容的，忍従的
ウ．対抗的，戦闘的

①	②	③	④	⑤	⑥

5 よく生きること（源流思想）

A ポイント整理 当てはまることばを書いて覚えよう

（＿＿欄には数値が入る）

①＿＿＿＿＿

②＿＿＿＿＿

③＿＿＿＿＿

④＿＿＿・＿＿＿

自然哲学者 ～万物の根源は？～

タレス→水
ヘラクレイトス→火
ピタゴラス→数
デモクリトス→原子

アニマル・シンボリクム（象徴的動物）

人間は言語や芸術などの象徴（シンボル）を使って現実の世界を理解する存在であるとしたドイツの哲学者カッシーラーによる人間の定義。

ソクラテス ～よく生きるとは？～

知徳合一（徳とは何かを知る）
福徳一致（徳をもつことが幸福）
知行合一（徳を知り正しい行為をする）

⑤＿＿＿＿＿

⑥＿＿＿＿＿

⑦＿＿＿＿ ⑧＿＿＿＿

⑨＿＿＿＿＿

⑩＿＿＿＿＿

⑪＿＿＿＿＿

⑫＿＿＿＿＿

⑬＿＿＿＿ ⑭＿＿＿＿

⑮＿＿＿＿＿

⑯＿＿＿＿＿

⑰＿＿＿＿＿

⑱＿＿＿＿＿

1 人間とは何か

(1) 古代ギリシャ以来，人々は人間がなぜ生きるのか，どのように生きるべきか，自分の存在意義は何かを探求してきた。人としての愛知を追求する心情を①＿＿＿＿＿と呼び，これが哲学の原動力となっている。

(2) フランスの思想家パスカルは主著『パンセ』において，「人間は②＿＿＿＿＿である」と述べ，考えることに人間の尊厳と偉大さを求めた。

(3) 現代西洋思想においても，自分の存在意義を明らかにすることで，疎外状態から人間性を回復すべきだと主張する③＿＿＿＿が登場する。

(4) 人間の定義に関しては，下に挙げるものの他，様々にある。

提唱者	人間とは	説明
リンネ	④＿＿・＿＿＿（知性・英知人）	人間の本質は理性にある。
ベルクソン	ホモ・ファーベル（工作人）	人間は道具をつくり，環境をつくり変える。
ホイジンガ	ホモ・ルーデンス（遊戯人）	「遊び」から文化が生まれる。

2 ギリシャ思想

(1) 哲学のはじまりは，万物の根源（アルケー）や理性による法則（⑤＿＿＿）を探求する⑥＿＿＿＿にある。万物の根源を水と捉えた⑦＿＿＿＿，「万物は⑧＿＿＿する」とし，その根源を火と捉えたヘラクレイトスらが登場するが，この考え方は人間の生き方を探求する人間哲学に発展していく。

(2) 古代ギリシャの三大哲学者の一人⑨＿＿＿＿＿は，ただ生きるのではなく「⑩＿＿＿＿＿」ことを強調した。自身の無知を自覚すること，すなわち⑪＿＿＿＿が哲学の出発点であり，他者との対話による問答法により，真・善・美などの徳に思いを寄せて魂に配慮することを重視した。

(3) ソクラテスの弟子プラトンは，感覚的経験の世界を超えた永遠に変わることのない理想形である⑫＿＿＿＿の存在を認めた。この理想形にあこがれる知的な愛を⑬＿＿＿＿と呼んだ。プラトンは国家の理想を⑭＿＿＿の実現と考えた。そのためには，真・善・美を了知した哲学者が政治を行うべきだとする⑮＿＿＿＿を主張した。

(4) アリストテレスは，プラトンのような理想主義ではなく，現実主義に立ち，「人間はポリス的（社会的，国家的）動物である」と述べ，都市国家であるポリス市民としての公共性と優秀性を主張した。ポリス市民は極端を避けて調和を図る⑯＿＿＿を重んじるべきだとし，友愛（⑰＿＿＿＿）と正義の実現を目指した。

3 ヘレニズムの思想

(1) マケドニアのアレクサンドロス大王が紀元前4世紀にペルシア遠征を行い，大帝国を建設した。東方へ広まったギリシャ文化は，世界市民（コスモポリタン）的な性格を帯び，⑱＿＿＿＿＿文化が成立した。

(2) 心の平安を得るためにはどのように生きるべきか，という個人の幸福や利益を追求する思想が生まれた。⑲______は心の平静を快楽とし，快楽を生の目的であり，最高善とした（快楽主義）。ゼノンに代表される⑳____派は人間の本来のあり方（＝人間の自然）を理性に従って生きることとし，理性によって欲望や感情に惑わされない魂の内的調和（アパテイア）に達することが生の目的であり，最高善とした（禁欲主義）。

⑲______
⑳______
㉑______
㉒______
㉓______ ㉔______
㉕______
㉖______

公共の扉

4 中国の思想

(1) 中国古代に様々な思想を述べた人々を㉑______という。

(2) 儒家の祖である㉒___は，為政者の倫理を説き，愛の本質を親族間で自然に発生する親愛の情を一般人に対しても拡大した㉓_を内面的徳性とし，外面的徳性として㉔_を尽くすべきことを唱えた。学ぶことのみならず思考することの大切さを説いた言葉として，「学びて思わざれば則ち罔く，思いて学ばざれば則ち殆し」は有名である。

(3) 道家の㉕___や荘子らは，こざかしい人間の倫理を批判し，㉖______に生きることを重視した。「上善は水の若し」は自然の生き方を示す。

儒教（孔子）の思想
- 内面的徳性＝仁
  - 孝悌　肉親に持つ親愛の情を拡大したもの
  - 忠　自己に対する誠実さ
  - 恕　他人に対する思いやり
- 外面的徳性＝礼
  - （仁が外にあらわれたもの）

B 図表でチェック

1 古代ギリシャの思想に関して，次の図の空欄に当てはまる語を，語群から選び答えよ。

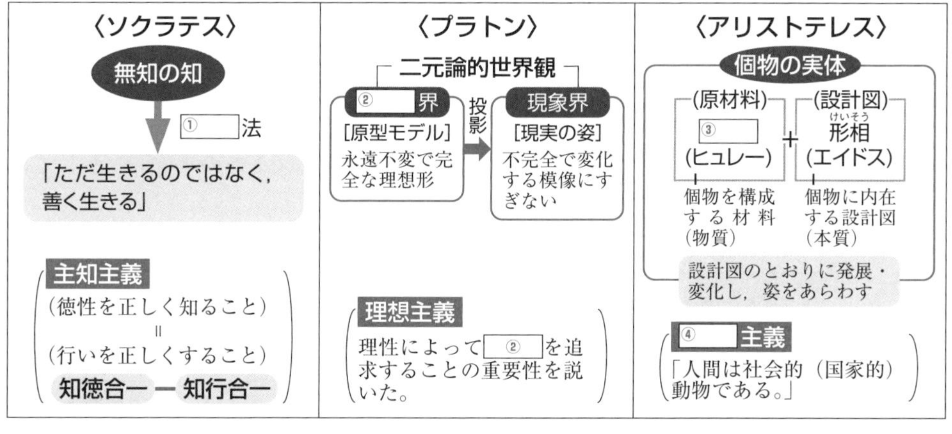

イデア
質料
問答
現実

①
②
③
④

2 儒家，道家，儒学に関して，次の図に当てはまる語を，語群から選び答えよ。

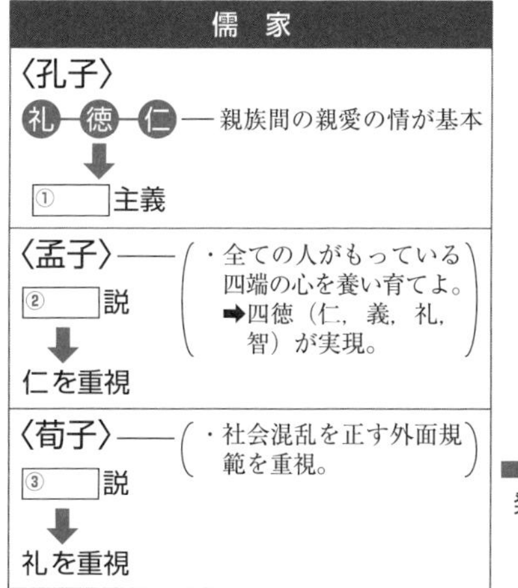

道家

〈老子〉
・無為自然…人為的なものを排除してありのままにまかせること。

〈荘子〉
・老子の思想を継承・発展。「万物斉同」（ありのままの無為の世界では，すべてのものは存在として同じ価値をもつ）を説いた。

発展 →

儒学

〈朱子〉 朱子学の祖
・人間は理（本性）と気（素材）からなる（理気二元論）とし，理を性とよび「性即理」を唱えた。

〈王陽明〉 陽明学を創始
・朱子の「性即理」を批判し，「心即理」（人間の心はそれ自体が理である）を説き，④____を理想とした。

性悪
徳治
性善
知行合一

①
②
③
④

6 宗教と人間

A ポイント整理　当てはまることばを書いて覚えよう　（＿＿欄には数値が入る）

①＿＿＿＿＿＿

②＿＿＿＿＿＿

③＿＿＿＿＿＿

1 宗教とは何か

(1) 宗教は，人間の力を超えた神聖な超越者である神の存在を認める信仰心の教えであり，一般に信仰を体系化した①＿＿と信仰心を表す宗教的行事（儀礼）によって成り立っている。

(2) 特定の民族のみが信仰する②＿＿宗教，民族・国境の枠を超えて多くの人が信仰する③＿＿宗教がある。キリスト教・仏教・イスラム教は三大世界宗教といわれる。

世界の宗教人口（2022年）

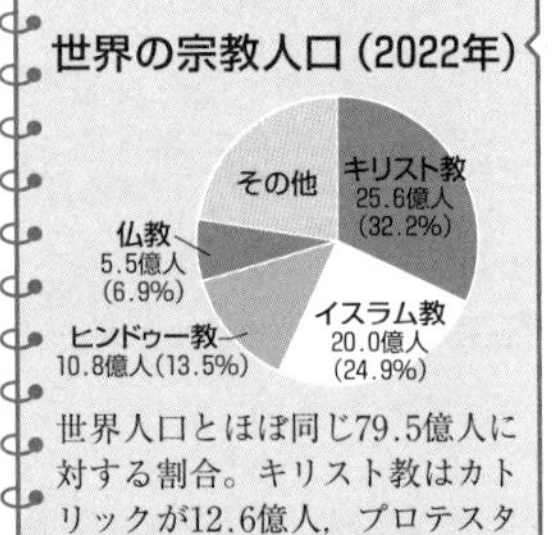

世界人口とほぼ同じ79.5億人に対する割合。キリスト教はカトリックが12.6億人，プロテスタントが6.0億人。イスラム教のうち，スンニ派が89%，シーア派が10%。
（The World Almanac 2023による）

④＿＿＿＿＿＿

⑤＿＿＿＿＿＿

⑥＿＿＿＿＿＿

⑦＿＿＿＿＿＿

⑧＿＿＿＿＿＿

⑨＿＿＿＿＿＿

⑩＿＿＿＿＿＿

⑪＿＿＿＿＿＿

⑫＿＿＿＿＿＿

⑬＿＿＿＿＿＿

⑭＿＿＿＿＿＿

⑮＿＿＿＿＿＿

⑯＿＿＿＿＿＿

⑰＿＿＿＿＿＿

⑱＿＿＿＿＿＿

2 キリスト教

(1) キリスト教は母胎であるユダヤ教の④＿＿聖書とともに，神と結んだ新しい契約である新約聖書を聖典とする。ユダヤ教の⑤＿＿主義と⑥＿＿思想を批判し，神への信仰と愛の大切さを説き，＿⑤＿の内面化を唱えて世界宗教に発展した。

(2) キリスト教によると，人間は生まれながらにして⑦＿＿を負っている。イエスは救いの知らせ（よろこばしい知らせ＝⑧＿＿）を伝えるためにこの世に現れたといわれる。それは，罪を負った人間が悔い改めて神の愛（⑨＿＿＿＿）を信じ，⑩＿＿＿を実践することによって救われるというものであった。イエスの死は，人間の原罪を贖う（償う）ための身代わりの死，すなわち贖罪の死であると捉えられた。

(3) 初期のキリスト教伝道に献身したパウロは，信仰こそが本質であるとする⑪＿＿＿＿を唱え，中世キリスト教ではキリスト教の⑫＿＿＿として信仰・希望・愛が重視されていく。

キリスト教の発展

人物	主張
アウグスティヌス	５世紀の教父。プラトンの哲学を導入し，三位一体説を確立
トマス＝アクィナス	13世紀のスコラ哲学者。アリストテレスの哲学を導入し，信仰と理性の調和をはかる

3 イスラム教（イスラーム）

(1) ７世紀，アラビア半島で誕生したイスラム教は，ムハンマドが唯一絶対神⑬＿＿＿＿への絶対帰依を説いた。貧富差が拡大し，部族対立が激化する当時，人々が平等に助け合う信仰共同体であるウンマが望まれた。

(2) イスラム教を信仰する信徒（⑭＿＿＿＿）の一生は，⑮＿＿＿＿によって律せられ，その社会生活は聖典『⑯＿＿＿＿＿（コーラン）』に基づくイスラム法によって強く規定されている。そのため，現在でもイスラム社会において宗教的営みが社会生活の根幹を形成しているという特徴がある。

イスラム教の＿⑮＿

六信（信じるべき項目）	五行（実践すべき宗教的義務）
神，天使，聖典，⑰＿＿＿，来世，天命（予定）	信仰告白，礼拝，喜捨，⑱＿＿，巡礼

4 仏教

(1) 仏教の開祖であるゴータマ・⑲____（ゴータマ・シッダッタ）は，この世のすべてのものは互いに依存し合っておりそれ自体で孤立して存在するものはないとする⑳___の法を真理（法，ダルマ）として説いた。自己などへのとらわれ（㉑___）こそがあらゆる苦しみの原因であり，これを捨てることで一切の苦しみから㉒___し，生も死も超越した安らぎの境地（涅槃）に至ることができる。言い換えると，諸行無常（全ては因縁により変化する），諸法無我（絶対不変の存在などない），一切皆苦（この世の全ては苦しみである），涅槃寂静（苦悩を滅した安らかな境地）であり，これらは__⑲__の教えを表す四つの命題として四法印と呼ぶ。

(2) __⑲__は苦を取り除いて悟りに至る道として四つの真理である㉓___と，八つの正しい修行の法である㉔____を体得すべきだとし，その中で生きとし生けるものへの慈しみ，あわれみの心である㉕___の心が生まれると考えた。

⑲______

⑳______ ㉑______

㉒______

㉓______ ㉔______

㉕______

仏教の展開

ブッダの戒律をめぐって僧団内部で対立が生じたのち，上座部仏教と大乗仏教の二大宗派が誕生した。大乗仏教は中国などへ伝わり，日本仏教へも影響を及ぼしている。特徴的な思想として，空の思想（縁起の法を徹底→あらゆる事物は，固定的な不変の実体をもたない）や，唯識思想（全ての事物は，心によって生み出された表象にほかならない）などがある。

B 図表でチェック

1 次の表は，三大世界宗教の特徴を示したものである。空欄に当てはまる語を答えよ。

	キリスト教	イスラム教	仏　教
開　祖	イエス（キリスト）	ムハンマド	ゴータマ・ブッダ（ゴータマ・シッダッタ）
創始時期 場　所	1世紀初め ローマ帝国の属領パレスチナ	7世紀初め アラビア半島	紀元前5世紀頃 インド東北部マガダ国
聖　典	新約聖書と旧約聖書	クルアーン（コーラン）	仏典（スッタニパータなど）
教えの核心	・神の絶対愛（①　）と②	・④　（信仰箇条）と五行（信徒義務） ・⑤　への絶対帰依 ・偶像崇拝の禁止	・⑦　の法，四法印 ・四諦（苦諦・集諦・滅諦・道諦） ・八正道（涅槃に至る八つの正しい修行方法） ・⑧　の心
主な宗派	・カトリック ・③ ・東方正教会（ギリシャ正教会，ロシア正教会など）	・⑥　派（多数派） ・シーア派（少数派）	・⑨　仏教（自分だけでなく他者の救済＝利他をも重視。菩薩を理想とし，六つの修行徳目の「六波羅蜜」がある） ・上座部仏教（厳しい修行・自己の悟りを重視。阿羅漢が理想）

①	②	③	④	⑤
⑥	⑦	⑧	⑨	

2 次の表は，さまざまな「愛」の教えを表したものである。空欄に当てはまる語（愛の名称）を答えよ。また，その説明として最も適当なものをA～Cの説明文中から選び，記号で答えよ。

愛の教えの分類	名　称
キリスト教の愛＝	①
仏教で説く愛＝	②
儒教で説く愛＝	③

説　明　文
A．感情的な愛憎を超えて，苦しみの中にある人に愛を与えようとする慈しみとその人の苦しみを取り除くあわれみ。
B．親や兄弟に対する親愛の心を他に広めること。私利私欲を抑え，真心と思いやりを持って人と接すること。
C．一方的な無償の愛。価値の有無，高低にかかわりなく神によって与えられる愛。

	①	②	③
名称			
説明文			

7 人間の尊厳，近代科学の考え方

A ポイント整理 当てはまることばを書いて覚えよう

（＿＿欄には数値が入る）

①＿＿＿＿＿
②＿＿＿＿＿
③＿＿＿＿＿
④＿＿＿＿＿
⑤＿＿＿＿＝＿＿＿＿

宗教改革　ルネサンス
キリスト教から人間を解放，近代の幕開け
プロテスタント
近代科学思想
モラリスト
大陸合理論
認識の源泉
イギリス経験論
〈理性〉　〈経験〉

1 ルネサンスの展開

(1) 14世紀から16世紀にかけて，ヨーロッパでは中世の封建的制度による束縛への批判が高まり，古典研究を通じた人間中心のあり方の追求（人文主義）から，学問・芸術を復興させる運動である①＿＿＿＿が起こった。

(2) ＿①＿の精神は②＿＿＿（ヒューマニズム）とよばれ，その基本は人間性の再生にある。思想家たちはキリスト教の束縛から解き放たれ，神と一体になることによらず，自ら存在する人間を求めた。

(3) ＿①＿の先駆者は『神曲』を著した③＿＿＿である。

＿③＿	『神曲』を著し，＿②＿と呼ばれる新たな文化創出のきっかけをつくった。
④＿＿＿＿・＿	『君主論』を著し，政治権力のあり方を道徳や宗教から切り離すべきと説き，近代政治学の基礎を築いた。
⑤＿＿＿＝＿・＿	『ユートピア』で，私有財産制度のない共同社会を描いた。

(4) 宗教的権威にとらわれず，自然をありのままに考察する姿勢から，自然科学の発達もみられた。⑥＿＿＿＿・＿はガリレイと並んで地動説を主張し，⑦＿＿＿＿は万有引力の法則を明らかにした。

ルネサンス期の代表作家

人　物	主著・作品名
ピコ＝デラ＝ミランドラ	『人間の尊厳について』
レオナルド＝ダ＝ヴィンチ	『最後の晩餐』『モナ＝リザ』
③	『神曲』
エラスムス	『愚神礼讃』
④	『君主論』

⑥＿＿＿＿＿
⑦＿＿＿＿＿
⑧＿＿＿＿＿
⑨＿＿＿＿＿
⑩＿＿＿＿＿
⑪＿＿＿＿＿
⑫＿＿＿＿＿
⑬＿＿＿＿＿
⑭＿＿＿＿＿
⑮＿＿＿＿＿
⑯＿＿＿＿＿
⑰＿＿＿＿＿

2 宗教改革の広まり

(1) 宗教においてもローマ・カトリック教会への批判が高まり，16世紀には教会制度や権威に対してではなく聖書中心の主体的信仰を重視する⑧＿＿＿＿＿がすすめられた。

(2) ドイツの神学者⑨＿＿＿は，カトリック教会の贖宥（しょくゆう）状の販売を批判し，信仰の中心は聖書にあるとして⑩＿＿＿主義を主張した。

(3) フランスに生まれた⑪＿＿＿＿は，『キリスト教綱要』を出版し，職業は神からの使命であるとする職業召命観を説いた。＿⑨＿や＿⑪＿の教えを信じる人々は⑫＿＿＿＿・＿＿と呼ばれ，＿①＿の「人間性の解放」の精神を受け継ぐ民衆運動として発展していった。

3 科学的考え方，哲学的考え方

(1) 宗教改革の影響により新旧両教徒が暴力によって抗争する時代状況の中，人間のあり方そのものを直視し，生き方を思索する⑬＿＿＿＿と呼ばれる思想家たちがあらわれた。⑭＿＿＿＿・＿は，『エセー（随想録）』を著し，人間が陥りやすい独断やおごりを排除し，謙虚に生きようとする姿勢を確立した。その他，「人間は考える葦（あし）である」と述べた⑮＿＿＿が登場する。

(2) 近代の科学的考え方はイギリス経験論に顕著にみられる。特に，自然全体を人間の支配・利用の対象とみなす近代人の態度は，ベーコンの「⑯＿＿＿＿＿」という考え方に象徴されている。ベーコンは，観察や実験によって得られた様々な事実を土台にして，それらに共通する一般的法則を見出していく⑰＿＿法を説いた。

ベーコン以降の経験論の思想家

思想家	主　張
⑱＿＿＿	人の心は生まれたときは「白紙（タブラ-ラサ）」で，経験から観念が書き込まれる。
バークリー	「存在するとは知覚されることである」と主張。事物は知覚される限りにおいて存在する（独我論，唯心論）
⑲＿＿＿＿	自我は知覚の束にすぎない（懐疑論）

科学と哲学の比較

	科　学	哲　学
対象	部分	全体
方法	観察・実験 分析的思考	反省・直感 総合的思考
認識	現象・因果関係	本質・存在理由
判断	事実判断	価値判断
真理	客観的事実	主観的事実

(3)　大陸合理論の祖と呼ばれるデカルトは，既成の価値観を自分の理性（⑳＿＿＝ボン・サンス）を用いてあらゆる角度から疑うという方法的懐疑によって定立した公理に，具体的な生き方・事実を当てはめるという㉑＿＿法を説いた。

(4)　デカルトは，真理を探究するためにあらゆることを疑ったが，疑っている自我の存在は疑い得ないとして，㉒「＿＿＿＿，＿＿＿＿＿＿」（コギト・エルゴ・スム）を第一の原理とした。彼は公理の定立の際には，事象を細部に分けて各々に検討を加え，その結果として全体の姿を証明するという㉓＿＿＿＿主義の手法を用い，各々の部分的要素の因果関係を知ることで全体像を捉えるという㉔＿＿論的自然観に立脚した。このような分析的な自然観は，後にニュートンらの物理学や近代科学の発展に寄与することとなった。

⑱＿＿＿＿
⑲＿＿＿＿
⑳＿＿＿＿
㉑＿＿＿＿
㉒＿＿＿＿，＿＿＿＿
㉓＿＿＿＿
㉔＿＿＿＿
㉕＿＿＿＿
㉖＿＿＿＿

デカルト以降の大陸合理論の思想家

思想家	主　張
㉕＿＿＿＿	「実体は神のみ」とする一元論を主張。「全て存在するものは神のうちにある（神即自然）」とし，理性に基づいて万物は神の必然法則で認識できると説いた。
㉖＿＿＿＿・＿	「実在するものは無限のモナド（単子）である」とする多元論を主張。世界は分割不可能な無数の精神実体であるモナド（単子）から成り立っており，それらは神の予定調和によって秩序づけられているとした。

物心二元論（心身二元論）

デカルトは精神（思考を属性とする実体。心）と物体（延長を属性とする実体。身体）を区別する「物心二元論（心身二元論）」を唱えた。フッサールの考え方を引き継いだメルロ-ポンティは，知覚の主体である精神と身体は不可分のものと捉え，デカルト的二元論の見解を批判した。

Ⓑ 図表でチェック

1　次の図は，帰納法，演繹（えんえき）法の思考方法のいずれかを図示したものである。①［　　］・②［　　］はそのどちらに当てはまるか。また，その思考方法を考えた人物名を答えよ。

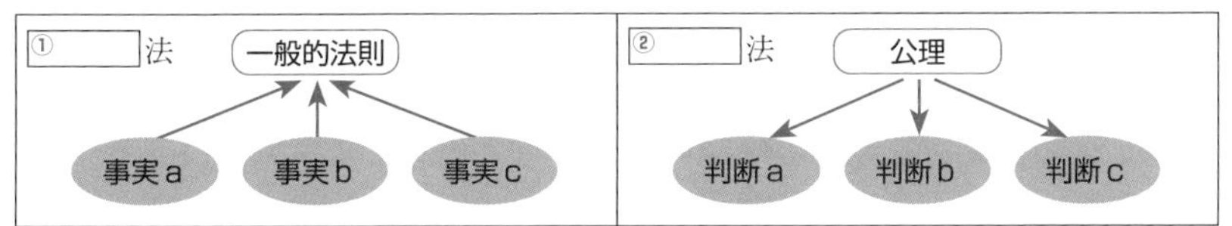

	法	人物名
①	法	
②	法	

2　次の表は，ベーコンが正しい自然認識を得るために排除すべきであるとした，4つのイドラについてのものである。空欄に当てはまる語を答えよ。

①［　　］のイドラ	人類という種に根ざす先入観。感覚や感情などにより生ずる。
②［　　］のイドラ	個人の性格や経験による先入観。自分の狭い世界にとらわれることから生じる。
③［　　］のイドラ	言葉の使用に起因する先入観。うわさなどによる偏見・誤解。
④［　　］のイドラ	伝統や権威に盲従することによる先入観。

①
②
③
④

8 民主社会に生きる倫理

A ポイント整理 当てはまることばを書いて覚えよう

（＿＿欄には数値が入る）

①＿＿＿＿＿＿
②＿＿＿＿＿＿
③＿＿＿＿＿＿
④＿＿＿＿＿＿
⑤＿＿＿＿＿＿
⑥＿＿＿＿＿＿
⑦＿＿＿＿＿＿
⑧＿＿＿＿＿＿
⑨＿＿＿＿＿＿
⑩＿＿＿＿＿＿
⑪＿＿＿＿＿＿
⑫＿＿＿＿＿＿
⑬＿＿＿＿＿＿
⑭＿＿＿＿＿＿
⑮＿＿＿＿＝＿＿＿＿
⑯＿＿＿＿＿＿
⑰＿＿＿＿＿＿
⑱＿＿＿＿＿＿
⑲＿＿＿＿＿＿
⑳＿＿＿＿＿＿
㉑＿＿＿＿＿＿
㉒＿＿＿＿＿＿
㉓＿＿＿＿＿＿
㉔＿＿＿＿＿＿

1 自律としての自由～人間の尊厳～

(1) ドイツの哲学者①＿＿＿は，人間の尊厳を「無条件に善いと考えられることを自ら行う意志」すなわち②＿＿＿に求めた。彼は理性による③＿＿主義に立ち，結果よりも＿②＿による④＿＿の正しさを重視した。また，「もし～を欲するならば～すべし」とする⑤＿＿命法を否定し，「汝(なんじ)～すべし」とする⑥＿＿命法を理性によってうち立て，道徳法則に自らが従うこと（⑦＿＿）が真の自由であるとした。そして，人間が互いの人格を尊重しあう社会（⑧＿＿の国。＿⑧＿の王国ともいわれる。）が理想であるとした。

カントの平和論

⑨＿＿＿＿	人間の中において，自然状態はむしろ戦争状態である。国家は道徳的人格であり，平和は実践理性が命じる義務である。
戦争を終結させるために	⑩＿＿＿は自由な国家の連合に基礎を置くべきである→この考えに基づきウィルソンが国際連盟を提唱

2 社会（共同体）における自由の実現

(1) ドイツの哲学者⑪＿＿＿＿は，カントが個人の内面の善意志を問うことは主観的・抽象的だと批判し，歴史の発展にともなう社会制度および人間との関係，すなわち⑫＿＿の関係の中で自由は客観的に実現すると考えた。

(2) ＿⑪＿は，正（一つの見解），反（反対や矛盾する見解を吟味），合（統合）により，高次の真理に到達するという⑬＿＿法を説き，これにより，家族→市民社会→国家という＿⑫＿の三段階を示した。

3 個人の幸福と社会全体の幸福との調和

(1) 18世紀後半，世界で初めて⑭＿＿＿＿が実現したイギリスでは⑮＿＿＿＝＿.＿＿によって利己心に基づいて⑯＿＿を追求する自由が国富を増大する原動力となることが主張された。その一方で彼は『道徳感情論』を著し，利己心は⑰＿＿という道徳的な感情によって規制され，社会の正義が保持されると考えた。

(2) これに対して，19世紀イギリスで主張された⑱＿＿＿＿は，個人の行動の正しさや善悪の判断基準を⑲＿＿（快楽）の増大に役立つか否かという効率性に求める立場といえる。⑳＿＿＿＿は「㉑＿＿＿＿の最大幸福」と述べて快楽を量的に捉える快楽計算説を唱えた。これに対しJ.S.ミルは快楽の質を追求し「満足した豚（愚か者）より，不満足な㉒＿＿（ソクラテス）が良い」と述べて，精神的満足を重視した。

(3) 「最大幸福原理」のみを追求する＿⑱＿を批判した㉓＿＿＿＿は，近代の社会契約説を再構築し，機会や社会的基本財の公正な分配を原理とした「公正としての正義」を提唱した。その中で，最も不遇な人々の境遇の改善につながる限りで不平等は認められるとした（格差原理）。

(4) ㉔＿＿は＿㉓＿の考えを批判し，貧困の克服のためには，財産の量を考えるだけではなく，生き方の幅としての「潜在能力（ケイパビリティ）」の開発が不可欠だとした。

功利主義者の功績は？

量的功利主義のベンサムは，『道徳および立法の諸原理序説』を著し，議会制度改革や多数決原理の実現に影響を与えた。一方，質的功利主義のJ.S.ミルは『自由論』を著し，政治的意見表明の自由を尊重し，女性への選挙権拡大の実現に影響を与えた。

4 帰結主義と義務論

(1)「正しさ」は，「善さ」や「幸福」といった目的によって正当化されるという考え方を目的論といい，㉕___主義と徳倫理学に分類される。

(2) ㉖____はカントの倫理学に代表される。これは，正しい行為とは守るべき義務に合致する行為のことであるとする考え方である。

(3) ㉗___主義を代表するのはベンサムやJ.S.ミルの功利主義である。これは，正しい行為とは，その行為による結果として善い結果を生み出す行為のことであるという考えである。

5 プラグマティズム

(1) 19世紀後半以降，アメリカでは，近代的な産業社会の発展の中で，資本主義的な大量生産思考や民主主義社会を支える創造的㉘___を生きる手段として活用すべきだとする㉙________・____と呼ばれる思考が主張された。この思想の創始者㉚_____は，概念は行動の効果によって明らかになるとした。ジェームズは__㉚__の考え方を真理の問題に適用し，概念の真理は実生活に役立つか否かという有用性によってのみ証明されるとした。また，デューイは，知性を生きるための㉛___として利用すべきだとする__㉛__主義に立ち，民主主義教育の重要性を強調した。

㉕

㉖

㉗

㉘

㉙

㉚

㉛

B 図表でチェック

1 カントによる理性の能力の分類に関する次の図の空欄に当てはまる語を，語群より選んで答えよ。

語群
自律
道徳
目的の国
実践

①	
②	

2 次の図は，ヘーゲルの弁証法と人倫の考え方である。空欄に当てはまる語を，語群より選んで答えよ。

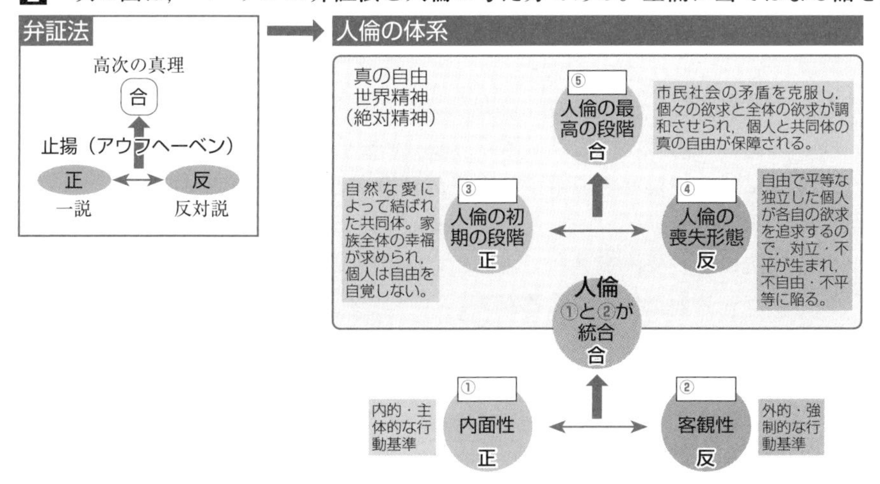

語群
家族
国家
市民社会
法
道徳

①	
②	
③	
④	
⑤	

9 人間性の回復を求めて

Ⓐ ポイント整理 当てはまることばを書いて覚えよう

（____欄には数値が入る）

①

②

③

唯物史観

精神的な活動（文化や政治理念など。マルクスのいう「上部構造」）が社会のあり方や歴史を規定するとしたヘーゲルの考えを逆転させ，物質的な生産活動（生産力と生産関係。「下部構造」）が上部構造を規定するとしたマルクスの歴史観。マルクスは，下部構造が変化して資本家による労働搾取がなくなることによって，上部構造も歴史必然的に変化していくと考えた。

④

⑤

⑥

⑦

⑧

⑨

⑩

⑪

⑫

⑬

⑭

⑮

⑯

⑰

⑱

⑲

⑳

㉑

1 社会主義思想

(1) 資本主義の進展に伴う社会問題を，功利主義のような社会の改良によるのではなく，根本からの変革を目指そうとして，①______が生まれた。

(2) 『資本論』の著者②______は，生産力と生産手段の間に起こる矛盾の発生と解消によって歴史は動かされるとする③______を唱え，労働者が革命を起こすことにより社会主義へ移行すると主張した。

2 実存主義

(1) 人間性の回復を人間の内面改革に求め，自らの存在意義を自らに問い，自身は何のために存在するかを自覚すべきだとしたのが④___主義である。

(2) 神の存在を認め，神との関係の中で自分の存在意義を自覚する有神論的___④___主義の代表者⑤________.__は，『死に至る病』を著し，有限な存在であることに絶望した人間は神の前の⑥_____として信仰することによって主体的真理である実存を自覚できるとした。

(3) また，⑦_______は，死・苦悩・争い・罪責のような⑧___状況で絶望した人間は，自己の有限性を自覚し，自己を支える⑨_____（包括者）との交わりの中で実存を自覚できると主張した。

(4) 神の存在を否定し，自らの力で実存を自覚すべきだと主張する立場が無神論的実存主義である。⑩______は，神の存在を否定する能動的⑪_______（虚無主義）を唱え，キリスト教道徳が人々に強く生きることを否定させたとして「⑫__は死んだ」と宣言した。その上で，日々の無意味な繰り返しを受け入れ，自らの情熱的な意志（力への意志）によって生きる⑬___の思想を説いた。

(5) ⑭_______は，日常生活に埋没している人間は「⑮__への存在」を自覚することによって自らの存在意義が自覚できると考えた。

(6) ⑯______は，人間は自己の本質を自らつくりあげる自由な存在である（「⑰___は本質に先立つ」）と唱えた。自由であることは自分の全ての行為に責任が伴い（「人間は⑱___の刑に処せられている」），個人の自由な選択は人類全体のあり方の選択につながると考え，社会に参加して生きること（アンガジュマン）の重要性を説いた。

3 構造主義

(1) 人間は自由で理性的な主体であることを前提とする実存主義に至る西洋思想に対して疑問を提示する思想が登場する。その一つである⑲______は，思考や言動について人間が自由に決定しているのではなく，無意識的な構造によって決定されているとする思想である。

(2) フランスの文化人類学者の⑳_____-__.______は，未開社会の習俗にある「野生の思考」は，西洋の近代的思考に劣らないと指摘し，文化相対主義を唱えた。フランスの哲学者㉑______は『狂気の歴史』を著し，西洋では近代化の過程で理性の名において非理性（狂気）を排除したとして近代的理性自体に疑問を投じた。

4 フランクフルト学派，現代のヒューマニズム

(1) ドイツのホルクハイマーやアドルノらの㉒＿＿＿＿＿・＿＿学派は，ナチスによる蛮行の原因を，近代の理性から生じたと考察した。近代の理性は自然を支配する㉓＿＿的理性にすぎず，それが人間を画一化・規格化し，没個性化してしまった。このような大衆社会の中で，大衆は権力に服従する傾向性を示していくと説いた。

(2) ㉔＿＿＿＿＿・＿＿はコミュニケーションによって合意が形成されることを重視し，㉕＿＿的理性によって社会形成するべきだと主張した。

(3) 近代市民革命期以降，全ての人間が人間らしく生きられる社会の実現が理想として掲げられたが，現代においても貧困や差別などの問題が解消されないでいる。これらの問題を直視し，苦しんでいる人々を救うための行動を伴った思想が展開された。

人　物	主　張
㉖＿＿＿＿＿・＿＿＿	「生命への畏敬」を提唱し，アフリカで医療奉仕とキリスト教伝道に従事。
㉗＿＿＿＿＿	非暴力・不服従の理念のもと，インド独立運動を指導。
マザー＝テレサ	インドのスラム街でキリスト教の隣人愛を実践。
キング牧師	非暴力主義の公民権運動指導者。

㉒＿＿＿＿＿＿

㉓＿＿＿＿＿＿

㉔＿＿＿＿＿＿

㉕＿＿＿＿＿＿

㉖＿＿＿＿＿＿

㉗＿＿＿＿＿＿

自由からの逃走

ドイツ出身の社会心理学者フロムは著書『自由からの逃走』で，ナチズムを支えた大衆の心理を分析し，大衆は自由がもたらす孤独と不安から逃避し，自分を束縛する権威に盲従し，弱者には服従を強いる権威主義的な性格があることを指摘した。

B 図表でチェック

1 実存主義者の主張をまとめた下の表の空欄①～⑤に当てはまる人物を語群から選んで答えよ。

有神論的実存主義

① ＿＿＿＿
人間とは神と向き合う単独者である
人間のあり方（実存）には三つの段階があるが，絶望を契機に最終的には神の前に立つただ一人の人間として，信仰へと決死の飛躍をする。そこに主体的な人生が開かれていく。

② ＿＿＿＿
人間とは限界状況に挫折する存在である
人間は死・苦悩・争い・罪責という克服できない限界状況に直面したとき，自分の有限性に気づき，超越者（神）の存在にふれて実存に目覚める。

語群：ハイデガー　ニーチェ　ヤスパース　サルトル　キルケゴール

無神論的実存主義

③ ＿＿＿＿
人間の理想は超人である
キリスト教の説く隣人愛などの道徳はルサンチマン（負け惜しみ）に基づいた人間の強さを否定するものである。「神は死んだ」と宣言し，既成の価値を乗りこえ，力強く生きる「超人」が理想である。

④ ＿＿＿＿
人間とは「死への存在」である
人間は普段，死に直面する不安から逃避し，日常性に埋没した「ひと（ダス＝マン）」に頽落（くずれ落ちること）している。しかし，死を直視し，自覚することで本来の生き方を確立できる。

⑤ ＿＿＿＿
人間とは自由な存在である
人間は神の手による被造物ではなく，自由に自らを創造するものである。実在する自分（実存）がどのような人間になるか（本質）は自ら自由に選ぶことができる。

①	②	③	④	⑤

2 近現代の思想の流れを示した次の図の空欄①～④に当てはまる語を，語群から選んで答えよ。

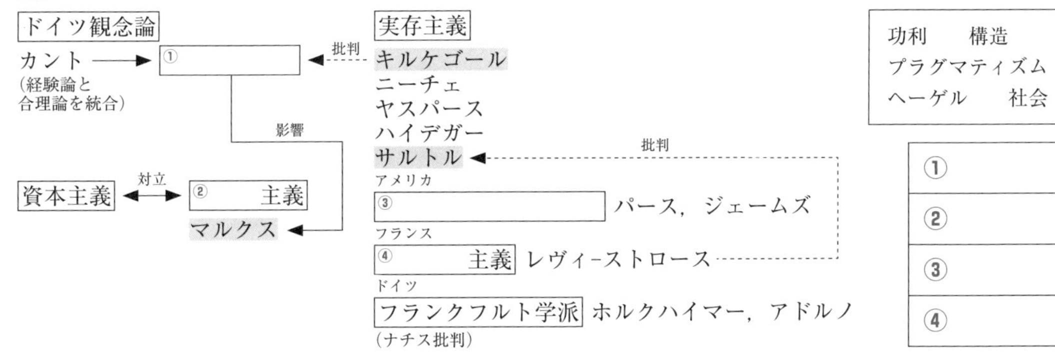

語群：功利　構造　プラグマティズム　ヘーゲル　社会　実証

①
②
③
④

用語チェック　1青年期の意義と課題～9人間性の回復を求めて

1 青年期の意義と課題

➡P.2・3

□❶子どもと大人との境目に位置し，その両面の心理的特性をもつ青年のこと。レヴィンの言葉。 ❶［　　　］

□❷エリクソンの言葉で，自立せず社会人としての責任や義務を果たすことが猶予される大人への準備期間。 ❷［　　　］

□❸精神的に親などへの依存から自立すること。 ❸［　　　］

□❹ルソーがその著書『エミール』の中で述べた言葉で，自我にめざめ，精神的な独立を目指すこと。 ❹［　　　］

□❺自分固有の生き方や価値観，自分らしさのこと。エリクソンが青年期の発達課題として用いた言葉。 ❺［　　　］

□❻マズローの欲求の階層構造のうち，最も上位に位置する欲求。 ❻［　　　］

□❼欲求が阻止されて感情がいらだち，深刻な不安に陥っている状態。 ❼［　　　］

□❽対立する二つ以上の欲求が同時にあり，選択に迷うこと。 ❽［　　　］

□❾欲求不満や不安が生じて不適応状態になった際，無意識のうちに不安を取り除いて解決しようとする働き。 ❾［　　　］

□❿対象を自分の中に取り入れて，対象と同じように考え，行動して満足すること。 ❿［　　　］

□⓫自分の思っていることと反対の行動をとって，欲望が表れるのを防ぐこと。 ⓫［　　　］

2 自己形成と社会参加

➡P.4・5

□❶個人のもっている一貫した行動傾向で，人それぞれの考え方や感じ方，行為の仕方の総称。能力・気質・性格の三つの要素から成る。 ❶［　　　］

□❷「生活の中で何に価値を置いているか」という観点から，人間の性格を６種類に分類した人物。 ❷［　　　］

□❸人格を精神エネルギーの表出方向で分類した人物。明朗で社会的な外向型と内気で内省的な内向型に分けた。 ❸［　　　］

□❹体格と気質との相関関係を分析した人物。 ❹［　　　］

□❺カントが自律的な人格の条件と考えた，善悪にかかわる選択や判断をするときに定める，内なる普遍的な法則。 ❺［　　　］

□❻人間の行いを労働・仕事・活動に分類し，中でも活動の有用性を説いたドイツの哲学者。 ❻［　　　］

□❼生涯にわたって主体的に学習に取り組んでいくこと。 ❼［　　　］

□❽よりよい公共的な空間を生むため，国籍・民族・性別・障がいなどを多様性として捉えること。 ❽［　　　］

3 日本の伝統的考え方

➡P.6・7

□❶自然界で発生するあらゆる現象に霊魂や精霊の存在を見出そうとする考え方。 ❶［　　　］

□❷古代日本では，数多くの神々を信仰してきた。その神々の総称を何というか。 ❷［　　　］

□❸古代の日本人が重んじた，嘘や偽りのない透き通った心のあり方。 ❸［　　　］

□❹日本古来の神道と，伝来した仏教の教えが融合した信仰形態。 ❹［　　　］

□❺共同体の秩序を乱す行為や病気や災いを指す，日本人が伝統的に忌み嫌う概念。 ❺［　　　］

□❻１年の決まった時期に行われる，雛(ひな)祭り，端午の節句などの伝統的な行事。 ❻［　　　］

□❼日常生活をケと呼ぶのに対して，祭りなどが行われる特別な日を表す言葉。 ❼［　　　］

□❽『十七条憲法』において「和」の精神を重んじた人物。 ❽［　　　］

□❾比叡山に延暦寺を建立し，生きとし生けるものは全て仏性をもっていると強調した人物。 ❾［　　　］

□❿法然が主張した，阿弥陀仏に身をまかせるという他力の立場から，ひたすら念仏を唱えること。 ❿［　　　］

□⓫ひたすら坐禅に打ち込むことで身心脱落に至ることを唱えた人物。　⓫［　　　］

4 外来思想の受容と展開

➡P.8・9

□❶林羅山によって確立され，江戸幕府の官学として用いられた儒学の名称。　❶［　　　］

□❷古義学の立場から徳を実践する誠を強調し，「政治は民意に沿わなければならない」と説いた儒学者。　❷［　　　］

□❸仏教や儒教などの外来思想ではなく日本の古典を研究し，日本古来の生き方を重視する立場。　❸［　　　］

□❹❸の大成者で，「真心」や「もののあはれ」を知る心の大切さを説いた人物。　❹［　　　］

□❺夏目漱石は西洋の開化に対して日本の文明開化を何と表現したか。　❺［　　　］

□❻著書『学問のすゝめ』にて「天は人の上に人を造らず人の下に人を造らず」とし，天賦人権を述べた人物。　❻［　　　］

□❼キリスト教の愛の精神と武士道精神を一体化する「2つのJ」を重視した人物。　❼［　　　］

□❽西洋近代思想のように人間を単なる個人とはみなさず，他者との関わりによって存在する「間柄的存在」であると述べた人物。　❽［　　　］

□❾民間伝承を保持する無名の人々を「常民」と呼び，その生活実態や習俗などを手がかりとして，日本文化の本質を探ろうとした日本民俗学の創始者。　❾［　　　］

5 よく生きること（源流思想）

➡P.10・11

□❶哲学の原点となる愛知を求める態度。　❶［　　　］

□❷著書『パンセ』において，人間は自然の中で弱い存在だが，思考によって宇宙を包む偉大さがあるとして「人間は考える葦である」と述べた思想家。　❷［　　　］

□❸古代ギリシャの三大哲学者の一人で，自分が無知であることを知るところから哲学がはじまることを指摘した人物。　❸［　　　］

□❹❸が必要性を説いた，魂にそなわる固有のよさ，すぐれたあり方。　❹［　　　］

□❺古代ギリシャの三大哲学者で，理想の姿であるイデアを追求することを重視し，国家理想を正義として哲人政治を行うべきと主張した人物。　❺［　　　］

□❻古代ギリシャの三大哲学者で，「人間はポリス的（社会的）動物である」と述べて公共性や中庸の精神を重視した人物。　❻［　　　］

□❼古代中国で儒教を開いた孔子が重視した愛の本質を何というか。　❼［　　　］

□❽「大道廃れて仁義あり」と述べて，仁義といった人倫を説く前に自然に素直に従う「無為自然」を唱えた道家の中心人物。　❽［　　　］

6 宗教と人間

➡P.12・13

□❶特定の民族に信仰されている宗教を何というか。　❶［　　　］

□❷キリスト教での救われるための務めは，神への愛と何を実践することか。　❷［　　　］

□❸キリスト教で最も重視される，信仰・希望・愛の三つの徳のこと。　❸［　　　］

□❹イエスが律法の本来の目的と説いた，罪を負った人間を救う無償の神の愛。　❹［　　　］

□❺プラトンの哲学を導入し，三位一体説を確立した4～5世紀のキリスト教教父。　❺［　　　］

□❻イスラム教で，預言者ムハンマドが神から受けた啓示を集めたもので，イスラム教の聖典。　❻［　　　］

□❼❻に定められた，ムスリムの信ずべき六つの信仰内容と，ムスリムの行うべき五つのことを示したイスラム教の教義。　❼［　　　］

□❽すべてのものごとはそれ自体の実体をもたず，相互に依存しあっているという仏教上の考え方。　❽［　　　］

□❾仏教において，A．全ての現象は絶えず変化し，B．それ自体で存在している不変の実体はないことを表した言葉をそれぞれ答えよ。　❾A［　　　］　B［　　　］

□❿仏教では生きとし生けるもの全てにいつくしみ，あわれみの心を抱くことを愛と考えているが，この愛を何というか。　❿［　　　］

□⓫正見・正思・正語・正業・正命・正精進・正念・正定からなる，仏教における煩

悩を捨て涅槃(ねはん)に至るための八つの正しい修行法。 ⓫ [ ]

7 人間の尊厳，近代科学の考え方 ➡P.14・15

□❶14〜16世紀にかけて，ヨーロッパ各地で広まった学問上・芸術上の革新運動。 ❶ [ ]

□❷16世紀のフィレンツェで『君主論』を著し，政治権力のあり方を道徳や宗教から切り離して論じた政治思想家。 ❷ [ ]

□❸カトリック教会の権威を否定し，聖書中心の主体的信仰を重視して16世紀ドイツで始まった運動。 ❸ [ ]

□❹人間は経験にもとづく知識によって自然を支配し，それにより人間の生活は豊かになるという考え方を表したベーコンの言葉。 ❹ [ ]

□❺先入観や偏見（イドラ）を排除して具体的事実を観察することによって一定の真理に到達するという，ベーコンの考え方。 ❺ [ ]

□❻すべてを疑った上で疑い得ない事実を公理とし，それに具体的事実や生き方をあてはめるという，デカルトの考え方。 ❻ [ ]

□❼デカルトの方法的懐疑の態度を示した言葉。 ❼ [ ]

□❽何かを認識するためにはその対象を要素に分割し，詳しく調べた結果を集めればよいとするデカルトの考え方。 ❽ [ ]

8 民主社会に生きる倫理 ➡P.16・17

□❶カントが理想とした互いの人格を尊重しあう道徳的共同体のこと。 ❶ [ ]

□❷カントが提唱した，人間が無条件で従うべき道徳法則を打ち出す命法。仮言命法に対する概念。 ❷ [ ]

□❸一つの見解（正）と反対の見解（反）を批判・吟味し，それを発展（止揚）することによって，より高次元の真理（合）に到達しようという，ヘーゲルの考え方。 ❸ [ ]

□❹『道徳感情論』を著し，利己心は共感という道徳的な感情によって規制され，社会の正義が保たれるとした経済学者。 ❹ [ ]

□❺幸福を精神的自由と考えた質的功利主義者。 ❺ [ ]

□❻公正としての正義を追求したアメリカの政治哲学者。 ❻ [ ]

□❼19世紀後半のアメリカで生まれた，近代科学の発達の中で新たな生活様式を生み出すために役立つ，実験的かつ創造的な知性を重視する思想。 ❼ [ ]

□❽目的論のうち，行為の正しさは，その行為から結果として生じる善さや幸福によって決まるとする考え方。 ❽ [ ]

9 人間性の回復を求めて ➡P.18・19

□❶マルクスが唱えた，物質的な生産関係である下部構造が上部構造を決定するとした歴史観。 ❶ [ ]

□❷自分の存在意義を自覚することで人間性の回復を目指した思想。 ❷ [ ]

□❸『あれかこれか』，『死に至る病』等を著し，客観的真理ではなく自分にとっての真理である主体的真理を求めることを唱えた人物。 ❸ [ ]

□❹「実存は本質に先立つ」と述べ，自己のあり方を選択する自由を唱えた人物。 ❹ [ ]

□❺西洋中心主義を批判し，「野生の思考」と科学的思考の間に優劣はないとした人物。 ❺ [ ]

□❻ナチスの蛮行は近代の理性から生じたと考察した，アドルノらの学派。 ❻ [ ]

□❼コミュニケーションによって合意が形成されることを重視し，対話的理性によって社会形成するべきだと主張した人物。 ❼ [ ]

記述でチェック 単元で学習した用語を説明しよう。

イギリスの思想家ベンサムが唱えた功利主義は，「最大多数の最大幸福」を道徳の基準とした。これはどのような考え方か。50字以内で説明せよ。 ➡8 P.16・17

									10										20										30
									40										50										

実戦問題　1青年期の意義と課題～9人間性の回復を求めて

1　次の文章を読んで，下の問いに答えよ。

青年という観点から現代社会をみると，青年が大人になるのを拒み，［ 1 ］と呼ばれる ⓐ青年期の延長現象がみられる。青年期は「自分らしさ」を探し求める時期であり，それは個性の形成にも影響する。自分を取り囲む環境，背景の一つである ⓑ宗教や ⓒ文化について考えることは，自分を見つめ直す際の手がかりになりうるだろう。

アメリカの心理学者［ 2 ］はライフサイクル論を唱え，人間の一生を普遍的な発達段階に区分したが，グローバル化が進展する中，ⓓ個々人の多様な人生の歩み方が強調される傾向も現れている。

問1▶文中の空欄［ 1 ］・［ 2 ］に当てはまる適当な語を答えよ。1［　　　　］　2［　　　　］

問2▶下線部ⓐに関して次の問いに答えよ。

(1)　青年期をフランスの啓蒙思想家ルソーは何と呼んだか。［　　　　］

(2)　社会において，個人が成長して次の段階に移行するときに行われる儀式のことを何と呼ぶか。［　　　　］

(3)　青年期にはいろいろな悩みが多いが，自分の思いどおりにいかないときに陥る状態を何と呼ぶか。［　　　　］

(4)　(3)に陥ったときの自我を守るための働きとして，フロイトは数種類の防衛機制を唱えた。次の例に当てはまる防衛機制を，あとから選び，記号で答えよ。［　　　　］

例　あるキツネが，手が届かなかったブドウを前に「どうせ酸っぱいブドウだったさ」と言い訳をした。

①　逃避　　②　反動形成　　③　昇華　　④　合理化

(5)　あるべき自分の姿，自分らしさのことを何とよぶか。［　　　　］

(6)　D.E.スーパーは，人生の時間軸と役割を「ライフ・キャリア・レインボー」という虹の形に表現した。このうち，［　　］としての役割はおよそ22歳から65歳までの期間に訪れる。［　　］に当てはまる語を次から選び，記号で答えよ。

①　余暇人　　②　職業人　　③　家庭人　　④　市民　　［　　　　］

記述 (7)　マズローの「欲求段階説」について，右図の**A**～**C**には，次の①～③のいずれかが当てはまる。**C**に当てはまるものを選び，記号で答えよ。また，それがどのような欲求であるか「能力」の語を用いて説明せよ。

①　所属と愛情の欲求　　②　自己実現の欲求　　③　生理的欲求

記号［　　］　**説明**［　　　　］

問3▶下線部ⓑに関して，いわゆる三大世界宗教の特徴に関する次の記述ア～ウと，その宗教を信仰する人口が一国のなかで最も多数を占めるアジアの国名A～Cとの組合せとして最も適当なものを，次の①～⑥のうちから一つ選べ。〈10：現社本試〉［　　　　］

ア　唯一神に服従し，信仰箇条である六信や信仰行為である五行を守ることの大切さを説く。

イ　唯一神を崇拝し，神の愛（アガペー）を自覚することや，神の愛を周囲の人に実践する隣人愛の大切さを説く。

ウ　あらゆるものは相互依存していると捉え，他者により生かされる自分を自覚することや，慈悲の心の大切さを説く。

A　タ　イ　　B　インドネシア　　C　フィリピン

①　ア－A　イ－B　ウ－C　　②　ア－A　イ－C　ウ－B

③　ア－B　イ－A　ウ－C　　④　ア－B　イ－C　ウ－A

⑤　ア－C　イ－A　ウ－B　　⑥　ア－C　イ－B　ウ－A

問4▶下線部ⓒに関して，和辻哲郎は『風土』において，日本などの東アジアを何型と分類したか。［　　　　］

問5▶下線部ⓓに関して，「多様性」と訳され，性別や年齢，国籍，障がいの有無などの違いのある様々な人々を，幅広く活用しようという考え方を何というか。［　　　　］

2 次の文章を読んで，下の問いに答えよ。

哲学は本来，ⓐ知への愛（愛知）を求める態度といえるが，人間の愛の捉え方は古代ギリシャのⓑプラトン以来多くの哲学者が追求してきた。また，人間の精神のよりどころとして宗教が存在するが，三大世界宗教によって，愛の捉え方はそれぞれである。一方，中国で唱えられたⓒ儒教では，ⓓ孔子が愛の本質を仁と捉えていた。しかし，為政者の人倫を説く儒教に反対する老子はⓔ道に従うべきことを強調し，老荘思想を展開する。

問1▶下線部ⓐに関連して，知識や思考方法に関する記述として最も適当なものを，次の①～④のうちから一つ選べ。〈15：現社本試改〉 [　　　]

① ソクラテスは，善などについて完全には知っていないという自覚が，真の知識への出発点であると主張した。

② アリストテレスは，人間は考える葦であり，思考することのうちに人間の尊厳があると主張した。

③ 観察や実験によって得られた様々な事実を基にして，それらに共通する一般的法則を見いだす思考方法は，弁証法と呼ばれる。

④ 近代において，人間は自分たちのために自然を利用できる存在であるという人間中心主義の考え方が衰退したので，科学技術が発達したとされる。

問2▶下線部ⓑに関して，プラトンのいう「愛（エロス）」の説明として最も適当なものを，次の①～④のうちから一つ選べ。〈05：倫理追試改〉 [　　　]

① 個々の美しいものや善いものを超えて，善美そのものを追い求めようとする情熱のことである。

② 異性をひたすら精神的にのみ愛し肉体的な結びつきは徹底的に排そうとする，清浄な情熱のことである。

③ 精神的な価値観を共有する者に対して感じる友情を指し，友のためには死をも辞さない心情のことである。

④ 究極的な一者から人間に与えられた愛のことであり，究極的な一者に全面的に帰依する心情のことである。

問3▶下線部ⓒに関して，江戸時代における儒学の展開と，同時代に確立した国学について，次の各問いに答えよ。〈オリジナル〉

(1) 次のA・Bの説明に当てはまる儒学者の組合せとして正しいものを，あとの①～④のうちから一つ選べ。 [　　　]

A 朱子学の礼を重視し，江戸幕府の体制を支える身分秩序である上下定分の理を基礎づけた。

B 陽明学の影響を受け，家族間の愛を基本とする孝を人倫の基本と考えた。

① A 林羅山　B 石田梅岩　② A 中江藤樹　B 林羅山

③ A 林羅山　B 中江藤樹　④ A 中江藤樹　B 伊藤仁斎

(2) 国学に関して，次の文の［ C ］・［ D ］に入る語句の組合せとして正しいものを，あとの①～③のうちから一つ選べ。 [　　　]

［ C ］研究を通じて日本固有の精神を解明しようとする学問で，外来思想に基づく考え方の［ D ］を批判した。

① C 古典　D 真心　② C 古典　D 漢意　③ C 論語　D 清明心

問4▶下線部ⓓに関して，孔子が説いた仁の実践として最も適当なものを，次の①～④のうちから一つ選べ。〈05：倫理本試〉 [　　　]

① 人間の道徳性を現実化しようとする，根源的な気力を養い育てていく。

② 柔和でへりくだった態度をとり，周囲の人と極力争わないように努める。

③ 名称とそれが示す具体的な事柄とを一致させて，社会秩序を強固にする。

④ 自分勝手な欲望に打ち勝ち，古（いにしえ）の理想的な行動基準に自分を従わせる。

問5▶下線部ⓔに関して，老子や荘子の思想である老荘思想における「道」に関する記述として最も適当なものを，次の①～④のうちから一つ選べ。〈04：倫理追試改〉 [　　　]

① 「道」は万物の根源であり，天地に先立って生じ，感覚では捉えられず，言葉では表現できないものである。

② 「道」は物事の筋道であり，個物や事象の有り様を決定づけるものであるが，それ自体としては言葉で表現することはできない。

③ 「道」は事物の自然な姿のことであり，相対的で多様なものであって，言葉での表現を超越している。

④ 「道」は根源的世界の真理を意味し，無為自然を体得した人間にしか言葉で表現することはできない。

3　次の文章を読んで，下の問いに答えよ。

私たちが文化を異にする他者と共存してゆくためには，どのような態度が必要となるであろうか。これについて，近代以降の西洋思想をたどりながら考えてみよう。西洋ではルネサンス期以降，考える働き（理性）をもつ点に人間の自由と独立を認め，この働きを万人に共通するものとみなした。自立した諸個人から成る市民社会では，自己と他者とは同等の存在であり，原則的に等しい権利をもつと考えられた。その一方，産業や科学技術が発展する過程で，理性の問題点や限界を指摘する思想家もいた。例えばⓐカントは，「認識が対象を規定する」というコペルニクス的転回によって科学的認識を基礎づけた一方で，物自体や神の存在などは人間の認識が及ばない領域とし，人間の理性の限界を示した。さらに20世紀になると，社会の歪(ゆが)みや暴力的状況の広がりの中でⓑ近代的理性への反省とともに人間をより多角的に捉えようとする見方が示されていく。自己と他者との間には，共通性とともに，容易に解消し難(がた)い対立や差異が存在する。だからこそ私たちは，ⓒ自他が相互に尊重し合う関係を求めつつ，対立や差異に真摯に向き合い続けることが必要だと言えよう。

問1▶下線部ⓐに関連して，カントの道徳思想についての説明として**適当でないもの**を，次の①～④のうちから一つ選べ。〈19：倫理追試〉　[　　　]

①　道徳的な行為とは，単に結果として義務にかなっているだけではなく，純粋に義務に従おうとする動機に基づく行為のことである。

②　道徳的な行為とは，すべての人々にとっての目標である幸福を，社会のできるだけ多くの人々に，結果としてもたらす行為のことである。

③　各人は，自分の行為の原則（格率）が誰にとっても通用する原則であるかどうかを絶えず吟味しながら，行為しなければならない。

④　各人は，人々が互いの人格を尊重し合う理想の共同体を目指すべきであり，この共同体は，目的の国（王国）と呼ばれる。

問2▶下線部ⓑに関連して，人間と社会の関係についての主張や思想に関する記述として**適当でないもの**を，次の①～⑤のうちから一つ選べ。〈15：現社本試改〉　[　　　]

①　フロムは，現代では，人々の社会的性格が，周囲の人々の評価や態度を基準にして行動する「他人指向型」へと変化していると主張した。

②　アドルノは，偏見が強くて権威に服従する人々の性格を，「権威主義的パーソナリティ」と呼んで，ファシズムの出現と関連づけた。

③　サルトルは，「アンガジュマン」という言葉を用いて，社会に参加することの重要性や，社会や人類に対する責任について指摘した。

④　ハンナ・アーレントは，公共性の領域は人々が言葉を通じて関わり合う「活動」によって担(にな)われるが，近代社会では，「仕事」や「労働」が「活動」の領域を侵食した結果，全体主義が生み出されたと主張した。

⑤　ハーバーマスは，「コミュニケーション的行為」という概念を基に，対話による合意の形成や，理性的な社会秩序の構築の重要性を唱えた。

問3▶下線部ⓒに関連して，現代において正義に関する理論を提唱した人物に，ロールズとセンがいる。二人の正義論についての記述として最も適当なものを，次の①～⑤のうちからそれぞれ一つずつ選べ。〈06：倫理本試改〉

ロールズ [　　　]　セン [　　　]

①　各人に対し，自ら価値があると認めるような諸目的を追求する自由，すなわち潜在能力を等しく保障することが重要であると指摘した。

②　各人には過剰な利己心を抑制する共感の能力が備わっており，めいめいが自己の利益を追求しても社会全体の福祉は向上すると考えた。

③　自由や富など，各人がそれぞれに望む生を実現するために必要な基本財を分配する正義の原理を，社会契約説の理論に基づき探究した。

④　各人のよき生は他の人々との共同生活のなかで可能となるという考えから，他者との関係における徳を正義として重んじた。

⑤　国家を構成する各階級の各人がそれぞれ知恵の徳，勇気の徳，節制の徳を発揮するとき，正義が成立し，調和のとれた理想国家が実現すると主張した。

複数資料読解問題① 思想・宗教

1 公共の授業で近代の西洋思想を学習したAさんは，レポート提出に向けて準備を進めている。**図1**はデカルト，**図2**はベーコンの考え方を，**図3**はヘーゲルの弁証法について，それぞれ例とともに図で示したものであり，下の**メモ**は，**図1**と**図2**を踏まえてAさんがまとめたものである。

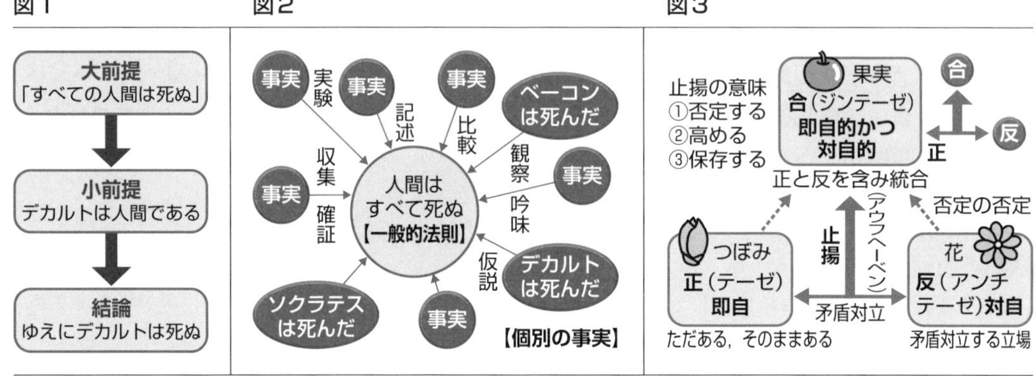

（東京法令出版『フォーラム公共2022』による）

メモ

近年，「ロジカルシンキング（論理的思考）」という言葉が注目されています。ロジカルシンキングとは，物事について筋道を立て，矛盾なく考えることであり，演繹法と帰納法はその基本といえます。

さかのぼると，演繹法，帰納法のそれぞれの立場に立つ人物として，デカルトとベーコンがいます。

デカルトは，疑いようのないものを一般原理とし，[X]演繹法をとりました。一方，ベーコンは経験論の立場から[Y]帰納法を提唱しました。彼らは，近代科学の成立にあたり，新しい学問の方法を提示して重要な役割を果たしました。

問1▶**図1**と**図2**を踏まえて，**メモ**中の[X]・[Y]に入る内容の組合せとして最も適当なものを，次の①～④のうちから一つ選べ。 [　　　]

① X 確実な推論を行う　Y 観察に基づき判断する
② X 確実な推論を行う　Y 対立する主張を止揚する
③ X 観察に基づき判断する　Y 確実な推論を行う
④ X 観察に基づき判断する　Y 対立する主張を止揚する

問2▶次の**ア**・**イ**は，**図3**で示したヘーゲルの弁証法についての説明である。その正誤の組合せとして正しいものを，あとの①～④のうちから一つ選べ。〈22：倫理共通テスト本試改〉 [　　　]

ア 弁証法は，精神が自由を実現する過程を貫く論理である。全て存在するものはそれ自身と矛盾するものを内に含み，それとの対立を通して高次の段階に至る。この運動は個人のみならず社会や歴史の進展にも認められる。

イ 止揚は，否定と保存の意味を併せ持つ言葉である。弁証法において止揚するとは，対立・矛盾する二つのもののうち，真理に近い方を保存し，他方を廃棄して，矛盾を解消することである。

① **ア** 正 **イ** 正　② **ア** 正 **イ** 誤　③ **ア** 誤 **イ** 正　④ **ア** 誤 **イ** 誤

問3▶**図1**～**図3**のうち，次の図と最も関係が深い考え方を，あとの①～③のうちから一つ選べ。 [　　　]

・エコバッグを持参する人が増えた
・ストローがプラスチックから紙にかわった店がある
・詰め替えができる商品を購入する人が増えた

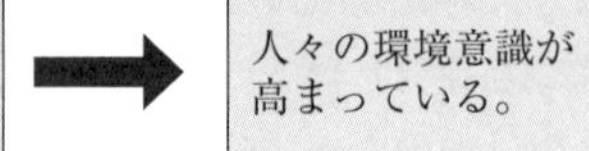

① **図1**　② **図2**　③ **図3**

2 生徒Aと生徒Bは，宗教が自分たちの生活にどう影響しているのか興味をもち，資料を集めている。**図1**は世界の宗教分布図，**図2**は日本人の宗教に関する意識について「宗教心は大切か」,「宗教を信じるか」という質問に対して「大切だと思う」,「信じる」と答えた人の割合，**図3**は日本人の日頃の宗教的行動について調査したものであり，下は，これらに関する生徒Aと生徒Bの会話である。

図1　世界の宗教分布図

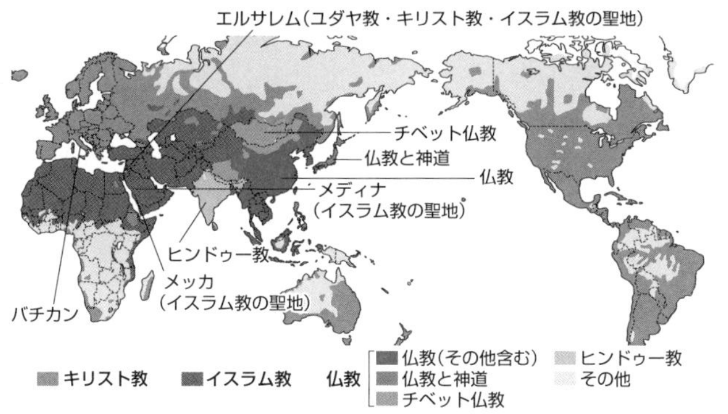

※この図はおおまかな分布を示しており，実際には各地域ごとに特定の宗教が決まっているものではない。
（東京法令出版『フォーラム公共2022』による）

図2　日本人の宗教に関する意識（平成25年）

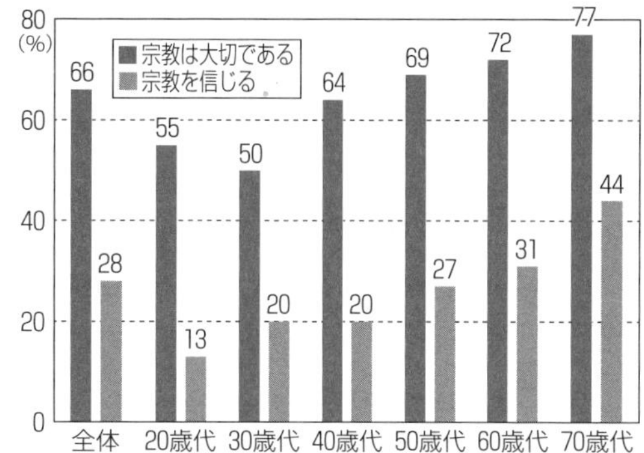

※それぞれ,「『宗教的な心』というものを大切だと思いますか？」,「何か信仰とか信心とかを持っていますか？」という問いに対する回答（回答者数：1,591人）。
（統計数理研究所「日本人の国民性調査」による）

図3　日本人の日頃の宗教的行動（平成24年）

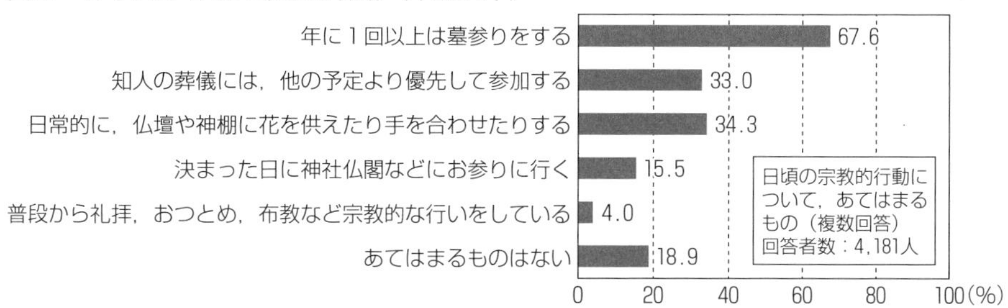

（経済産業省『安心と信頼のある「ライフエンディング・ステージ」の創出に向けた普及啓発に関する研究会報告書』による）

生徒A：前に，宗教による紛争をとりあげたテレビ番組を見て，色々と資料を集めたんだ。

生徒B：**図1**のヒンドゥー教は［　a　］と同じ［　b　］なので，キリスト教などとは分布のしかたが違うね。

生徒A：**図2**と**図3**も興味深い資料だよ。**図1**で「仏教と神道」の区分になっている日本の信仰心についての調査なんだ。

生徒B：本当だね。これらの資料によると，［　c　］ということがわかるね。

問1▶会話文中の［　a　］・［　b　］に当てはまる語句の組合せとして最も適当なものを，次の①～④のうちから一つ選べ。　［　　　　］

①　a　仏教　　b　世界宗教　　②　a　神道　　b　世界宗教
③　a　仏教　　b　民族宗教　　④　a　神道　　b　民族宗教

問2▶会話文中の［　c　］に当てはまる内容として最も適当なものを，次の①～④のうちから一つ選べ。
［　　　　］

①　宗教心が大切だと感じている人が全体の6割以上いるのに，実際に宗教を信じている人は全体の3割程度だけど，高齢になるにつれてどちらの割合も増えている
②　実際に宗教を信じている人は全体の3割程度おり，実際に宗教を信じている人のうちの7割近くが，年に1回以上は墓参りをしている
③　宗教心が大切だと感じている人と，実際に宗教を信じている人との割合の差が最も大きい世代は40歳代である
④　実際に宗教を信じている人は，日頃，仏壇や神棚に花を供えたり手を合わせたりし，決まった日に神社仏閣などにお参りに行く

10 民主政治の原理と法の支配

A ポイント整理 当てはまることばを書いて覚えよう （＿＿欄には数値が入る）

①＿＿＿＿
②＿＿＿＿
③＿＿＿＿
④＿＿＿＿
⑤＿＿＿＿
⑥＿＿＿＿
⑦＿＿＿＿
⑧＿＿＿＿
⑨＿＿＿＿
⑩＿＿＿＿
⑪＿＿＿＿
⑫＿＿＿＿
⑬＿＿＿＿
⑭＿＿＿＿
⑮＿＿＿＿
⑯＿＿＿＿
⑰＿＿＿＿

1 絶対王政に対抗する思想

(1) 中世までの絶対王政（国王による支配）を正当化する理論として国王の権限は神によって与えられたとする①＿＿＿＿＿説が唱えられた。

(2) (1)の考え方を批判して，共同社会は個々の契約によってつくられるとする②＿＿＿＿＿説が登場し，人権保障と民主政治を基礎づけた。

(3) ③＿＿＿＿＿は，著書『リバイアサン』において人間の自然状態を「万人の万人に対する④＿＿＿状態」と捉え，理性の命令に従って国家に対して主権を全面譲渡・放棄する社会契約を結ぶべきだとした。

(4) ⑤＿＿＿＿は，著書『統治二論（市民政府二論）』において人間の自然状態を自由・平等・平和と捉え，人々は主権の執行を国家に委託・信託する社会契約を結ぶべきだとし，権力を濫用する政府に対する⑥＿＿＿権を認めた。

(5) ⑦＿＿＿＿は，著書『社会契約論』において人間の自然状態を自由・平等・相互的孤立の状態と捉え，人々は自らの主権を公共の利益を図る意志である⑧＿＿＿＿＿に委ね，共同社会に融合する社会契約を結ぶべきだとして，⑨＿＿＿民主制と人民主権を唱えた。

2 民主政治の基本原理

(1) 民主政治の目的は，個々人が生まれながらにして当然保有している⑩＿＿＿権を保障することにある。

(2) 17世紀のイギリスでは，議会が国王に，議会の同意がない課税の禁止や人身の自由を定めた⑪＿＿＿＿＿を認めさせた。さらに名誉革命において⑫＿＿＿＿＿を定め，イギリス立憲政治の基礎となった。

(3) 1776年６月に採択された⑬＿＿＿＿＿＿＿権利章典，同年７月に採択された⑭＿＿＿＿＿＿＿.＿＿宣言は，人間が保有する自然権である生来的権利を天が与えた不可侵の権利であると明記している。

(4) 17～18世紀に起きた市民革命は，人権保障，国民主権，法の支配，⑮＿＿＿＿＿（政治権力の分散）という民主主義の基本原理を実現する過程であった。

(5) フランスの啓蒙思想家⑯＿＿＿＿＿＿＿.＿＿＿は著書『⑰＿＿＿＿＿』において，立法・行政・司法の三権分立の必要性を説いた。

(6) 権力者の恣意的な「⑱＿の支配」に対し，権力者も正しい法には従わなければならないとするのが，イギリスで発達した⑲＿の支配の考え方である。一方，ドイツでは，法の内容は問わずに国会が制定した法による秩序を重視する法治主義の考え方が発達した。

(7) ＿⑲＿の支配を発展させた考え方として⑳＿＿＿主義がある。これは人権を保障するために，憲法によって国家権力を制限する原理である。

法の支配

13世紀　ブラクトンの言葉
“国王といえども神と法の下にある”
↓引用
17世紀　エドワード・コークが判決で強調

法（コモン・ロー）※
国王など権力者 ← 支配

以後，民主政治の原理として確立

※判例や慣習等に基づく「普遍的に正しい法」

⑱＿＿＿＿
⑲＿＿＿＿
⑳＿＿＿＿
㉑＿＿＿＿
㉒＿＿＿＿

3 人権の歴史と人権の国際化

(1) イギリス，アメリカ，フランスの市民革命の中で確立した人権は，「国家からの自由（消極的自由）」を本質とする㉑＿＿＿権であった。そこで成立した国家は国防・治安維持のみを行う㉒＿＿＿国家であった。

※　1948年に採択されたジェノサイド条約と1989年に採択された死刑廃止条約（国際人権規約第二選択議定書）については，わが国は未批准である。なお，国際人権規約第一選択議定書も，わが国は選択しておらず（未批准），日本国民は国際通報制度を利用することはできないことになっている。

(2)　世界的な不況の中で国家が市場に介入して景気調整と完全雇用政策を行う必要が生じた。このような国家を㉓___国家というが，そこで登場した人権は「国家による自由（積極的自由）」を本質とする㉔___権である。

(3)　人権の国際化を目指して，1948年には㉕______宣言が採択され，それに法的拘束力をもたせる目的で1966年に㉖________が採択された。

㉓
㉔
㉕
㉖
㉗
㉘
㉙

国連が採択した人権関係の主な条約

採択年	名　称	日本の批准年
1951	㉗___の地位に関する条約	1981
1965	人種差別撤廃条約	1995
1979	㉘___（女性）差別撤廃条約	1985
1989	子ども（児童）の権利条約	1994
	死刑廃止条約	未批准
1990	移住労働者権利条約	未批准
2006	㉙____権利条約	2014

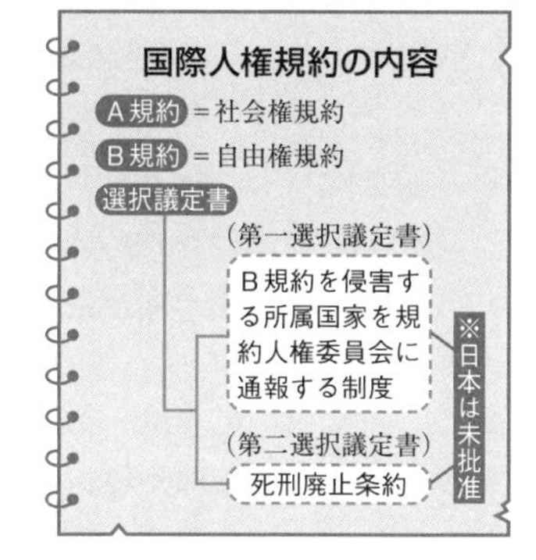

B 図表でチェック

1　次の表は，ホッブズ，ロック，ルソーの社会契約説についてまとめたものである。表中の空欄に当てはまる語を語群から選び，記号で答えよ。

	ホッブズ	ロック	ルソー
自然状態	①[　　]	自由・平等・平和	自由・平等・相互的孤立の状態
	（性悪説）	（性善説）	（性善説）
自然権	自己保存	所有権	自由・平等
国家の主目的	生命の保全	私有財産権の保護	自由権一般の保護
自然権の行方	国家に ②[　　]	国家に執行を ④[　　]	⑧[　　]に服従（一般意志を実現する社会に自然権を全面譲渡）
主権	君主主権（国家主権）	⑤[　　]主権	⑨[　　]主権
抵抗権	なし	あり→名誉革命を正当化	あり
政体	絶対王政 →結果的に絶対君主制を擁護	⑥[　　]民主制 影響 アメリカ独立宣言	⑩[　　]民主制 影響 フランス革命
著書	③[　　]	⑦[　　]	⑪[　　]

ア．人民　イ．国民　ウ．君主
エ．直接　オ．間接
カ．一般意志（思）
キ．委託・信託　ク．社会契約論
ケ．法の支配　コ．リバイアサン
サ．法の精神
シ．万人の万人に対する闘争状態
ス．全面譲渡・放棄
セ．統治二論

①	⑤	⑨
②	⑥	⑩
③	⑦	⑪
④	⑧	

2　次の表は，18世紀以降の主要な人権宣言，憲法などをまとめたものである。空欄に当てはまる宣言名を答えよ。

名　称	年(国)	説　明
①[　　]	1776(米)	イギリス権利請願などの影響を受けつつ，世界に先駆けて作成された。
②[　　]	1776(米)	アメリカ独立と新政府樹立の意義を社会契約論や革命権で正当化した。
③[　　]	1789(仏)	国民主権・基本的人権の尊重などの近代市民社会の原則を高らかに宣言。
④[　　]	1919(独)	社会権的基本権を明記した世界初の憲法。
⑤[　　]	1948(国連)	世界に向けて人権保障の基準を示した画期的な宣言。
⑥[　　]	1966(国連)	世界人権宣言を条約化し，実施を義務づけたもの。

①
②
③
④
⑤
⑥

▶▶▶時事正誤チェック　ホッブズは，自己保存の欲求に従って引き起こされる闘争状態から国家へ移行するにあたって，参政権の譲渡が必要であるとした。〈20：現社本試〉　[　　]

11 民主政治のあゆみ，世界の政治体制

A ポイント整理 当てはまることばを書いて覚えよう

（＿＿欄には数値が入る）

① ＿＿＿＿
② ＿＿＿＿
③ ＿＿＿＿
④ ＿＿＿＿
⑤ ＿＿＿＿
⑥ ＿＿＿＿
⑦ ＿＿＿＿
⑧ ＿＿＿＿
⑨ ＿＿＿＿
⑩ ＿＿＿＿

1 国民主権と民主主義

(1) 国の政治のあり方を最終的に決めるのは国民であるという原理を，国民主権といい，この理念が明確に文書で示されたのは市民革命期以降である。この原理に基づき，国民の意思で行われる政治を①＿＿＿＿という。

(2) ＿①＿のうち，国民が直接参加して重要な決定を行う政治を②＿＿＿＿という。近代の規模の大きくなった国家では，議会を通して国民が間接的に主権を行使する③＿＿＿＿・＿＿（間接民主制）がとられるようになった。

(3) ＿①＿において全会一致が難しい場合は，多数者の意見を全体の意思とする④＿＿＿の原理が導入される。しかし「数の力」により誤った決定がなされる危険（多数者の⑤＿＿）を防ぐため，熟議（話し合い）を通して少数者の意見を尊重し，多くの人が納得できる決定を導く必要がある。

2 イギリス型の議院内閣制

(1) イギリスは，『統治二論』を著した⑥＿＿＿の思想の流れによる立法府優位の三権分立を採用して，行政権を行使する内閣を，国民代表議会がコントロールするという⑦＿＿＿＿制を導入している。

(2) イギリスは，上院と下院の二院制となっているが，国民が選挙で選出する民選議院は下院の⑧＿＿院だけである。しかし，下院には内閣に対する⑨＿＿＿決議権が与えられており，下院が優越している。

(3) イギリスでは，首相には議会の多数党の党首を任命する。政権を担当していない野党は，政権の交替に備えてあらかじめ閣僚を決めておく慣行があるが，これを⑩＿＿＿＿（シャドー・キャビネット）という。

フランスの政治体制（主要部）

＊大統領：マクロン 2017～

3 アメリカ型の大統領制

(1) アメリカは，⑪＿＿＿＿・＿＿の思想の厳格な三権分立を採用して，行政権をもつ大統領に対して，議会は政治責任を問うことはできず，国民が選挙によってコントロールをする⑫＿＿＿制を導入している。

(2) アメリカ大統領の任期は⑬＿＿年であるが，⑭＿＿選は禁止されている。大統領選挙※は，国民が選出した大統領選挙人によって行われる⑮＿＿選挙である。

(3) アメリカ大統領には強大な権限が与えられており，議会が可決した法律案に対する⑯＿＿権がある。ただし，同じ法律案を議会が出席議員の３分の２以上の多数で再可決すると法律は成立する。

(4) アメリカでは司法府への信頼が厚く，議会が制定した法律や大統領令に対する⑰＿＿＿＿権が裁判所に与えられている。

＿⑦＿制	⑱＿＿権	内閣	←	＿⑨＿決議	←	議会
＿⑫＿制		大統領	←	選挙	←	国民

⑪ ＿＿＿＿
⑫ ＿＿＿＿
⑬ ＿＿＿＿
⑭ ＿＿＿＿
⑮ ＿＿＿＿
⑯ ＿＿＿＿
⑰ ＿＿＿＿
⑱ ＿＿＿＿

※ アメリカ大統領選挙は４年に１回，うるう年に実施され，翌年１月に新大統領が就任する。2020年の大統領選にて勝利し，翌21年１月に発足した民主党のバイデン政権は，トランプ政権下の排他的な保護主義を見直し，国際協調主義と多様性を重視する方針を示している。

4 社会主義国その他の政治体制

(1)　旧ソ連や中国などの社会主義国では，プロレタリアート（労働者）代表議会に全権力を集中する⑲＿＿＿＿制（民主集中制）が採られることが多く，労働者代表政党である⑳＿＿党独裁の政治となりやすい。

(2)　アジアやラテンアメリカ途上国では，強権的に経済開発を進める独裁体制である㉑＿＿＿＿が行われてきたが，最近では民主化運動の高まりから，このような体制は徐々に崩壊しつつある。

⑲＿＿＿＿＿＿

⑳＿＿＿＿＿＿

㉑＿＿＿＿＿＿

B 図表でチェック

1　次の図は，イギリスとアメリカ，中国の政治制度を表している。図中の空欄に当てはまる語を語群から選び記号で答えよ。同じ記号を２度使ってもよい。

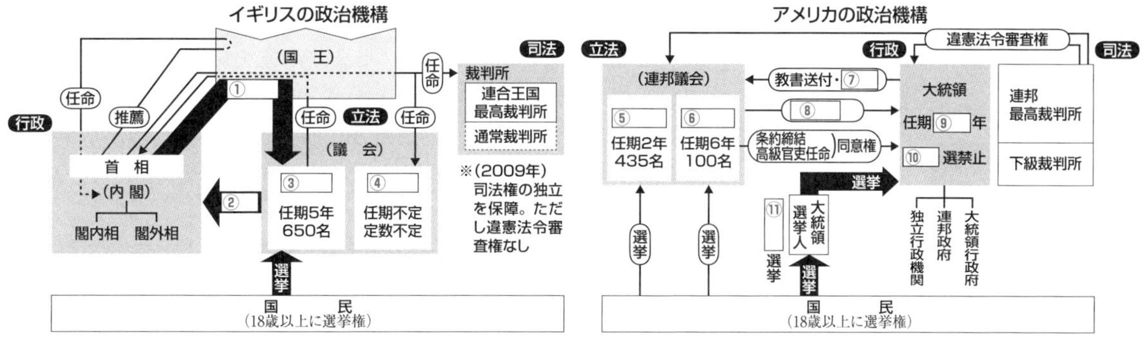

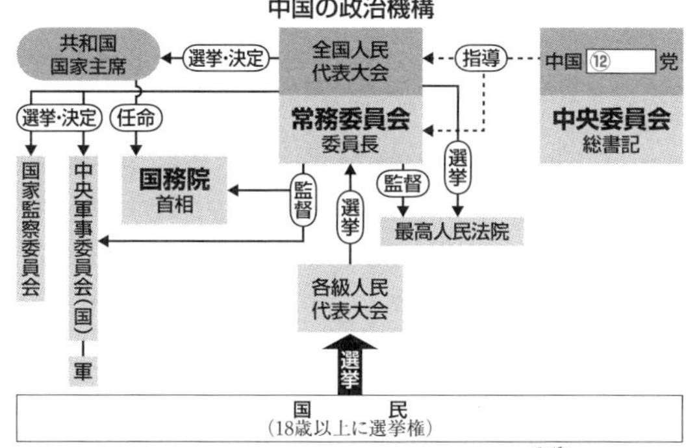

※2018年の憲法改正により，国家主席の任期３選禁止規定が撤廃された。

ア．上院	イ．下院	ウ．３	エ．４
オ．弾劾	カ．不信任	キ．解散	ク．法案拒否
ケ．保守	コ．共産	サ．間接	シ．直接

①	⑤	⑨
②	⑥	⑩
③	⑦	⑪
④	⑧	⑫

2　各国の政治制度とその特徴を示した次の表の空欄に当てはまる国名を語群から選んで答えよ。

国　名	政治制度	特　徴
①	大統領制	大統領の任期は４年。３選禁止。大統領は，国民の選んだ選挙人による間接選挙で選ばれる。
②	議院内閣制	議院は二院制で，貴族院（上院）と庶民院（下院）から構成されるが，下院優越の原則が確立されている。国王は政治的には中立。
③	権力集中制	人民代表議会である全国人民代表大会に全権力が集中している。国家主席は全人代で選出。国の最高行政機関は国務院で，その総理が首相に当たる。
フランス	大統領制と議院内閣制の複合	大統領の任期は５年。３選禁止。国民の直接選挙で選ばれる。大統領には，首相・大臣の任免権や国民議会の解散権など，強大な権限が与えられている。

イギリス　日本　ドイツ
中国　アメリカ

①
②
③

時事 正誤チェック

①中国の最高国家機関である全国人民代表大会は，立法権を有している。〈20：現社本試〉［　］

②アメリカでは，大統領は，連邦議会の解散権を有している。〈20：現社本試〉［　］

12 日本国憲法の成立と三大原理

A ポイント整理 当てはまることばを書いて覚えよう

（＿＿欄には数値が入る）

①＿＿＿＿＿＿

②＿＿＿＿＿＿

③＿＿＿＿＿＿

④＿＿＿＿＿＿

大日本帝国憲法下の政治機構

天皇（統治権の総攬者、神聖不可侵）

任命 裁判所：行政裁判所／司法裁判所

任命 内閣（天皇の輔弼）

帝国議会：貴族院（勅任）／衆議院

国民（権利には法律の留保）

統帥権の独立 陸・海軍

⑤＿＿＿＿＿＿

⑥＿＿＿＿＿＿

⑦＿＿＿＿＿＿

⑧＿＿＿＿＿＿

⑨＿＿＿＿＿＿

⑩＿＿＿＿＿＿

⑪＿＿＿＿＿＿

⑫＿＿＿＿＿＿

⑬＿＿＿＿＿＿

⑭＿＿＿＿＿＿

⑮＿＿＿＿＿＿

⑯＿＿＿＿＿＿

⑰＿＿＿＿＿＿

⑱＿＿＿＿＿＿

⑲＿＿＿＿＿＿

⑳＿＿＿＿＿＿

㉑＿＿＿＿＿＿

1 明治憲法下の政治

(1) ①＿＿＿＿＿＿憲法（明治憲法）は，天皇が定めた②＿＿＿憲法であり，天皇が統治権をもち，その地位は「神聖ニシテ侵スヘカラス」とされた。

(2) 明治憲法における三権は形式的な存在であって，帝国議会は天皇の立法権行使の③＿＿＿機関であり，国務各大臣も天皇の行政権行使の輔弼（ほひつ）機関にすぎず，裁判所は天皇の名において裁判を行っていた。

(3) 天皇には大権が与えられており，緊急勅令，独立命令，宣戦講和の命令権のほか，軍部の最高指揮権である④＿＿＿権などをもっていた。

(4) 明治憲法下の権利は，天皇の臣下に対して天皇が恩恵によって与える⑤＿＿＿＿＿＿と捉えられていたため，天皇は法律を制定することによって，いつでも権利を奪うことができるという法律の⑥＿＿＿を伴っていた。

(5) 大正時代に大正⑦＿＿＿＿＿＿＿＿の風潮が広まると，政党政治が本格化するとともに，男子普通選挙制度が実現したが，同時に社会運動を制約する⑧＿＿＿＿＿＿も制定された。

(6) 1945年，わが国は⑨＿＿＿＿＿宣言を受け入れて連合国との戦争に無条件降伏した。連合国軍総司令部（GHQ）は日本政府に憲法改正を指示してきたため，日本政府は憲法改正に着手した。

(7) 日本政府の憲法問題調査委員会の憲法改正作業が進む中，政府案＝⑩＿＿＿案が旧憲法と大差ないことがわかるとGHQは⑪＿＿＿＿＿＿＿＿三原則に基づく草案をもとに憲法改正を行うよう指示した。政府はこれをもとに憲法改正草案要綱を発表し，帝国議会（衆議院は戦後初の男女普通選挙による議員で構成）による審議・修正（「国民主権」明記，「生存権」追加など）を経て1946年11月３日に日本国憲法として公布され，翌年５月３日から施行された。

2 日本国憲法の三大原理

(1) 日本国憲法は民主政治と立憲主義に基づいた憲法であって，天皇の実権を奪い，⑫＿＿＿天皇制を採ることによって，国の政治の最高意思決定権を国民に与えるという⑬＿＿＿＿＿を第一の原理として採用した。

(2) ＿⑫＿たる天皇は，内閣の助言と承認に基づいて儀礼的・形式的な⑭＿＿＿＿＿のみを行う。

(3) ＿⑬＿は，憲法の前文で「⑮＿＿＿が国民に存する」とされている。

(4) 日本国憲法の第二の原理は，⑯＿＿＿＿＿＿＿＿＿＿で，憲法第３章「国民の権利及び義務」に規定されている。また，憲法第11条・97条は人権を「侵すことのできない⑰＿＿＿＿＿＿」とし，人権の自然権性を認めている。

(5) 不可侵の権利とされる基本的人権にも限界が存在し，濫用は許されない。憲法第12条・13条は「⑱＿＿＿＿＿＿」に反しない限り，国政において最大の尊重を必要とすると定め，人権の一般的限界を定めている。

(6) 憲法第⑲＿＿＿条は他国に類を見ない徹底した恒久⑳＿＿＿＿＿を定めて，第三の原理としている。

(7) 同条には三つの規定が明記され，第１項で戦争の㉑＿＿＿を，第２項前段で㉒___不保持を，第２項後段で㉓____の否認を定めている。

(8) 憲法前文には，⑳___の前提として，「全世界の国民が，ひとしく恐怖と欠乏から免(まぬ)かれ，㉔___のうちに生存する権利を有することを確認する」という規定を置いている。

(9) 日本国憲法は法の支配の原理に基づき，㉕_____とされている。天皇や国務大臣，国会議員，その他の公務員は，この憲法を尊重し擁護する義務を負う。

(10) 憲法の改正には法律に比べて厳格な手続きが定められている。このような憲法を㉖_____という。

(11) 憲法改正の主な手続きは以下のとおり。

衆(参)議院 →送付→ 衆(参)議院 →改正の㉘___→ ㉙_____ →承認（過半数の賛成）→ 天皇による公布

各総議員の㉗___分の___以上の賛成

㉒

㉓

㉔

㉕

㉖

㉗ 分の

㉘

㉙

B 図表でチェック

1 次の表は，大日本帝国憲法と日本国憲法の比較を示したものである。空欄に当てはまる語を答えよ。

大日本帝国憲法	比較事項	日本国憲法
プロイセン憲法	模範	主としてアメリカ憲法
欽定憲法	性格	⑤___憲法
①___主権	主権	⑥___主権
神聖不可侵・元首	天皇の地位	⑦___
統治権の総攬(らん)者	天皇の権限	国事行為のみ
天皇に陸海軍の統帥権 ②___の義務	戦争・軍隊	恒久平和主義（⑧___・戦力不保持・交戦権の否認）
③___としての権利	国民の権利	基本的人権は永久⑨___の権利
天皇の協賛機関	議会	⑩___の最高機関，唯一の立法機関
天皇の輔弼(ほひつ)機関	内閣	行政の最高機関
④___の名による裁判	裁判所	司法権の⑪___を保障，⑫___審査権あり
規定なし	地方自治	地方自治の本旨を尊重

①	⑦
②	⑧
③	⑨
④	⑩
⑤	⑪
⑥	⑫

2 次の図は，日本国憲法の三大原理を表したものである。空欄に当てはまる語を答えよ。

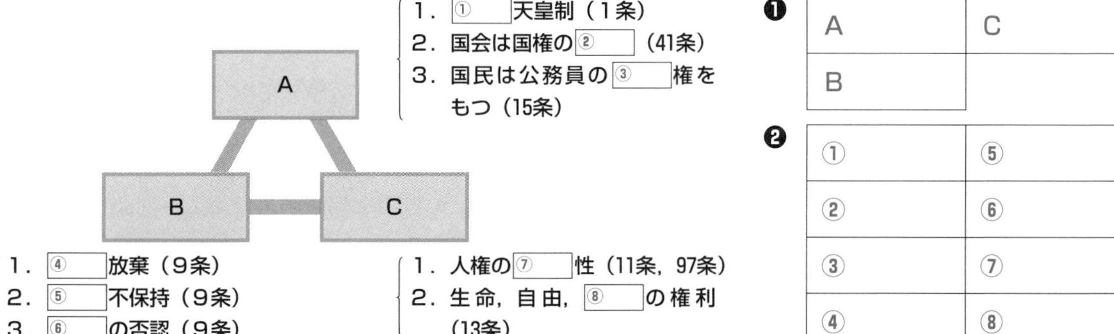

▶▶▶時事正誤チェック

①日本国憲法は，第二次世界大戦の反省から，戦争を放棄し，交戦権を否認すると規定しているが，戦力の不保持については規定していない。〈02：現社追試改〉 [ ]

②憲法改正の承認には，国民投票において投票総数の３分の２以上の賛成が必要とされる。〈16：政経，倫政本試〉 [ ]

13 基本的人権の保障①（平等権・自由権）

A ポイント整理 当てはまることばを書いて覚えよう

（＿＿欄には数値が入る）

①
②
③
④
⑤
⑥
⑦
⑧
⑨
⑩
⑪ ・
⑫
⑬

1 平等権

(1) あらゆる人権の大前提として，人間は生まれながらにして①＿＿であるという権利が保障されている。

(2) 日本国憲法第14条は，②＿＿＿の平等を定め，「③＿＿，信条，④＿＿，社会的身分又は門地により，政治的，経済的又は社会的関係において，差別されない」と規定している。さらに第24条で家族生活における⑤＿＿の本質的平等を，第44条で選挙の平等を規定している。

(3) 部落差別の解消のため，1965年の⑥＿＿対策審議会の答申に基づき，＿⑥＿対策事業特別措置法など一連の立法が進められてきた。

(4) 北海道に住む少数民族であるアイヌの人々の文化振興を目的に，1997年に⑦＿＿＿＿＿.＿＿＿が制定された。2019年には⑧＿＿＿＿＿.＿＿＿（アイヌ新法）が制定され，アイヌ民族が初めて先住民族と認定された。

(5) 障がい者に対する差別を解消するため，1993年に障害者基本法が制定された。2013年制定の⑨＿＿＿＿＿.＿＿＿により，障壁の撤廃のための合理的配慮※が求められた。

(6) 在日韓国・朝鮮人などの在日⑩＿＿＿＿に対する差別が問題となり，永住権者に対する指紋押捺を強制する制度は廃止された。

(7) 差別の解消のため，マイノリティに対して社会的地位の一定の枠を割り当てる⑪＿＿＿＿＿.・＿＿＿＿＿.＿（アファーマティブ・アクション）が導入されている分野もある。

(8) わが国における男女格差是正のための主な法整備は以下のとおり。

1985年	⑫＿＿＿＿＿.＿＿＿＿の制定…女性差別撤廃条約批准による国内法整備。
1991年	育児休業法制定（95年に育児・介護休業法に改正）
1999年	⑬＿＿＿＿＿.＿＿＿＿＿.＿の制定

平等を求める最近の動き
- 現行民法の「夫婦同姓」は合憲と判断（2015年，21年最高裁）
- 「女性のみに定められた再婚禁止期間（6か月＝180日）」は100日に短縮（2015年最高裁は100日を超える部分を違憲と判断した。→これを受け，翌2016年に改正民法成立）
- 婚外子（非嫡出子）の相続分を嫡出子の2分の1とする民法規定を改正して平等にする民法改正案（2013年9月，最高裁が違憲判決。同年12月民法改正）

⑭
⑮
⑯
⑰
⑱
⑲
⑳
㉑

2 自由権的基本権

(1) 自由権は⑭＿＿からの自由を本質とする消極的権利であって，日本国憲法は，精神の自由，身体の自由，経済の自由の三種類の自由を認めている。

(2) 精神の自由には，内心の自由として憲法第19条が⑮＿＿及び良心の自由を定め，内心の外部表明の自由として憲法第21条が⑯＿＿の自由を定めている。これらの権利は民主主義を支える優越的な権利であるから，公共の福祉の名の下に安易な規制を行うことは許されない。

(3) 憲法第21条は，個々人の＿⑯＿の自由を保障するために，同条2項で⑰＿＿の禁止と通信の秘密を定めている。

(4) 憲法第20条は⑱＿＿の自由を定めているが，それを保障するために国が特定の宗教を国教化することを禁止して⑲　　分離の原則を立てている。内閣総理大臣の靖国神社参拝はしばしば問題となっている。

(5) 憲法第23条は⑳＿＿の自由を定めているが，それを保障する制度として，公権力は大学の運営や教育内容に介入することは許されないとする

※ 障がいのある人から，社会にある障壁（バリア）を取り除いてほしいという意思表示が，手話や筆談などの形で示されたとき，その対応をする個人や事業者にとって負担が重すぎない範囲で対処することを，合理的配慮という。

㉑＿＿＿＿＿＿が認められている。

(6)　㉒＿＿の自由（身体の自由）は公権力による不当な身柄拘束や捜査を禁止することによって保障される権利であり，その中心規定は「法律なくして犯罪および刑罰なし」という原則を定める憲法第31条の㉓＿＿＿＿＿主義および法定手続の保障の規定である。

(7)　憲法第33条～40条には，逮捕や住居の捜査については原則として裁判官が発する㉔＿＿が必要である旨を定め（＿㉔＿主義），無罪確定後に再び罪に問われない㉕＿＿＿＿＿＿，被告人の㉖＿＿＿＿依頼権，自己に不利益な供述を拒む㉗＿＿権などを規定している。

(8)　経済の自由には，憲法第22条の居住・移転および㉘＿＿＿＿＿の自由と第29条の㉙＿＿＿権の２つがあるが，いずれも㉚＿＿＿＿＿＿に反しない限りで保障すると条文に明記されている。

㉒＿＿＿＿＿＿＿＿
㉓＿＿＿＿＿＿＿＿
㉔＿＿＿＿＿＿＿＿
㉕＿＿＿＿＿＿＿＿
㉖＿＿＿＿＿＿＿＿
㉗＿＿＿＿＿＿＿＿
㉘＿＿＿＿＿＿＿＿
㉙＿＿＿＿＿＿＿＿
㉚＿＿＿＿＿＿＿＿

B 図表でチェック

1　次の表は，自由権および平等権に関して最高裁まで争われた主な事件とその争点をまとめたものである。これに関して各問いに答えよ。

事件名	根拠となった憲法条文とその規定		争点
A　尊属殺人事件	①［　］条	⑥［　］の平等	尊属殺人の法定刑が，一般殺人の刑に比べて著しく重く，不平等ではないか。
B　議員定数不均衡訴訟	①［　］条 44条	⑥［　］の平等 選挙人の資格・差別禁止	一票の価値が地域で大きく異なるのは不平等ではないか。
C　三菱樹脂事件	②［　］条	思想・良心の自由	会社が思想を理由に，仮採用者の本採用を拒否したのは，思想・良心の自由の侵害ではないか。
D　愛媛玉ぐし料訴訟	20条	信教の自由， 国の⑦［　］の禁止	靖国神社に,玉ぐし料として公金を支出することは,⑪［　］の原則に違反するのではないか。
E　東京都公安条例事件	③［　］条	表現の自由	デモ行進を許可制によって制限する，東京都公安条例は，表現の自由の不当な侵害ではないか。
F　東大ポポロ事件	④［　］条	⑧［　］の自由	大学内で，情報収集活動を行っていた警察官に対する学生の暴行行為は，大学の自治を守るための正当防衛か。
G　薬事法違憲訴訟	22条	⑨［　］の自由	既存の薬局の保護のために，距離制限を定めた薬事法の規定は，これから薬局を開設しようとする者の⑨［　］の自由を侵害するのではないか。
H　森林法違憲訴訟	29条	⑩［　］の保障	森林保護のため，森林の分割制限を定めた森林法の規定は，持分権者の⑩［　］を侵害しているのではないか。
I　郵便法違憲訴訟	⑤［　］条	国家賠償請求権	郵便物の遅配による拡大損害を免責する郵便法の規定は，国家賠償請求権を定めた憲法に違反するのではないか。
J　国籍法違憲訴訟	①［　］条	⑥［　］の平等	日本人父と外国人母の非嫡出子の国籍取得について婚姻の有無で区別するのは不平等ではないか。
K　婚外子（非嫡出子）相続差別訴訟	①［　］条	⑥［　］の平等	夫婦ではない男女間に生まれた婚外子（非嫡出子）の法定相続分を法律上の夫婦の子（婚内子，嫡出子）の半分とするのは不平等ではないか。
L　女性の再婚禁止期間違憲訴訟	①［　］条	⑥［　］の平等	女性だけが離婚後６か月（180日）再婚できないとする民法の規定は不平等ではないか。

❶　空欄①～⑤に当てはまる数字を答えよ。

❷　空欄⑥～⑪に当てはまる言葉を答えよ。

❸　A～Lの訴訟で，最高裁判所で違憲判決が出されたものを記号で選び，すべて答えよ。

❶

①	③	⑤
②	④	

❷

⑥	⑧	⑩
⑦	⑨	⑪

❸

時事 正誤チェック　男女共同参画社会基本法は，男女間の格差改善の機会を提供する積極的改善措置について定めている。〈21：現社本試〉 ［　］

14 基本的人権の保障②（社会権・新しい人権など）

Ⓐ ポイント整理 当てはまることばを書いて覚えよう

（＿＿欄には数値が入る）

①＿＿＿＿
②＿＿＿＿
③＿＿＿＿ ④＿＿＿＿

自由権，社会権及び参政権

自由権
〈国家からの自由〉
国家 → ✕ 国民
介入させない権利

社会権
〈国家による自由〉
国家 → 国民
介入を求める権利

参政権
〈国家への自由〉
（国家に関わる自由）
国家 ← 国民
積極的に関わる権利

⑤＿＿＿＿
⑥＿＿＿＿
⑦＿＿＿＿ ⑧＿＿＿＿
⑨＿＿＿＿ ⑩＿＿＿＿
⑪＿＿＿＿
⑫＿＿＿＿
⑬＿＿＿＿ ⑭＿＿＿＿
⑮＿＿＿＿
⑯＿＿＿＿
⑰＿＿＿＿
⑱＿＿＿＿ ⑲＿＿＿＿
⑳＿＿＿＿
㉑＿＿＿＿
㉒＿＿＿＿
㉓＿＿＿＿ ㉔＿＿＿＿
㉕＿＿＿＿

ヘイトスピーチ対策法

邦人以外の異なる民族などに対する差別的言動を解消する国・地方の取り組みを定めた法律。表現の自由（憲法第21条）を制限するとの批判もあったが，人格権を否定する差別的発言は人道的にも許されるべきではないとする観点から法律が可決・成立した（2016年）。

1 社会権的基本権

(1) 社会権は，国家が社会的弱者を救済するいわゆる①＿＿国家の下で登場した20世紀的権利である。ドイツの②＿＿＿＿＿憲法（1919年）が，世界で初めて社会権を規定した（『人間たるに値する生活の保障』）。人間らしい生活の実現のために国に積極的な施策を要求する権利（国家による自由）であり，憲法では③＿＿権（第25条），④＿＿を受ける権利（第26条），労働基本権（第27・28条）が保障されている。

(2) 生存権について，憲法第25条は，「すべて国民は，健康で文化的な⑤＿＿＿＿の生活を営む権利」をもち，国はそのために努力しなければならないとしている。生存権規定について，最高裁は国の政策指針を示したものにすぎず，個々の国民に対して具体的な権利を与えたものではないという考え方（⑥＿＿＿＿＿規定）を示した（1967年，朝日訴訟判決）。これに対して，現在では法的権利を認めるものであるとする説（法的権利説）も有力である。

生存権をプログラム規定とした最高裁判例
朝日訴訟　堀木訴訟

(3) 教育を受ける権利について，憲法第26条は，国民は「能力に応じて，ひとしく⑦＿＿を受ける権利を有する。」と定めて，教育の機会均等を保障し，その前提条件として義務教育を⑧＿＿としている。

(4) 労働基本権として，憲法第27条は⑨＿＿権を，第28条ではいわゆる労働三権として，労働組合を結成する⑩＿＿権，使用者との交渉の権利である⑪＿＿＿＿権，ストライキなどの実力行使を認める⑫＿＿＿＿権（争議権）を認めている※。

2 基本的人権を実現するための権利と国民の三大義務

(1) 国民主権の原理に立って，主権者に⑬＿＿権が与えられている。その内容としては，選挙権と⑭＿＿＿権（立候補の自由）がある。その他に，最高裁裁判官に対する⑮＿＿＿＿権（第79条），地方自治特別法の⑯＿＿＿＿権（第95条），憲法改正の⑰＿＿＿＿権などがある。

(2) 国民には，公権力への請求権として，国政の変革を求めていく⑱＿＿権，人権侵害の回復手段として⑲＿＿を受ける権利（⑲請求権），公務員の不法行為による損害を国や地方に賠償請求できる⑳＿＿＿＿＿権，刑事㉑＿＿請求権が認められている。

(3) 国民の三大義務とは，子どもに㉒＿＿＿＿を受けさせる義務（第26条），㉓＿＿の義務（第27条），㉔＿＿の義務（第30条）である。明治憲法の兵役の義務は廃止された。

旧優生保護法の救済法が成立

1948～96年まで旧優生保護法に基づく強制不妊手術による被害者に対して一時金を支払う救済法が成立（2019年）。強制的な不妊手術は，リプロダクティブ・ヘルス／ライツ（性と生殖の健康／権利）を侵害する不法行為と考えられる。

3 新しい人権

(1) 憲法制定当初は予想できなかったが，その後の社会状況の変化の中で権利性を認める必要性が生じた権利を㉕＿＿＿＿＿という。

※ 公務員については，団体行動権（争議権）は国家公務員法などによって一律禁止されているが，最高裁は憲法28条には違反しないとする判決を出したことがある。

(2)　より良い生活環境を享受する権利を㉖＿＿権といい，憲法第13条の㉗＿＿＿＿＿権と第25条の生存権の解釈から主張されている。

(3)　㉘＿＿＿＿＿＿の権利は，私生活をみだりに公開されない権利として登場したが，情報化の進展により，現在では自己に関する情報を自らコントロールする権利として捉える考え方が強まっている。個人情報に関して，行政や民間事業者などに適切な取り扱いを義務付ける㉙＿＿＿＿＿＿法が制定された（2003年）。

(4)　個人のプライバシーに関連して，㉚＿＿権（本人の許可なく姿を写真に撮られたり公表されたりしない権利）や㉛＿＿＿＿＿＿権（有名人の氏名や肖像に財産的価値を認め，それを本人が独占できる権利）なども重視されるようになってきている。また，インターネットの普及に伴い，「忘れられる権利」なども主張されてきている。

(5)　㉜＿＿権利は，国民が主権者として政治的意見を表明・判断するために，公益機関やマスコミが保持する情報に対してその公開を求める権利である。自治体で条例の制定が進み，国レベルでも1999年に㉝＿＿＿＿法が制定された。一方，国の安全保障に関する情報を漏らした公務員や民間人を処罰する㉞＿＿＿＿保護法（2013年成立）は，国民の知る権利を侵害するものとの批判がある。

(6)　情報源である報道機関などに接近し，その内容に対して意見を表明したり訂正を求める権利を㉟＿＿＿＿権という。

(7)　医療の発展に伴い，治療法などを選択する㊱＿＿＿＿権が主張されている。

㉖＿＿＿＿＿＿＿＿
㉗＿＿＿＿＿＿＿＿
㉘＿＿＿＿＿＿＿＿
㉙＿＿＿＿＿＿＿＿
㉚＿＿＿＿＿＿＿＿
㉛＿＿＿＿＿＿＿＿

マイナンバー制度

全国民に12桁の番号をつけ，社会保障や税に関する個人情報を管理するしくみ。社会保障や税のほか，災害対策の分野で活用されている。行政手続きの簡略化というメリットがある一方，搭載機能のマイナ保険証に他人の情報が紐づけされているなどトラブルが相次いで発覚している。2023年には現在の保険証を廃止し，マイナ保険証への移行を促進する改正マイナンバー法が成立したが，運用拡大に懸念の声も根強い。

㉜＿＿＿＿＿＿＿＿
㉝＿＿＿＿＿＿＿＿
㉞＿＿＿＿＿＿＿＿
㉟＿＿＿＿＿＿＿＿
㊱＿＿＿＿＿＿＿＿

公共の扉　憲法・政治

B 図表でチェック

1　次の表は，新しい人権についてまとめたものである。これについて次の各問いに答えよ。

権利	内容	根拠条文	判例
①	①より良い環境を求める権利	13条 25条	・大阪空港騒音訴訟 ・名古屋新幹線訴訟
②	①妨害されずに情報を受け取る権利 ②必要な行政情報を請求する権利➡情報公開請求権 ③報道機関，公権力の情報源への接近権➡アクセス権	前文 1条 13条 15条 21条	・外務省機密漏洩（ろうえい）事件（沖縄密約事件） ・情報公開請求訴訟 ・サンケイ新聞事件
③	①私生活にみだりに干渉されない権利 ②自己に関する情報を自らコントロールする権利	13条 21条2項 35条	・「宴（うたげ）のあと」事件 ・「石に泳ぐ魚」事件
平和的生存権	①すべての権利の大前提として平和を求める権利	前文 9条 13条	・長沼ナイキ基地訴訟 ・百里基地訴訟
④	①自己の人格的生存に関わることを，自分で自律的に決定できる権利	13条	・「エホバの証人」訴訟

❶　右のA～Dの権利は，それぞれ上の表の①～④のどれに当てはまるか，記号で答えよ。

❷　右の①～④の法律に最も関わりがある権利を❶のA～Dから選び，記号で答えよ。

A　知る権利　　C　環境権
B　プライバシーの権利　　D　自己決定権

①　個人情報保護法　　③　通信傍受法
②　情報公開法　　④　環境影響評価法

❶

①	③
②	④

❷

①	③
②	④

時事正誤チェック

①郵便，電話，電子メールなどによる，特定の者の間のコミュニケーションに関する秘密を保障するものとして，「通信の秘密」が憲法に規定されている。〈20：現社追試〉　[　　]

②インターネット上で友人と自由に政治的な意見を交わし合うことは，アクセス権として保障されている。〈20：政経，倫政本試〉　[　　]

③インターネット接続事業者に対して，インターネット上の表現によって権利を侵害されたものが，発信者情報の開示を請求することについて定める法律が制定されている。〈公共，政経試作問題〉　[　　]

15 平和主義と日本の安全保障

A ポイント整理 当てはまることばを書いて覚えよう （___欄には数値が入る）

①______
②______
③______
④______
⑤______
⑥______
⑦______
⑧______
⑨______
⑩______

日米間の安全保障条約

1951年 旧日米安全保障条約
・米軍の日本駐留を認める
1960年 新日米安全保障条約
・日本の防衛力増強義務
・日米共同防衛義務

防衛三文書の主な改定点

「国家安全保障戦略」などの防衛三文書を改定（2022年，閣議決定）。
・反撃能力（敵基地攻撃能力）の保有を明記。
・防衛装備移転三原則や運用指針の見直しを検討。
・防衛費を増額。2027年度にGDP比２％へ。

⑪______
⑫______
⑬______
⑭______
⑮______
⑯______
⑰______
⑱______
⑲______
⑳______

1 わが国の防衛方針

(1) 憲法９条で認められている自衛権の行使は，わが国がもっぱら攻撃された場合にだけ認められ，先制攻撃による自衛は認めないとする①______の原則が採られている。日本政府は防衛原則として，わが国が攻撃された場合，独自に正当防衛としての自衛権を行使するという②________の原則を適用しており，他国と共同して自衛を行う③________権の行使を禁止してきた。しかし，安倍内閣は2014年に憲法解釈の変更により___③___権の行使容認を閣議決定した。さらに2022年の岸田内閣では，防衛力の強化を理由に，___①___を維持するとしつつも「反撃能力（敵基地攻撃能力）」の保有を明記した防衛三文書を閣議決定した。

(2) 自衛隊の指揮命令権を職業軍人がもってはならないとする原則を④______（⑤________・コントロール）の原則という。

(3) 1976年，三木内閣は防衛費をGNPの⑥___%以内に抑える原則を作ったが，1987年の中曽根内閣はそれを撤廃し，総額明示方式とした。

(4) わが国は核兵器について，「もたず，つくらず，⑦__________」という⑧________を採っている。

(5) わが国はこれまで⑨______三原則により，①共産圏諸国，②国連決議による武器禁輸国，③国際紛争の当事国への武器輸出を禁止してきたが，2014年，安倍内閣は，②③を継承しつつ，厳格な審査の下で武器移転（輸出）を認める⑩__________三原則を閣議決定した。

2 自衛隊をめぐる問題と有事法制

(1) 朝鮮戦争（1950～53年）の下，GHQの指令で1950年に創設された⑪_______が，1952年には⑫_____，1954年には⑬_____に改組され，装備も強化されてきた。

(2) 1951年に結ばれた⑭__________条約は，占領終了後も米軍の日本駐留と基地の使用を認めるものであった。さらに，1960年の新安保条約では，在日米軍基地が継続される一方，新たに日本の防衛力増強義務と日米両国の共同軍事行動が追加された。

(3) 冷戦終結後における日本の防衛政策および自衛隊の活動は以下のとおり。

1992年	⑮_________協力法（⑯_____協力法）制定…自衛隊の海外派遣の開始 →同年９月カンボジアに最初に派遣
1999年	《小渕内閣》97年改定⑰__________関連法制定（周辺事態法など）
2001年	９・11米国同時多発テロを受け，テロ対策特別措置法制定（2007年失効）
2003年	《小泉内閣》有事関連３法制定…⑱__________法（日本への武力攻撃の際の対処法）など。イラク復興支援特別措置法制定（2009年失効）
2004年	有事関連７法制定…⑲______法（有事の国民保護）など。イラクへ自衛隊派遣
2007年	防衛庁が防衛省に昇格
2009年	海賊対処法制定。ソマリア近海へ自衛隊派遣
2013年	⑳_______．会議設置…日米安全保障政策の司令塔として首相官邸機能を強化。外交・防衛政策の指針として「国防の基本方針」に代わる「国家安全保障戦略」を策定
2014年	《安倍内閣》集団的自衛権の行使容認を閣議決定
2015年	新___⑰___決定，集団的自衛権の行使容認を含む安全保障関連法が成立
2022年	《岸田内閣》「国家安全保障戦略」などの防衛三文書の改定を閣議決定

(4) 安保条約によって在日米軍基地がおかれ，その費用のかなりの部分をいわゆる㉑______予算として負担している。

(5) 自衛隊をめぐっては，それが憲法第９条に違反するかどうかが長い間議論になっている。日本政府は，自衛隊は憲法第９条第２項前段が保持を禁止する㉒___には当たらず，自衛のための必要最小限度の㉓___にすぎないという立場からその存在を認めている。

㉑______

㉒______

㉓______

B 図表でチェック

1 憲法第９条について，次の空欄に当てはまる語を語群から選んで答えよ。

第９条［戦争の放棄と戦力及び交戦権の否認］ 日本国民は，①___と②___を基調とする国際平和を誠実に希求し，③___の発動たる④___と，武力による⑤___又は武力の⑥___は，⑦___を解決する手段としては，永久にこれを⑧___する。

② 前項の目的を達するため，陸海空軍その他の⑨___は，これを保持しない。国の⑩___は，これを認めない。

戦争
正義
国権
秩序
放棄
交戦権
戦力
国際紛争
行使
威嚇

①	⑥
②	⑦
③	⑧
④	⑨
⑤	⑩

2 わが国の防衛原則について，次の表の空欄に当てはまる語を答えよ。

主な防衛原則	内容
①___	核兵器を，「もたず，つくらず，もちこませず」
②___の原則	軍隊を民主的に統制し，危険な方向に独走するのを防ぐため，自衛隊の最高指揮監督権をもつ内閣総理大臣や現場統括権をもつ防衛大臣は文民でなければならない。
③___の原則	先制攻撃は禁止される。相手から武力攻撃を受けたときに，初めて防衛力を行使することができる。
④___行使の禁止の原則	従来，政府はわが国に対する直接の攻撃でなく，同盟関係にある他国への武力攻撃を実力で阻止する権利の行使は，自衛の範囲を超えるものであって，憲法９条の下で，許されないとしてきたが，安倍内閣は憲法解釈を変更し，限定的条件の下で行使を容認した。

①	②	③	④

3 次の表は2015年に成立した安全保障関連法によって拡大した自衛隊の活動についてまとめたものである。表の空欄に当てはまる語を語群から選んで答えよ。

		改正前	改正後
日本に関すること	平時	①___法 ・わが国周辺の有事で米軍を支援	②___法 ・「わが国周辺」から世界中での支援へ拡大 ・重要影響事態で米軍に加え豪軍などを支援
	戦争時	③___法 ・個別的自衛権を行使	③___法 ・「存立危機事態」を新設 ・集団的自衛権を行使
国際社会に関すること	平時	④___法 ・国連が統括する平和維持活動に限る	④___法 ・国連以外の平和安全活動も可能 ・武器使用基準の緩和
	戦争時	⑤___法 ・自衛隊を派遣するごとに立法	⑥___法 新設＝恒久法 ・戦争中の他国軍を後方支援できる ・自衛隊の常時派遣が可能

国際平和支援　PKO協力
周辺事態　武力攻撃事態
重要影響事態
テロ対策特別措置

①
②
③
④
⑤
⑥

時事正誤チェック 日本政府は，憲法第９条が保持を禁じている「戦力」は自衛のための必要最小限度を超える実力であるとしている。〈19：政経本試〉 ［　］

用語チェック　10民主政治の原理と法の支配～15平和主義と日本の安全保障

10 民主政治の原理と法の支配

➡P.28・29

□❶国王の権力は神によって授けられたものであるため絶対的だとする考え。 ❶[　　]

□❷国家権力の根拠は全国民の信託にあり，国家は国民の権利を守る契約上の義務を負うとする考え。 ❷[　　]

□❸人間の自然状態を「万人の万人に対する闘争状態」であるとし，国民は国家に主権を全面譲渡すべきであると主張した人物とその著書。 ❸[　　][　　]

□❹国民は自らが主権をもち，契約によって主権の執行を政府に信託すべきであると主張した人物とその著書。信託に背いた政府に対しては抵抗権を認めた。 ❹[　　][　　]

□❺国家の主権は人民にあり，人民の一般意志に基づいて政治が行われるとして，徹底した直接民主制を主張した人物とその著書。 ❺[　　][　　]

□❻イギリスの名誉革命で制定された，国王が議会の同意なく法律を停止したり課税したりしないことなどを確認した文書。 ❻[　　]

□❼国家権力を立法権・執行権・裁判権に分類し，三権をそれぞれ異なる機関で運用させ，権力の抑制と均衡をはかるという三権分立を主張した人物とその著書。 ❼[　　][　　]

□❽1776年７月に出された宣言で，生命・自由・幸福追求の権利を天賦の人権としてとらえ，ロックの社会契約論にたった歴史文書。 ❽[　　]

□❾1789年のフランス革命のなかで出された宣言で，自由・所有権・安全・圧制への抵抗を自然権として宣言したもの。 ❾[　　]

□❿1919年にドイツで制定された，世界で初めて社会権を規定した憲法。 ❿[　　]

□⓫権力者による恣意的な支配を排除し，いかなる国家権力も法に拘束されるとする原理。 ⓫[　　]

□⓬人権を保障するために，憲法によって国家や権力を抑制する原理。 ⓬[　　]

□⓭国家は国防や治安の維持など必要最小限度の役割を果たすべきで，過度に国民生活に介入すべきではないとする19世紀までの国家。 ⓭[　　]

□⓮国家は景気・物価対策や完全雇用政策など国民の生活を安定させる役割を果たすべきであるとする20世紀の国家。 ⓮[　　]

□⓯1948年に国連総会で採択された，人権に関する宣言。 ⓯[　　]

□⓰⓯を条約化し，締約国に人権保障を義務づけたもの。1966年に国連総会で採択。Ａ規約，Ｂ規約，Ｂ規約に関する選択議定書などから成る。 ⓰[　　]

□⓱1965年に国連で採択された，あらゆる形態の人種差別を撤廃する条約。 ⓱[　　]

□⓲1979年に国連で採択された，女子に対する差別を撤廃し，政治・経済・文化などあらゆる分野における男女平等をめざした条約。 ⓲[　　]

11 民主政治のあゆみ，世界の政治体制

➡P.30・31

□❶国民の意思に基づいて政治を行うとする原理。 ❶[　　]

□❷国民自身が直接に政治決定を下す民主政治形態。 ❷[　　]

□❸国民の代表者である議会が決定を下す民主政治形態。 ❸[　　]

□❹全会一致が難しい場合，多数者の意見を全体の意見とする原理。 ❹[　　]

□❺行政権をもつ内閣の存立を議会の信任に求め，内閣は議会に対して連帯責任を負うという政治制度。 ❺[　　]

□❻イギリスで政権をもっていない側の政党（野党）が，政権交替に備えてあらかじめ閣僚を決めておくこと。 ❻[　　]

□❼アメリカでとられている，大統領と立法府の議員の両方を，国民が選挙する制度。 ❼[　　]

□❽アメリカ大統領の任期は何年か。 ❽[　　]

□❾アメリカ大統領が，向こう１年の施政方針を議会で表明するための文書。 ❾[　　]

□⑩共産党が支配する中国などにみられる，単一の政党が支配する政治体制。　⑩ [ ]
□⑪発展途上国などで経済の開発を優先する独裁政権。　⑪ [ ]
□⑫イランをはじめとするイスラム諸国でとられている，クルアーン（コーラン）をもとにした政治体制。　⑫ [ ]

12 日本国憲法の成立と三大原理

➡P.32・33

□❶明治憲法のように，君主が制定する憲法。　❶ [ ]
□❷明治憲法下での帝国議会の位置づけ。　❷ [ ]
□❸明治憲法下での内閣の位置づけ。　❸ [ ]
□❹明治憲法が保障する基本的人権。天皇から与えられた権利。　❹ [ ]
□❺明治憲法下では，臣民の権利は法律で制限できるとされていたが，この制限のことを何というか。　❺ [ ]
□❻男子普通選挙制度が実現したころの日本で広まった，民主主義を求める風潮。　❻ [ ]
□❼1945年に日本が受諾した，日本の無条件降伏と戦後処理の基本方針に関する文書。　❼ [ ]
□❽GHQが，新しい日本の憲法の方針について示した天皇制の維持などを示した３つの方針。　❽ [ ]
□❾国の政治のあり方を最終的に決定する権利は国民にあるという原理。　❾ [ ]
□❿日本国憲法下での天皇の地位。　❿ [ ]
□⓫天皇が行うことができるとする，儀礼的・形式的な行為のこと。　⓫ [ ]
□⓬天皇が行うすべての国事行為には内閣の何が必要とされるか。　⓬ [ ]
□⓭基本的人権は，明治憲法では法律の範囲内で保障されていたが，日本国憲法ではどのような権利として保障されているか。　⓭ [ ]
□⓮日本国憲法下での基本的人権の限界。人権と人権が衝突した場合の矛盾を調整する原理。　⓮ [ ]
□⓯日本国憲法の三大原理は，国民主権，基本的人権の尊重ともう一つは何か。　⓯ [ ]
□⓰日本国憲法は，法律や政令，条例などすべての法の上に立ち，憲法に違反する法は無効だと定められている。このような憲法の性質を何というか。　⓰ [ ]
□⓱憲法の改正が国会により発議された後に行われる，満18歳以上の国民による投票。　⓱ [ ]

13 基本的人権の保障①（平等権・自由権）

➡P.34・35

□❶すべて国民は「人種，信条，性別，社会的身分又は門地により，政治的，経済的又は社会的関係において差別されない」とする憲法14条の規定。　❶ [ ]
□❷北海道に古くから住む少数民族を，法的に初めて先住民族と認定した2019年制定の法律。　❷ [ ]
□❸障がい者に対する社会的な障壁の撤廃のための合理的配慮を求めた，2013年制定の法律。　❸ [ ]
□❹実質的な機会均等のため，差別を受けてきた者に対し暫定的な優遇措置をとること。積極的差別是正措置とも呼ぶ。　❹ [ ]
□❺雇用における女性差別を解消するために，1985年に制定された法律。　❺ [ ]
□❻女性の社会進出について積極的な改善措置を講じて，男女の実質的な平等を確保することを明記した法律。　❻ [ ]
□❼自由権の内容は大きく３つに分類される。自由権の内容を３つ答えよ。　❼ [ ]
[ ]
[ ]
□❽憲法20条の規定。どのような宗教を信じてもよいし，何も信じなくてもよいという自由。また外部への布教の自由。　❽ [ ]
□❾政治と宗教の結合を禁止する原則。信教の自由を保障するための制度。　❾ [ ]
□❿憲法21条１項の規定。内心を外部に表明する自由。　❿ [ ]

□⓫公権力が表現物の内容を審査して，発表を差し止めることを禁止した憲法の規定。 ⓫ [ ]
□⓬憲法23条の規定。研究の自由，研究成果発表の自由，教授の自由など。 ⓬ [ ]
□⓭不当な身柄拘束を排除し，行動の自由を保障する権利。 ⓭ [ ]
□⓮犯罪と刑罰は法律に規定しておくという原則。 ⓮ [ ]
□⓯逮捕・捜索・押収を行うには，司法官憲が発する令状が必要であるという原則。 ⓯ [ ]

14 基本的人権の保障②（社会権・新しい人権など）

➡P.36・37

□❶憲法25条の規定。健康で文化的な最低限度の生活を営む権利。 ❶ [ ]
□❷憲法25条は，国の政治指針としての努力目標を規定したものであり，具体的な権利を保障するものではないとする見解。 ❷ [ ]
□❸最高裁判所の裁判官が衆議院議員選挙の際，罷免するかどうか，国民の投票で審査される制度。 ❸ [ ]
□❹国が特定の地方自治体だけに関わる特別法をつくる際，その地域の住民により行われる投票。 ❹ [ ]
□❺公務員の不法行為による損害を，国や地方に賠償請求できる権利。 ❺ [ ]
□❻納税の義務，子どもに普通教育を受けさせる義務と並ぶ国民の義務。 ❻ [ ]
□❼行政情報を入手する権利。国民が主権者として正しく物事を判断し，行政や企業を監視する上で重要な権利。 ❼ [ ]
□❽国の行政機関がもっている情報を，国民が入手できるように保障した法律。 ❽ [ ]
□❾私生活をみだりに干渉されない権利。現在では，自己に関する情報を自らコントロールする権利としてとらえる考え方が強まっている。 ❾ [ ]
□❿個人のプライバシー保護のため，行政機関がもつ個人情報の取り扱いを定めた法律。 ❿ [ ]
□⓫よりよい環境で生きる権利。 ⓫ [ ]
□⓬個人が，マスメディアなどの情報源に接近して，広く意見を表明できる場を提供してもらうことを保障する権利。 ⓬ [ ]
□⓭新しい人権に共通する憲法上の根拠条文とその権利の名称。 ⓭ [ ]

15 平和主義と日本の安全保障

➡P.38・39

□❶1951年，日本の独立回復と同時に調印された日米間の二国間条約。 ❶ [ ]
□❷自衛隊の最高指揮監督権をもつ内閣総理大臣は文民でなければならないとする原則。 ❷ [ ]
□❸相手から武力攻撃を受けた時に初めて防衛力を行使するという防衛原則。 ❸ [ ]
□❹非核三原則とは，「つくらず」「もたず」とあと一つ何か。 ❹ [ ]
□❺武器輸出三原則に代わって2014年に閣議決定された，厳格な審査の下で武器移転（輸出）を認めた原則。 ❺ [ ]
□❻1978年に日米政府が有事の際の協力のしかたについて取り決めた「日米防衛協力のための指針」（1997年，2015年に改定）をカタカナ６文字で何というか。 ❻ [ ]
□❼1992年に制定された，PKO活動に限定して自衛隊の海外派遣を認めた法律。 ❼ [ ]
□❽2001年９月に起こったアメリカの同時多発テロを受けて，わが国で制定された法律。 ❽ [ ]
□❾2015年に周辺事態法が改称され，自衛隊が日本周辺に限らず外国軍を後方支援できることとした法律。 ❾ [ ]
□❿自国への直接攻撃ではなく，同盟関係にある国への武力攻撃を実力で阻止する権利。 ❿ [ ]

記述でチェック 単元で学習した用語を説明しよう。

2015年の安全保障関連法で認められた集団的自衛権とは，どのような権利か。40～50字で答えよ。

➡15 P.38・39

10 20 30
40 50

実戦問題　10民主政治の原理と法の支配～15平和主義と日本の安全保障

1　次の文章を読み，以下の問いに答えよ。

民主政治を正当化したのは，ⓐ社会契約説であった。ⓑ各国の政治制度はこの考え方に立って，各々の歴史的背景の下で作られている。これらの政治の目的はなんと言ってもⓒ基本的人権の保障であり，自由権・参政権・社会権といった人権が確立されてきた。さらに最近では，いわゆるⓓ「新しい人権」の保障の必要性も高まっているとして，日本国憲法は前文で「われらは，全世界の国民が，ひとしく［　　　］と欠乏から免かれ，平和のうちに生存する権利を有する」として，「平和的生存権」を掲げている。

問1▶文中の空欄に当てはまる適当な語を答えよ。　［　　　　　　　　］

問2▶下線部ⓐに関して，次の文章A～Dは，ホッブズが著した『リバイアサン』の一節あるいは要約である。下の図中の空欄［ア］～［エ］には，A～Dのいずれかの文章が入るが，空欄［エ］に入る文章として最も適当なものを一つ選び，記号で答えよ。〈21：政経共通テスト第2回改〉　［　　　　　　　　］

A　人は，平和と自己防衛のためにかれが必要だとおもうかぎり，他の人びともまたそうであるばあいには，すべてのものに対するこの権利を，すすんですてるべきであり，他の人びとに対しては，かれらがかれ自身に対してもつことをかれがゆるすであろうのと同じおおきさの，自由をもつことで満足すべきである。

B　人びとが，かれらすべてを威圧しておく共通の権力なしに，生活しているときには，かれらは戦争とよばれる状態にあり，そういう戦争は，各人の各人に対する戦争である，ということである。

C　各人は，かれ自身の自然すなわちかれ自身の生命を維持するために，かれ自身の意志するとおりに，かれ自身の力を使用することについて，自由をもっている。

D　各人は，平和を獲得する希望があるかぎり，それにむかって努力すべきであるというのが，理性の戒律すなわち一般法則である。その内容は，「平和をもとめ，それにしたがえ」ということである。

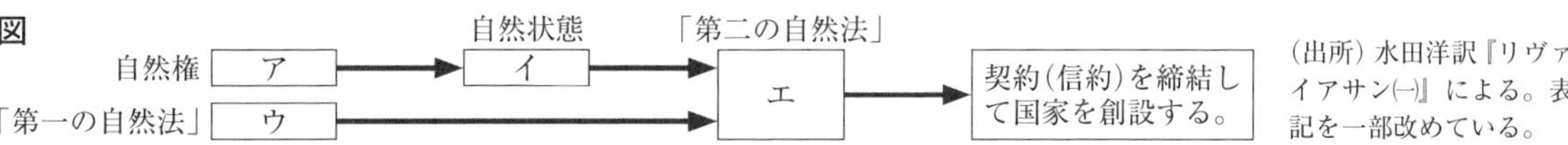

(出所) 水田洋訳『リヴァイアサン(一)』による。表記を一部改めている。

問3▶下線部ⓑに関して，各国の政治体制についての以下の設問に答えよ。

(1)　イギリスは，伝統的に二大政党制の国であり，野党が，政権交代に備えてあらかじめ閣僚を決めておく慣行がある。この慣行に従って組織されている野党の予備内閣を何とよぶか。　［　　　　　　　　］

(2)　アメリカにおいては，立法府である議会と行政府は厳格に分立され，行政府の首長を国民が選挙によってチェックする政治体制が採られている。このような政治体制を何というか。　［　　　　　　　　］

問4▶下線部ⓒに関して，基本的人権についての以下の設問に答えよ。

(1)　自由権には，大きく分けて3つの種類がある。この3種類の自由の名称を答えよ。
［　　　　　　，　　　　　　，　　　　　　］

(2)　個々人の信教の自由を守るために認められる制度的保障で，政治は宗教的活動を行ってはならないとする原則を何というか。　［　　　　　　　　］

(3)　個々人の表現の自由を守るために，表現物の内容を行政機関などの公権力が事前に審査し，その公表を差し止めることは禁止されている。これを何の禁止というか。　［　　　　　　　　］

(4)　すべての人に対する不合理な差別を禁止することを日本国憲法14条は何という言葉で規定しているか。
［　　　　　　　　］

(5)　日本国憲法25条は生存権を定めているが，同条の法的性質は何規定とよばれているか。［　　　　　　　　］

(6)　日本国憲法26条は国民の教育を受ける権利を保障するために，ある制度を無償にすることを明記している。その制度とは何か。　［　　　　　　　　］

問5▶下線部ⓓに関して，新しい人権として主張されるものの一つとしてプライバシー権があるが，これが報道によって侵害されることは，右図の「公共の福祉」に照らし許されるか。「表現の自由」「制約」の語句を用いて答えよ。

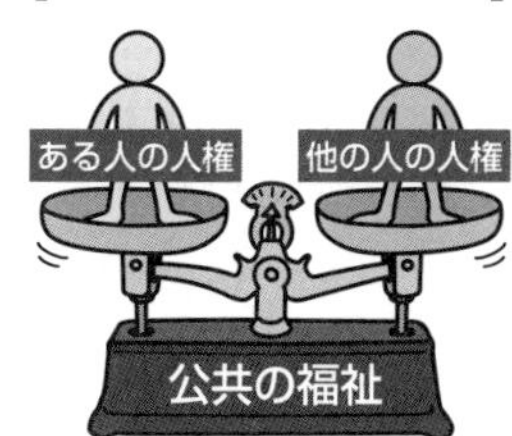

［　　　　　　　　　　　　　　　　　　　　　　　　］

2 次の文章を読み，以下の問いに答えよ。

第二次世界大戦後，大日本帝国憲法が改正され，ⓐ日本国憲法が制定された。日本国憲法ではⓑ基本的人権は「人類の多年にわたるⓒ自由獲得の努力の成果」（97条）であるとされ，「侵すことのできない永久の権利」（11条，97条）と規定している。ⓓ日本国憲法で保障されているこれらの権利は，法律によって侵すことはできない。

問１▶下線部ⓐに関連して，日本における憲法上の権利とそれに関連する記述として**適当でないもの**を，次の①～④のうちから一つ選べ。〈21：現社共通テスト第２回〉　[　　　]

① 財産権は，公共の福祉による制限を受けない権利である。

② 大学における学問の自由を保障するため，大学の自治が認められている。

③ 憲法で保障されている生存権の理念に基づいて，必要な保護を行うとともに，自立を助長することを目的として，生活保護法が制定されている。

④ 表現の自由は，自由なコミュニケーションを保障するための権利であると同時に，民主主義の実現にとっても重要な権利であるとされる。

問２▶下線部ⓑに関連して，次のＡ～Ｄは，日本の人権保障に大きな影響を与えた人権宣言や憲法などの規定の一部である。それぞれの出典を下のア～エから選び，その組合せとして正しいものを，下の①～⑤のうちから一つ選べ。〈02：現社追試〉　[　　　]

Ａ「……人種，性，言語又は宗教による差別なくすべての者のために人権及び基本的自由を尊重するように助長奨励すること……。」

Ｂ「権利の保障が確保されず，権力の分立が規定されないすべての社会は，憲法をもつものでない。」

Ｃ「経済生活の秩序は，すべての人間に人間たるに値する生活を保障する目的をもつ正義の原則に適合しなければならない。この限界内で個人の経済的自由は，確保されなければならない。」

Ｄ「すべての人は平等に造られ，……天賦の権利を付与され，そのなかに生命，自由および幸福の追求の含まれていることを信ずる。」

ア　アメリカ独立宣言（1776年）　　イ　フランス人権宣言（1789年）

ウ　ワイマール憲法（1919年）　　エ　国際連合憲章（1945年）

① Ａ－ア　Ｂ－イ　Ｃ－ウ　Ｄ－エ　　② Ａ－ウ　Ｂ－エ　Ｃ－イ　Ｄ－ア

③ Ａ－エ　Ｂ－ア　Ｃ－イ　Ｄ－ウ　　④ Ａ－ウ　Ｂ－ア　Ｃ－イ　Ｄ－エ

⑤ Ａ－エ　Ｂ－イ　Ｃ－ウ　Ｄ－ア

問３▶下線部ⓒに関連して，精神の自由についての学習で調べた政教分離原則に関する最高裁判所の判例に関する次の記述ア～ウのうち，正しいものはどれか，あてはまる記述をすべて選び，その組合せとして最も適当なものを，あとの①～⑦のうちから一つ選べ。〈22：政経共通テスト本試〉　[　　　]

ア　津地鎮祭訴訟の最高裁判決では，市が体育館の起工に際して神社神道固有の祭式にのっとり地鎮祭を行ったことは，憲法が禁止する宗教的活動にあたるとされた。

イ　愛媛玉ぐし料訴訟の最高裁判決では，県が神社に対して公金から玉ぐし料を支出したことは，憲法が禁止する公金の支出にあたるとされた。

ウ　空知太神社訴訟の最高裁判決では，市が神社に市有地を無償で使用させていたことは，憲法が禁止する宗教団体に対する特権の付与にあたるとされた。

① ア　② イ　③ ウ　④ アとイ　⑤ アとウ　⑥ イとウ　⑦ アとイとウ

問４▶下線部ⓓに関連して，家族関係を定める法律について下した最高裁判所の判断として最も適当なものを，次の①～④のうちから一つ選べ。〈21：現社共通テスト第２回〉　[　　　]

① 最高裁判所は，日本人の父と外国人の母との間に出生した子が出生後に認知される場合において，父母の婚姻の有無によって子の国籍の取得条件が変わる国籍法の規定は，憲法に違反しないとしている。

② 最高裁判所は，夫婦同姓を定める民法の規定について，それが憲法に違反するとしている。

③ 最高裁判所は，女性のみに再婚禁止期間を定める民法の規定について，禁止期間のうち100日を超える部分については，憲法に違反するとしている。

④ 最高裁判所は，嫡出でない子（婚外子）の法定相続分を嫡出子の２分の１とする民法の規定について，それが憲法に違反しないとしている。

3　次の文章を読み，以下の問いに答えよ。

ⓐ国民の権利や自由を守るため，日本国憲法によってさまざまな基本的人権が保障されている。中でも，すべての人権の前提となるのが平等権である。ⓑ社会の多様性に対応した様々な人権保障が求められる。また，憲法に明文規定はないが，権利性を認める必要のある新しい人権を確立する必要も迫られている。たとえば，ⓒ個人の私生活をみだりに公開されない権利，住みよい環境を求める権利，ⓓ国民にとって重要な情報を求める権利などの新たな権利が主張されるようになっている。

問1▶下線部ⓐに関連して，人権に関する日本の状況の説明として最も適当なものを，次の①～④のうちから一つ選べ。〈09：現社本試〉　[　　　]

① 憲法には生存権が明記されており，最高裁判所は，これを直接の根拠として，国民は国に社会保障給付を請求することができるとした。

② 名誉を毀損する行為の禁止が，表現の自由に対する制約として認められるように，人権であっても，他者を害する場合等には制約されることがある。

③ 最高裁判所は，裁判所による雑誌の発売前の差止めが，憲法で明示的に禁止されている検閲に該当すると判断した。

④ 在外投票は外国に居住している国民の選挙権を保障するための手段であるが，日本の国政選挙で実施されたことはなく，制度導入が求められている。

問2▶下線部ⓑに関連して，社会の多様性に対応した人権保障の広がりの背景として，整備されてきた日本の法制度に関する記述として**適当でないもの**を，次の①～④のうちから一つ選べ。〈21：現社共通テスト第1回〉　[　　　]

① 男女共同参画社会基本法は，男女間の格差改善の機会を提供する積極的改善措置について定めている。

② 日本以外の国や地域の出身者とその子孫に対する不当な差別的言動を解消するための取組みについて定めた法律が，制定されている。

③ 障害者基本法の制定によって，国や地方自治体，企業は，一定割合の障がい者雇用が原則として義務づけられている。

④ 育児・介護休業法によれば，男性が育児・介護休業を取得することが認められている。

問3▶下線部ⓒに関連して「プライバシーの権利」が主張されているが，それに密接に関連する権利については，憲法上の明文規定によって既に保障されているものがある。そのような例として**誤っているもの**を，次の①～④のうちから一つ選べ。〈00：現社本試〉　[　　　]

① 何人（なんぴと）も，自己に不利益な供述を強要されない。

② 通信の秘密は，これを侵してはならない。

③ 何人も，その住居や所持品について捜索や押収を受けない権利は，裁判所又は裁判官が発する令状に基づかない限り，侵されない。

④ 表現物の内容を事前に審査し，発表の機会を奪ってはならない。

問4▶下線部ⓓに関連して「知る権利」が主張されているが，この権利についての記述として**適当でないもの**を，次の①～④のうちから一つ選べ。〈00：現社本試〉　[　　　]

① 知る権利は，情報の収集を公権力によって妨げられないことを保障する権利であるから，自由権の側面を持つ。

② 知る権利は，国民が直接情報に接することを保障しようとするもので，報道機関の報道の自由や取材の自由を根拠づけるものではないと考えられる。

③ 知る権利は，情報を公開するよう公権力に対し要求する権利であるから，請求権の側面を持つ。

④ 知る権利は，表現の自由を情報の受け手である国民の側からとらえ直したものであり，憲法21条に基づいて主張される。

16 立法権と国会

A ポイント整理　当てはまることばを書いて覚えよう　（＿＿欄には数値が入る）

①＿＿＿＿　②＿＿＿＿

③＿＿＿＿　④＿＿＿＿

『国会は唯一の立法機関』の例外
①内閣の政令制定権
②両議院の規則制定権
③最高裁判所の規則制定権
④地方公共団体の条例制定権

国会議員の特権
歳費特権　一般国家公務員の最高額以上の歳費を支給
不逮捕特権　会期中は逮捕されない（現行犯など除く）
免責特権　院内での発言・表決について院外で責任を問われない

定足数と表決
定足数…議事開催・議決の際に必要な出席者数
通常議案
定足数　総議員の1／3
表決　出席議員の過半数
特別議案※
定足数　総議員の1／3
表決　出席議員の2／3
※秘密会・議員除名・資格訴訟・衆議院再議決
憲法改正の発議
定足数・表決　総議員の2／3

⑤＿＿＿＿
⑥＿＿＿＿
⑦＿＿＿＿
⑧＿＿＿＿
⑨＿＿＿＿
⑩＿＿＿＿
⑪＿＿＿＿
⑫＿＿＿＿
⑬＿＿＿＿
⑭＿＿＿＿
⑮＿＿＿＿
⑯＿＿＿＿
⑰＿＿＿＿

1 国会の地位と構成

(1) わが国の政治制度には，イギリス型の①＿＿＿＿＿制が採用され，国会が内閣の行政責任を問うしくみになっている。国会は，異なる時期に選出された議員により，慎重な審議を行うため，衆議院と参議院の②＿＿＿制を採用している。

(2) 憲法41条には「国会は，国権の③＿＿＿＿＿であつて，国の唯一の④＿＿＿＿＿である。」と規定して，国会中心の政治体制を定めている。

三権分立のしくみ

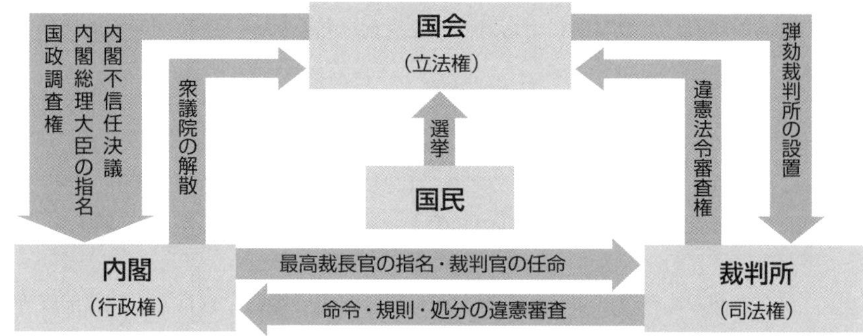

2 国会の運営と権限

(1) 国会の種類…会期制のため閉会期間がある。

種　類	召　集	会期	主な議事など
⑤＿＿国会（常会）	毎年1月	150日	予算案審議中心
⑥＿＿国会（臨時会）	内閣またはいずれかの院の4分の1以上の要求	不定	緊急議事
⑦＿＿国会（特別会）	衆議院の解散総選挙後30日以内	不定	首相の指名
参議院の⑧＿＿＿＿＿	衆議院の解散中に緊急の議事がある場合	不定	緊急議事

(2) 議題の複雑化・専門化などに対応するため，国会の審議は⑨＿＿＿＿制度が採用されている。議案は，委員会で可決後に⑩＿＿＿＿で審議・議決される。また予算や重要法案の際には公聴会が開かれる。

(3) 国会の権限としては，立法権として法律の⑪＿＿＿権，憲法改正の⑫＿＿＿権，財政権として予算の⑬＿＿＿権，国務権として内閣が締結した条約の⑭＿＿＿権，不適格な裁判官を罷免する⑮＿＿＿＿＿＿＿の設置権，内閣総理大臣の指名権などがある。

(4) 国会の問題点として，立法機能の形式化（内閣提出法案が多く⑯＿＿＿立法が少ない）や，審議の空洞化（政党間の国会対策委員による国会運営や，党議拘束による政党中心の国会運営）などが挙げられる。

(5) 1999年制定の国会審議活性化法にて以下の改革がなされた。

政府委員制度の廃止	首相や大臣に代わって官僚が答弁する政府委員制度を原則廃止
⑰＿＿＿＿＿制の導入	与野党の党首が国家の基本政策を直接討論する
副大臣，大臣政務官の導入	各省庁の政務次官を廃止

3 各議院の権限と衆議院の優越

(1) 国会の各議院には，内部の規律を行うために議院⑱＿＿＿権，役員選任権，立法や行政監督などのために国政に関する調査を行い，証人の出頭や記録の提出を要求できる⑲＿＿＿権などが与えられている。

(2) 衆議院は任期が短く解散もあり，国民の意思をより反映しやすいと考えられており，以下の点で参議院に優越している。

権限で優越		⑳＿＿先議権，㉑＿＿＿決議権（衆議院のみ）	
議決で優越	法律案の議決	1　衆・参で異なった議決をした場合 2　衆議院の可決後，参議院が60日以内に議決しない場合	衆院で出席議員の㉒＿分の＿以上の賛成で再可決
	予算の議決	1　衆・参で異なった議決をし，㉓＿＿＿＿でも不一致の場合 2　衆議院の可決後，参議院が30日以内（首相指名の場合は10日以内）に議決しない場合	衆議院の議決がそのまま国会の議決となる
	条約の承認		
	内閣総理大臣の指名		

⑱＿＿＿＿
⑲＿＿＿＿
⑳＿＿＿＿
㉑＿＿＿＿
㉒＿＿分の＿＿
㉓＿＿＿＿

憲法・政治

ねじれ国会
衆議院は与党，参議院は野党が過半数を占める状態。近年では98，2007，10，12年に生じた（13年に自民党が参院選で圧勝し解消）。

B 図表でチェック

1 次の図は，国会の組織について表したものである。これについて，以下の各問いに答えよ。

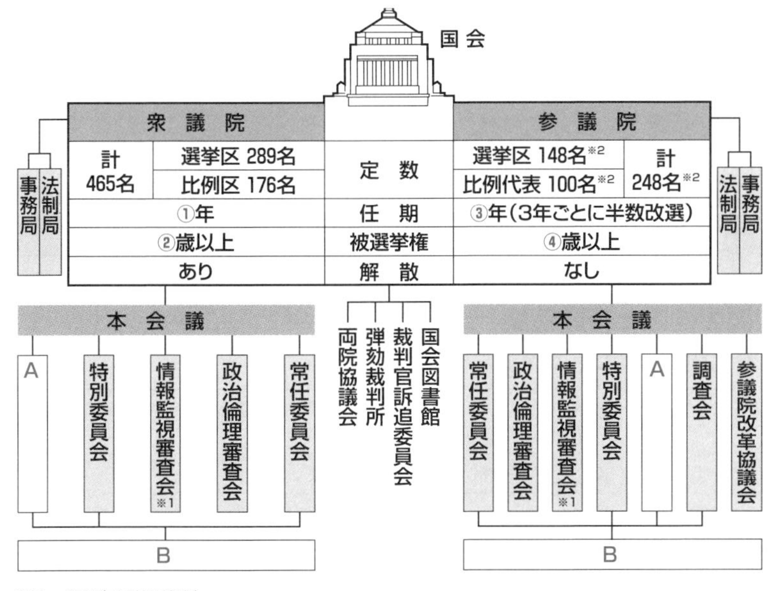

※1　2014年12月に設置。
※2　2018年７月の法改正で，参議院議員定数は６増（比例代表４増，埼玉選挙区２増）の242名→248名となった。

❶ 図中の①～④に当てはまる数字を解答欄に記入せよ。
❷ 図中のAは，憲法について総合的な調査をし，憲法改正原案等を審査する機関である。この組織の名称を答えよ。
❸ 図中のBは，法案審議の際に，学識経験者や利害関係のある人に意見を聴くための会議である。この名称を答えよ。

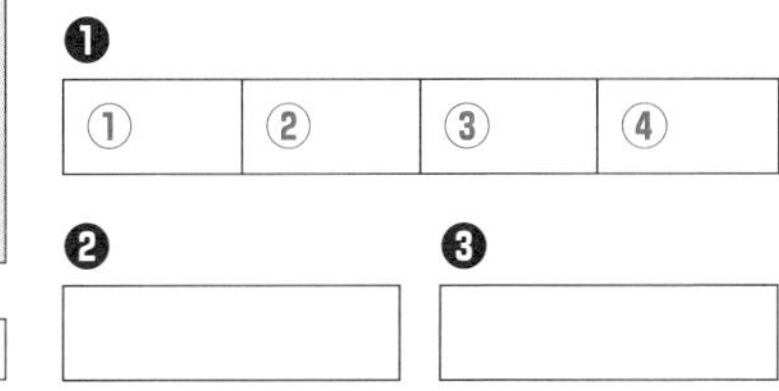

❶
①	②	③	④

❷ ＿＿＿＿　❸ ＿＿＿＿

2 次の図は，法律の成立過程（衆議院先議の場合）を示したものである。空欄に当てはまる語を答えよ。

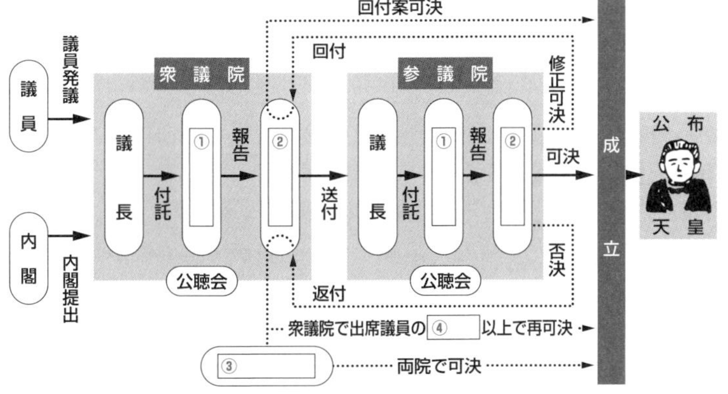

①
②
③
④

時事正誤チェック 国会では，法律案について，内閣が提出する場合も，議員が提出する場合も，衆議院に先議権がある。〈13：現社追試〉［　］

17 行政権と内閣

A ポイント整理　当てはまることばを書いて覚えよう　（＿＿欄には数値が入る）

①＿＿＿＿
②＿＿＿＿
③＿＿＿＿
④＿＿＿＿
⑤＿＿＿＿
⑥＿＿＿＿
⑦＿＿＿＿
⑧＿＿＿＿
⑨＿＿＿＿
⑩＿＿＿＿
⑪＿＿＿＿
⑫＿＿＿＿
⑬＿＿＿＿
⑭＿＿＿＿
⑮＿＿＿＿
⑯＿＿＿＿
⑰＿＿＿＿
⑱＿＿＿＿
⑲＿＿＿＿
⑳＿＿＿＿
㉑＿＿＿＿
㉒＿＿＿＿
㉓＿＿＿＿

1 内閣の地位と議院内閣制

(1) 「①＿＿＿＿は，内閣に属する」（憲法第65条）と規定されている。

(2) 内閣は内閣総理大臣（首相）と国務大臣で構成され，いずれも②＿＿＿でなければならないと規定されている。

内閣総理大臣（首相）	③＿＿＿＿＿の中から④＿＿＿が指名し，⑤＿＿＿が任命する。
国務大臣	⑥＿＿＿＿＿＿＿が任免。過半数は⑦＿＿＿＿＿。

(3) 内閣は，内閣総理大臣が招集・主宰する⑧＿＿＿の決定によってその職務を行う。＿⑧＿は，内閣の統一性を保つため，全会一致で決定される。

(4) 「内閣は，＿①＿の行使について，⑨＿＿＿に対し連帯して責任を負ふ」（憲法第66条）として，内閣が＿⑨＿の信任に基づいて成立するというイギリス型の⑩＿＿＿＿＿＿＿が採用されている。

(5) 衆議院で⑪＿＿＿＿＿＿＿決議が可決または内閣信任決議が否決された場合，⑫＿＿＿＿日以内に衆議院が⑬＿＿＿されない限り，内閣は⑭＿＿＿＿しなければならない（憲法第69条）。

衆議院の解散と内閣総辞職の流れ

2 内閣の権限と行政機関

(1) 内閣と内閣総理大臣はさまざまな権限をもつ。

内閣	行政に関する権限	法律の執行と国務の総理，外交関係の処理，条約の締結，予算の作成，⑮＿＿＿の制定　など
	立法に対する権限	⑯＿＿＿＿＿の召集，衆議院の解散　など
	司法に対する権限	⑰＿＿＿＿＿＿＿＿＿＿の指名，その他の裁判官の任命　など
	その他の権限	天皇の国事行為に関する⑱＿＿＿と承認，恩赦の決定　など
総理大臣の権限		行政各部の指揮監督，国務大臣の任命・罷免，閣議の主宰，自衛隊に対する最高指揮監督　など

(2) 内閣のもとには，国家公安委員会・公正取引委員会・労働委員会・人事院など，内閣から独立した権限をもつ⑲＿＿＿＿＿＿＿がおかれている。

3 官僚制と行政改革

(1) 20世紀からの行政国家では，組織を細かな職務分担と責任体制で合理的に運営する⑳＿＿＿＿＿が発達した。

(2) ＿⑳＿機構のもとで，中央省庁が関連業界に対して強い㉑＿＿＿＿権をもち，行政指導を行ってきた。また，退職した公務員が関連の深かった民間団体に再就職する㉒＿＿＿＿＿も横行してきた。

(3) 国会への法案提出の多くが官僚によって作成された内閣提出法案であり，議員が発案して制定する㉓＿＿＿＿＿＿が少ないこと，法律で細目を行政の裁量に委任する㉔＿＿＿＿＿の増加などによる議会機能の低下が懸念される。

(4)　こうした行政の肥大化による弊害に対し，行政の民主化が図られ，行政改革も繰り返し行われてきた。

行政の民主化	国会による統制	㉕＿＿＿調査権の強化
	法による統制	1993年㉖＿＿＿＿＿法（行政運営の公正の確保と透明性の向上） 1999年㉗＿＿＿＿＿＿＿＿法（関係業者からの接待・贈与の禁止） 2008年　国家公務員制度改革基本法（幹部人事・再就職の一元管理）
	国民による統制	㉘＿＿＿＿＿制度による知る権利の保障 ㉙＿＿＿＿＿＿＿（行政監察官）制度　※国では未実施
中央省庁等改革基本法	内閣機能の強化	首相の閣議発議権，㉚＿＿＿＿の設置，副大臣・政務官の設置
	行政のスリム化	1府12省庁制，国の機関を㉛＿＿＿＿＿＿＿に移行
	行政の透明化	政策評価制度，行政の説明責任（アカウンタビリティ）
小泉内閣下での行政改革（2001年～06年）		・特殊法人改革…特殊法人の統廃合，道路公団の民営化（2005年） ・郵政三事業の民営化を実施（2007年） ・行政改革推進法…公務員制度改革，政府関係機関の再編など（2006年）

㉔＿＿＿＿＿＿

㉕＿＿＿＿＿＿

㉖＿＿＿＿＿＿

㉗＿＿＿＿＿＿

㉘＿＿＿＿＿＿

㉙＿＿＿＿＿＿

㉚＿＿＿＿＿＿

㉛＿＿＿＿＿＿

憲法・政治

B 図表でチェック

1　次の図は，議院内閣制のしくみについてまとめたものである。空欄に当てはまる語を答えよ。

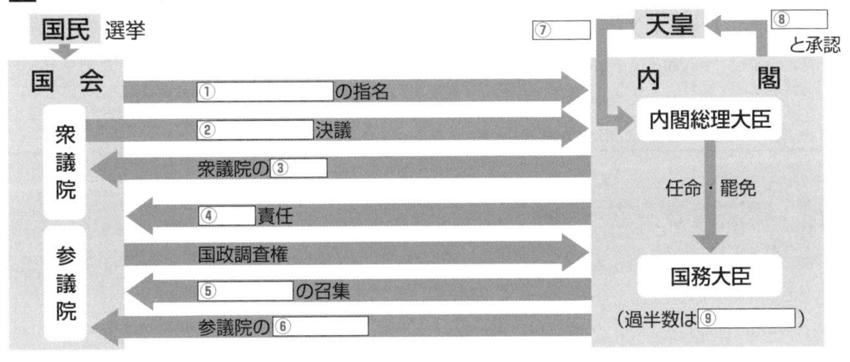

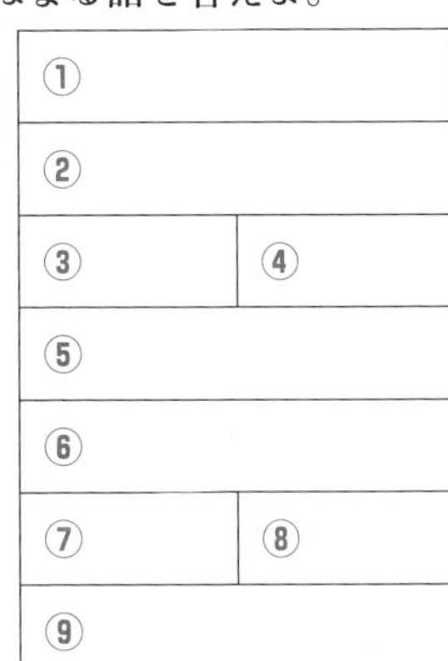

2　次の図は，わが国の行政機構を示したものである。空欄に当てはまる府省庁名を答えよ。

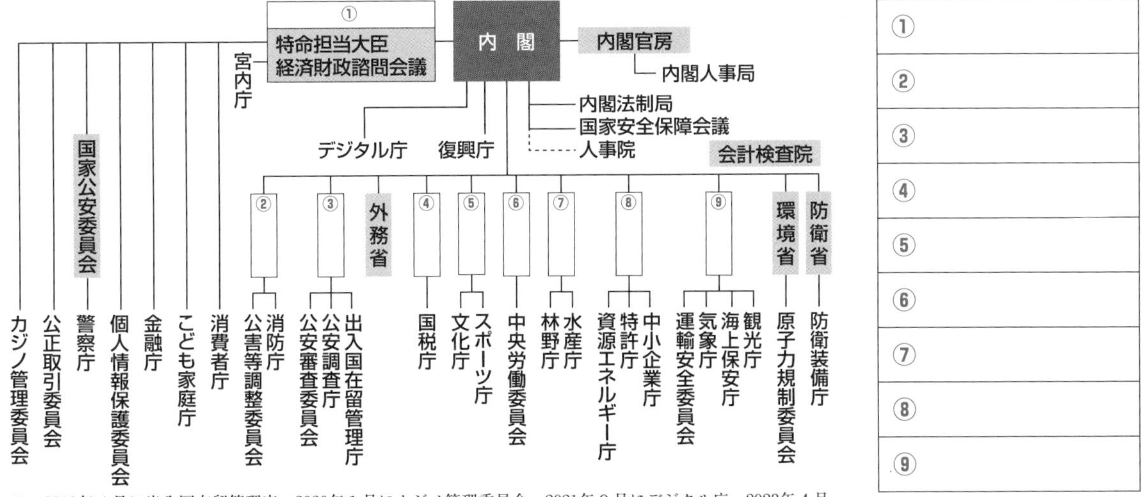

※　2019年4月に出入国在留管理庁，2020年1月にカジノ管理委員会，2021年9月にデジタル庁，2023年4月にこども家庭庁新設。

時事正誤チェック　官僚人事を各省庁にではなく，内閣が一元的に管理する目的から2012年に独立行政委員会として人事院が創設された。［　］

18 司法権と裁判所

A ポイント整理 当てはまることばを書いて覚えよう （＿＿欄には数値が入る）

①＿＿＿＿
②＿＿＿＿
③＿＿＿＿ ④＿＿＿＿
⑤＿＿＿＿
⑥＿＿＿＿ ⑦＿＿＿＿
⑧＿＿＿＿
⑨＿＿＿＿
⑩＿＿＿＿
⑪＿＿＿＿
⑫＿＿＿＿

知的財産高等裁判所
知的財産権のトラブルを解決する知的財産高等裁判所が東京高等裁判所の特別支部として創設された（2005年4月）。日本で唯一の専門裁判所である。

⑬＿＿＿＿
⑭＿＿＿＿
⑮＿＿＿＿
⑯＿＿＿＿
⑰＿＿＿＿ ⑱＿＿＿＿
⑲＿＿＿＿
⑳＿＿＿＿
㉑＿＿＿＿
㉒＿＿＿＿
㉓＿＿＿＿

検察審査会
検察官の不起訴処分の妥当性をチェックするために，抽選された民間人（18歳以上の有権者）11人で構成される検察審査会が各地方裁判所ごとに設けられている。
従来，「起訴相当」の判断も勧告の意味しかなかったが，現在は法改正により，2回連続して「起訴相当」の判断が示された場合，強制起訴となる。

1 日本の裁判制度

(1) ①＿＿権とは，具体的紛争に法律を解釈・適用することによって解決を図る国家の権限であり，法の支配を実現するしくみである。

(2) わが国には②＿＿＿＿＿と下級裁判所があり，前者は長官および14人の裁判官で構成される。後者には，家庭内トラブルや少年犯罪を扱う③＿＿裁判所，軽微な事件の第一審となる④＿＿裁判所，地方裁判所，高等裁判所がある。

(3) 権利の保障を十分に図り，誤認判決を避けるために同一事件において不服申立をすれば計3回裁判を受けることができる。この制度を⑤＿＿＿という（ただし⑥＿＿罪は二審制）。また，裁判は原則⑦＿＿される。

(4) 憲法は裁判の公正を図るために司法権の⑧＿＿を保障し，国会や内閣による裁判干渉のみならず，司法権の内部において上級裁判所ないし他の裁判官による裁判干渉を禁止している。

(5) 裁判官の独立を保障するため，裁判官は罷免される場合が限定されるなど⑨＿＿＿＿がなされている。また「相当額の報酬」や，報酬は「在任中減額されない」など経済的な保障もされている。

裁判官が罷免される場合	⑩＿＿の故障のため職務が行えないと決定されたとき（78条）
	国会が設置する⑪＿＿＿＿＿で罷免の判決をうけたとき（78条）
	最高裁判所裁判官が⑫＿＿＿＿で罷免されたとき（79条）

2 司法権の役割

(1) 裁判所には、一切の法律・命令・規則又は処分が最高法規である⑬＿＿に適合するかどうかを決定する権限がある（⑭＿＿＿＿＿＿）。

(2) (1)の権限は最高裁判所だけでなく下級裁判所にも与えられているが，最高裁判所が，法令などの憲法適合性を最終的に判断することから，最高裁は「⑮＿＿＿＿＿」と呼ばれている。

(3) ただし，安全保障など高度な政治的判断を要する国家の行為は＿⑭＿の対象とならないとする考え方（⑯＿＿＿＿＿＿）もある。

3 刑事司法と制度改革

(1) 刑事訴訟においては，犯罪を犯した疑いのある⑰＿＿＿を，警察などが取り調べ，容疑が固まると⑱＿＿＿により起訴される。

(2) 被告人は有罪が確定するまでは⑲＿＿と推定される。

(3) 判決が確定すれば，以後再び罪に問われることはない。この原則を⑳＿＿＿＿＿という。

(4) 刑事裁判は，法律にない行為は罪にならない㉑＿＿＿＿主義のもとで行われる。訴訟時は合法であった行為を，のちに新たな法で罰することはできない。この原則を㉒＿＿＿＿の禁止という。

(5) 2016年に刑事司法改革関連法が成立し，取り調べをビデオで記録する取り調べの㉓＿＿＿が義務化された。それ以外の司法制度改革は次のとおり。

内容	裁判の迅速化	裁判迅速化法（2003年），㉔______手続の導入（2005年），裁判外紛争解決手続（ADR）法施行（2007年）
	法曹人口の育成と拡大	司法試験改革（合格者の大幅増など），㉕______（ロースクール）の開設（2004年）。弁護士志望者の就職難等で見直しが本格化
	国民の裁判への参加	㉖____制度（地方裁判所で行われる重大事件の刑事裁判で，一般市民が職業裁判官とともに有罪・無罪の判断と刑の重さを決める）の導入。2009年5月より実施
	総合法律支援	日本司法支援センター㉗_____の設立（2006年）
	犯罪被害者支援	2004年犯罪被害者等基本法成立 犯罪被害者の㉘_____参加制度が始まる（2008年） 殺人罪などの公訴時効の廃止（2010年）

㉔______
㉕______
㉖______
㉗______
㉘______

憲法・政治

Ⓑ 図表でチェック

1 次の図は，わが国の裁判制度の概要を表したものである。空欄に当てはまる語や数字を答えよ。

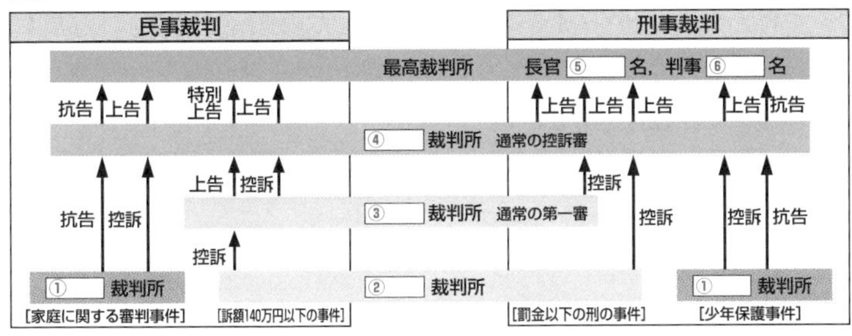

①	④
②	⑤
③	⑥

2 次の表は，最高裁判所が違憲判断をしたおもな事例の一覧である。空欄に当てはまる語を答えよ。

違憲判決	違憲対象の法律・措置	根拠となる憲法条文		違憲とした理由
①____重罰規定違憲判決	刑法200条	14条	⑤____	尊属殺人の法定刑が死刑又は無期懲役というのは普通殺人の法定刑に対し著しく重く，不合理な差別的取扱いである。
②____距離制限違憲判決	薬事法6条	22条	⑥____	薬局開設の許可制は合憲だが，距離制限は必要かつ合理的な規制とはいえない。
③____議員定数違憲判決	公職選挙法の規定	14条	⑤____	議員一人当たりの有権者数の格差が著しく大きく，合理的に許される限度を超えている。（ただし，選挙は有効）
		44条	議員・選挙人の資格と差別の禁止	
森林法分割制限規定　違憲判決	森林法186条	29条	⑦____の保障	共有林の分割請求に対する制限は，必要限度を超えた不要な規制である。
愛媛玉ぐし料公費支出　違憲判決	公費による靖国神社への玉ぐし料支出	20条	国及びその機関の⑧____の禁止	県の玉ぐし料公費支出は，憲法が禁止する宗教的活動に当たる。
		89条	公の財産の用途制限	
郵便法損害賠償制限　違憲判決	郵便法68・73条	17条	国の⑨____責任	書留郵便で配達員の故意や過失により生じた損害について，国の賠償責任範囲を限定した規定は合理性がない。
公職選挙法④____権制限制度　違憲判決	公職選挙法が在外投票を選挙区に認めない不作為	15条 43条	⑩____	海外在住の日本国民の投票権を衆議院・参議院の比例代表に限り，選挙区への投票を認めない立法の不作為は，憲法の国民主権と選挙の平等を侵害する。
		44条	平等選挙	
国民審査の在外投票不可　違憲判決	国民審査法が在外投票を認めない	15条 79条	公務員の選定罷免権　国民審査制度	最高裁判所裁判官国民審査法が在外国民に審査権の行使を全く認めていないことは，やむを得ない制限とは言えず，違憲。
国籍法違憲判決	国籍法3条1項	14条	⑤____	国籍取得について婚姻の有無で区別するのは，憲法に反する。
北海道砂川市政教分離　違憲判決	市が神社に公有地を無償貸与	20条 89条	国及びその機関の⑧____の禁止	市の神社に対する公有地無償貸与は，憲法が禁止する宗教的活動に当たり政教分離の原則に違反する。
那覇市孔子廟（こうしびょう）政教分離　違憲判決	市が孔子廟に公有地を無償貸与	20条 89条	国及びその機関の⑧____の禁止	公有地を儒教の宗教施設に無償で使用させることは憲法が禁止する宗教的活動にあたり政教分離の原則に違反する。
婚外子相続差別違憲判決	民法900条4号ただし書き	14条	⑤____	婚外子の法定相続分を婚内子の半分とする民法の規定は違憲である。
再婚禁止期間　違憲判決	民法733条1項	14条	⑤____	民法における女性の再婚禁止期間において，100日を超える部分は過剰な制約で合理性がなく，違憲である。

①
②
③
④
⑤
⑥
⑦
⑧
⑨
⑩

19 地方自治のしくみと課題

A ポイント整理 当てはまることばを書いて覚えよう

（____欄には数値が入る）

①
②
③
④
⑤
⑥
⑦
⑧ 分の
⑨
⑩
⑪ 分の
⑫
⑬
⑭
⑮
⑯
⑰
⑱
⑲
⑳
㉑
㉒
㉓

1 地方自治の基本と原則

(1) イギリスの政治学者ブライスは，「地方自治は①________.___である」と述べ，地方政治は住民が民主政治を学習・実践する場だと指摘した。

(2) 地方政治は，中央政府と地方政府という②______の一形態であって，画一的な中央の政治に対して地方の特性を生かした政治を行う意味をもつ。この点で，地方議会には③___制定権が与えられている。

(3) 憲法92条は，地方の政治は「地方自治の本旨に基いて」行われるべきことを定めている。「地方自治の本旨」とは，地方の政治が国から独立した組織を作って行われるという④______と，地方の政治は住民の意思によって決定されるという⑤______の二つである。

(4) 住民自治に基づく直接請求制度は次のとおり。

分　類	請求の種類	必要署名数	請求先	処理手段
⑥_______.___	⑦___の制定・改廃	有権者の⑧__分の以上	首長（長）	議会にかけ結果を公表
監査請求	監査		監査委員	監査結果を公表・報告
解散請求	⑨___の解散	原則として有権者の⑪__分の以上※	⑫______.___	住民投票にかけ，過半数の同意で成立
⑩_____（解職請求）	議員・長の解職			
	主要公務員の解職（副知事など）		首長	議会で3分の2以上の出席で4分の3以上の賛成で成立

(5) このほか，重要問題について地域住民の意思を直接投票で問う⑬_____（レファレンダム）も行われている。

2 地方の政治機構

(1) 知事・市長などの⑭___と，地方議会の議員は，ともに住民の直接選挙により選ばれ，それぞれが住民を代表している。この制度を⑮_______という。

(2) 議決機関である地方議会は長の政治責任を追及する手段として⑯_______権を持ち，一方，執行機関である__⑭__は対抗手段として決定に対する拒否権や議会の⑰___権を持ち，抑制と均衡の関係にある。

(3) 執行機関には，__⑭__の補助機関として都道府県には⑱____，市町村には副市町村長がおかれる。

(4) かつては，国の事務を自治体が代行する⑲________.__の割合が高かったことから，「三割自治」と呼ばれた。1999年の地方分権一括法の制定により，__⑲__は廃止され，以下の事務に整理された。

⑳______	地方公共団体独自の事務
㉑_______.__	国の関与が強い事務

(5) さらに，効率的な行政を実現するため，㉒________が推進され「平成の大合併」と呼ばれた。

(6) 地方分権改革の一環として，㉓_______.__や国家戦略経済特区を設け，特定の地区において農業などの規制緩和を進めた。

～平成の大合併～
3,200存在した市町村を合併して1,000を目指した。2004年から2005年にかけて合併が進み，2022年7月現在，市町村は1,724である。

※ 都道府県や政令指定都市など，人口の多い自治体においては必要署名数が膨大となるため，解散・解職請求が成立する例が非常に少ない。そこで，有権者が40万人（80万人）以上の場合，40万人（80万人）を超える分については，6分の1（8分の1）以上と要件が緩和されている。

3 地方財政と住民参加

(1) 国が地方に行っている財政援助としては，地方間の財政格差是正の目的で使途を限定せずに行う㉔＿＿＿＿交付金と国からの委任事務処理に使途を限定した㉕＿＿＿＿がある。

(2) 国の財政補助を削減すること，税源を地方へ移譲すること，㉔を見直すことを柱とする「㉖＿＿＿の改革」が推進された。

地方財政の財源

㉗＿＿財源	地方公共団体が自主的に調達する財源＝地方税
㉘＿＿財源	国からの補助などによる財源＝地方交付税・国庫支出金・地方譲与税・地方債など

(3) 今後，少子高齢社会の進行の中で住民の最低限の生活水準（㉙＿＿＿・＿＿＿）の向上や地域的な介護システムの確立が望まれる。

(4) 環境対策，まちおこしなどを目的とするさまざまな㉚＿＿運動が展開されている。

㉔＿＿＿＿
㉕＿＿＿＿
㉖＿＿＿＿
㉗＿＿＿＿
㉘＿＿＿＿
㉙＿＿＿・＿＿＿
㉚＿＿＿＿

憲法・政治

B 図表でチェック

1 次の図は，地方自治のしくみを表したものである。空欄に当てはまる語を答えよ。

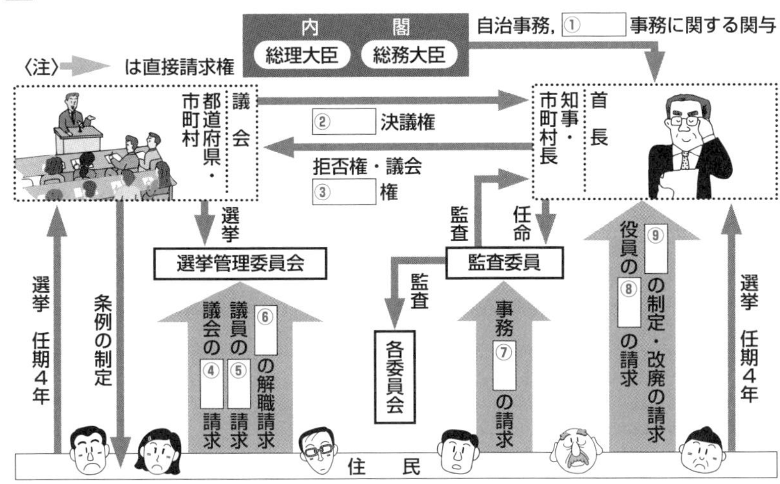

①
②
③
④
⑤
⑥
⑦
⑧
⑨

2 次のグラフは，地方財政計画を表したもので，文はそれについて説明したものである。空欄に当てはまる語を答えよ。

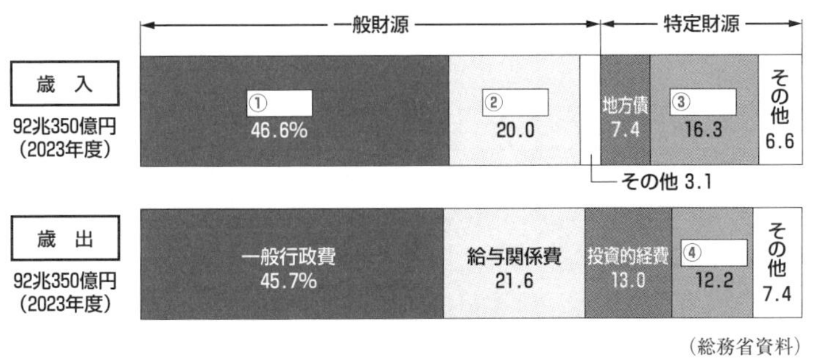

歳入のうち，①＿＿，地方譲与税，地方特例交付金，②＿＿の合計は一般財源と呼ばれ，使い道が自由である。その他の財源は特定財源と呼ばれ，使い道が定められている。歳出のうち，④＿＿は増加の傾向にある。

①	②	③	④

▶▶▶時事 正誤チェック

①地域の社会や環境に影響を与える公共事業の実施の是非について，住民投票を行った地方自治体はない。〈15：現社本試〉 [　]

②ふるさと納税制度の運用について，国は地方公共団体が寄付者に対し提供している返礼品のあり方の見直しを求めた。〈21：政経共通テスト第1回〉 [　]

③地方分権に関わる「三位一体の改革」の一環で，補助金（国庫支出金）の増額が図られた。〈23：現社共通テスト本試〉 [　]

20 選挙と政党

A ポイント整理 当てはまることばを書いて覚えよう （____欄には数値が入る）

①____
②____
③____
④____
⑤____
⑥____
⑦____
⑧____
⑨____
⑩____
⑪____
⑫____
⑬____
⑭____
⑮____
⑯____
⑰____
⑱____
⑲____
⑳____
㉑____

1 選挙制度

(1) わが国では①＿＿選挙（選挙権に性別・財産などの資格制限が無い），②＿＿選挙（１人１票。１票の価値の平等を保障），直接選挙，秘密選挙を確立。2015年には選挙権年齢が20歳から③____歳に引き下げられた。

(2) 選挙区から１人を選出する選挙制度を④＿＿＿＿制という。この場合，⑤＿＿＿＿制となりやすく，長所としては政局が安定すること，短所としては小政党に不利なため，議席に結びつかない票である⑥＿＿が増加することがあげられる。

(3) 選挙区から複数名を選出する選挙制度を⑦＿＿＿＿制という。これによると，⑧＿＿制になりやすく，長所は小政党にも当選のチャンスが生まれ，＿⑥＿が減少すること，短所は政局が不安定になることである。

(4) 有権者が原則として政党に投票し，各政党の得票数に応じて議席を配分する選挙制度を⑨＿＿＿＿制という。長所は議席配分が平等，短所は小党分立となり政局が不安定になることである。

(5) わが国の選挙制度

衆議院（⑩＿＿＿＿＿・＿＿＿＿＿制）		参議院（非拘束名簿式比例代表制）	
小選挙区	全国⑪____選挙区（＿⑪＿名選出）	選挙区	45の選挙区で，148名選出
比例代表	全国11ブロックから⑫____名。⑬＿＿＿＿式（当選者はあらかじめ提出した名簿の順により決まる）。重複立候補制（小選挙区と比例代表の両方に立候補できる）。	比例代表	全国１ブロックで100※名選出。⑭＿＿＿＿＿式（政党または公認候補者に投票し，獲得した議席に従い，当選者はその政党の個人投票の多い順に決まる）。

※ 2019年の参院選から，比例代表に優先的に当選させたい候補者を各政党が任意に指定できる特定枠を設定できるようになった。

ドント式の計算例

	A党（1,500票）	B党（900票）	C党（720票）
1で割る	1,500 ①	900 ②	720 ④
2で割る	750 ③	450 ⑥	360
3で割る	500 ⑤	300	240
4で割る	375 ⑦	225	180
獲得議席	4	2	1

比例代表制では，各政党の得票数を整数で割り，商の大きい順に当選が決まる左のドント式を採用している。

〈注〉 左は有効投票数3,120票，定員7名と仮定した場合の議席数の決め方の例。

2 選挙の問題点

(1) 現行の選挙では以下のような問題点がある。

⑮＿＿の価値の格差	選挙区間の議員定数と有権者数の不均衡問題。最高裁は衆議院の議員定数配分規定について２度の⑯＿＿判決。2014年の衆院選と2013年の参院選などの格差を「違憲状態」と指摘。→定数の是正，参議院議員選挙での合区の設置などの改革。	選挙の＿②＿原則に違反。
選挙運動の制限	⑰＿＿＿＿法で，⑱＿＿＿＿や事前運動の禁止・文書図画の規制・連座制などを規定。	国民主権や表現の自由に反するとの批判。
⑲＿＿選挙	選挙にお金がかかる。事実上の買収や供応といった腐敗行為が後を絶たない。	公正な選挙に違反。
⑳＿＿＿の低下	国民の政治不信や政治的無関心（ポリティカル・アパシー）の増大。→㉑____投票，ウェブサイトなどインターネットを通じた選挙運動の解禁などが進められた。	国民主権の形骸化。

アダムズ方式

アダムズ方式とは，各都道府県の議席を人口に比例して配分する方法の1つ。これまでよりも都市部の議席が増え，地方は減少する。2020年の国勢調査に基づき2022年の衆院定数是正で初適用された。一票の格差の是正策とされている。

3 日本の政党政治

(1)　政党は，国民の意思を集約し政治に反映させる機能をもち，政権獲得を目指して活動する。政権を担当する政党を㉒___といい，政権を担当しない政党を㉓___という。

(2)　わが国では，1955年以来，自由民主党（自民党）と日本社会党（社会党）の２政党が対抗する㉔____年体制が1993年まで続いた。

(3)　2009年には選挙による自民党から民主党への㉕______が実現したが，2012年には自民党が政権を奪還した。

(4)　特定の集団や団体が，自らの利益を実現するため，政治に働きかけることがあり，それらが提供する㉖______が政治腐敗を招くこともある。

(5)　政治腐敗を防止するため，㉗_______・___により ㉖ は政党が管理することが定められている。また，政党助成法により国から政党に対して㉘_______が支給されている。

㉒
㉓
㉔
㉕
㉖
㉗
㉘

B 図表でチェック

1　次の表は，選挙区制度の長所と短所をまとめたものである。空欄に当てはまる語を答えよ。

制　度	選出方法	特色（長所と短所）
①______制	1選挙区 1名	多数党に有利で政局が安定。選挙費用の節約。 ②____が多く少数党に不利。 ③______の危険性。
④______制	1選挙区 2名以上	②が少なく少数党も議席獲得が可能。 ⑤______（多党制）になり政局が不安定の恐れ。
⑥______制	各党の得票数に応じて議席配分	②が少なく民意をより正確に反映。 ⑤になり政局が不安定の恐れ。

①
②
③
④
⑤
⑥

2　次の図は，戦後日本のおもな政党の流れを表したものである。これに関して以下の各問いに答えよ。

❶　図の空欄に当てはまる政党名やことばを答えよ。

❷　1993年，自由民主党が不信任を受けたときの内閣総理大臣は誰か。

❸　政党への不満などから，支持政党を持たない有権者の層を何というか。

❶ ア
イ
ウ
エ
❷
❸

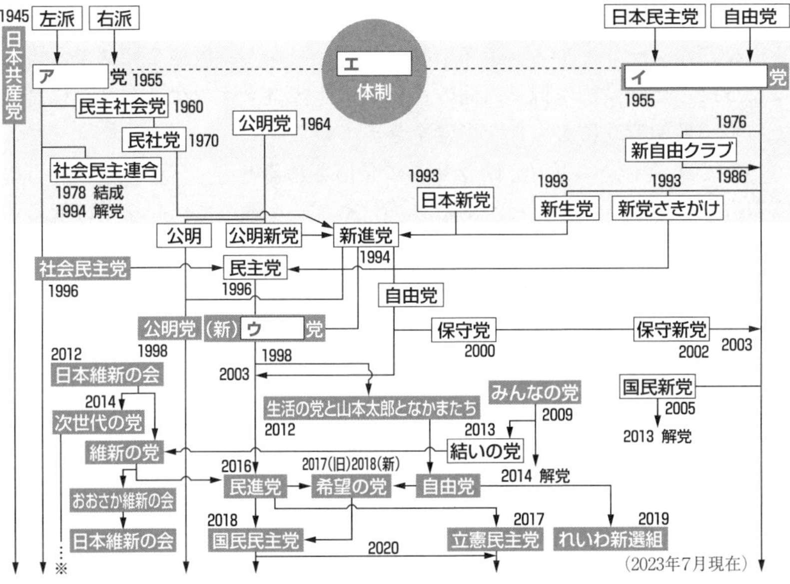

※　党名変更を経て，2018年に自民党へ合流。

時事正誤チェック

①選挙運動期間中の選挙運動の一部に関しては，現在，インターネットの使用が，一定の条件の下で認められている。〈15：現社追試〉　[　　]

②ある候補者の選挙運動の責任者が，その選挙に関して公職選挙法違反で有罪となった場合，候補者の当選が無効となることがある。〈23：現社共通テスト本試〉　[　　]

21 政党政治と圧力団体，世論

A ポイント整理　当てはまることばを書いて覚えよう　（____欄には数値が入る）

①
②
③
④
⑤
⑥
⑦
⑧
⑨
⑩
⑪
⑫
⑬
⑭
⑮　・
⑯
⑰

1 民主主義におけるメディアの役割

(1) 民主政治とは，国民の意見を政治に反映することであるから，「①__による政治」といわれる。しかし近年は，政治に関心を持たない政治的無関心が広がり，棄権による投票率の低下が深刻である。政治に関心はあるが支持政党を持たない②____層も増えている。

(2) __①__の形成にはテレビや新聞などの③_______._の報道が大きな影響力を持つ。__③__を通じて大量の情報が不特定多数の大衆に伝えられることを，④_______._______._という。

(3) __③__は，民間企業であることが多いため，利益を追求する⑤__主義（コマーシャリズム）に陥りやすいという欠点を持つ一方，選挙予測などの報道が有権者の投票行動に影響を与える⑥_______.____効果を持つ。

(4) 新聞やテレビは__①__の動向を知るために⑦______を実施する。その結果は政府の方針に大きな影響を与える。

(5) __③__側あるいは権力者側から事実がゆがめられて伝えられることにより，⑧______が行われる危険もある。強い影響力を持つ__③__は，立法・行政・司法につぐ「⑨_______」と呼ばれることもある。

時代ごとの政治的無関心の変化

⑩___型無関心	政治が少数の支配者だけのものだった近代以前に見られた，民衆のあきらめ。
⑪___型無関心	選挙権を獲得した近代以降生まれた。仕事を重視し，それ以外への事象への関心を持たなくなった。
⑫___型無関心	政治への関心はあるものの，政治制度への失望から政治に背を向けるようになった。

2 政治への働きかけ

(1) 情報の受け手である国民は__③__から情報を受け取るだけでなく，インターネットを介した⑬____（ソーシャル・ネットワーキング・サービス）などのソーシャルメディアを利用して，さかんに情報を発信するようになった。その役割は個々人間のパーソナル・コミュニケーションにとどまらず，世論形成にも大きな影響を与えている。

(2) __⑬__では，十分に事実を確認せずに発信される⑭_______.____（虚偽報道）が拡散されることがある。__⑬__や__③__を通じて情報を受け取る側は，大量の情報を適切に取捨選択し，活用する能力である⑮______・._______を身につける必要がある。

3 政治腐敗の防止

(1) 特定の利益実現のため，政府や政党に働きかけ（ロビイング）を行う集団を⑯______（利益集団）という。大企業の集まりである日本経団連や農協中央会などが典型例であるが，これらの団体は，政党や政治家，あるいは公務員に対して政治献金や賄賂を提供して金権政治を招くという弊害もある。

(2) 特定の官庁や分野に強い発言力と影響力を持つ議員のことを⑰____と

権力者による マスメディア統制

■積極的統制
- 政府による直接的宣伝…広報番組の制作，意見広告
- 半官的組織による宣伝…放送番組センターなどを通じた番組提供

■消極的統制
- フォーマル…法律の制定など
- インフォーマル
  - ・政府による直接，間接の介入，干渉
  - ・利益誘導，便宜供与などの特権の付与
  - ・自主規制の強要

■イベントの創出
- 政策的に「イベント」をつくりだし，マスメディアに報道させて国民を操作する

いうが，このような政治家（政界）と公務員（官僚，官界），企業（財界，経済界）が三位一体に癒着する関係を「政官財のトライアングル」といい，政治腐敗の原因となっている。

(3)　行政に対する民主的コントロールの手段としては，国民の世論形成の前提となる⑱＿＿＿＿制度，行政の妥当性監査を行う専門家を置く⑲＿＿＿＿＿＿制度，国会の各院が持っている⑳＿＿＿＿権の活用などがある。＿⑱＿制度は，国（法律）や地方（条例）にも存在するが，今のところ地方にだけ設置され，国には無い。

(4)　官僚（公務員）の権限濫用を防ぐために，1993年㉑＿＿＿＿法が制定され，行政指導の拘束力否定，行政処分への反論の機会を保障した。

(5)　官僚の許認可を得るために口利きをして利益を得た政治家を処罰する法律をあっせん利得処罰法という。

(6)　営利を目的とせず，社会的な活動を行う民間団体のことを㉒＿＿＿（非営利組織）という。こうした団体の活動を支援するために，㉓＿＿＿＿＿＿＿促進法が1998年に制定された。

⑱＿＿＿＿＿＿

⑲＿＿＿＿＿＿

⑳＿＿＿＿＿＿

㉑＿＿＿＿＿＿

㉒＿＿＿＿＿＿

㉓＿＿＿＿＿＿

民主主義の倫理
- 自由と平等を求めること。
- 例えば少数者を差別したり無視したりすることは民主主義とはいえない。
- 民主主義は多数派の横暴を許すものではない。

憲法・政治

B 図表でチェック

1　次の図は，政治と世論，マスメディアなどの関係の概略を表したものである。空欄に当てはまる語を，語群から選び答えよ。

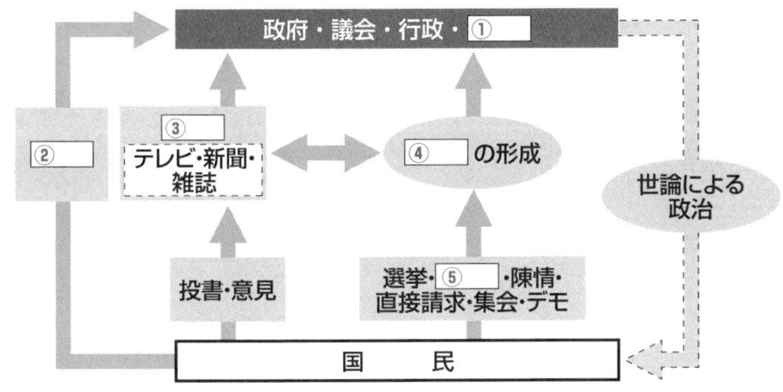

圧力団体
請願
世論
政党
マスメディア

①
②
③
④
⑤

2　次の図は，いわゆる「政官財のトライアングル」を示したものである。空欄に当てはまる語を，語群から選び記号で答えよ。

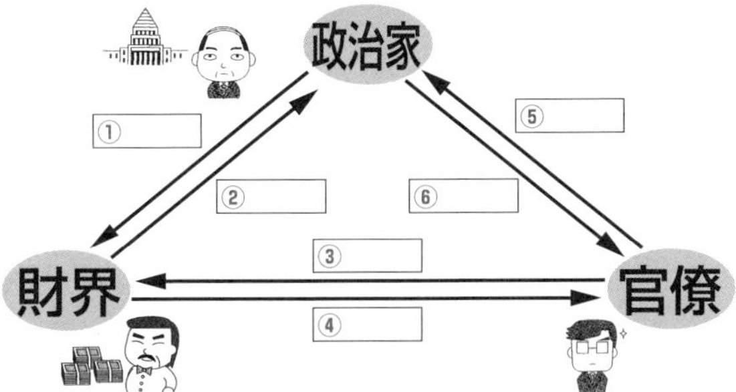

ア．行政指導・許認可
イ．法律・予算実現
ウ．情報・法案作成
エ．政治献金
オ．天下り受け入れ
カ．業界の要望盛込み

①	④
②	⑤
③	⑥

①情報通信技術の進展に伴い普及したSNSなどインターネット上で個人が情報を発信することによってコミュニケーションの場が形成されるメディアは，ソーシャルメディアと呼ばれる。〈19：現社本試〉［　］

②インターネット上でのコミュニケーションでは，匿名性を悪用した犯罪などが起こり得るため，情報社会の秩序を適正に維持するための規範であるデジタル・デバイドの形成が求められる。〈18：現社本試〉［　］

③国家公務員の「天下り」は，官民の癒着に対する批判があったために国家公務員倫理法の制定によりみられなくなった。〈10：政経追試〉［　］

用語チェック　16立法権と国会～21政党政治と圧力団体，世論

16 立法権と国会

➡P.46・47

□❶政府（内閣）の存立には議会（国会）の信任を必要とする政治制度。　❶［　　］
□❷審議を慎重に行うため，議会が二つの議院で構成される制度。　❷［　　］
□❸憲法41条で国会は国権の何と規定されているか。　❸［　　］
□❹わが国で，解散があり，内閣不信任決議権をもつ議院。　❹［　　］
□❺解散がなく，３年ごとに半数の議員が改選されるわが国の議院。慎重審議を目的として設置された。　❺［　　］
□❻国会の会期中は，現行犯などを除いて国会議員は逮捕されないという権利。　❻［　　］
□❼国会議員が持つ，院内での発言･表決について院外で責任を問われないという権利。　❼［　　］
□❽毎年１月中に召集される国会。会期は150日で、予算案審議が中心。　❽［　　］
□❾内閣またはいずれかの議院の総議員の４分の１以上の要求で召集される国会。　❾［　　］
□❿衆議院の解散による総選挙後30日以内に召集される国会。　❿［　　］
□⓫衆議院解散中の緊急時に内閣の要求で開かれる国会。　⓫［　　］
□⓬国会で、本会議の前に法案や予算案を少数の議員で専門的に審議する制度。　⓬［　　］
□⓭委員会からの報告を受けて，法案や予算を最終的に審議する場。　⓭［　　］
□⓮国会の各院に置かれている常設の委員会。内閣委員会・法務委員会・予算委員会などそれぞれの部門に属する議案を審議する。　⓮［　　］
□⓯予算案や重要法案について，利害関係者や学識経験者などに意見を聞く会。国会法に，予算などについては必ず開かなければならないと規定されている。　⓯［　　］
□⓰各政党の政策や主張を明確にするため導入された，国会で与野党の党首が討議する制度。　⓰［　　］
□⓱不適格な裁判官を罷免するための国会に設置される機関。　⓱［　　］
□⓲衆参両議院がそれぞれ国政全般について調査できる権限。　⓲［　　］
□⓳衆参両議院の議決が異なった場合，衆議院で出席議員のどのくらいの多数で再可決すれば法案として成立するか。　⓳［　　］
□⓴衆参各議院の議決が異なったとき，意見調整のため開かれる会議。　⓴［　　］
□㉑予算の先議権をもつ議院はどちらか。　㉑［　　］
□㉒内閣に関する権限で，衆議院だけがもつもの。　㉒［　　］
□㉓議員の提案による立法。予算を伴う場合は衆院50人，参院20人の同意が必要。　㉓［　　］
□㉔法案などの採決の際，各政党所属議員が党の決定（党議）に従って投票行動をとること。　㉔［　　］

17 行政権と内閣

➡P.48・49

□❶内閣を構成する大臣。総理大臣以外をいう。　❶［　　］
□❷内閣の意思を決定するため，内閣総理大臣が主宰して開かれる会議。　❷［　　］
□❸国務大臣の負担軽減，また，官僚主導から政治主導へを目的に各省庁に創設された役職を２つ答えよ。　❸［　　］［　　］
□❹天皇の国事行為に対して内閣が与えるもの。　❹［　　］
□❺条約に対して内閣がもつ権限。　❺［　　］
□❻内閣が制定する命令。憲法73条で憲法，法律の規定を実施するためにその制定が定められている。　❻［　　］
□❼不信任決議を受けた内閣の２つの選択肢を答えよ。　❼［　　］［　　］
□❽法律の委任に基づいて，行政府が法規を制定すること。　❽［　　］
□❾行政など巨大な組織を合理的・能率的に運営するため考え出されたしくみ。上意下達の指揮・命令系統や文書主義などの特徴がある。　❾［　　］

□⑩国が，経済活動に対して民間に行っている規制を緩めること。 ⑩ [ ]

□⑪中央省庁の幹部の人事を，内閣官房が一元的に管理するため，2014年に設置された組織。 ⑪ [ ]

□⑫国や地方自治体の行政機関や制度を見直し，内外の変化に対応したものに改革しようとすること。 ⑫ [ ]

□⑬公務員が，退職後にそれまでの職務と関係のある企業や団体に再就職すること。 ⑬ [ ]

□⑭2001年の省庁再編で新設された，内閣の重要政策に関する総合的調整などを行う組織。 ⑭ [ ]

18 司法権と裁判所

➔P.50・51

□❶明治憲法下で認められていた行政裁判所や軍法会議，皇室裁判所のこと。 ❶ [ ]

□❷わが国の司法権の最高機関で終審裁判所。 ❷ [ ]

□❸下級裁判所の最高位にある裁判所。全国８か所に置かれている。 ❸ [ ]

□❹家庭裁判所や簡易裁判所で取り扱わないすべての事件の第一審となる裁判所。 ❹ [ ]

□❺140万円以下の民事事件と一部の刑事事件の第一審を扱う裁判所。 ❺ [ ]

□❻家庭事件や少年事件を扱う裁判所。 ❻ [ ]

□❼同一の事件で最高３回まで裁判を受けることができる制度。 ❼ [ ]

□❽行政・立法など他の権力から裁判所が干渉を受けずに，独立性を保つ原則。 ❽ [ ]

□❾金の貸し借りや遺産の相続など，個人同士の争いを裁く訴訟。 ❾ [ ]

□❿刑法が規定している犯罪を犯した疑いのある人を裁く訴訟。 ❿ [ ]

□⓫国や地方公共団体の行政処分について，国民が異議申し立てする訴訟。 ⓫ [ ]

□⓬不適格とされた裁判官を裁く裁判。 ⓬ [ ]

□⓭最高裁判所の裁判官を国民の直接投票で審査する制度。 ⓭ [ ]

□⓮法律・命令・規則が憲法に違反していないか審査する裁判所の権限。 ⓮ [ ]

□⓯違憲審査権の最終判断が最高裁判所に帰すことから，最高裁判所は何と呼ばれるか。 ⓯ [ ]

□⓰高度に政治的な行為は違憲審査の対象にならないとする理論。 ⓰ [ ]

□⓱裁判が終了した事件で，判決の重大な欠陥を指摘して不服申し立てをし，裁判のやり直しをすること。 ⓱ [ ]

□⓲無実の罪。ぬれぎぬのこと。 ⓲ [ ]

□⓳検察の不起訴処分の適否を審査するために設けられている機関。 ⓳ [ ]

□⓴無作為に選任された市民が有罪・無罪の判定を評議して決定する裁判制度。 ⓴ [ ]

□㉑職業裁判官と一般市民が協同して，事実認定と量刑を行う裁判制度。 ㉑ [ ]

□㉒情報化や知的財産への対応のため，東京高等裁判所の特別支部として設置された裁判所。 ㉒ [ ]

19 地方自治のしくみと課題

➔P.52・53

□❶イギリスの政治学者ブライスが，地方自治は住民が民主政治を学習・実践する場だとして述べたことば。 ❶ [ ]

□❷地方議会が自主的に制定する法規範。 ❷ [ ]

□❸憲法では，「地方公共団体の組織及び運営」は何に基づくとしているか。 ❸ [ ]

□❹地方の政治は，国家とは別の組織をもって行うということ。 ❹ [ ]

□❺地方の政治はその住民の手で住民の意思に従って行われるということ。 ❺ [ ]

□❻地方公共団体の住民がその機関に対して，直接条例の制定や議会の解散，議員の解職などを請求すること。 ❻ [ ]

□❼住民が条例の制定・改廃を地方公共団体の長に請求すること。 ❼ [ ]

□❽住民が首長や議員の解職を請求すること。 ❽ [ ]

□❾地方の重要問題について，地域住民の意思を直接投票で問う制度。 ❾ [ ]

□❿地方公共団体の首長が議会に対してもつ権限のうち拒否権以外のもの。 ❿ [ ]

□⓫地方公共団体の議会が首長に対してもつ権限。 ⓫［　　　］
□⓬自治体の事務のうち，自治体が自主的に行う事務。 ⓬［　　　］
□⓭自治体の事務のうち，国政選挙・戸籍事務など国から地方へ委託している事務。 ⓭［　　　］
□⓮自治体間の財政格差を是正するために国税の一部を地方に配分するもの。 ⓮［　　　］
□⓯自治体に対して，義務教育や公共事業など特定の業務・事業の経費の一部として国が支出するお金。 ⓯［　　　］
□⓰国と地方との関係を対等・協力の関係に変えるべく，機関委任事務の廃止などにより地方が自主的に進められる仕事を拡大した法律。1999年制定。 ⓰［　　　］
□⓱地域を限定し，規制を緩和するために設けられた特区。 ⓱［　　　］

20 選挙と政党 ➔P.54・55

□❶一定の年齢に達したもの全員が平等に選挙権・被選挙権を有する制度。 ❶［　　　］
□❷民主的な選挙の４原則は，普通・平等・直接選挙とあと一つ何か。 ❷［　　　］
□❸１選挙区から１人を選出する選挙制度。 ❸［　　　］
□❹各政党の得票数に応じて議席を配分する選挙制度。 ❹［　　　］
□❺衆議院議員選挙制度は何と呼ばれるものか。 ❺［　　　］
□❻選挙で，落選者に投じられた票。 ❻［　　　］
□❼候補者が，選挙区と比例代表両方に立候補可能な制度。 ❼［　　　］
□❽選挙の際に，各家庭を訪問して投票を依頼すること。日本では禁止されている。 ❽［　　　］
□❾日本の選挙制度について定めた法律。 ❾［　　　］
□❿国政選挙において，海外在住の日本人にも投票を認める制度。 ❿［　　　］
□⓫国が政党に対して，その活動費用の一部として交付するお金のこと。 ⓫［　　　］
□⓬政権を担当している政党のこと。 ⓬［　　　］
□⓭政権を持っていない側の政党。 ⓭［　　　］
□⓮戦後，自由民主党と日本社会党の２大政党の対立が軸となって進められてきたわが国の政治体制。実際は「１と２分の１」政党制とも呼ばれた。 ⓮［　　　］
□⓯２つ以上の政党で組織された政権。単独政権に対するもの。 ⓯［　　　］
□⓰政治家個人への資金の流れを規制する代わりに，国が政党に交付金を助成することとした法律。 ⓰［　　　］

21 政党政治と圧力団体，世論 ➔P.56・57

□❶世間の大多数の人々が持っている意見。 ❶［　　　］
□❷主権者である国民が政治に対して，興味・関心を抱かないこと。 ❷［　　　］
□❸マスメディアの事前の予想報道が，有権者の投票行動などに影響を与える効果。 ❸［　　　］
□❹世論形成にも大きな影響力を持つようになったソーシャル・ネットワーキング・サービスの略称。 ❹［　　　］
□❺提供された情報を，取捨選択して受け取る能力。 ❺［　　　］
□❻自分の利益のために，議会や行政に政治的な圧力をかけるグループ。 ❻［　　　］
□❼特定業界の利益擁護のために，関係省庁に強い影響力を行使する国会議員。 ❼［　　　］
□❽行政機関の仕事を監察・検査する役目をもつ人。行政監察官ともいう。 ❽［　　　］
□❾行政の公平性・透明性の向上を目的に制定された法律。許認可や行政指導などの手続きについて定められている。 ❾［　　　］
□❿営利を目的とせず，社会的な活動を行う民間団体。 ❿［　　　］

記述でチェック　単元で学習した用語を説明しよう。

小選挙区制にはどのような欠点があるか。「死票」「民意」の語を用いて50字以内で答えよ。 ➔20 P.54・55

（解答欄：10　20　30　40　50）

実戦問題　16立法権と国会〜21政党政治と圧力団体，世論

1　次の文章を読み，以下の問いに答えよ。

ⓐ政党は，ⓑ政権獲得を目指して，様々な利害関係に配慮した政権[1]（マニフェスト）づくりに努め，選挙の際に，一人でも多くの有権者の支持を得ようとする。こうした政党側の意図にもかかわらず，[2]調査のなかには，1990年代から，支持政党を持たない，いわゆる[3]層の割合が，支持政党を持つ層の割合を上回るようになった。そこで，政党は[3]層の動向にとりわけ留意するようになってきた。この層全体が，政治的無関心層というわけではない。支持政党のない人たちは，ⓒ行政・ⓓ司法などに関する政党の公約を見て，自分の利益が十分反映されていないと思い，政党から距離を置くのかもしれない。政党は[1]を示し，より広範な層の有権者の支持を得ようと試みる。だからこそ，[1]づくりを行う過程で政党は，国やⓔ地方の政治に関して，できる限り有権者などとの対話を行うことが必要となる。

問1▶文中の空欄[1]〜[3]に当てはまる適当な語を答えよ。

1［　　　］　2［　　　］　3［　　　］

問2▶下線部ⓐに関して，政権を担当する政党のことを何というか。［　　　］

問3▶下線部ⓑに関して，2007〜2013年に見られた政治状況を，次の①〜③のうちから一つ選べ。［　　　］

①　自由民主党を中心とする連立政権　②　自由民主党に日本社会党が対峙する体制

③　衆議院の多数党が参議院で過半数を割るねじれ国会

問4▶下線部ⓒに関して，内閣についての日本国憲法上の規定に関する記述として**適当でないもの**を，次の①〜④のうちから一つ選べ。〈20：現社本試〉［　　　］

①　内閣は，行政権の行使について，国民に対して連帯して責任を負わなければならない。

②　国会の召集などの天皇が行う国事行為に対して，助言と承認を行うのは内閣である。

③　衆議院が内閣不信任決議を行った場合内閣は総辞職するか，衆議院を解散しなければならない。

④　最高裁判所の指名した者の名簿によって，下級裁判所の裁判官を任命する権限をもつのは，内閣である。

問5▶下線部ⓓに関して，現在の日本で行われている三審制のしくみを正しく述べたものを，次の①〜④のうちから一つ選べ。［　　　］

①　判決が確定しても裁判のやり直しを求める再審請求が，二度まで認められている。

②　第一審の判決に不服な場合は上級の裁判所に控訴し，さらに不服な場合には上告することができる。

③　控訴された事件の第二審は，主に地方裁判所で行われる。

④　第三審において無罪となった場合には，国に対して補償を請求できる。

問6▶下線部ⓔに関して，以下の設問に答えよ。

(1)　地方自治の本旨とは何か。その内容を２つ答えよ。［　　　，　　　］

(2)　地方自治が自主性を失い，中央政府に依存する傾向のことを何というか。次の①〜④のうちから一つ選べ。［　　　］

①　二元代表制　②　三位一体　③　地方分権　④　三割自治

(3)　地方分権を推進するために制定された地方分権一括法では，国から地方の長や委員会などに委託する業務が廃止された。この業務を何というか。［　　　］

記述　(4)　右の資料は，1999年から2018年までの市町村の数の変化を示したものである。この変化の理由と，この変化によるデメリットを，住民へのサービスの面から説明せよ。

［　　　　　　　　　　］

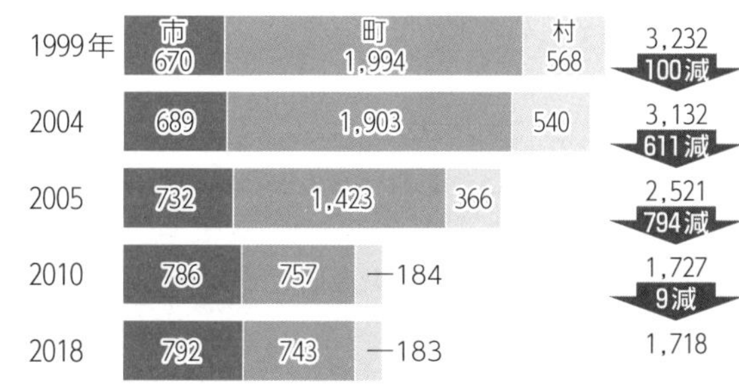

※各年度末の数値。　（総務省資料）

2 次の文章を読み，以下の問いに答えよ。

わが国の政治制度には，三権分立制が採用されている。まずⓐ国会は国政において立法という中枢的な権限を与えられ，ⓑ法律を審議して可決する。これに対して，ⓒ内閣は国会が制定した法律を誠実に執行する権限を与えられており，その首長が内閣総理大臣である。ⓓ裁判所はⓔ司法権をもつものの，司法権には具体的紛争解決という限界が存在する。近年，裁判の公正を確保するための裁判制度の改革が行われている。

問1▶下線部ⓐに関連して，国会議員や国会についての日本国憲法の規定に関する記述として**適当でないもの**を，次の①～④のうちから一つ選べ。〈18：現社本試〉　[　　　]

① 国会議員は，法律の定める場合を除き，国会の会期中には逮捕されないとされている。
② 国会議員は，議院で行った演説，討論または表決について，院外でその責任を問われないとされている。
③ 国会は，罷免の訴追を受けた裁判官を裁判するため，弾劾裁判所を設置するとされている。
④ 国会は，天皇が国事行為を行うにあたって，助言と承認を行うこととされている。

問2▶下線部ⓑに関して，日本の立法過程に関する記述として**誤っているもの**を，次の①～④のうちから一つ選べ。〈22：政経共通テスト本試〉　[　　　]

① 国会議員が予算を伴わない法律案を発議するには，衆議院では議員20人以上，参議院では議員10人以上の賛成を要する。
② 法律案が提出されると，原則として，関係する委員会に付託され委員会の審議を経てから本会議で審議されることになる。
③ 参議院が衆議院の可決した法律案を受け取った後，60日以内に議決をしないときは，衆議院の議決が国会の議決となる。
④ 国会で可決された法律にはすべて主任の国務大臣が署名し，内閣総理大臣が連署することを必要とする。

問3▶下線部ⓒに関連して，内閣または内閣総理大臣の地位・権限の説明として**誤っているもの**を，次の①～⑤のうちから二つ選べ。ただし，解答の順序は問わない。　[　　，　　]

① 内閣は，一般行政事務のほかに，外交関係の処理，条約の締結などの重要な事務を行う。
② 内閣総理大臣は，内閣を構成する国務大臣を任命し，また任意に国務大臣を罷免することができる。
③ 内閣は，衆議院で内閣不信任の決議案が可決されたとき，10日以内に，衆議院を解散できる。
④ 内閣総理大臣は，罷免の訴追を受けた裁判官を裁くための弾劾裁判所が国会で設けられたとき，その裁判員を任命する。
⑤ 内閣総理大臣の指名が衆議院と参議院で異なった場合，参議院の指名した者が内閣総理大臣に就任する。

問4▶下線部ⓓに関連して，日本の裁判制度に関する記述として**誤っているもの**を，次の①～⑤のうちから一つ選べ。〈00：現社本試改〉　[　　　]

① 審理を慎重にし誤りのないようにするために，三審制が採用されている。
② 裁判所は，具体的な訴訟を前提とせずに，違憲の疑いのある法律上の規定を自ら取り上げて，憲法に適合するかどうかを判断することができる。
③ 重大事件の刑事裁判に裁判員制度が導入され，職業裁判官とともに一般市民の裁判員が事実認定と量刑を行う。
④ 国民は，衆議院議員総選挙の際に裁判官が適任かどうかを審査することができるが，審査の対象になるのは最高裁判所の裁判官のみである。
⑤ 有罪判決の確定後であっても，一定の条件の下で，裁判のやり直しを請求することが認められている。

問5▶下線部ⓔに関連して，日本の刑罰の制度に関する記述として**適当でないもの**を，次の①～④のうちから一つ選べ。〈19：現社本試〉　[　　　]

① 憲法によれば，犯罪行為の内容とそれに対して科される刑罰の種類および重さが，法律で明確に定められていなければならない。
② 憲法によれば，行為時に適法であった行為について，事後に刑罰を定めることで，遡って処罰することができる。
③ 公訴前の段階の被疑者について，法令上，国選で弁護人を付ける制度が定められている。
④ 検察官が不起訴処分を行った場合，その処分の適否を民意に基づいて判断する検察審査会制度がある。

3　次の文章を読み，以下の問いに答えよ。

民主政治とは，主権者である国民の意思を政治に反映させる政治体制である。わが国では，ⓐ地方政治に住民の直接民主制度が多く導入されている。国からの独立性を確保し，自分たちの意思でⓑ地方自治を進めることが民主主義の一つの理想の姿である。一方で，国政に目を向けてみよう。主権者の民意を政治に反映させるために，どのようなⓒ選挙制度を採用するかは大変重要なことである。また，主権者自身がⓓ行政に対する民主的権利を行使していくことも求められている。

問1▶下線部ⓐに関連して，次の表は，日本の地方自治の仕組みにある直接請求の手続の一部を表したものである。表中のA～Cと請求の種類ア～ウとの組合せとして正しいものを，あとの①～⑥のうちから一つ選べ。〈18：政経本試〉　[　　]

種類	必要な署名数	請求先	取扱い
A	有権者の3分の1以上	首長	議会にかけて，議員の3分の2以上が出席する議会で4分の3以上の同意があれば，請求内容が実現
B	有権者の50分の1以上	首長	議会にかけて，結果を公表
C	有権者の3分の1以上	選挙管理委員会	住民投票に付し，過半数の同意があれば，請求内容が実現

(注)　AとCについては，有権者が一定数（40万人）以上の場合，その超過部分について必要な署名数の要件が緩和されている。

ア　条例の制定や改廃の請求
イ　議員の解職請求
ウ　副知事，副市町村長，選挙管理委員，監査委員，公安委員会の委員の解職請求

①　A－ア　B－イ　C－ウ　　②　A－ア　B－ウ　C－イ
③　A－イ　B－ア　C－ウ　　④　A－イ　B－ウ　C－ア
⑤　A－ウ　B－ア　C－イ　　⑥　A－ウ　B－イ　C－ア

問2▶下線部ⓑに関連して，日本の地方財政に関する記述として最も適当なものを，次の①～④のうちから一つ選べ。〈23：政経，倫政本試〉　[　　]

①　地方公共団体における財政の健全化に関する法律が制定されたが，財政再生団体に指定された地方公共団体はこれまでのところない。
②　出身地でなくても，任意の地方公共団体に寄付をすると，その額に応じて所得税や消費税が軽減されるふるさと納税という仕組みがある。
③　所得税や法人税などの国税の一定割合が地方公共団体に配分される地方交付税は，使途を限定されずに交付される。
④　地方公共団体が地方債を発行するに際しては，増発して財政破綻をすることがないよう，原則として国による許可が必要とされている。

問3▶下線部ⓒに関連して，小選挙区制と比例代表制という二つの異なるタイプの選挙制度についての説明として**適当でないもの**を，次の①～④のうちから一つ選べ。〈02：現社追試〉　[　　]

①　小選挙区制の下では，議会の過半数を単独で占める政党が誕生しやすいことから，政権が安定するといわれている。
②　小選挙区制の下では，死票は少なく，得票率と議席率の開きが小さくなるが，選出された議員による地元支配が固定化するおそれがある。
③　比例代表制の下では，少数者の意見や利害を国会に反映しやすく，また議会の構成も世論の縮図に近いものとなる。
④　比例代表制の下では，小党分立の傾向が生まれやすく，その場合には連立政権をつくらざるを得ないので，政治が不安定になるおそれがある。

問4▶下線部ⓓに関して，現代日本の行政に関する記述として最も適当なものを，次の①～④のうちから一つ選べ。〈21：現社共通テスト第1回〉　[　　]

①　行政の活動に関する訴訟については，行政裁判所が審理を行う。
②　国家公務員の職業倫理強化を主な目的とする，行政手続法が制定された。
③　法律による委任に基づき，行政機関がその法律の具体的な内容を政令や省令などによって定めることを委任立法という。
④　国会審議活性化法により，内閣府や各省に，内閣によって任命される，副大臣と政務次官が設置された。

複数資料読解問題② 憲法・政治

1 自由権に関する次の**資料**と**表**を見て，以下の問いに答えよ。

資料は日本国憲法第20条，**表**は信教の自由に関する訴訟の概要と最高裁判所の判断である。下は，上の**資料**と**表**について生徒Aがまとめたものの一部である。

資料

① 信教の自由は，何人（なんぴと）に対してもこれを保障する。いかなる宗教団体も，国から特権を受け，又は政治上の権力を行使してはならない。
② 何人も，宗教上の行為，祝典，儀式又は行事に参加することを強制されない。
③ 国及びその機関は，宗教教育その他いかなる宗教的活動もしてはならない。

表

	愛媛玉ぐし料訴訟	砂川政教分離訴訟	津地鎮祭訴訟
概　要	愛媛県が靖国神社と県護国神社に玉ぐし料などとして計16万6,000円を公費から支出。	北海道砂川市が空知太（そらちぶと）神社に市有地を無償で提供。	津市が市体育館の起工にあたり，神社神道の儀式にのっとった地鎮祭を行い，神官の謝礼などとして7,663円を市の公金から支出。
最高裁判所の判断	宗教的意義があり，特定の宗教に対する援助・助長・促進になることから，宗教的活動に当たる→［a］	特定の宗教に特権を与えたとみることができ，憲法の命じる政教分離に反する→違憲	地鎮祭は宗教的活動に当たらない→［b］

（資料，表ともに東京法令出版『テーマ別資料　公共2022』による）

まとめ

最高裁判所の判断を見ると，愛媛玉ぐし料訴訟では［a］，津地鎮祭訴訟では［b］となっており，判断が異なる。前者の訴訟の判断は，［c］が根拠となっている。

砂川政教分離訴訟についての最高裁判所の判断は，政教分離に反するため違憲となっており，この訴訟の判断は，「公金その他の公（おおやけ）の財産は，宗教上の組織若（も）しくは団体の使用，便益（べんえき）若しくは維持のため，又は公の支配に属しない慈善（じぜん），教育若しくは博愛（はくあい）の事業に対し，これを支出し，又はその利用に供してはならない。」とする憲法89条と［d］が根拠になっている。

問1▶**資料**を踏まえて，**まとめ**中の［a］～［d］に入る内容の組合せとして最も適当なものを，次の①～⑥のうちから一つ選べ。 [　　　]

① a 合憲　b 違憲　c 憲法20条第２項　d 憲法20条第１項
② a 合憲　b 違憲　c 憲法20条第２項　d 憲法20条第３項
③ a 合憲　b 違憲　c 憲法20条第３項　d 憲法20条第１項
④ a 違憲　b 合憲　c 憲法20条第２項　d 憲法20条第１項
⑤ a 違憲　b 合憲　c 憲法20条第２項　d 憲法20条第３項
⑥ a 違憲　b 合憲　c 憲法20条第３項　d 憲法20条第１項

問2▶生徒Aは，最高裁判所の判決について調べ，合憲・違憲の判断について必ずしも基本的人権が保障されるわけではないことに気がついた。次のa～cのうち，人権が制約される例に当てはまる記述をすべて選び，その組合せとして最も適当なものを，あとの①～⑦のうちから一つ選べ。 [　　　]

a 感染症にかかった場合，隔離されて自由な行動が制限されることがある。
b 小売店舗が集まっている商店街の近くに大型のショッピングセンターを建設する計画を立てたが，建設できないことがある。
c 国や地方公共団体は，道路や空港など公共の利益のために建設する目的で，正当な補償のもとに私有財産である土地を取得することがある。

① a　② b　③ c　④ aとb　⑤ aとc　⑥ bとc　⑦ aとbとc

2　次の図１～３を見て，以下の問いに答えよ。

図１は補給支援特措法の議決の過程，**図２**は2008年の国会での議決，**図３**は裁判員経験者に対するアンケート結果を示したものであり，下は，これらの図に関する生徒Ａと生徒Ｂの会話である。

図１

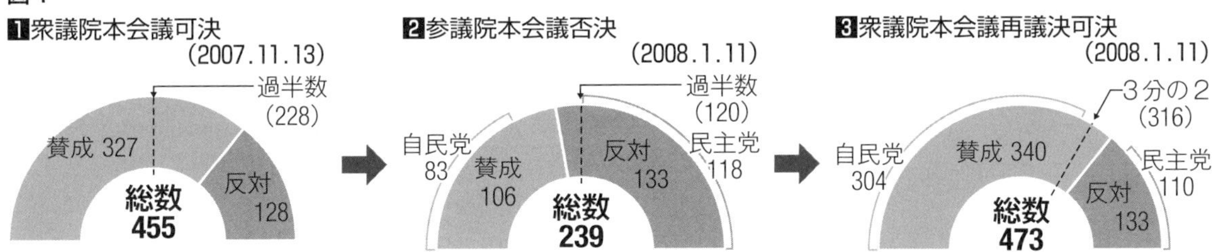

図２

議　決	衆議院	参議院	結　果
首相指名 ［2008.9.24］	麻生太郎	小沢一郎	a
補給支援特措法 ［08.1.11］	可決	否決	b
2008年度予算 ［08.3.28］	可決	否決	b
在日米軍「思いやり予算」特別協定［08.4.25］	承認	不承認	衆議院の議決優先で承認
税制関連法（ガソリン税等の暫定税率復活） ［08.4.30］	可決	送付後60日以内に議決せず	参議院否決とみなし，衆議院2/3以上の再可決で成立

（図１，図２とも東京法令出版『政治・経済資料2022』による）

図３

裁判員として裁判に参加した感想

裁判員に選ばれる前の気持ち（下は全体に占める割合）

	非常によい経験と感じた	よい経験と感じた	あまりよい経験とは感じなかった	よい経験とは感じなかった	その他
全体	64.4%	32.7	1.3%	0.6%	1.0%
積極的にやってみたい（13.7%）	95.1	3.9	0.4%	0.1%	0.4%
やってみたい（25.7%）	74.7	24.3	0.6%	0.3%	0.1%
あまりやりたくなかった（28.5%）	52.5	44.9	1.5%	0.4%	0.6%
やりたくなかった（12.9%）	43.5	49.2	3.1%	2.5%	1.8%
特に考えていなかった（19.2%）	60.9	35.6	1.6%	0.4%	1.4%

※数値の上段から「あまりよい経験とは感じなかった」,「よい経験とは感じなかった」,「その他」

（『令和３年度　裁判員等経験者に対するアンケート』最高裁判所資料による）

生徒Ａ：私が最初に投票したのは参議院議員選挙だったよ。そのときは，衆議院も参議院も自由民主党が多数派を占めていたな。

生徒Ｂ：**図１**と**図２**のときの国会は，そうではなかったみたいで，衆議院と参議院の議決が異なることが多いね。首相指名では［ a ］，補給支援特措法や2008年度予算では［ b ］という結果になっているよ。

生徒Ａ：初めて投票したときは，自分も政治に参加しているという実感がわいたし，国の政治が身近に感じられたよ。

生徒Ｂ：そうだね。裁判員制度も，刑事裁判が身近に感じられる制度だよね。**図３**の資料では，裁判員に参加した人へのアンケート結果がのっているよ。

生徒Ａ：**図３**からは，［ c ］ことが読み取れるね。

問１▶ 会話文中の［ a ］・［ b ］に入れる語句の組合せとして最も適当なものを，次の①～④のうちから一つ選べ。　［　　　］

① a　衆議院の議決が優先され，麻生氏指名　　b　衆議院の議決が優先され，成立
② a　衆議院の議決が優先され，麻生氏指名　　b　衆議院の３分の２以上の再可決で成立
③ a　参議院の議決が優先され，小沢氏指名　　b　衆議院の議決が優先され，成立
④ a　参議院の議決が優先され，小沢氏指名　　b　衆議院の３分の２以上の再可決で成立

問２▶ 会話文中の［ c ］にあてはまる内容として最も適当なものを，次の①～④のうちから一つ選べ。　［　　　］

① 裁判員をやりたくなかったと感じていた人のうち，裁判員に参加して非常によい体験と感じた人は一人もいない
② 裁判員として裁判に参加した感想として非常によい経験，またはよい経験と感じた人の中には，裁判員に選ばれる前の気持ちでは特に考えていなかった人が含まれる
③ 裁判員として裁判に参加して，よい経験だったと感じた人よりもよい経験とは感じなかった人の方が多い
④ 裁判員をやってみたい，積極的にやってみたいと感じていた人は全体の半分以上を占めている

22 経済社会の変容

Ⓐ ポイント整理 当てはまることばを書いて覚えよう

（____欄には数値が入る）

①____________
②____________
③____________
④____________
⑤____________
⑥____________
⑦____________
⑧______=______
⑨____________
⑩____________
⑪____________
⑫____________
⑬____________
⑭____________
⑮____________
⑯____________

1 資本主義社会の成立

(1) イギリスでは18世紀後半から19世紀のはじめにかけて世界で初めて①______に成功し，機械化が進行した。以降，多種多様な機械が発明され，工場制機械工業が発達し，その中で資本家と労働者の二大階級を生み出すなど経済制度の根本的な変化が起きた。

(2) 資本主義経済の特徴は以下のとおり。

②______の私有制	原料・機械・工場などの__②__を所有している資本家が，労働者を雇って企業を経営している。
労働力の商品化	あらゆる財やサービスが商品として生産され，労働力までも商品として，市場で売買されている。
③___追求の自由	企業の__③__獲得を目的とする自由な経済活動が，社会全体の経済発展を促進する。

(3) __②__の私有と市場経済における④______を基本とする初期の資本主義を，産業資本主義という。産業資本主義では，自由な市場に信頼をおき，国家の統制や保護は排除する⑤______主義（レッセ・フェール）が一般的となった。

経済思想	内　容	主な思想家と主著
__⑤__主義（レッセ・フェール）	私有財産制と社会的分業による利潤の追求は「⑥________」によって最も有効に社会全体の富を増大させる。→「⑦____政府」の志向	⑧____=____ 『国富論』

2 資本主義経済の変容

(1) 19世紀末，自由競争の結果，企業が淘汰（とうた）され，資本の集積・集中が進み，少数の大企業が市場を支配する⑨___や寡占，貧富の差をもたらした。また，帝国主義諸国が海外の市場を求めて植民地獲得競争を繰り広げた。

(2) 1929年に始まった⑩______は，かつてない深刻なものであった。アメリカではF.ルーズベルト大統領のもとで⑪________・___政策が実施され，以後，政府が経済へ積極的に介入する端緒となった。

(3) 従来の自由放任主義の考え方がゆらぎ，政府が積極的に経済に介入して⑫______を作り出し，景気をコントロールして完全雇用を実現するという⑬______主義の考え方がとられるようになった。

経済思想	内　容	主な思想家と主著
__⑬__主義	政府が積極的に有効需要（貨幣支出に裏付けられた需要）を創り出し，不況や失業をとりのぞく。→「⑭____政府」の志向	⑮______ 『雇用・利子および貨幣の一般理論』

3 現代資本主義

(1) 現代の資本主義は，政府の果たす役割が増大し，市場経済への介入を強めているので，⑯______とも呼ばれている。

小さな政府，大きな政府

	政府の役割
小さな政府	国防と治安維持に限定し，経済活動へは介入せず，市場原理に任せるとする政府（国）のあり方。 →夜警国家（消極国家）
大きな政府	国防と治安維持に加え，公共事業，景気や雇用，社会保障など経済や福祉分野にも積極的に介入する政府（国）のあり方。 →福祉国家（積極国家）

(2) 1970年代以降，ケインズ政策を批判し，市場原理を信頼し「小さな政府」を目指す⑰____主義が，⑱_______によって提唱され，1980年代にアメリカやイギリスなどでこの考え方が採用された。小泉政権が行った構造改革もその流れをくみ，民営化や規制緩和を推し進めた。

経済思想	内　容	主な思想家と主著
マネタリズム	貨幣供給量の管理を除いて政府の介入は避け市場原理を信頼する。	⑱ 『選択の自由』

⑰
⑱
⑲
⑳
㉑

4 社会主義経済

(1) 貧富の格差など資本主義の矛盾を克服し，平等な社会の実現を目指す思想が社会主義であり，⑲_____やエンゲルスによって体系化された。

(2) 社会主義経済では，生産手段の⑳___制は廃止され生産手段は共同所有になる。また，国家の計画のもとで生産量が決定される㉑_____が特徴である。一方，資本主義経済のような競争がないため，経済活動が停滞してしまう問題点がある。

社会主義経済の変容

ソ連 ゴルバチョフが，停滞していた社会主義経済を打開するために市場経済を導入しようとペレストロイカ（改革）を実施した。しかし，かえって経済の混乱を招き，1991年にソ連は解体した。

中国 1978年から改革解放政策が実施されており，その中で社会主義経済に市場経済が導入され（社会主義市場経済），経済特別区が設立された。2001年にはWTO（世界貿易機関）に加盟している。

B 図表でチェック

1 次の図は，経済社会の変容についてまとめたものである。空欄に当てはまる語を答えよ。

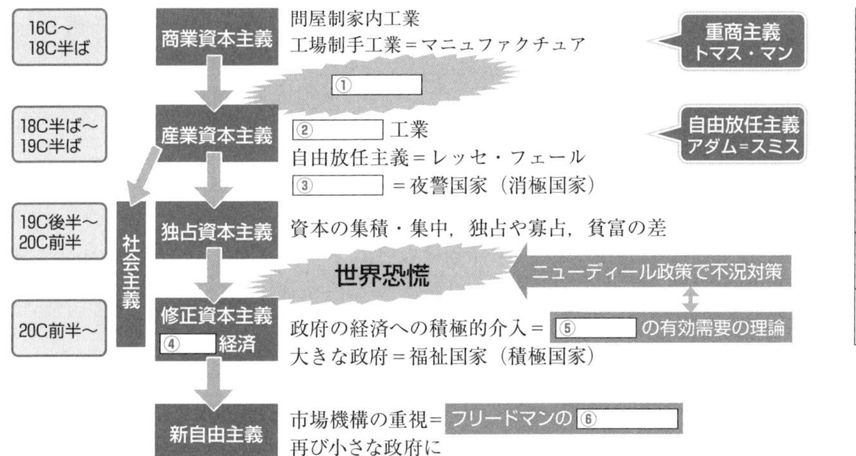

①
②
③
④
⑤
⑥

2 2つの経済体制に関する次の表の空欄に当てはまる語を答えよ。

	資源配分の方法	特　徴	問題点
①____主義経済（市場経済）	市場にゆだねる（やりたい人が商品を生産して市場で売る）	生産手段（土地・工場・機械など）の私有，自由重視	自由放任経済→恐慌・失業・貧富の差拡大（根本矛盾） ②____主義　根本矛盾克服のため政府の役割拡大→ケインズ主義
③____主義経済（計画経済）	国家（社会）にまかせる（国家が計画的に商品を生産して売る）	生産手段（土地・工場・機械など）の社会的保有，平等重視 →①____主義を否定したマルクスらにより主張	統制経済（④____がない） →技術革新の停滞，経済の停滞，国家統制への反発

①	②	③	④

▶▶▶時事正誤チェック　ケインズは，経済が完全雇用に至らず失業が生じるのは，規制緩和が不十分であるためだと主張した。〈20：現社本試〉 [　]

23 企業のはたらき

A ポイント整理 当てはまることばを書いて覚えよう

（＿＿欄には数値が入る）

①＿＿＿＿
②＿＿＿＿
③＿＿＿＿
④＿＿＿＿
⑤＿＿＿＿
⑥＿＿＿＿
⑦＿＿＿＿
⑧＿＿＿＿
⑨＿＿＿＿
⑩＿＿＿＿
⑪＿＿＿＿
⑫＿＿＿＿
⑬＿＿＿＿
⑭＿＿＿＿
⑮＿＿＿＿
⑯＿＿＿＿
⑰＿＿＿＿
⑱＿＿＿＿
⑲＿＿＿＿
⑳＿＿＿＿
㉑＿＿＿＿
㉒＿＿＿＿
㉓＿＿＿＿
㉔＿＿＿＿
㉕＿＿＿＿・＿＿＿＿
㉖＿＿＿＿

1 経済主体と経済活動

(1) 経済活動は，①＿＿による生産，貨幣を仲立ちとした②＿＿，商品の消費によって成り立つ。商品は，衣料・電化製品など形のある③＿と，運輸・教育・福祉など形のない④＿＿＿＿に分けられる。

(2) 商品の生産に利用できる資源に限りがあることを，資源の⑤＿＿＿という。限られた資源を利用するとき，何かを犠牲にしなければならない。犠牲にされたものを利用すれば得られたはずの利益のうち，最大のものを⑥＿＿＿＿という。こうした限られた資源を，別々の用途に同時に利用できない状況を⑦＿＿＿＿・＿という。

(3) 資源を最適にむだなく利用する⑧＿＿性と，人々に対してかたよらずに資源を配分する⑨＿＿性の追求が経済活動の課題であるが，これらは＿⑦＿の関係にあり両立は難しい。

(4) 経済活動に参加する主体として，生産活動の中心となる⑩＿＿，消費活動をする⑪＿＿，財政活動を行う⑫＿＿という3つがある。さらに，これらの間の資金の流れを円滑にするために⑬＿＿＿＿が存在する。

＿⑩＿	＿⑪＿から労働力や資本の提供を受けて投資を行い，財・サービスを生産する。
＿⑪＿	＿⑩＿や＿⑫＿から得た資金や⑭＿＿・配当などで財・サービスを購入・消費する。
＿⑫＿	＿⑩＿や＿⑪＿から租税や公債などの形で資金を調達し，国民経済全体の調整役として財政活動を行う。

2 株式会社のしくみ

(1) 会社形態には合名会社，合資会社などがある。しかし，2005年の商法改正＝会社法制定で，以後⑮＿＿会社の設立は禁止され，代わりに⑯＿＿会社が導入された。

(2) 現代の代表的な会社形態は⑰＿＿会社である。この会社は，＿⑰＿の発行によって多くの出資者（⑱＿＿）から資金を集め，必要に応じて増資や金融機関から借り入れた資金などを加えて事業を行う。

(3) 企業の資本金のうち，株式や内部留保などを⑲＿＿資本，社債や借入金などを⑳＿＿資本という。株主は自分の出資額を超えて責任を負うことはない。この原則を㉑＿＿＿＿という。

(4) 株式会社の最高議決機関は㉒＿＿＿＿であり，ここで選任された㉓＿＿＿が取締役会※を構成し，会社の経営にあたっている。このように，会社の所有者たる株主は経済的利益のみを追求し，経営は専門家である取締役に任せる㉔＿＿＿＿＿の分離がみられる。

(5) 会社経営陣による不正経営を株主や利害関係者が監視するという企業統治のあり方を㉕＿＿＿＿・＿・＿＿＿・＿＿という。

(6) 企業の経営活動に関する取引相手，株主，従業員，顧客などの利害関係者のことを㉖＿＿＿＿＿・＿＿＿という。

コンプライアンス（法令遵守）

法令を遵守することにとどまらず，企業倫理や社会貢献，企業リスクの回避などのためのルールを設定し，遵守するといった幅広い意味を含んでいる。食品偽装問題が相次ぎ，企業の社会的責任として，コンプライアンスの大切さが叫ばれている。

※ 2022年4月の東京証券取引所の市場区分再編にともない，最上位となる「プライム市場」に属する企業に対しては，会社から独立した立場の経験豊富な社外取締役を取締役会の3分の1以上選任することが求められた。

3 今日の企業をめぐる特色と社会的責任

(1) 最近では株式の公開買い付け（TOB）による企業の合併・買収（㉗____）や企業防衛の例が増加している。また，㉘______（ホールディングス）を中心とした企業統合が進み，巨大な㉙______・____（複合企業）が数多く出現した。

(2) 国境を越えて複数の国に子会社をつくり，海外での生産・販売を行う企業を㉚________という。

(3) 近年は，環境・労働・文化など様々な面で「企業の社会的責任（㉛____）」が強く問われるようになっている。

㉗
㉘
㉙
㉚
㉛
㉜
㉝

企業の社会的責任

㉜____	芸術などの文化的活動を支援する。
㉝______・____	人々の生活向上のための事業を行い，社会貢献をする。
ゼロ・エミッション	生産活動において廃棄物を出さない。

社会的企業（ソーシャルビジネス）
貧困や福祉などの社会的課題を，事業を通じて持続的に取り組むことにより解決を目指す企業や組織を社会的企業（ソーシャルビジネス）という。一般の企業とは異なり，利益の追求ではなく，社会的課題の解決を主目的としている。

経済

B 図表でチェック

1 次の経済循環の図を見て，空欄に入れるのに最も適当な語を，語群から選んで答えよ。

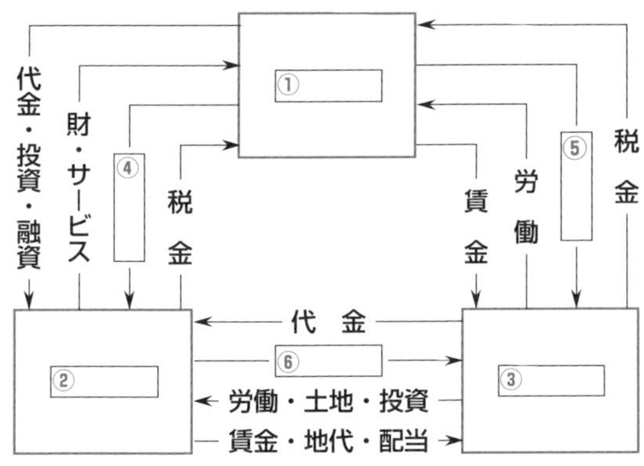

労　働	賃　金	土　地
地　代	投資・融資	配当・利子
補助金	社会保障給付	代　金
財・サービス	政　府	企　業
家　計		

①
②
③
④
⑤
⑥

2 次の表の空欄に当てはまる語を答えよ。

企業の種類

私企業	個人企業			個人商店・農家・零細な工場　など
	②	③	④	株主が出資。企業の中核。株主は有限責任。
			合名会社	親族などで構成。小規模。
			合資会社	小規模な会社が多い。
			⑤	有限責任社員からなる人的会社。（06年より新設）
		組合企業		生協・漁協　など
公私合同企業				NTT・JT・NHK　など
①	国	国営企業		該当なし
		その他※		独立行政法人（造幣局など）国立大学法人　など
	地方	地方公営企業		市バス・水道　など

※　特殊法人に分類される政府系8金融機関は5つが統合して日本政策金融公庫に，残りは廃止ないし民営化した。

①	②	③
④	⑤	

▶▶▶時事正誤チェック　企業の意思決定や経営を監視するためのしくみをディスクロージャーという。［　］

24 市場のはたらき

Ⓐ ポイント整理　当てはまることばを書いて覚えよう　（＿＿欄には数値が入る）

①②＿＿＿＿＿＿＿＿
＿＿＿＿＿＿＿＿
③＿＿＿＿＿＿＿＿
④＿＿＿＿＿＿＿＿
⑤＿＿＿＿＝＿＿＿＿
⑥＿＿＿＿＿＿＿＿
⑦＿＿＿＿　⑧＿＿＿＿

1 市場のしくみ

(1)　いくらの値段でどれだけの財やサービスが売買されるかは，市場における①＿＿と②＿＿との関係で決まる。市場での自由な売買を通して需要量と供給量が一致したときの価格を③＿＿価格という。

(2)　市場を通じて資源配分が行われる市場経済において，価格の上下変動を通して需要量と供給量が一致に向かっていくことを価格の④＿＿＿＿機能（市場の＿④＿作用）という。イギリスの経済学者⑤＿＿＿＝＿.＿＿は，人々が利己的な心から自らの利益を追求しても，「⑥＿＿＿＿＿」に導かれて需要と供給が調節されて，社会の予定調和に至ると主張した。

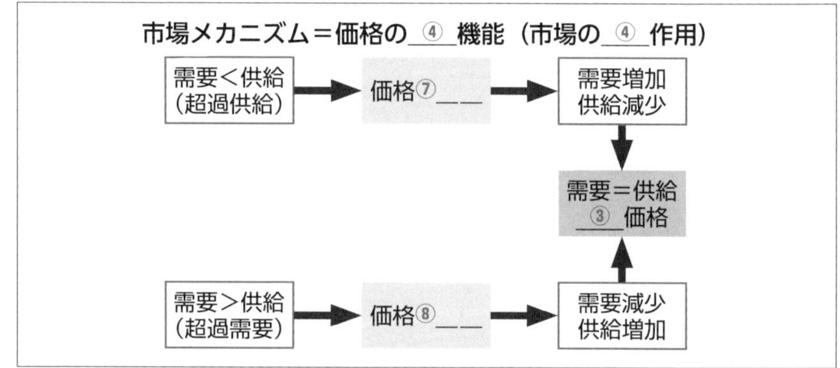

インフラ事業の自由化・民営化
2016年から，電力の小売り自由化がスタートした。従来，電力事業への異業種からの参入は厳しく規制されてきた。ガス，石油，建設，鉄道，通信業界などからの参入が相次いでいる。今後，競争原理によるサービス向上や電力料金の引き下げが期待される。また，2017年から，都市ガスの小売り自由化もスタートした。2019年には，老朽化した水道管の交換に地方公共団体の財力では対処できなくなったなどの理由で，水道事業の民営化が解禁された。

⑨＿＿＿＿＿＿＿＿
⑩＿＿＿＿＿＿＿＿
⑪＿＿＿＿＿＿＿＿
⑫＿＿＿＿＿＿＿＿
⑬＿＿＿＿＿＿＿＿
⑭＿＿＿＿・＿＿＿＿
⑮＿＿＿＿　⑯＿＿＿＿
⑰＿＿＿＿＿＿＿＿

2 市場の失敗

(1)　⑨＿＿＿＿＿とは，市場で生じる問題点や市場外への影響のことをいう。＿⑨＿には，(i)独占や寡占によって自由な競争が阻害されて，市場の需要と供給がうまく調整されない場合や，(ii)道路などの⑩＿＿＿のように，料金を払わなくても利用できるために市場自体が成立しない場合，(iii)公害のように他に不利益をもたらす場合（⑪＿＿＿＿＿），(iv)中古車の売買のように商品について買い手側に十分な情報がなく，売り手側との間で大きな情報格差が生じる場合（情報の⑫＿＿＿性）がある。

(2)　自由な競争の結果，企業が淘汰されると，少数の大企業が市場を占有する⑬＿＿市場となる。

売手／買手	１人	少数	多数
１人	双方独占		買手独占
少数		双方寡占	買手寡占
多数	売手独占	売手寡占	完全（自由）競争

(3)　＿⑬＿市場では，価格機構は機能しにくくなり，価格の値下げ競争は排除される。価格先導者（⑭＿＿＿＿・＿＿＿＿）となる有力企業は，利潤を最大化できる高めの価格を設定し，他の企業が暗黙のうちにその価格に追随して⑮＿＿価格が形成される。この価格は下がりにくく（価格の⑯＿＿＿＿性），上がりやすい。

(4)　寡占市場では，価格競争は排除されるが，広告・宣伝やデザイン，アフターサービスなど価格以外での競争（⑰＿＿＿＿＿）が激しくなる。

スケールメリット（規模の利益，規模の経済性）
企業規模が拡大し，生産規模が大きくなることによって生産コストが低下することを，スケールメリットとよぶ。莫大な設備資金を必要とする自動車産業などではこの傾向が強く，企業規模の拡大が進められる。

3 政府の役割

(1)　独占や寡占により競争が阻害され，価格が伸縮的に変化しないと消費者の不利益となるため，各国は⑱＿＿＿＿法を設けている。日本では1947年に＿⑱＿法が制定された。監視機関は⑲＿＿＿＿＿＿＿＿である。

(2)　同一産業部門の企業がそれぞれ独立性を保ちながら，利潤確保のために生産量や価格，販路などで協定を結ぶことを⑳＿＿＿＿という。独占禁止法は，原則として＿⑳＿を禁止している。

(3)　このほかの独占の形態として，同業の企業どうしが合併する㉑＿＿＿＿，持株会社が多企業の株式を保有することにより金融面で支配する㉒＿＿＿＿＿＿がある。国際競争が強まるなかで，1997年，独占禁止法が改正され持株会社（ホールディングス）の設立が原則として解禁された。2005年の改正では，＿⑳＿課徴金の引き上げや㉓＿＿などを内部告発した企業への罰則の減免を盛り込んだ。

談合の取り締まり

公共事業などの競争入札において，参加者が事前に落札者や価格を決めてしまう話し合いを談合といい，カルテルの中でも特に悪質な行為として厳しく取り締まられている。2003年には官製談合防止法が制定され，関与した公務員に対する罰則が制定された。

B 図表でチェック

1　グラフを参考にして，次の文章の空欄に当てはまる語を下の語群から選び，記号で答えよ。

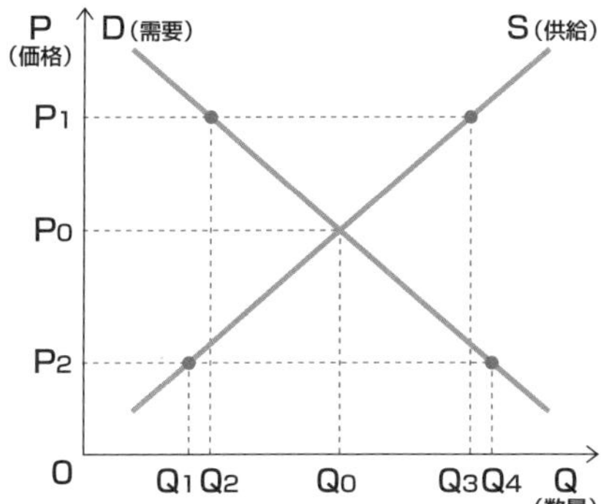

一般に，価格が高い（P_1）とき需要量は①＿＿，供給量は②＿＿で，③＿＿の超過④＿＿が発生する。

逆に，価格が安い（P_2）とき需要量は⑤＿＿，供給量は⑥＿＿で，⑦＿＿の超過⑧＿＿が発生する。

その商品にとって適切な⑨＿＿価格（P_0）が設定されると，需要量と供給量は等しくなり，売れ残りも品不足もない（Q_0）⑩＿＿が実現される。

①	⑥
②	⑦
③	⑧
④	⑨
⑤	⑩

ア．Q_0　イ．Q_1　ウ．Q_2　エ．Q_3　オ．Q_4　カ．Q_4-Q_1　キ．Q_3-Q_2　ク．需要
ケ．供給　コ．均衡　サ．管理　シ．独占　ス．一物一価　セ．資源の最適配分

2　外部不経済の例として公害や環境問題が挙げられるが，それらに関する政府の介入をまとめた次の表の空欄に当てはまる語を語群から選んで答えよ。

①＿＿	政府が汚染物質や二酸化炭素の排出を，課税により規制する。
②＿＿取引	企業に汚染物質の②＿＿を付与し，その取り引きを行うための市場を創設する。
環境基本法	環境保全のルールとして1993年に制定。

環境税・排出税　課徴金
租税　排出権

①
②

3　次の図の表す独占の形態について適切な語を答えよ。

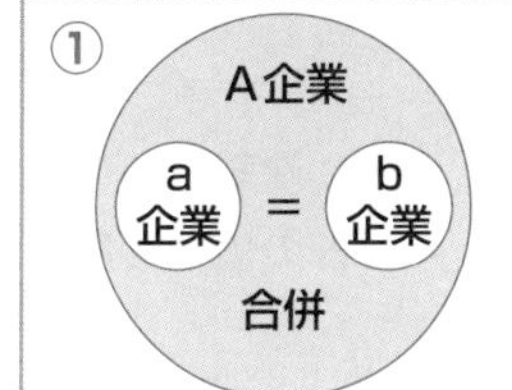

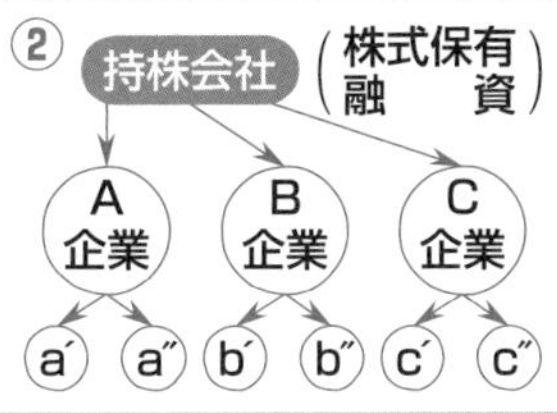

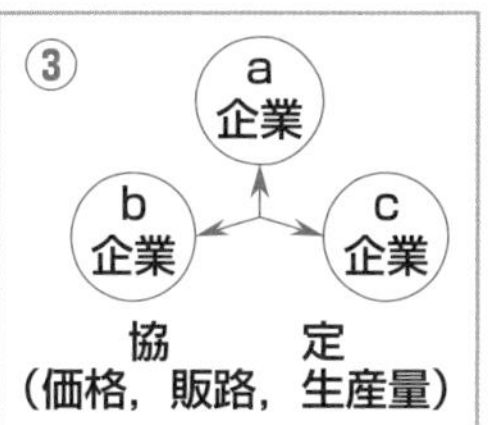

①
②
③

25 国民所得と景気変動

Ⓐ ポイント整理　当てはまることばを書いて覚えよう

（＿＿欄には数値が入る）

①＿＿＿＿
②＿＿＿＿
③＿＿＿＿
④＿＿＿＿
⑤＿＿＿＿
⑥＿＿＿＿
⑦＿＿＿＿
⑧＿＿＿＿
⑨＿＿＿＿
⑩＿＿＿＿
⑪＿＿＿＿
⑫＿＿＿＿
⑬＿＿＿＿
⑭＿＿＿＿

1 国民所得と国富

(1) 国の豊かさを測る上で，ある時点での資産の蓄積を意味する①＿＿＿＿と，一定期間に生み出された生産額を意味する②＿＿＿＿の２つがある。

(2) ＿①＿の中心の指標は③＿＿と呼ばれ，国民（政府・企業・個人）が保有する資産の総額をいう。＿③＿には，住宅・工場・機械・道路・公園や土地・森林・ソフトウェアなどの有形・無形の実物資産に，対外純資産を加えたものである。

(3) ＿②＿は，一国全体としてどれだけの量の財・サービスが生産・取り引きされたかを示すもので，総生産額から，原材料や半製品などの中間生産物の額を差し引いた価格を④＿＿＿＿＝GNPという。GNPを所得面から捉えたものが⑤＿＿＿＿（GNI）である。

(4) 一国の国内で生産された財・サービスの価格を合計したものを⑥＿＿＿＿＝GDPといい，GNPから海外からの純所得（海外からの所得－海外への所得）を差し引いて求められる。

(5) GNPから生産過程で摩耗した機械・設備などの減価償却費（固定資本減耗分）を差し引いたものを⑦＿＿＿＿＝NNPという。

(6) ⑧＿＿＿＿＝NIは，NNPから，⑨＿＿＿＿を差し引いて，⑩＿＿＿＿を加えたものである。

(7) 国民所得は同じ額を生産・分配・支出の三つの面から捉えることができ，これらの額は同じになる。これを⑪＿＿＿＿の原則という。

⑫＿＿国民所得	第１次・第２次・第３次産業別の国民所得
⑬＿＿国民所得	雇用者報酬（資金）・財産所得（利子など）・企業所得（利潤など）
⑭＿＿国民所得	消費支出・国内総資本形成（投資）・経常海外余剰※

※　経常海外余剰＝貿易や投資に伴う外国からの所得－外国への支払い

新しい経済指標

従来の経済指標では，人々の生活の真の豊かさは測れないと考えられるようになったため，経済協力開発機構（OECD）は健康・医療・環境・雇用など11項目をもとに「よりよい暮らし指標」を算出した。このほか，国連開発計画（UNDP）の作成する人間開発指数（HDI）などがある。

⑮＿＿＿＿
⑯＿＿＿＿
⑰＿＿＿＿
⑱＿＿＿＿
⑲＿＿＿＿
⑳＿＿＿＿
㉑＿＿＿＿
㉒＿＿＿＿
㉓＿＿＿＿
㉔＿＿＿＿

2 経済成長と景気変動

(1) 一国の経済が年々拡大していくことを⑮＿＿＿＿という。具体的には，国内総生産＝GDPの対前年増加率を＿⑮＿率という。

(2) 生産額が増加していなくても，物価上昇の影響で経済成長率がプラスになることもある。これを⑯＿＿＿＿.＿＿という。一方で物価変動分を取り除いたGDPの対前年増加率を⑰＿＿＿＿.＿＿という。

(3) 資本主義経済の下では，経済は，⑱＿＿→後退→⑲＿＿→回復という４つの局面を繰り返す。これを景気変動（循環）という。経済は，こうした景気変動を繰り返しながら成長していく。

(4) ＿⑱＿期には，設備投資や雇用が増え，物価は⑳＿＿する。一方＿⑲＿期には，設備投資・雇用は減り，物価は㉑＿＿する。

(5) 財・サービスの価格を平均したものを物価といい，小売り段階での価格の動きを㉒＿＿＿＿指数，卸売り段階での企業間取り引きの価格の動きを㉓＿＿＿＿指数で表す。

(6) 物価が持続的に上昇することを㉔＿＿＿＿.＿＿＿，物価が持続的に下落することを㉕______・___という。

㉔___（物価の持続的上昇）	影響	資産価値の上昇，貨幣価値の下落 →実質所得の低下，所得分配の不平等拡大
	原因	賃金や原材料の上昇や景気過熱・需要拡大
㉕___（物価の持続的下落）	影響	実質購買力の向上，負債額の増加 不況による業績悪化→家計への悪影響 ㉖______・____→デフレと不況の悪循環
㉗______・_____		インフレと景気停滞の同時進行

(7) 経済成長の推進力となるのは㉘_____（イノベーション）である。新しい技術の開発によって設備投資が盛んになることで生産性が高まる。___㉘___をうながすためには，開発のための補助金の支給，㉙___の保護などの政策が必要である。

㉕

㉖

㉗

㉘

㉙

経済

Ⓑ 図表でチェック

1 次の図は，国民所得の相互関係を示したものである。空欄に当てはまる語を答えよ。

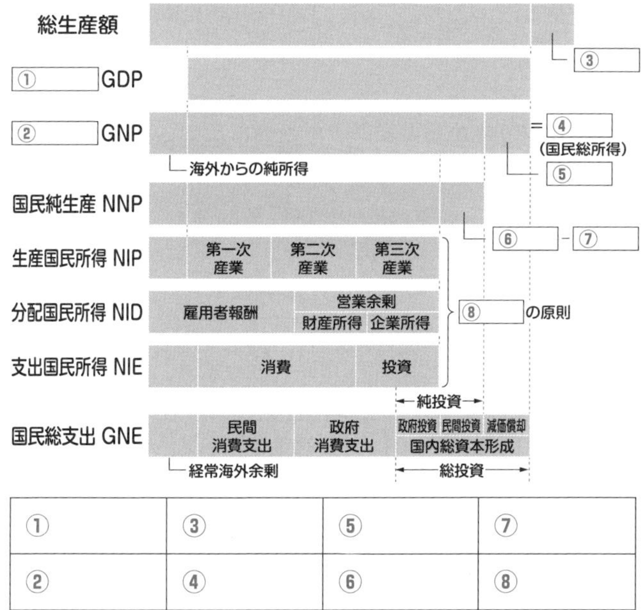

①	③	⑤	⑦
②	④	⑥	⑧

2 次の図は，景気循環の4局面を示したものである。空欄に当てはまる語を答えよ。またA～Cの文はどの局面を説明しているか答えよ。

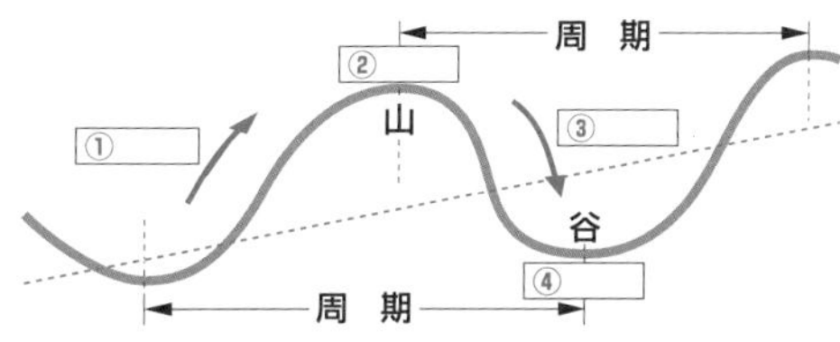

A．企業倒産や失業が増加し，在庫が増えて投資意欲は最低。物価も下がることが多い。
B．生産の縮小で需給のバランスが良くなり，新技術導入や，設備投資が再開される。
C．生産が盛んで，労働者の雇用や所得も高水準。物価も上昇する。

①	③	A	C
②	④	B	

3 景気変動の諸形態をまとめた次の表の空欄に当てはまる語を答えよ。

形　態	名　称	周　期	要　因
長期波動	コンドラチェフの波	約50～60年	①_____
中期波動	②_______の波	7～10年	設備投資
短期波動	キチンの波	約40か月	③___投資
建築循環	④_______の波	15～25年	建設投資

①
②
③
④

26 金融のしくみとはたらき

A ポイント整理 当てはまることばを書いて覚えよう （____欄には数値が入る）

①＿＿＿＿

②＿＿＿＿

③＿＿＿＿

④＿＿＿＿ ⑤＿＿＿＿

⑥＿＿＿＿

⑦＿＿＿＿

⑧＿＿＿＿

⑨＿＿＿＿ ⑩＿＿＿＿

⑪＿＿＿＿

⑫＿＿＿＿

⑬＿＿＿＿

⑭＿＿＿＿

⑮＿＿＿＿

⑯＿＿＿＿

⑰＿＿＿＿ ⑱＿＿＿＿

⑲＿＿＿＿

⑳＿＿＿＿ ㉑＿＿＿＿

㉒＿＿＿＿

㉓＿＿＿＿

1 通貨制度

(1) 経済取引の仲立ちをするものを貨幣といい，貨幣の機能には財の価値を数量ではかる①＿＿＿＿の機能，財の交換の仲立ちをする②＿＿＿＿としての機能，価値を保存しておくための手段となる③＿＿＿＿の機能がある。

(2) 通貨は日本銀行券（紙幣）や補助貨幣（硬貨）からなる④＿＿通貨と普通預金や当座預金のような⑤＿＿通貨に分けられる。

(3) 一国の通貨の基準を金に置き，政府が保有する金の量によって通貨量を決定する⑥＿＿＿制がとられていたが，世界恐慌後に崩壊し，通貨量を金保有量とは無関係に自由に発行できる⑦＿＿＿＿制度に移行した。

2 金融機関の役割

(1) 資金を必要とする需要者（資金の借り手）と資金に余裕のある供給者（資金の貸し手）との間で資金の融通を行うことを⑧＿＿という。資金の融通が行われる場所を＿⑧＿市場という。

(2) 金融には，株式や社債などのように，貸し手が借り手に直接資金の融通を行う⑨＿＿金融と，貸し手と借り手の間に金融機関が仲介する⑩＿＿金融がある。

(3) 市中銀行が貸し付けを繰り返すことによって最初に預金された現金の何倍もの預金通貨を一時的に創り出すことを⑪＿＿＿＿という。

3 日本銀行の役割と金融政策

(1) 日本の中央銀行である⑫＿＿＿＿は次のような機能をもっている。

唯一の⑬＿＿銀行	日本銀行券を発行する機能
⑭＿＿の銀行	市中金融機関に対する貸し付け，国債や手形の売買
⑮＿＿の銀行	国庫金の管理，国債事務，外国為替事務

(2) 中央銀行は物価や景気の安定のために金融政策※を行う。下の３つの中で現在日本銀行の最も重要な金融政策手段は，⑯＿＿＿＿操作である。

金融政策	内　容	景気過熱時	不況期
＿⑯＿操作	市中金融機関との間で国債や手形など有価証券の売買によって通貨量（マネタリーベース）を調整し，政策金利を誘導する。	⑰＿＿オペレーション	⑱＿＿オペレーション
金利操作	市中銀行に資金を貸し出す際の金利を調節する。かつての公定歩合が該当	金利の引き上げ	金利の引き下げ
⑲＿＿＿＿操作	市中銀行が中央銀行に預けなければならない預金の割合＝預金（支払い）準備率を調整	準備率の引き⑳＿＿	準備率の引き㉑＿＿

(3) 日本銀行は，不況脱出のためにゼロ金利政策（1999年）や㉒＿＿＿＿政策（2001年）を行ってきた。景気回復に伴って2006年に両政策とも解除したが，2010年，再び事実上の「ゼロ金利」政策を復活，2013年には２％の㉓＿＿＿＿.＿＿＿＿を設けるなど従来とは次元の違う「量的・質的金融緩和」の導入に踏み切った。また，2016年１月にはマイナス金利が導入された。

フィンテック

ビッグデータやAIなどの情報技術を使って供給される金融サービスや商品をフィンテックといい，例としてスマートフォンのコード決済や暗号資産（仮想通貨），クラウドファンディングが挙げられる。従来の金融サービスから排除されてきた人々や企業にもサービスを受けられる機会が創出され，利便性や金融コスト削減の面からさらなる普及拡大が見込まれる一方，セキュリティや自然災害によるシステム障害が起きた場合のリスクなどが課題である。

※ 金利の完全自由化で，公定歩合は今では「短期金融市場金利の上限」という意味しかもっておらず，名称も「基準割引率および基準貸付利率」に改められた。預金準備率も1991年から変更されていない。金融政策の最高意思決定機関は政策委員会であり，日銀法の改正で独立性が強化された。

4 金融の自由化と規律

(1) 戦後，日本の金融機関は護送船団方式と呼ばれる横並びの保護と規制の下にあった。しかし，1980年代以降金融の自由化が進み，90年代後半には国際競争力強化のため日本版㉔＿＿＿＿＿＿＿＿が行われた。これにより外国㉕＿＿業務の自由化や金融業務の自由化などが進められた。また，大手銀行を中心に金融機関の再編が進み㉖＿＿＿＿＿＿が形成された。

(2) この時期，バブル経済の崩壊により銀行は多額の回収困難な㉗＿＿＿＿を抱え，破綻するところも出てきた。また，銀行の自己資本比率が低下し，㉘＿＿＿＿規制を維持するために貸し出しの抑制（㉙＿＿＿＿＿）を行ったため，資金繰りに困った企業が倒産するというケースが相次いだ。

(3) こうしたことから，政府は金融監督庁（2000年に金融庁に改組）の設置や，金融機関が経営破綻した場合に一定限度額の預金を保護する㉚＿＿＿＿＿を導入するなど，金融システムの安定化を図る制度が整備された。

㉔＿＿＿＿＿＿＿＿

㉕＿＿＿＿＿＿＿＿

㉖＿＿＿＿＿＿＿＿

㉗＿＿＿＿＿＿＿＿

㉘＿＿＿＿＿＿＿＿

㉙＿＿＿＿＿＿＿＿

㉚＿＿＿＿＿＿＿＿

経済

B 図表でチェック

1 図中の空欄に当てはまる語を語群から選んで答えよ。

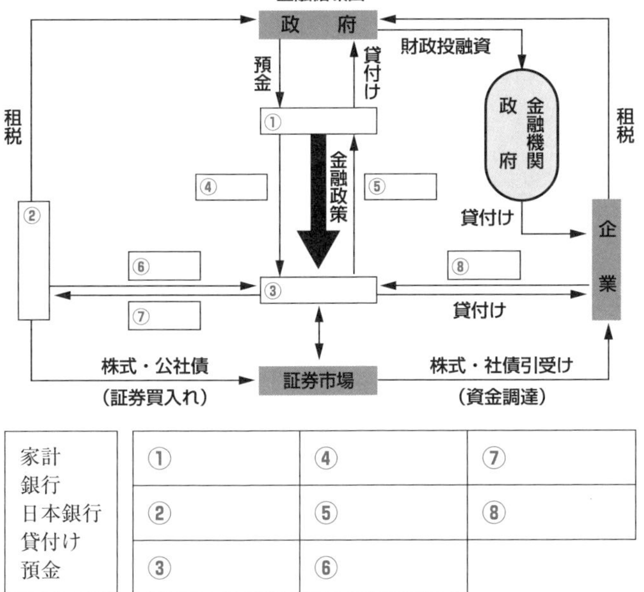

家計 銀行 日本銀行 貸付け 預金	①	④	⑦
	②	⑤	⑧
	③	⑥	

2 表中の空欄に当てはまる語を語群から選んで答えよ。

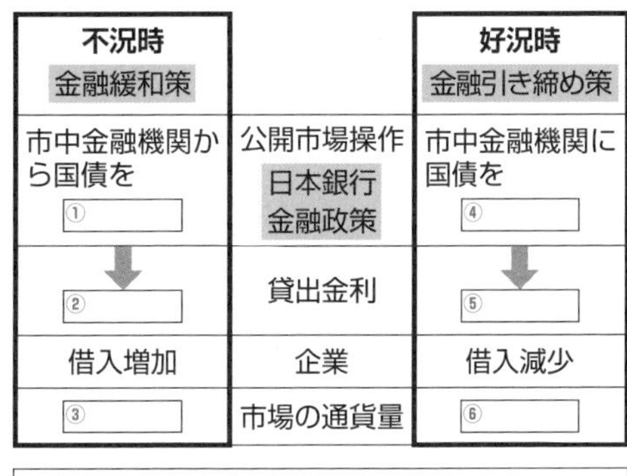

不況時 金融緩和策		好況時 金融引き締め策
市中金融機関から国債を ①	公開市場操作 日本銀行 金融政策	市中金融機関に国債を ④
↓ ②	貸出金利	↓ ⑤
借入増加	企業	借入減少
③	市場の通貨量	⑥

減る　売る　買う　上昇　増える　低下

①	③	⑤
②	④	⑥

3 次の図は，金融自由化についてまとめたものである。空欄に当てはまる語を答えよ。

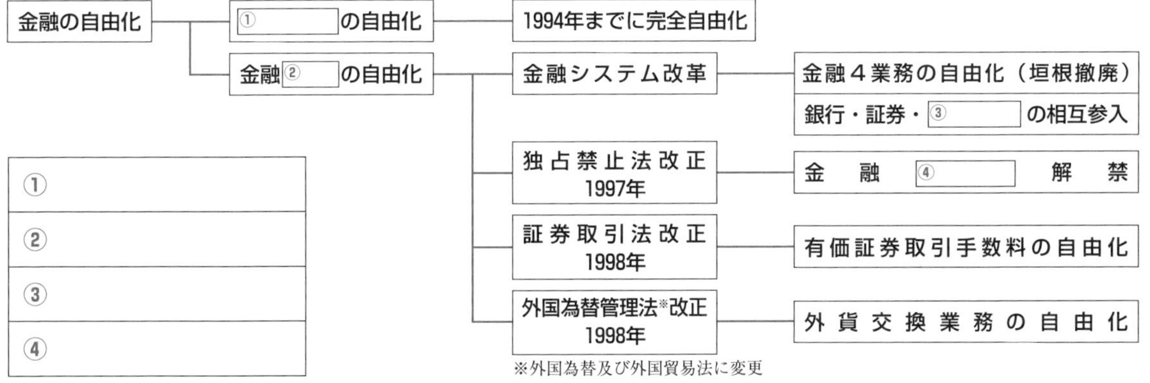

①
②
③
④

27 財政のしくみとはたらき

A ポイント整理　当てはまることばを書いて覚えよう　（＿＿欄には数値が入る）

①＿＿＿＿＿
②＿＿＿＿＿
③＿＿＿＿＿
④＿＿＿＿＿
⑤＿＿＿＿＿
⑥＿＿＿＿＿
⑦＿＿＿・＿＿＿
⑧＿＿＿・＿＿＿
⑨＿＿＿＿＿
⑩＿＿＿＿＿
⑪＿＿＿＿＿
⑫＿＿＿＿＿
⑬＿＿＿・＿＿＿
⑭＿＿＿＿＿
⑮＿＿＿＿＿
⑯＿＿＿＿＿
⑰＿＿＿＿＿
⑱＿＿＿＿＿
⑲＿＿＿＿＿
⑳＿＿＿＿＿
㉑＿＿＿＿＿
㉒＿＿＿＿＿
㉓＿＿＿＿＿
㉔＿＿＿＿＿

1 財政の機能

(1) 財政とは，政府が公共的な目的実現のために行う収入（①＿＿）と支出（歳出）の活動のことをいう。財政には次のような三つの機能がある。

②＿＿＿＿の調整機能	政府は，利潤を追求する民間では提供されにくい公共財・公共サービスの提供を行い，国民生活の安定・向上を図る。
③＿＿＿＿＿機能	政府は国民の所得格差を少なくするため，歳入面で所得税に④＿＿＿＿制度を取り入れて高所得者から多くの税金を徴収し，その税収を歳出面で生活保護や失業保険などの⑤＿＿＿＿＿給付によって低所得者に移転する。
⑥＿＿＿＿化機能	＿④＿制度や＿⑤＿制度が組み込まれることで，財政には景気を自動的に安定させるしくみ（⑦＿＿＿＿＿・＿＿＿＿＿＿＿）が内在している。しかし，この装置だけでは経済を安定させるには不十分なので，裁量的な財政政策（⑧＿＿＿＿＿・＿＿＿＿）がとられる。

(2) 上記のように，政府は，景気の状況に応じ財政支出や税収を増減させ，市中の通貨供給量をコントロールすることで右のように景気の調節を行っている。

政　　策	不 況 期	好 況 期
財政支出	⑨＿＿す	⑩＿＿す
税 政 策	⑪＿税	⑫＿税
結　　果	景気浮揚	景気抑制

(3) 財政政策だけでなく，金融政策や為替政策を組み合わせて効果を高めている。これを⑬＿＿＿＿・＿＿＿＿という。

2 歳入の内訳

(1) 歳入と歳出の計画のことを予算といい，政府の基本的な活動のための⑭＿＿＿＿予算と，特定の事業を行うための特別会計予算に分かれる。

(2) 国の歳入面での２本柱は，租税と，財政収入の不足を補う借金の⑮＿＿（公債金）である。租税は国会の議決による法律に基づかなければならない。これを⑯＿＿＿＿主義という。

(3) 租税のうち，国に納めるものを⑰＿＿，地方公共団体に納めるものを地方税という。

種　類	内　　容	国　税	地方税
⑱＿＿税	納税者と担税者（実質的負担者）が同一	⑲＿＿税，法人税，相続税など	住民税，事業税，固定資産税など
⑳＿＿税	納税者と担税者（実質的負担者）が異なる	㉑＿＿税，酒税など	地方消費税，地方たばこ税など

(4) 日本の租税に占める直接税と間接税の割合（㉒＿＿＿＿）は，ヨーロッパ諸国と異なり㉓＿＿税の比率が大きい。

(5) 財政資金の安定確保を目的として1989年に消費税が導入された。89年当初は税率３％，97年に５％，2014年に８％，19年10月には標準税率10％が適用された。消費税は生活必需品にも一律に課されるため，低所得者ほど税負担が大きくなるという㉔＿＿的性格をもつ。

公債残高の推移

（注）特例公債残高はつなぎ国債などを含む。（財務省資料による）

3 歳出の内訳

(1) 国の歳出には，社会保障関係費や国債費が含まれる。国債には，建設など公共事業のために発行する㉕___国債と，一般会計の不足分を補うために発行する㉖___国債（特例国債）がある。

(2) 日本の財政法は㉖___国債の発行を禁止しているが，1973年の第一次㉗______以降，財政特例法を毎年制定することで赤字国債（特例国債）を発行した（1965年度，75～89年度，94年度～現在）。1990年代に入って，一時赤字国債の発行は禁止されたが，バブル崩壊後の長期不況対策として，再び国債発行額が急増している。

(3) 国債は，後世代の租税の先取りであり，返済のつけを将来に残すものである。財政法は，国債の日本銀行引受を禁止し，㉘_____を原則としているが，国債返済のため通貨が増発され，㉙_____を引き起こす可能性がある。

(4) 国債（償還）費の増加は，財政の弾力性を奪い，社会保障関係費など本来の財政支出を圧迫して財政の㉚___化を引き起こす。

(5) 歳出から国債費を引いたものと，歳入との差を㉛______・_____（基礎的財政収支）といい，黒字であることが望まれる。

㉕______　㉖______
㉗______
㉘______
㉙______
㉚______
㉛______・______

図で見るプライマリー・バランス（PB）

PB均衡	歳出	政策経費	国債費
	歳入	税収	公債金
PB赤字	歳出	政策経費	国債費
	歳入	税収	公債金

→上の図で税収＞（歳出－国債費）であればPB黒字

B 図表でチェック

1 グラフの空欄に当てはまる語を答えよ。

2023年度一般会計当初予算　約114.4兆円

歳出	①□関係費 32.3%	②□費 22.1	③□交付金等 14.3	防衛費※1 8.9	公共事業関係費 5.3	文教及び科学振興費 4.7	その他※2 12.4
歳入	④□・印紙収入 60.7%	⑤□金（国債） 31.1	その他 8.1				

※1　防衛力強化資金（仮称）繰入３兆3,806億円を含む。　（財務省資料による）
※2　このうち新型コロナ及び原油価格・物価高騰対策予備費（3.5%，４兆円）含む。

①
②
③
④
⑤

2 次の各問いに答えよ。

❶ ビルトイン・スタビライザーについて，次の表の空欄に当てはまる語（増加，減少）を答えよ。

		景気過熱期	景気停滞期
累進課税制度	国民の所得	①	⑦
	税収	②	⑧
社会保障給付	失業者	③	⑨
	失業給付	④	⑩
自動的に	流通通貨量	⑤	⑪
	有効需要	⑥	⑫
結果		景気抑制	景気浮揚

❶

①	⑤	⑨
②	⑥	⑩
③	⑦	⑪
④	⑧	⑫

❷ 裁量的財政政策について，次の表の空欄に当てはまる語を答えよ。

政策	景気過熱対策	景気停滞対策
税政策	①□税する	③□税する
公共事業支出	支出を②	支出を④

❷

①	③
②	④

経済特別講座① 市場における価格メカニズム

しくみ❶ 完全競争市場では自動的に供給量と需要量が一致する！

完全競争市場で自由に価格が上下すると，最終的に供給量（売り手）と需要量（買い手）が一致して，売れ残りなし，かつ品不足なしの状態になる。このような価格の機能を「**価格の自動調節機能（作用）**」といい，売れ残りがなく品不足もない均衡した状態を「**資源の最適配分状態**」とよぶ。

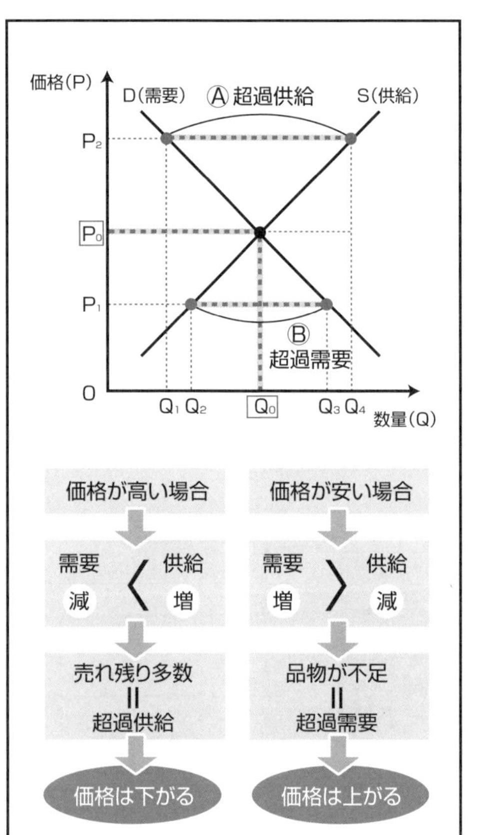

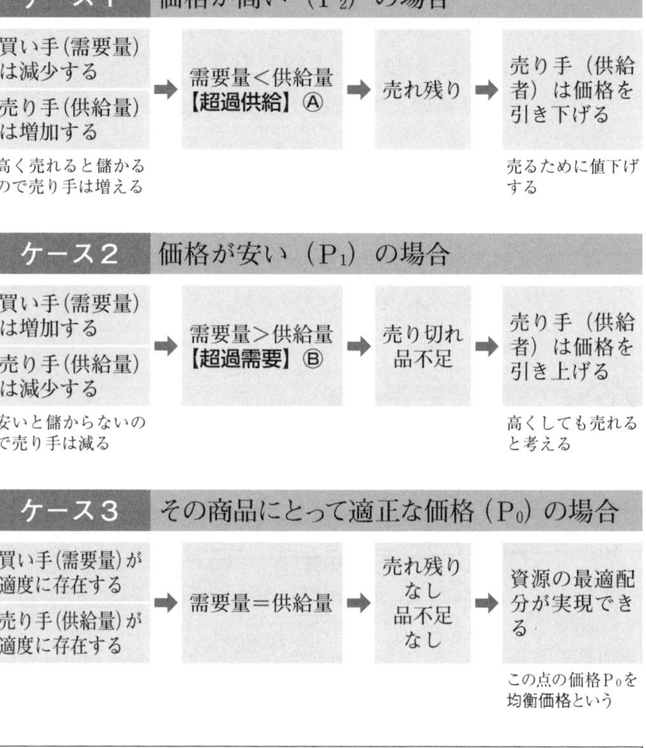

ケース３のように，価格が上下を繰り返すことによって，最終的に売れ残りも品不足もない資源の最適配分状態を実現する作用のことを，価格の自動調節機能（作用）という。

【練習問題】❶ 価格の自動調節機能に関する以下の文章の空欄に入る適切な語句や記号を答えよ。（□欄には記号が入る）

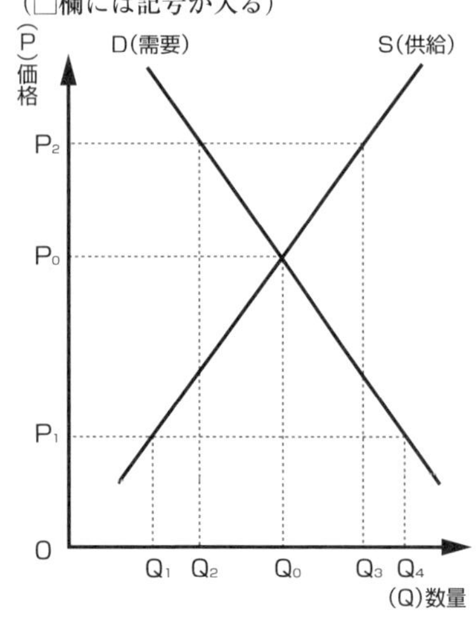

(1) 価格が安い場合（P_1）は，①□－②□の超過③＿＿が発生
→その結果，価格は④＿＿する。

(2) 価格が高い場合（P_2）は，⑤□－⑥□の超過⑦＿＿が発生
→その結果，価格は⑧＿＿する。

(3) やがて，⑨＿＿価格（⑩□）が設定される。この価格の下では，需要量は⑪□，供給量は⑫□となり，資源の⑬＿＿＿＿が達成される。

［P_0……均衡価格（自然価格）
Q_0……均衡数量］

しくみ ❷

需要(D)・供給(S)曲線はシフト(移動)する！

鉄則

入試では与えられた出来事によって，最初に発生する**直接的影響**を答えること！
長い目で見た間接的・派生的効果は考えないことがポイントだ！

① まず，発生した出来事が，『需要(D)の問題か？』『供給(S)の問題か？』を特定する。

② シフトする曲線を特定したら，その曲線だけがシフトすると考えよう。

【練習問題】❷ 需要(D)曲線のシフトに関する以下の文章中の空欄に入る適切な語句を答えよ。

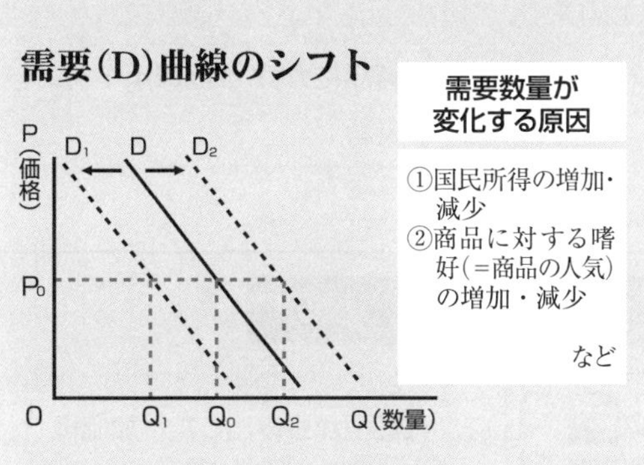

(1) **D→D_1(左方)シフトとなるケース**

[同一商品・同一価格(P_0)→需要量減少(Q_0→Q_1)]

(i)国民所得が①＿＿したとき

(ii)所得税率が引き②＿＿られたとき

(iii)商品に対する嗜好(＝商品の人気)が③＿＿したとき

(2) **D→D_2(右方)シフトとなるケース**

[同一商品・同一価格(P_0)→需要量増加(Q_0→Q_2)]

(i)国民所得が④＿＿したとき

(ii)所得税率が引き⑤＿＿られたとき

(iii)商品に対する嗜好(＝商品の人気)が⑥＿＿したとき

【練習問題】❸ 供給(S)曲線のシフトに関する以下の文章中の空欄に適切な語句を答えよ。

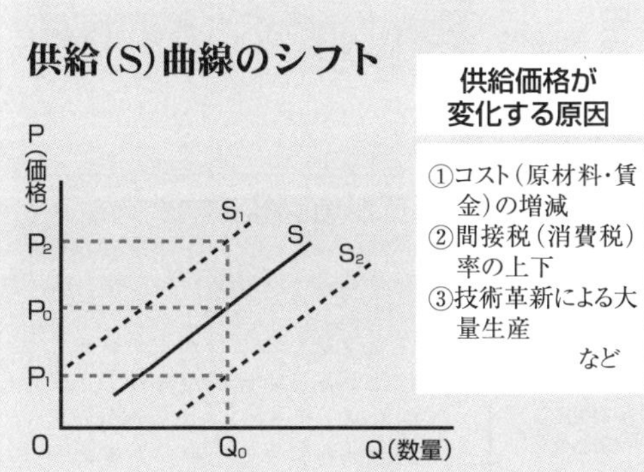

(1) **S→S_1(左上方)シフトとなるケース**

[同一商品・同一数量(Q_0)→供給価格上昇(P_0→P_2)]

(i)原材料価格が①＿＿したとき

(ii)賃金水準が②＿＿したとき

(iii)法人税率が引き③＿＿られたとき

(iv)消費税率が引き④＿＿られたとき

(2) **S→S_2(右下方)シフトとなるケース**

[同一商品・同一数量(Q_0)→供給価格下落(P_0→P_1)]

(i)原材料価格が⑤＿＿したとき

(ii)賃金水準が⑥＿＿したとき

(iii)法人税率が引き⑦＿＿られたとき

(iv)消費税率が引き⑧＿＿られたとき

時事問題に強くなる

価格のメカニズムに関する時事問題に注意！

? 消費税率が引き上げられると市場はどうなるか

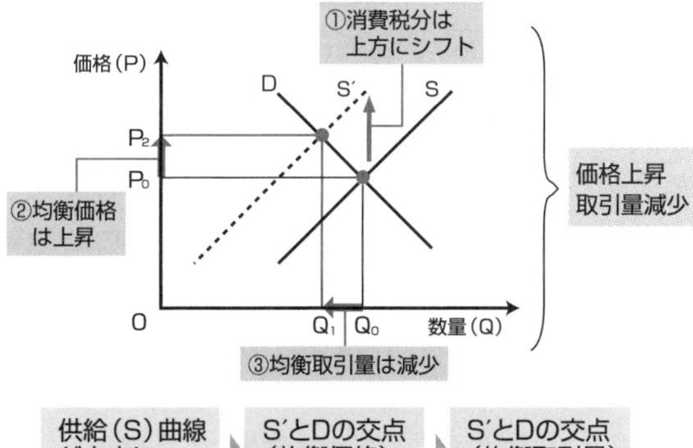

? 1990年代の『失われた10年』の中，国民所得が減少したが，市場はどのような影響を受けたか

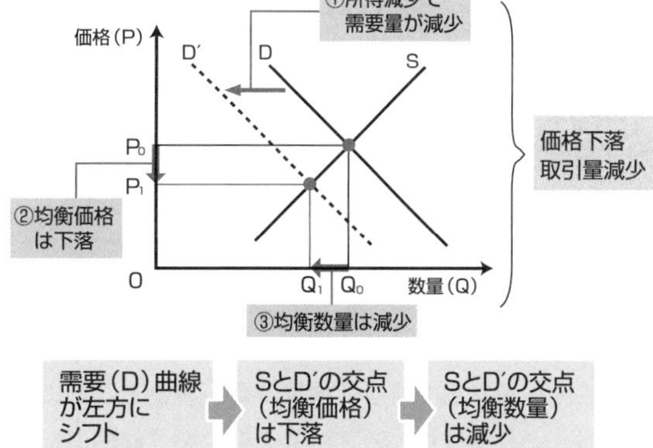

経済特別講座② 広義の国民所得 ～「国民」と「国内」の概念の違い～

●国内総生産（GDP）と付加価値

国内総生産（GDP） Gross Domestic Product	その国の**国内**で1年間に**新たに生産**された財とサービスの**付加価値**の合計 1年間に生産・取引された財・サービスの総額から，原材料や半製品にかかった金額を差し引いた残り。**外国人が国内で生産した分も含む**。

付加価値

原材料・半製品などの中間生産物に，労働や設備を使用して加工を加えることによって新たに生み出された価値の増加分＝**各生産者の儲け分**

生産・取引された全ての財（例 小麦，小麦粉，パン） ― **原材料費や半製品にかかった費用**（例 小麦，小麦粉）

GDPとGNP（国民総生産）はどう違う？

GDPとGNPの違い―実はその名称をよく見れば，すぐにわかる！

「国内」で生み出された付加価値
→日本国民が海外で生産した分は除く
一方，外国人が日本国内で生産した分を含む

「国民」が生み出した付加価値
→日本国民が海外で生産した分も入る
一方，外国人が日本国内で生産した分を除く
海外からの純所得＋GDP

「総生産」は共通で，同じ内容を表すから，

国民総生産（GNP） Gross National Product	その国の**国民**が1年間に新たに生産した財とサービスの付加価値の合計 外国人が国内で生産した分は除く

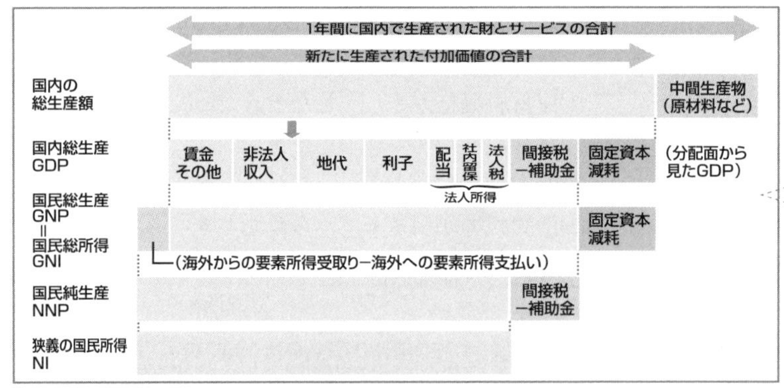

※グラフを見るとわかるように，GNPから日本国民が海外で生産した財・サービスなど（海外からの純所得）を差し引いたものがGDPとなる。
※ただし，GNPで定義される「国民」には「6か月以上の居住者」を含み，「2年以上の海外滞在者」は除かれる。したがって，日本のGNPには6か月以上日本で生産活動を行っている外国の人・企業の生産高も含まれる。

●国民総生産（GNP）と国民純生産（NNP）の違い

NNP（国民純生産）＝GNP－「固定資本減耗」

固定資本減耗を含むのが「総＝グロス（Gross）」，含まないのが「純＝ネット（Net）」と覚えておこう。

固定資本減耗 「機械や設備が使用されているうちに古くなり，その価値が失われていく分」である。例えば，10年間使える機械でも，1年に1/10ずつ価値は失われていく。生産者は10年後に買い替えるために必要な分を毎年，金額に換算して積み立てる。そして，10年後にその積立金で新しい機械に買い替えることになる。企業の会計上は，この機械などの買い替え資金を「減価償却費」という。

●狭義の国民所得（NI）

一国の経済の流れ（フロー）を見るとき，国内総生産（GDP）のほかに狭義の国民所得（NI＝National Income）がある。これは**国民純生産（NNP）からさらに間接税分を引き，政府からの補助金を加えたものである**。生産に携わったものの真の生産規模を測る指標であり，間接税や補助金など政府の活動による価格への影響を取り除いた部分である。

●経済成長率

経済成長率は，景気動向を示す中心指標だ！　国内総生産（GDP）の対前年度伸び率を表している

名目経済成長率	物価変動を考慮せずに比較した，名目上のGDP金額の伸び率	**実質経済成長率**	物価変動を割り引いて比較した，生産規模の伸び率
式	$\frac{\text{本年度の名目GDP}-\text{前年度の名目GDP}}{\text{前年度の名目GDP}}\times 100$	式	$\frac{\text{本年度の実質GDP}-\text{前年度の実質GDP}}{\text{前年度の実質GDP}}\times 100$

※前年度の実質GDP＝前年度の名目GDP　なぜならば，前年度が基準の年だから。

【例題】　昨年の名目GDPが100兆円，今年の名目GDPが120兆円のとき，下の各問いに答えよ。ただし物価上昇率を10％とする。（小数点第２位以下は四捨五入）

(1)　名目経済成長率を求めよ。

解き方　$\frac{120\text{兆円}-100\text{兆円}}{100\text{兆円}}\times 100=$ **20%**

(2)　実質経済成長率を求めよ。

解き方　まず，実質GDPを求める。

	GDP	GDPデフレーター※	
昨年	100兆円	100	→①
今年	120兆円	110	→②

①100兆円 $\times\frac{100}{100}=$ 100兆円
②120兆円 $\times\frac{100}{110}=$ 約109.1兆円

➡ $\frac{109.1\text{兆}-100\text{兆}}{100\text{兆}}\times 100$
＝約9.1%

※GDPデフレーター…基準年を100とした物価指数。物価上昇率が10％ならば110となる。

【練習問題】　経済成長に関連して，国民経済全体の活動水準を測るフローの諸指標がある。下の表は，ある年のそれらの諸指標の項目と金額との組合せの数値例を表したものである。表の数値例をもとにした場合に，諸指標Ａ～Ｃと，金額ア～ウとの組合せとして正しいものを，下の①～⑥のうちから一つ選べ。〈13：政経本試〉

Ａ　国民純生産（NNP）
Ｂ　国民総生産（GNP）
Ｃ　国民所得（NI）
ア　380　　イ　420　　ウ　520
①　Ａ－ア　　Ｂ－イ　　Ｃ－ウ
②　Ａ－ア　　Ｂ－ウ　　Ｃ－イ
③　Ａ－イ　　Ｂ－ア　　Ｃ－ウ
④　Ａ－イ　　Ｂ－ウ　　Ｃ－ア
⑤　Ａ－ウ　　Ｂ－ア　　Ｃ－イ
⑥　Ａ－ウ　　Ｂ－イ　　Ｃ－ア

項　目	金　額
国内総生産（GDP）	500
海外からの純所得	20
間接税－(マイナス)補助金	40
固定資本減耗	100

時事問題に強くなる　狭義の国民所得～各局面の最大と最小を押さえよ！～

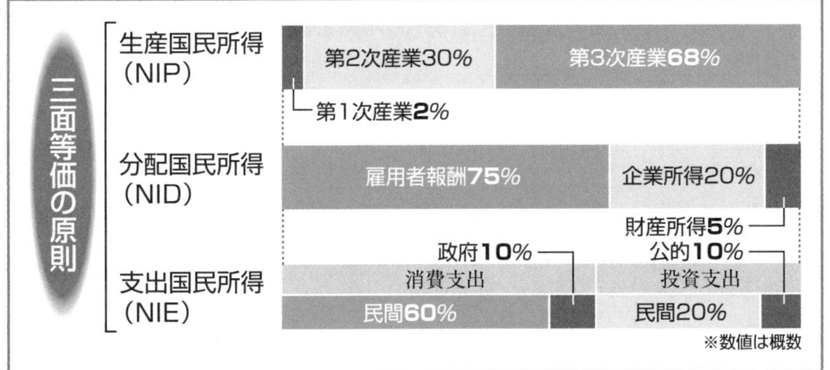

狭義の国民所得は三面等価！

生産活動によって得られた所得（**生産国民所得**）は，すべて分配され（**分配国民所得**），分配された所得は消費または投資という形で支出されていく（**支出国民所得**）。よって，三者は同じ貨幣の流れを異なる３つの局面から捉えたものであり，同じ額になる（**三面等価の原則**）。

用語チェック　22経済社会の変容～27財政のしくみとはたらき

22 経済社会の変容

➡P.66・67

□❶18世紀後半のイギリスに始まる，蒸気機関などによる工場の機械化に伴って起こった経済・社会上の大変革。 ❶［　　　］

□❷生産手段の私有制が認められ，利潤の確保を目指して自由に財・サービスを生産し取引することのできる経済体制。 ❷［　　　］

□❸自由競争のもと，価格が需要と供給の関係で動いているような経済のしくみ。 ❸［　　　］

□❹『国富論』を著し，自由競争を行えば「見えざる手」に導かれ，社会全体の利益・経済社会の発展につながるとして自由放任主義を主張した人物。 ❹［　　　］

□❺『雇用・利子および貨幣の一般理論』を著して，大不況対策として政府は積極的に有効需要を創り出し，完全雇用を達成すべきだと主張した人物。 ❺［　　　］

□❻世界恐慌対策として1930年代にアメリカのF. ルーズベルト大統領が行った政策。 ❻［　　　］

□❼現代の資本主義は政府の果たす役割が増大し，市場経済への介入を強めていることから，何と呼ばれるか。 ❼［　　　］

□❽政府は通貨供給に一定のルールをつくるのみで，必要以上の経済介入を慎み，市場原理に委ねるべきであるとする反ケインズ主義の考え方。 ❽［　　　］

□❾『資本論』を著し，資本主義の矛盾を科学的に分析して，平等社会へ移行する歴史的必然性を唱えた人物。 ❾［　　　］

□❿国防や治安維持といった最低限度の役割だけをになう国家。 ❿［　　　］

□⓫社会主義経済において，国家の計画のもとで生産量が決定されるしくみ。 ⓫［　　　］

23 企業のはたらき

➡P.68・69

□❶商品のうち，衣料・電化製品など形のあるもの。 ❶［　　　］

□❷商品のうち，運輸・教育・福祉など形のないもの。 ❷［　　　］

□❸商品の生産に利用できる資源に限りがあること。 ❸［　　　］

□❹限られた資源を利用するとき，何かを犠牲にしなければならないが，この犠牲にされたものをほかのことに利用したとすれば得られたはずの利益のこと。 ❹［　　　］

□❺限られた資源を，別々の用途に同時に利用できない状況。 ❺［　　　］

□❻経済活動に参加する主体のうち，消費活動の中心となるもの。 ❻［　　　］

□❼経済活動に参加する主体のうち，租税や公債などの形で資金を調達し，国民経済全体の調整役として財政活動を行うもの。 ❼［　　　］

□❽現代の企業のうち最も代表的な会社形態。 ❽［　　　］

□❾株式会社における最高意思決定機関。 ❾［　　　］

□❿会社法の制定で新設された会社。定款で経営ルールを自由に設定。 ❿［　　　］

□⓫出資者である株主は配当や株価上昇などの経済的利益のみを追求し，経営は専門家である取締役に委ねること。 ⓫［　　　］

□⓬株式会社が，株主に分配する利潤の一部。 ⓬［　　　］

□⓭企業が，その本来の目的に沿うべく適切に経営されるように監視・けん制する仕組み。企業統治と訳される。 ⓭［　　　］

□⓮企業の合併・買収の総称。企業の事業規模拡大や新分野への進出を目的に実施される。 ⓮［　　　］

□⓯企業が法令を守って経済活動を行うこと。 ⓯［　　　］

□⓰持株会社（ホールディングス）を中心とした企業統合が進んだ結果出現した，多くの産業部門にわたる巨大な企業。 ⓰［　　　］

□⓱国境を越えて複数の国に子会社をつくり，海外での生産・販売を行う企業。 ⓱［　　　］

□⓲企業の社会的責任の英語の略称。 ⓲［　　　］

□⓳企業の社会的責任のうち，芸術などの文化的活動を支援すること。 ⓳［　　　］

24 市場のはたらき

➡P.70・71

□❶供給量と需要量を一致させ，資源の最適配分を実現する価格。 ❶［ ］
□❷価格の上下変動を通して，需要量と供給量が一致に向かっていくこと。 ❷［ ］
□❸市場で適切な資源配分ができないことによって生じる問題点や，市場外への影響。 ❸［ ］
□❹❸のうち，公害のように他に不利益をもたらすこと。 ❹［ ］
□❺❸のうち，買い手側に十分な情報がなく，売り手側との間で大きな情報格差が生じること。 ❺［ ］
□❻寡占市場において，有力企業が価格先導者として価格を決定し，他企業が暗黙のうちに追従することによって成立する価格。 ❻［ ］
□❼業界のトップとなる有力企業のことであり，利潤を最大化できる価格を設定できる企業のこと。 ❼［ ］
□❽寡占市場では管理価格が形成され，価格が一般的に下がりにくいこと。 ❽［ ］
□❾寡占市場において激しくなる，広告・宣伝やデザイン，アフターサービスなど価格以外での競争。 ❾［ ］
□❿企業どうしの公正な競争を進めるために，1947年に制定された法律。 ❿［ ］
□⓫大規模な企業の方が利益が増すという，現代の市場の特徴。 ⓫［ ］
□⓬同種産業の企業が，価格や生産量などについて協定を結び，競争を避けて利潤を確保しようとする結合形態。 ⓬［ ］
□⓭同種の産業・業種での企業合併。 ⓭［ ］
□⓮持株会社が多数の企業の株式を保有することにより，金融面で支配する独占の形態。 ⓮［ ］

25 国民所得と景気変動

➡P.72・73

□❶国の豊かさを測る指標のうち，ある時点での資産の蓄積を示すもの。 ❶［ ］
□❷国の豊かさを測る指標のうち，一定期間内に生み出された生産額。 ❷［ ］
□❸国民が１年間に生産した財・サービスの価格から中間生産物を差し引いた金額。 ❸［ ］
□❹国民総生産から，海外からの純所得を差し引いたもの。 ❹［ ］
□❺国民総生産から固定資本減耗分を差し引いた価格。 ❺［ ］
□❻国民純生産から間接税を差し引き，補助金を加えた価格。 ❻［ ］
□❼国民所得を，生産面・分配面・支出面の三面からみた価格は等しくなるという原則。 ❼［ ］
□❽基準年次から比較年次への物価上昇分を取り除いた純粋な経済規模の成長度。 ❽［ ］
□❾景気が好況・後退・不況・回復の四局面を繰り返すこと。 ❾［ ］
□❿技術革新（イノベーション）を原因とする約50〜60年の長期波動。 ❿［ ］
□⓫設備投資を原因とする７〜10年の中期波動。 ⓫［ ］
□⓬在庫投資を原因とする約40か月の短期波動。 ⓬［ ］
□⓭急激な景気後退のこと。 ⓭［ ］
□⓮設備投資や雇用が増え，物価が上昇する景気の状態。 ⓮［ ］
□⓯財・サービスの価格を平均したもの。 ⓯［ ］
□⓰⓯のうち，小売り段階での価格の動きを平均した指数。 ⓰［ ］
□⓱⓯のうち，卸売り段階での企業間取り引きの価格の動きを平均した指数。 ⓱［ ］
□⓲物価の上昇・貨幣価値の下落が継続的に起こること。 ⓲［ ］
□⓳⓲のうち，年率で数%程度の物価上昇。 ⓳［ ］
□⓴物価の下落・貨幣価値の上昇が継続的に起こること。 ⓴［ ］
□㉑景気の停滞と物価上昇が同時に起こる現象。 ㉑［ ］
□㉒物価下落と不況が相乗作用を起こす現象。 ㉒［ ］
□㉓シュンペーターが経済成長の原動力であると主張した，新しい生産技術の導入や

新しい経営方式のこと。 ㉓ [ ]

26 金融のしくみとはたらき ➡P.74・75

□❶金の保有量とは無関係に，政策的に発行量を決めて，金との交換性のない不換紙幣を発行する制度。 ❶ [ ]

□❷日銀が経済政策の指標として重視して管理する通貨発行残高のこと。従来マネーサプライと呼ばれてきたが，2008年に指標が新しくなり，名称も変更された。 ❷ [ ]

□❸株式や社債など有価証券を発行して資金を調達する方法。 ❸ [ ]

□❹個人などの預貯金を金融機関を通じて借り入れる調達方法。 ❹ [ ]

□❺銀行が当座預金による貸付操作を繰り返すことにより，初めの預金の何倍もの預金通貨を創造すること。 ❺ [ ]

□❻日本の中央銀行である日本銀行の三大業務のうち，「銀行の銀行」，「政府の銀行」以外のもの。 ❻ [ ]

□❼日銀が，金融市場で有価証券を直接売買することによって，通貨量を調整する政策。 ❼ [ ]

□❽不況時にとられる公開市場操作。 ❽ [ ]

□❾中央銀行が債券売買量や預金準備率を変えることによって通貨量を量的に調整する金融政策を一般的に何的金融政策と呼ぶか。 ❾ [ ]

□❿市中銀行に対する貸出利子率を調整するなどで，資金需要量を調整する金融政策を一般的に何的金融政策と呼ぶか。 ❿ [ ]

□⓫金融自由化の内容について，金融業務の自由化ともう１つは何か。 ⓫ [ ]

□⓬金融機関の経営破綻から預金者を保護するために，一定限度の金額まで預金を保証する制度。 ⓬ [ ]

□⓭金融と情報技術を組み合わせた金融商品の開発の動き。 ⓭ [ ]

□⓮金融機関が破綻した際，預金者の預金保護を元本1,000万円と利子までとすること。 ⓮ [ ]

27 財政のしくみとはたらき ➡P.76・77

□❶国や地方公共団体が行う経済活動。 ❶ [ ]

□❷市場では十分供給されない公共財・サービスの提供をする財政機能。 ❷ [ ]

□❸累進課税制度と社会保障制度によって貧富差を解消する財政機能。 ❸ [ ]

□❹景気や物価の状況に対応して徴税・財政支出を増減させる政策。 ❹ [ ]

□❺累進課税制度と社会保障制度をあらかじめ組み込んでおけば，それらが自動的に働いて景気を調整するしくみのこと。 ❺ [ ]

□❻税金を賦課し，または税率を変更する場合には法律に基づかなければならないとする原則。 ❻ [ ]

□❼かつて「第二の予算」とも呼ばれた，国債の発行などによって調達した資金をもとに特定の事業などを支援する政府の投資・融資のしくみ。 ❼ [ ]

□❽国の通常の活動のための予算。 ❽ [ ]

□❾納税義務者と租税負担者が同一である税。 ❾ [ ]

□❿納税義務者と租税負担者が異なる税。 ❿ [ ]

□⓫財やサービスの消費に対して課せられる租税で，生活必需品に課せられた場合，逆進性をもつという問題が指摘される税。 ⓫ [ ]

□⓬公共事業などにあてるための国債。 ⓬ [ ]

□⓭国債費の増加が，財政の弾力性を奪い，本来の財政支出を圧迫すること。 ⓭ [ ]

記述でチェック 単元で学習した用語を説明しよう。

所得税などに取り入れられている累進課税とは，どのような制度か。その目的と合わせて40字以内で答えよ。

➡27 P.76・77

									10										20										30
									40																				

実戦問題　22経済社会の変容～27財政のしくみとはたらき

1 次の文章を読み，下の問いに答えよ。

世界には，ⓐ資本主義とⓑ社会主義という二つの経済体制が存在する。しかし，いずれの体制においても問題点が生じたため，現在に至って，ⓒ修正が加えられている。世界恐慌の際に実施されたニューディール政策は，ⓓケインズの主張する［ 1 ］の理論に基づき，供給よりもまずは購買力を伴ったⓔ財への需要を生み出すことが景気回復のカギであるとする考え方に立つものであった。政府による市場介入の中心は，何と言ってもⓕ金融政策，ないしはⓖ財政政策である。バブル崩壊後の不況に際しては，ケインズの理論に基づいて財政出動を行うべきなのか，あるいは無駄な財政支出を止め，巨額のⓗ財政赤字を削減し，民営化や［ 2 ］緩和を推進すべきなのかという二つの考え方が対立した。

経済

問1 ▶ 文中の空欄［ 1 ］・［ 2 ］に入る最も適当な語を答えよ。　1［　　］　2［　　］

問2 ▶ 下線部ⓐに関して，資本主義経済の特徴として当てはまらないものを，次の①～④のうちから一つ選べ。［　　］

① 労働力の商品化　② 計画経済　③ 生産手段の私有制　④ 利潤追求の自由

問3 ▶ 下線部ⓑに関して，『資本論』を著し，労働者の搾取されない平等な理想の社会を唱えた思想家はだれか。［　　］

問4 ▶ 下線部ⓒに関して，現代の資本主義の形態のうち，政府の果たす役割が増大し，市場経済への介入を強めている形態を何というか。次の①～④のうちから一つ選べ。［　　］

① 構造主義　② 夜警国家　③ 新自由主義　④ 混合経済

問5 ▶ 下線部ⓓに関して，ケインズの理論に基づいて不況の際にとるべき財政政策として最も適当なものを，次の①～④のうちからすべて選べ。［　　］

① 減税　② 増税　③ 公共投資の拡大　④ 公共投資の中止・削減

問6 ▶ 下線部ⓔに関して，需要曲線が右図のDからD_1へ移動したときに起きている現象を，次の①～⑥のうちからすべて選べ。［　　］

① 消費者の所得が減る。　② 商品の人気が上がる。
③ 農作物が不作となる。　④ 原材料費が値上がりする。
⑤ 消費者の所得が増える。　⑥ 商品の人気が下がる。

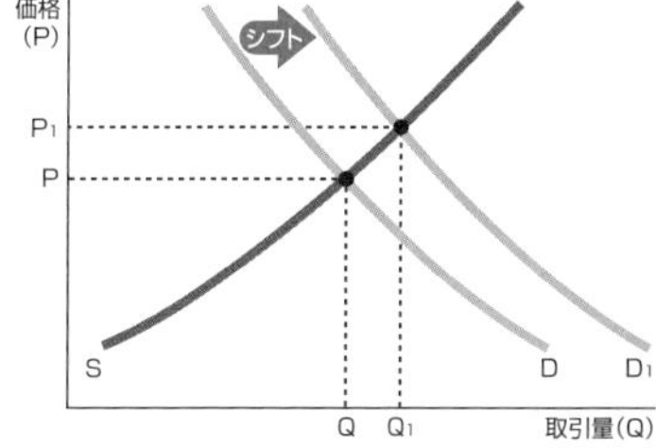

問7 ▶ 下線部ⓕに関して，不況の際にとるべき金融政策として適切なものを，次の①～⑥のうちからすべて選べ。［　　］

① 市中銀行に対する貸出利子率の引き上げ　② 市中銀行に対する貸出利子率の引き下げ
③ 預金準備率の引き上げ　④ 公開市場での買いオペレーション
⑤ 公開市場での売りオペレーション　⑥ 預金準備率の引き下げ

問8 ▶ 下線部ⓖに関して，財政政策はフィスカル・ポリシーとビルトイン・スタビライザーに分かれる。このうち，ビルトイン・スタビライザーに含まれるものを，次の①～⑤のうちからすべて選べ。［　　］

① 公共事業の拡大　② 失業給付　③ 減税
④ 累進課税制度　⑤ 公共事業の縮小

記述 **問9** ▶ 下線部ⓗに関して，右図を見て，次の文中の［ A ］に入れるのに適している内容を，「世代」「負担」の語を用いて答えよ。

・わが国の財政は，歳出が税金から得られる収入を上回る状況が続いており，その差額は国債の発行によって賄われているが，国債を発行することの問題点は，一般に［ A ］であるとされている。

A［　　］

図　歳出・税収の推移（補正後予算ベース）

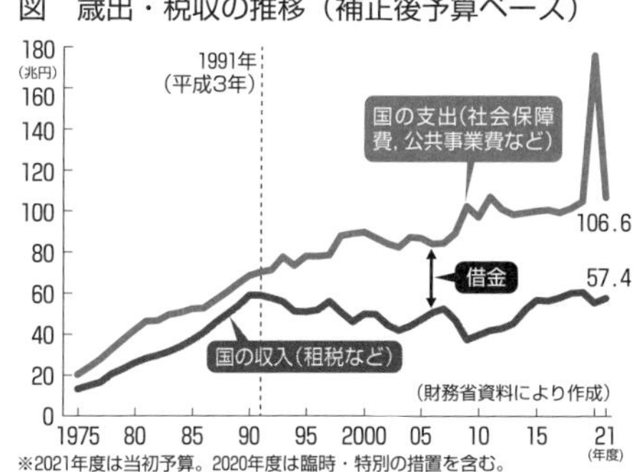

※2021年度は当初予算。2020年度は臨時・特別の措置を含む。

2 次の文章を読み，下の問いに答えよ。

1990年代以降のわが国の不況の原因は，バブル崩壊とそれに伴う金融システムの信用崩壊である。巨額の不良債権を抱えたⓐ銀行の経営不安が，日本の株価を下落させ，また企業の経営を圧迫したことは否定できない。そこで，最優先課題としてⓑ金融システムの建て直しが行われてきた。

さらにわが国は高度成長以来，巨額の財政支出を借入金によってまかなうことでⓒ経済成長を誘導する政策がとられ，ⓓ政府は経済の安定に大きな役割を果たしてきた。しかし，東日本大震災の復興，新型コロナウイルス感染症の対策などのため大量の国債が発行された結果，巨額の財政赤字を抱え，国債残高も増加している。

問1▶下線部ⓐに関連して，市中銀行の貸出業務に関する図1，図2は，すべての市中銀行の資産，負債，純資産を一つにまとめた上で，貸出前と貸出後を比較したものである。これらの図から読みとれる内容を示したメモを踏まえて，市中銀行の貸出業務に関する記述として最も適当なものを，あとの①～④のうちから一つ選べ。〈22：政経共通テスト本試改〉 [　　　]

図1　貸出前のバランスシート

資産	負債・純資産
「すでにある貸出」85	「すでにある預金」90
日銀当座預金 15	資本金 10

図2　貸出後のバランスシート

資産	負債・純資産
「新規の貸出」20	「新規の預金」20
「すでにある貸出」85	「すでにある預金」90
日銀当座預金 15	資本金 10

※　バランスシートの左側には「資産」が，右側には「負債・純資産」が表され，「資産」と「負債・純資産」の金額は一致する。簡略化のため，市中銀行の資産は貸出および日銀当座預金，負債は預金，純資産は資本金のみとし，また貨幣単位は省略する。

メモ　個人や一般企業が銀行から借り入れると，市中銀行は「新規の貸出」に対応した「新規の預金」を設定し，借り手の預金が増加する。他方で，借り手が銀行に返済すると，市中銀行の貸出と借り手の預金が同時に減少する。

① 市中銀行は「すでにある預金」を個人や一般企業に貸し出すため，銀行貸出は市中銀行の資産を増加させ負債を減少させる。
② 市中銀行は「すでにある預金」を個人や一般企業に貸し出すため，銀行貸出は市中銀行の資産を減少させ負債を増加させる。
③ 市中銀行は「新規の預金」を創り出すことによって個人や一般企業に貸し出すので，銀行貸出は市中銀行の資産と負債を減少させる。
④ 市中銀行は「新規の預金」を創り出すことによって個人や一般企業に貸し出すので，銀行貸出は市中銀行の資産と負債を増加させる。

問2▶下線部ⓑに関連して，金融システムの建て直しについての記述として最も適当なものを，次の①～④のうちから一つ選べ。 [　　　]

① 金利の自由化が完了し，金利面における銀行間の自由競争が実現した。
② 銀行・証券・保険・信託の金融業務間の業務区分を明確にすることで共倒れを防いでいる。
③ 破綻した銀行の預金者の安定を確保し，預金は全額公的資金によって保護する政策を導入した。
④ 破綻した銀行を一時国営化して再建を図るという法律は制定されたが，適用された例は存在しない。

問3▶下線部ⓒに関連して，経済発展を数量的に表すために利用する諸指標に関する記述として最も適当なものを，次の①～④のうちから一つ選べ。〈20：現社本試改〉 [　　　]

① 一国における，ある時点の実物資産と対外純資産の合計は，フローとストックのうち，ストックと呼ばれる。
② 国内総生産（GDP）から固定資本減耗を除いたものは，国民所得（NI）と呼ばれる。
③ 環境への影響だけでなく，家事や余暇の時間などを考慮して算出される指標は，グリーンGDPと呼ばれる。
④ 物価変動の影響を除いた国内総生産の変化率は，名目経済成長率と呼ばれる。

問4▶下線部ⓓに関連して，日本における租税と政府の経済的役割に関する記述として最も適当なものを，次の①～④のうちから一つ選べ。〈20：現社追試改〉 [　　　]

① 政府が徴収する消費税は，所得が低い人ほど，所得に対する税負担の割合が低くなる傾向があるとされる。
② 政府が，職種にかかわらず，同じ経済状態にある経済主体に同程度の税負担を課すことは，水平的公平の原則と呼ばれる。
③ 政府が公的資金などを財源として行う財政投融資計画には，中小企業への融資は含まれないとされる。
④ 景気後退期に，政府が減税などによって民間部門の需要を喚起しようとすることは，緊縮財政と呼ばれる。

3 次の文章を読み，下の問いに答えよ。

経済の三主体としては，生産主体であるⓐ企業，消費主体である家計，両者の調整役であるⓑ政府がある。企業の生産規模が拡大することによって国民所得は増加し，ⓒ経済は成長していく。しかし，資本主義は自由競争を基本とすることから，ⓓ景気循環が発生し，その中で少数の有力企業が生き残って，ⓔ寡占市場が形成されていく。現代は寡占市場の下で，市場メカニズムが十分にはたらかない状況が生じている。

問1▶下線部ⓐに関連して，企業についての記述として最も適当なものを，次の①～④のうちから一つ選べ。〈22：政経共通テスト本試〉 [ ]

① 自社の株価の低下を招くような社内の行為をその会社の株主が監視することを，リストラクチャリングという。

② ある企業の１年間の利潤のうち，株主への分配率が上昇すると内部留保への配分率も上昇し，企業は設備投資を増やすようになる。

③ 世界的に拡大した感染症による経済的影響として，いわゆる巣ごもり需要の増加に対応することで2020年に売上を伸ばした企業があった。

④ 1990年代のバブル経済崩壊後，会社法が制定され，株式会社設立のための最低資本金額が引き上げられた。

問2▶下線部ⓑに関連して，市場機構に限界があるために政府の規制や介入が正当化される場合があるが，これについての記述として最も適当なものを，次の①～④のうちから一つ選べ。〈99：現社本試〉 [ ]

① 企業活動に伴って発生する社会的コストを企業自身に負担させるメカニズムが市場に存在しないので，課徴金政策等により企業活動を規制する。

② 大企業支配の下では企業間競争を抑制するメカニズムが市場に存在しないので，独占禁止法などにより企業の競争的行動を規制する。

③ 経済の過熱による株価の暴騰は，資産をもつ者ともたない者との経済格差を拡大させるおそれがあるので，株価安定の目的で株式市場に直接介入する。

④ インフレになると通貨価値が上昇して通貨の購買力も増大するため，金融市場への介入によりインフレを抑える。

問3▶下線部ⓒに関連して，経済成長率とGNPや国富との関係についての記述として最も適当なものを，次の①～④のうちから一つ選べ。〈99：現社本試〉 [ ]

① 経済成長率が低下すると，たとえその値がプラスであっても，GNPは対前年比で必ず減少する。

② 経済成長率が低下すると，たとえその値がプラスであっても，国富は必ず減少する。

③ 経済成長率がマイナスの場合，GNPは対前年比で必ず減少となる。

④ 経済成長率がマイナスの場合，国富は必ず減少となる。

問4▶下線部ⓓに関連して，景気変動とその安定化に関する記述として最も適当なものを，次の①～④のうちから一つ選べ。〈21：現社共通テスト第１回〉 [ ]

① コンドラチェフの波と呼ばれる景気変動は，在庫投資の変動によって起こるとされる。

② ジュグラーの波と呼ばれる景気変動は，建設投資の変動によって起こるとされる。

③ 景気が悪いときに行われる裁量的財政政策の一つとして，政府支出の削減がある。

④ 景気の自動安定化装置の役割を担う制度の一つとして，所得税の累進課税制度がある。

問5▶下線部ⓔに関連して，市場の独占・寡占に関する記述として最も適当なものを，次の①～④のうちから一つ選べ。〈19：現社追試〉 [ ]

① 市場の独占化や寡占化に伴って価格が下がりにくくなることは，価格の下方硬直性と呼ばれる。

② 寡占市場の下では，デザイン・品質や広告など，価格以外の面での競争（非価格競争）が回避される傾向にある。

③ 寡占市場において同業種の複数企業が価格や生産量について協定を結ぶことは，トラストと呼ばれる。

④ 規模の利益（スケールメリット）が生じる産業での企業間競争は，市場の独占化や寡占化を弱めるとされる。

28 戦後の日本経済

A ポイント整理　当てはまることばを書いて覚えよう　（＿欄には数値が入る）

①＿＿＿＿
②＿＿＿＿
③＿＿・＿＿
④＿＿　⑤＿＿
⑥＿＿＿＿
⑦＿＿＿＿
⑧＿＿　⑨＿＿
⑩＿＿　⑪＿＿

高度成長の要因
① 外国から積極的に新技術を導入した
② 高い貯蓄率が，活発な民間設備投資を可能にした
③ 質の良い安い労働力が豊富だった
④ 石油・資源を海外から安価に買い入れできた
⑤ 固定レート（1ドル＝360円）が輸出に有利だった

⑫＿＿＿＿
⑬＿＿＿＿

産業構造の変化

高度経済成長期	➡	低成長期
重厚長大 少品種大量生産 第2次産業中心（重化学工業） 資本集約型 資源多消費	2度の石油危機	軽薄短小 多品種少量生産 第3次産業中心（サービス化・ソフト化） 知識集約型 省資源・エネルギー

⑭＿＿＿＿
⑮＿＿　⑯＿＿
⑰＿＿＿＿
⑱＿＿＿＿
⑲＿＿＿＿
⑳＿＿＿＿

1 戦後の日本経済の復興と高度経済成長

(1) 第二次世界大戦後の経済復興策として石炭・鉄鋼などの基幹産業への重点的な投融資を行う①＿＿＿方式が導入された。

(2) 1948年，連合国軍総司令部（GHQ）が②＿＿＿＿＿を指示しインフレの収束と経済の安定を図った。1949年，③＿＿＿・＿＿が実施され，超均衡予算や1ドル＝④＿＿円という単一為替レートが設定された。

(3) ⑤＿＿＿勧告が出され，直接税中心の税制改革が行われた。また，GHQの指令の下，経済民主化の改革が行われた。

三大経済民主化
財閥解体　農地改革　労働組合の育成

(4) ＿⑤＿勧告によりインフレは収束したものの，一転してデフレ不況に陥った。しかし1950年に朝鮮戦争が勃発すると，米軍による武器・資材の調達＝⑥＿＿が発生し，生産と景気は回復した。

高度経済成長期の大型景気
・神武景気（1955～57年）
・岩戸景気（1958～61年）
・オリンピック景気（1962～64年）
・いざなぎ景気（1965～70年）

(5) 1955年から1973年までの間，実質経済成長率が年平均10％前後で成長を続け，⑦＿＿＿＿＿と呼ばれた。この時期，わが国の産業構造は大きく変化し，就業人口割合，国民所得割合ともに第⑧＿＿次産業が低下し，代わって重化学工業化によって第⑨＿＿次産業，および商業・サービス業などの第⑩＿＿次産業が上昇していった。このような現象を産業構造の高度化（ペティ・クラークの法則）という。

(6) 高度経済成長は，1973年に発生した第一次⑪＿＿＿（オイル・ショック）によって終焉した。

(7) 急激な物価上昇（⑫＿＿物価）と景気停滞が同時に起こる⑬＿＿＿＿・＿＿＿となり，経済成長率はマイナスへ落ち込んだ。以後70年代は年平均成長率が約4％の安定成長の段階に入り，2度の＿⑪＿から重厚長大（資本集約）型から軽薄短小（知識集約）型へと産業構造は変化していった。

2 1980年代から現在の日本の経済

(1) 1980年代に日本の自動車や半導体の輸出が増加し，アメリカとの間で⑭＿＿＿が生じた。

(2) 1985年9月の⑮＿＿＿合意によるドル安誘導の結果，1986年には⑯＿＿不況に陥ったが，その対策として日本銀行が超低金利政策を実施したため，好況をもたらした。この好況は，土地や株式に対する過剰な投資がその値段の異常な値上りを招いたという点で⑰＿＿＿景気と呼ばれる。

(3) ＿⑮＿合意後の急速な円高の進行により，日本企業がアメリカなどの海外に生産拠点を移す動きが進んだため，国内の生産や雇用が減少するという産業の⑱＿＿＿が懸念された。

(4) 1990年代に入り日銀が金融引き締めに転じると，地価・株価の急落によりバブルが崩壊し，平成不況に見舞われた。金融機関は多額の⑲＿＿＿を抱え，企業倒産が相次ぎ失業率も上昇し，90年代の10年間は「⑳＿＿＿＿10年」と呼ばれた。1990年代後半には，金融不安の広がりに加え，継続

的な物価の下落である㉑＿＿＿＿＿＿と景気の停滞（不況）が繰り返す㉒＿＿＿＿＿＿＿に近い状況に陥った。

(5)　2001年に成立した小泉内閣は㉓＿＿＿＿＿をうたって，郵政民営化をはじめとする自由化・規制緩和・民営化を推し進めた。また地方分権を促す㉔＿＿＿＿＿＿＿や，地方の実験的な事業を後押しするため各地に㉓特区を設けた。改革で一時的に成長率は上昇したものの，国民の所得格差が広がり地方の衰退が進んだ。08年にはアメリカのサブプライムローン問題に端を発する世界金融危機（リーマン・ショック）が発生，日本にも大きな影響を与えた。

(6)　2012年，第２次安倍内閣は㉕＿＿＿＿＿＿＿と呼ばれる景気浮揚策の３本の矢として「異次元の金融緩和」，「機動的な財政政策」，「民間投資を喚起する経済成長戦略」を掲げ景気回復を図った。

㉑＿＿＿＿＿＿＿＿

㉒＿＿＿＿＿＿＿＿

㉓＿＿＿＿＿＿＿＿

㉔＿＿＿＿＿＿＿＿

㉕＿＿＿＿＿＿＿＿

経済

B 図表でチェック

1　次の空欄に当てはまる語を答えよ。

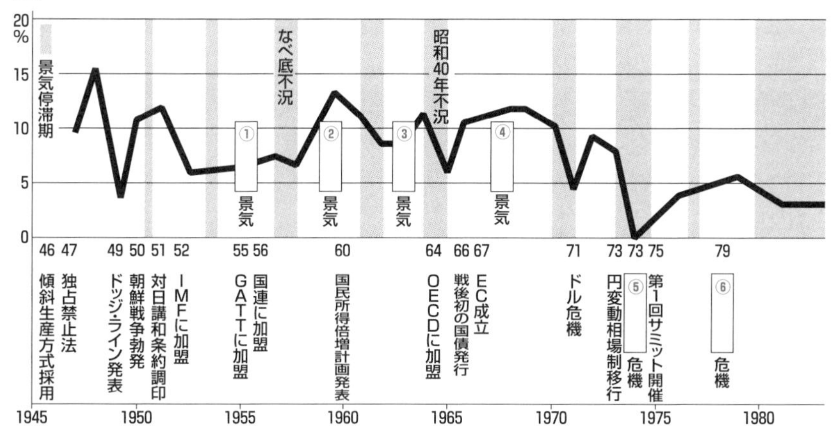

①
②
③
④
⑤
⑥

2　平成景気・平成不況について，次の図の空欄に当てはまる語を答えよ。

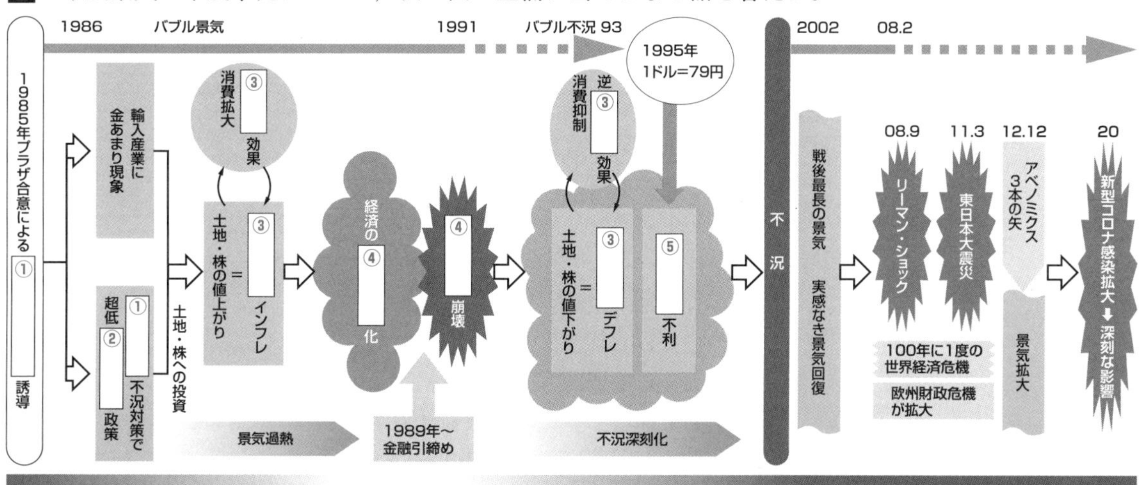

①	②	③	④	⑤

時事正誤チェック

①バブル崩壊後の1990年代後半には，政府によって公共事業を中心とする景気対策が実施されるとともに，日本銀行による金融引き締め政策が実施された。〈12：現社追試〉［　］

②2000年代の日本において導入された「構造改革特区」で対象とされた分野には，教育が含まれる。〈20：現社追試〉［　］

29 中小企業，農業問題

A ポイント整理 当てはまることばを書いて覚えよう （____欄には数値が入る）

①________ ②________

③________________

④________________

⑤________ ⑥________

⑦________________

⑧________________

⑨________ ⑩________

環太平洋経済連携協定（TPP）と農協改革

アメリカを除く11か国による「CPTPP」が2018年12月に発効した。TPPの影響により国内農業の経営が厳しくなり，食料自給率のさらなる低下が懸念された。そのため，安価な海外農産物に対抗し，輸出できる農業を確立することが急務となり，安倍内閣は農業の規制緩和を進めるため，農協グループを束ねる全国農業協同組合中央会（JA全中）を2019年９月に一般社団法人化し，地域農協の自主性が認容されることになった。

改正種苗法 施行（2021年４月）

改正により開発者は品種の出願時に「国内限定」「栽培地域限定」などの利用条件を付けることが可能となった。改正目的には，優良品種の海外流出を防止することにある。

1 中小企業問題

(1) 中小企業の範囲は，中小企業基本法で下のように定義されている。

業　　種	資本金規模		従業員規模	
製造業，建設業など	①____億円以下	または	②____人以下	いずれか一方が該当すれば中小企業
卸売業	1億円以下	または	100人以下	
小売業	③____万円以下	または	50人以下	
サービス業	5,000万円以下	または	100人以下	

(2) 中小企業と大企業との間には資本装備率（≒設備投資率），生産性，賃金などの面で大きな格差があり，このことを④______という。その背景には，家族経営中心の零細企業が多数を占めること，大企業の⑤____として厳しい条件での生産を強いられていること，労働組合の組織率が低く労働者が不利な立場におかれていることなどがある。

(3) 製造業などでは多くの中小企業が，取引のある大企業（親会社）から継続的に部品や原材料の発注を受ける＿⑤＿関係を結んでいる。さらに企業（親会社）と企業（中小企業）が株式保有や役員の派遣，技術提携，資金供与などを通じて深い取引関係を結ぶものを⑥___という。＿⑤＿関係・＿⑥＿化は，親会社から安定して仕事が受けられる一方，親会社にとっては景気変動による生産調整の手段ともなっている。

(4) ⑦___が進行すると，もともと安価なNIES製品や中国製品が，より安く輸入されるため，中小企業分野は影響されやすい。

(5) 中小企業の中でもITなどの先端技術分野やサービスの分野で，新しい発想で売上を伸ばす⑧________企業も登場している。その資金調達には，新興株式市場が大きな役割を果たしている。

(6) 「すきま産業」とよばれる⑨____産業では，中小企業が大きなシェアを占める。伝統工芸など地域に根ざした⑩___産業では，事業承継が課題となっている。

米の自給率を維持する方法

① 食糧需給価格安定法（新食糧法）（1994年制定） ➡ コメの生産流通販売の規制緩和

② 新農業基本法（1999年制定） ➡ 農村の振興 食料の安定供給

2 農業問題

(1) 高度経済成長期に農業から工業への労働力移動が起こり，農業と工業の間の格差，いわゆる＿④＿が生じた。

(2) 1961年には，⑪______法に基づいて，農業の生産性を高めるための低利融資が行われ，経営規模の拡大，集団化，機械化が進められた。

(3) 米については，従来，⑫______制度に基づいて政府が農家から⑬____米価で高く買い取って，消費者に対して⑭____米価で安く売るという二重価格制を採っていたため過剰供給が発生し，政府に巨額の赤字が発生した。そのため1970年代から⑮___政策が採られたが2018年に廃止された。また自主流通米が認められ，政府外の直接流通が可能になった。

(4) 1980年代後半，日本は貿易摩擦問題を背景にアメリカから農産物の市場開放を迫られたため，91年，⑯___と⑰______の輸入自由化に踏み切った。米についてもGATTの⑱________・______において部分開放が決

⑪________________

⑫________________

⑬________ ⑭________

⑮________ ⑯________

⑰________________

⑱________・________

定し，６年間の最低輸入義務＝⑲＿＿＿＿・＿＿＿＿が課せられたが，99年からは全面的に⑳＿＿化された。

(5)　1994年に成立した㉑＿＿＿法により，自主流通米を主体としたコメ流通へと転換し，95年の施行により食糧管理制度は廃止された。さらに2004年の法改正によりコメの販売が大幅に自由化された。

(6)　1999年，㉒＿＿・＿＿・＿＿＿＿法（新農業基本法）が成立し，食料の安定供給の確保をめざす㉓＿＿＿＿＿・国土や自然環境の保全・農業の持続的発展・農村の振興を掲げた農政が行われている。また2000年に農地法が改正され，農業に株式会社形態の農業生産法人の参入が認められた。

(7)　高齢化とともに中山間地域を中心に農村の衰退はさらに進み，一定期間耕作が行われない㉔＿＿＿＿＿が増えている。

(8)　2010年からは経営所得安定対策が始まり，生産費と販売価格の差を埋めて生産者の所得を補償する㉕＿＿＿＿＿制度が導入された。

(9)　第１次産業である農業生産だけでなく，加工（第２次産業），流通・販売（第３次産業）も行う㉖＿＿＿＿化が進んでいる。

⑲＿＿＿＿・＿＿＿＿
⑳＿＿＿＿＿＿
㉑＿＿＿＿＿＿
㉒＿＿・＿＿・＿＿
㉓＿＿＿＿＿＿
㉔＿＿＿＿＿＿
㉕＿＿＿＿＿＿
㉖＿＿＿＿＿＿

経済

Ⓑ 図表でチェック

1　次のグラフは，生産性や賃金について企業の規模を横軸にとって概念的にグラフ化したものである。A・Bどちらのグラフが正しいか。

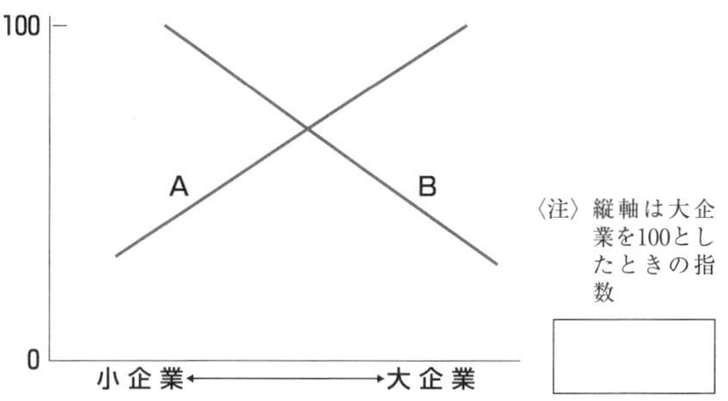

〈注〉縦軸は大企業を100としたときの指数

［　　　　］

2　次のグラフは，景気変動の下請け企業への影響を表したものである。空欄には「急増」または「急減」が入るとき，それぞれ当てはまるものを答えよ。

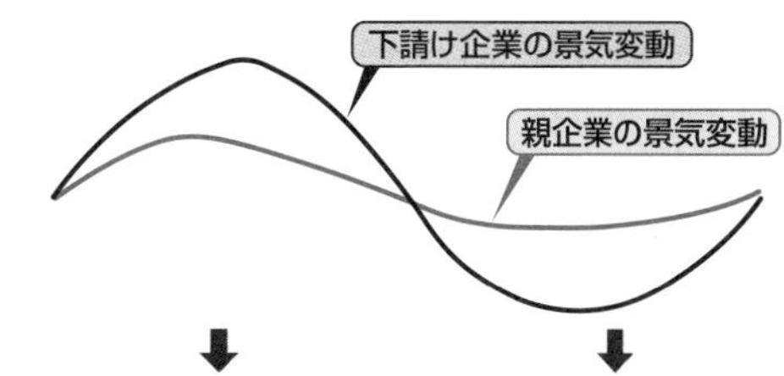

	好況時の対応	不況時の対応
親企業	正規従業員数増加せず 臨時・パートの増加 下請けへの注文を①	正規従業員数減少せず 臨時・パートの減少 下請けへの注文を③
下請け	従業員数を急増させる 時間外労働の②	従業員数を急減させる 時間外労働の④

①	②	③	④

3　次の表は，食用農水産物の自給率の推移を示したものである。空欄に当てはまる農水産物を語群から選んで答えよ。

食用農水産物の自給率の推移　（単位：％）

	1965	1975	1985	1995	2000	2021年度
①	95	110	107	102	95	98
小　麦	28	4	14	7	11	17
②	25	9	8	5	7	8
野　菜	100	99	95	86	82	79
③	90	84	77	47	44	39
④	100	97	98	96	95	97
肉　類	90	77	81	55	52	53
魚 介 類	109	102	96	58	53	57

（『食料需給表』2021年度）

豆類　果実　米　鶏卵

①	②	③	④

4　次の表は，農業政策の変化を示したものである。空欄に当てはまる語を答えよ。

1942年	食糧管理法　制定
1961年	農業基本法　制定
1994年	新食糧法　制定
1999年	食料・農業・農村基本法　制定
2009年	①　法　改正
2010年	戸別所得補償　実施
2018年	米の②　政策　廃止

①
②

30 公害と環境保全，消費者問題

A ポイント整理　当てはまることばを書いて覚えよう　（＿＿欄には数値が入る）

①＿＿＿＿　②＿＿＿＿

③＿＿＿＿　④＿＿＿＿

⑤＿＿＿＿＿＿＿＿

⑥＿＿＿＿＿＿＿＿

⑦＿＿＿＿＿＿＿＿

⑧＿＿＿＿＿＿＿＿

⑨＿＿＿＿　⑩＿＿＿＿

⑪＿＿＿＿＿＿＿＿

⑫＿＿＿＿＿＿＿＿

⑬＿＿＿＿＿＿＿＿

⑭＿＿＿＿　⑮＿＿＿＿

⑯＿＿＿＿＿＿＿＿

⑰＿＿＿＿＿＿＿＿

新しい公害と関連法

アスベスト　肺がんや中皮腫の原因に　➡　石綿健康被害救済法（2006年制定）

ダイオキシン　がんや遺伝子異常の原因に　➡　ダイオキシン類対策特別措置法（1999年制定）

3つのR（3R）

リデュース（ゴミの発生抑制）
リユース（製品・資源の再利用）
リサイクル（資源の再生利用）
※リフューズ（不要物拒否）を加えて4Rとすることもある。

⑱＿＿＿＿　⑲＿＿＿＿

⑳＿＿＿＿＿＿＿＿

㉑＿＿＿＿＿＿＿＿

㉒＿＿＿＿＿＿＿＿

ケネディ大統領による消費者の4つの権利

安全の権利　知らされる権利
選ぶ権利　意見を聞いてもらう権利

1 日本の公害問題

(1) 公害とは，企業や家計などの活動によって引き起こされる社会的災害で，「典型7公害」として①＿＿汚染，②＿＿汚濁，土壌汚染，騒音，振動，地盤沈下，悪臭が挙げられる。

(2) わが国では，高度経済成長期に急速な重工業化が進み，同時に労働者が都市部に集中したため③＿＿公害とともに都市の生活型公害も発生した。

(3) 1960年代後半には四大公害訴訟が起こり，いずれも被害者側が勝訴し企業の公害責任を認めている。四大公害病とは，有機水銀を原因とする④＿＿病，同じ原因物質で発生した⑤＿＿＿＿病，富山県の神通川下流域で発生した⑥＿＿＿＿＿＿病，唯一の大気汚染である⑦＿＿＿＿＿＿＿＿である。

2 国の公害防止策と環境保全

(1) 1967年に環境基準を定めた⑧＿＿＿＿＿＿法が制定され，1993年には自然環境保全法と統合されて⑨＿＿＿＿法に発展した。

(2) 1970年に公害問題を議論した公害国会が開かれ，翌71年には⑩＿＿＿（現在の環境省）が設置され公害行政が一本化した。また73年に公害被害者に対する救済措置を定めた⑪＿＿＿＿＿＿＿法が制定された。

(3) 公害を発生させた企業が公害防止コストを負担すべきだとする原則を⑫＿＿＿＿＿の原則（PPP）という。

(4) 公害発生企業は公害の被害者に対しては，過失の有無にかかわらずに損害賠償責任を負わなければならないとする⑬＿＿＿＿＿制も一部法律で採用されている。有害物質の排出量の規制については，有害物質の⑭＿＿規制に加えて，地域全体で⑮＿＿規制を行い，公害の発生を防止している。

(5) 公共事業などの開発が自然環境に対してどのような影響を及ぼすか事前に調査・評価することを義務づけた⑯＿＿＿＿＿＿法（環境アセスメント法）が1997年に成立した。

(6) ⑰＿＿＿＿＿＿＿＿＿＿＿法が2000年に成立し，循環型社会の基本的しくみが定められた。資源を有効利用するための3R運動や，廃棄物を全く出さないゼロ・エミッション社会の実現に向けた施策が行われている。

3 消費者問題と消費者主権

(1) 売り手と買い手の意思表示が合致すると契約が成立し，当事者双方は契約を実行する義務である⑱＿＿と，相手方に契約を実行させる権利である⑲＿＿がそれぞれ生じる。契約を結ぶ相手やその内容は⑳＿＿＿＿の原則により，国家に干渉されず当事者の自由な合意により行うことができる。

(2) しかし，実社会においては，経済的（社会的）強者と弱者のような対等ではない者同士が契約するケースがあるため，国家が関与して⑳＿＿の原則を制限する社会法を定めている。消費者保護のための㉑＿＿＿＿＿＿法（2000年制定）や，労働者保護のための労働基準法などがそれに当たる。

(3) 消費者が不利益を受ける消費者問題の背景には，売り手の持つ情報が消費者に的確に伝えられないという情報の㉒＿＿＿性がある。また，消費者は広告や宣伝に刺激され消費したり（＝㉓＿＿効果），周囲の人の消費行動から影響を受けて消費する（＝デモンストレーション効果）傾向があり，消費者主権の確立が課題である。2004年には，消費者保護を目的とした消費者保護基本法から，消費者の権利尊重と自立支援を目的とした㉔＿＿＿＿＿法へと改正された。

(4) 特定商取引法や割賦販売法などで，一定期間内であれば契約を解除できる制度を㉕＿＿＿＿＿・＿＿＿という。なお，通信販売は㉕＿＿制度の適用外であるが，2009年から類似の制度が設けられている。

(5) 欠陥商品によって発生した損害については，1994年に㉖＿＿＿＿＿＿法（PL法）がつくられ，製造者の無過失賠償責任を定めている。

(6) 消費者の相談窓口として，国民生活センターや消費生活センターがある。2009年には消費者行政の一元化を図り，㉗＿＿＿＿＿が新設された。

㉓＿＿＿＿＿＿
㉔＿＿＿＿＿＿
㉕＿＿＿＿・＿＿＿＿
㉖＿＿＿＿＿＿
㉗＿＿＿＿＿＿

エシカル消費
社会的課題の解決を考慮し，それに配慮した商品やサービスを選ぶ消費行動のこと。フェアトレード商品やエコ商品，被災地産品などの購入もこれに当たる。

経済

B 図表でチェック

1 次の表は四大公害訴訟の概要を示している。空欄に当てはまる語を答えよ。

四大公害訴訟

訴 訟	①	④	⑥	⑨
発生地域	1964年頃から，新潟県②＿＿川流域	1961年頃から，⑤＿＿県四日市市のコンビナート周辺	大正年間から，富山県⑦＿＿川流域	1953年頃から，熊本県⑩＿＿湾周辺
症 状	手足がしびれ，目や耳が不自由になり，苦しむ	気管支など呼吸器が冒され，ぜんそく発作が襲う	腎臓が冒され骨がボロボロになり「痛い痛い」と叫んで死ぬ	手足がしびれ，目や耳が不自由になり，苦しむ
被 告	昭和電工	四日市コンビナート6社	三井金属鉱業	チッソ
判決日	1971年9月29日（新潟地裁）	1972年7月24日（津地裁）	1972年8月9日（名古屋高裁）	1973年3月20日（熊本地裁）
判決内容	原告が全面勝訴 疫学的に因果関係が推認・立証できる。企業責任あり	原告が全面勝訴 コンビナート各企業の共同不法行為で責任あり	原告が全面勝訴 疫学的因果関係の証明で賠償請求は可能	原告が全面勝訴 工場排水の安全確認を怠った企業に責任
〈原因〉	工場排水中の有機③＿＿	コンビナートの亜硫酸ガス	鉱山から放流された⑧＿＿	工場排水中の有機③＿＿
賠償額	約2億7,800万円	約8,800万円	約1億4,800万円	約9億3,700万円

①
②
③
④
⑤
⑥
⑦
⑧
⑨
⑩

2 次の表は主な悪質な商法を一覧にしたものである。空欄に当てはまる語を語群から選んで答えよ。

利用される心理	手 口	手口の概要
金銭欲	マルチと類似商法	商品の購買を増やすとマージンが入るしくみのネズミ講式の取引
物・特典への欲	①	電話やはがきで約束をとりつけて呼び出し，会員特典を強調する
人間の善意	ネガティブオプション	注文していないのに商品を一方的に送りつけ，代金を支払わせる
方法への信頼感	②	繁華街の路上で「調査」などを口実に接近，売買契約を結ばせる
	アンケート商法	「アンケートに答えてほしい」と言って近づき，商品を買わせる
	お礼商法	アンケートなど目的以外のことをした後，お礼に物品を与え引き込む
興奮しやすさ	③	会場に人を集め密室状態にして「品数に制限がある」とあおる
	④	男女間の感情を利用，デートに誘うと思わせて高額商品を買わせる
不安感	霊感（開運）商法	「買えば不幸を免れる」と高額なツボ，数珠，印鑑を買わせる

キャッチセールス
デート商法
アポイントメントセールス
催眠商法

①
②
③
④

（『朝日新聞』などによる）

時事正誤チェック
①2013年，人為的に排出される水銀やその化合物から人の健康や環境を保護する水俣条約が採択された。［　］
②食品の偽装表示などの事件をうけて，食の安全を確保するために，食品安全基本法が制定された。〈20：政経本試〉［　］

31 労働者の権利

A ポイント整理 当てはまることばを書いて覚えよう （＿＿欄には数値が入る）

①
②
③
④
⑤
⑥
⑦
⑧ ⑨
⑩ ⑪
⑫
⑬
⑭
⑮ ⑯
⑰
⑱ ・
⑲ ⑳
㉑ ㉒
㉓

1 労働三権と労働基準法

(1) 労働者は生計を立てるために，企業は自らの事業を進めるために，お互いが①＿＿＿＿＿の原則の下，②＿＿＿＿＿を交わして雇用関係を結ぶ。しかし実際は雇う側（＝使用者）が優位に立ちやすく，利潤追求のあまり低賃金・長時間労働・児童労働など労働者を不利な条件で雇用することが原因で，③＿＿＿＿＿が発生する。

(2) 産業革命を経て④＿＿＿＿＿経済が成立すると，労働者は過酷な労働条件を余儀なくされた。19世紀初頭のイギリスでは，機械化で職を奪われた熟練労働者達が⑤＿＿＿＿＿＿運動（＝機械打ち壊し運動）を起こし，以後⑥＿＿＿＿＿を結成して資本家と対抗するようになった。19世紀後半からは労働者の国際的な組織化が行われ，1919年，労働条件の改善を目指す国際機関として⑦＿＿＿＿＿＿＿（ILO）が設立された。

(3) 憲法28条は，労働者の権利として，⑧＿＿権，団体交渉権，⑨＿＿＿＿＿権（⑩＿＿権）の三つを認めている。

(4) 労働条件の最低基準を定めた法律を⑪＿＿＿＿＿法というが，賃金の最低基準については⑫＿＿＿＿＿法が規定している。

(5) 男女間の賃金格差を禁止することを⑬＿＿＿＿＿＿＿の原則という。

(6) 労働基準法に違反する労働契約は⑭＿＿＿である。

(7) 法定労働時間は，１日⑮＿＿＿時間，１週⑯＿＿＿時間である。

(8) 労働時間を短縮するための法改正が1987年に行われ，一定期間トータルで法定労働時間を満たせば足りるとする⑰＿＿＿＿＿＿＿制と，１日の労働時間を労働者自らが選択できる⑱＿＿＿＿＿＿＿・＿＿＿＿制が導入され，必要に応じた柔軟な労働が可能となった。

(9) 1998年の法改正により仕事の内容を労働時間に換算する⑲＿＿＿労働制が，研究・開発を行う会社員にも適用されることになった。

(10) 労働者の休む権利である年次⑳＿＿＿＿＿は６か月以上継続勤務した者に最低10日から最高㉑＿＿＿日間与えられる。2019年の改正で年５日以上消化させるよう義務付けられた。

(11) 1997年の法改正（99年施行）で女性労働者の㉒＿＿＿＿労働規制と㉓＿＿＿＿禁止規定が原則的に撤廃された。

世界の労働運動・労働者保護

19世紀 ・ラッダイト運動（英）・チャーティスト運動（英）などの労働運動

↓

20世紀 ・国際労働機関（ILO）発足（1919年。1946年に国連専門機関に）
→フィラデルフィア宣言（1944年）「労働は商品ではない」
→ILO憲章採択（1946年）

2 労働組合法

㉔
㉕
㉖
㉗

(1) 労働組合法は，労働者の㉔＿＿＿権を認めて労働組合の結成を保障し，労働者に使用者との対等の立場を保障する㉕＿＿＿＿＿の原則を確定した。

(2) 正当な争議行為（たとえば同盟罷業と呼ばれる㉖＿＿＿＿＿＿）については，民事・刑事免責が与えられる。

(3) 使用者が労働組合運動を妨害することを㉗＿＿＿＿＿行為というが，これは労働組合法によって禁止されている。

禁止される不当労働行為

- 組合活動を理由とする労働者への不利益扱い
- 正当な理由のない団体交渉拒否
- 組合に加入しないことを雇用の条件とする黄犬契約
- 使用者による組合への経費援助

労働契約法16条

不当解雇やリストラから労働者を守るため，「社会的相当性を欠く解雇は無効である」と規定している。

3 労働関係調整法

(1) 労使間の紛争が解決しない場合には㉘＿＿＿＿会が，㉙＿＿・㉚＿＿・㉛＿＿により調整を図ることを労働関係調整法で定めている。

㉙	斡旋員が労使の自主的解決を促す。
㉚	使用者・労働者・公益を代表する調停委員からなる調停委員会が調停案を提示して受諾を促す。
㉛	公益を代表する委員からなる仲裁委員会が仲裁裁定を下す。仲裁裁定は労使を法的に拘束する。

(2) 公益事業の争議行為については㉜＿＿日前に予告する必要がある。
(3) 内閣総理大臣は公益に関する事業で国民経済に重大な影響を及ぼすおそれがある場合，争議行為を50日間禁止できるが，これを㉝＿＿＿＿という。
(4) 公務員については㉞＿＿権が一律に禁止されている。
(5) リストラや解雇，賃金不払い等の労使間争議を迅速に解決する㉟＿＿＿＿制度が2006年4月から発足した。

㉘＿＿＿＿
㉙＿＿＿＿
㉚＿＿＿＿
㉛＿＿＿＿
㉜＿＿＿＿
㉝＿＿＿＿
㉞＿＿＿＿
㉟＿＿＿＿

経済

Ⓑ 図表でチェック

1 次の図の空欄に当てはまる語を答えよ。

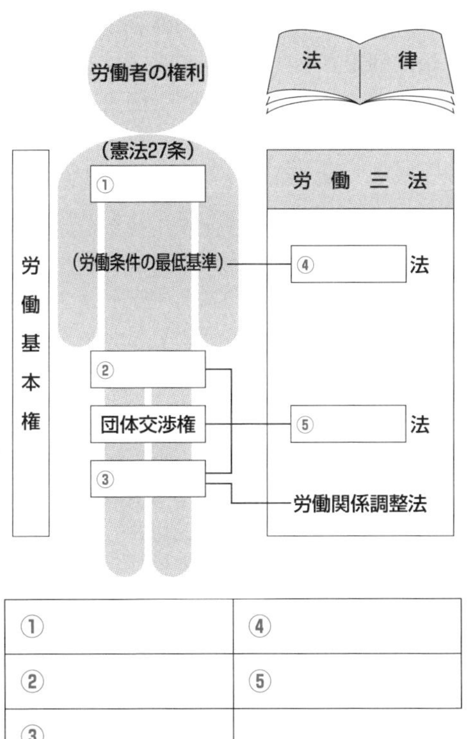

①	④
②	⑤
③	

2 次の表は労働基準法の内容を示したものである。空欄に当てはまる数値を答えよ。

	主な条項	主　な　内　容
労働契約	20・解雇の予告	最低①＿日前の予告，または①＿日分以上の賃金支払義務を負う←解雇には「社会的相当性をもつ解雇事由」が必要（労働契約法16条）
賃金	24・賃金の支払	通貨で全額を，直接，毎月②＿回以上，一定の支払日を決めて支払う←現物支給は禁止
労働時間・休日	32・労働時間	週③＿時間，1日④＿時間以内。1週間・1カ月・1年単位の変形労働時間制を適用した場合，特定期間は労働時間の超過は可能
	35・休日	毎週少なくとも1日，4週間で4日以上の休日を与える
	39・年次有給休暇	6か月以上継続勤務，8割以上出勤者に⑤＿日以上（以後，1年継続勤務につき1～2日加算）最高⑥＿日までの休日を与える
年少者	56・最低年齢	満15歳未満の児童の雇用は原則禁止
	61・深夜業の禁止	満18歳未満の労働者の深夜労働（午後10時～午前5時）は禁止
女性	65・産前産後	申請により，産前は⑦＿週間，産後は⑧＿週間の休業を与える
	67・育児時間	生後満1歳未満の生児を育てる女性は育児時間を請求できる

①	③	⑤	⑦
②	④	⑥	⑧

▶▶▶時事 正誤チェック

①2018年の働き方改革関連法成立により，一定額の年収を超える高度専門職の労働者について，年間の法定休日を与えることを条件に，残業代を含めた年収上限を設定する「高度プロフェッショナル制度」が設けられた。［　］
②労働者の働き方改革を総合的に推進するために，2018年の働き方改革関連法成立により，時間外労働に罰則付きの上限が設けられた。〈20：現社本試改〉［　］
③パートタイム労働法の施行により，短時間労働者の雇用拡大と正社員への切替えを促進する取組みが強化された。〈07：現社追試〉［　］
④2003年の労働者派遣法の改正により，製造業などの一般職についてのみ可能であった派遣を専門職にも拡大した。〈07：現社追試改〉［　］

32 現代の雇用・労働問題

Ⓐ ポイント整理　当てはまることばを書いて覚えよう

（____欄には数値が入る）

①
②　③
④　⑤
⑥
⑦　⑧
⑨　・
⑩
⑪
⑫　⑬
⑭

完全失業率（%）$=\frac{完全失業者数}{労働力人口}\times100$
・リーマン・ショック後の2009年に5.1%まで上昇した。
・若年層（14〜34歳）の失業率は依然として高い。

有効求人倍率 $=\frac{有効求人数}{有効求職者数}$

⑮
⑯　⑰
⑱　・　・
⑲　・
⑳
㉑
㉒　㉓

働き方改革関連法
・高度プロフェッショナル制度の導入
・残業時間の罰則付き上限規制
・年次有給休暇の取得義務
・勤務間インターバルの促進
・正社員と非正社員の間の不合理な待遇格差是正（同一労働同一賃金の促進）
など

高年齢者雇用安定法
年金支給開始年齢の65歳への段階的引き上げに伴い，定年を65歳まで延長または60歳定年後も希望者を再雇用する制度整備のどちらかを企業に義務付けている。

1 日本的雇用慣行の変容と雇用の不安定化

(1) 日本的雇用慣行として，定年まで同一企業に勤める①＿＿＿＿＿制，勤続年数によって賃金が上がる②＿＿＿＿＿型賃金制，③＿＿＿＿組合の三つがある。

(2) 1990年代初頭の④＿＿＿＿経済の崩壊や経済のグローバル化に伴いこうした慣行が崩れ，職務遂行能力や業績を重視した能力給や⑤＿＿＿制など成果主義を採用する企業が増え，また中途採用・転職が増加し労働力の流動化も進んでいる。

(3) ＿④＿崩壊後の深刻な不況により，多くの企業が大規模な⑥＿＿＿＿＿で人員を削減した。以後，景気の上下に伴って労働力が調整しやすく，⑦＿＿＿＿＿者に比べ賃金の低いアルバイトやパートタイマーなど⑧＿＿＿＿＿＿＿者への依存を強めており，現在では雇用者全体の約3分の1を占めている。また，＿⑧＿者の増加により，極めて低い収入しか得られない「働く貧困層」（⑨＿＿＿＿＿＿＿・＿＿＿）の問題も注目されている。

(4) 短時間雇用で女性の比率の高いパートタイマーの労働条件を保護するため，1993年に⑩＿＿＿＿＿＿＿・＿＿＿＿＿法が制定され，2018年の改正で有期雇用労働者も含まれるようになった（パートタイム・有期雇用労働法）。

(5) 人材派遣会社の雇用下にあり，その会社が派遣契約を結んだ企業へ派遣されて働く労働者を⑪＿＿＿＿＿者という。2003年の⑫＿＿＿＿＿＿＿法改正では製造業への派遣労働が解禁された結果，製造業を中心に正社員から＿⑪＿者に切り換える動きが加速し，不安定雇用を多く生み出すこととなった。

(6) パートタイマーや派遣労働者の増加により労働契約に関するトラブルが増加したため，2007年には⑬＿＿＿＿＿法が制定され，労働契約がルール化された。また，2012年の改正では「雇い止め」に規制がかかった。

2 労働環境の課題と改善に向けた取り組み

(1) 日本は欧米に比べ時間外労働や⑭＿＿＿＿＿＿＿・＿が多いことに加え，⑮＿＿＿＿＿＿・＿の取得率が低いといわれる。長時間労働が原因の⑯＿＿＿死や，メンタル障がいなど新たな形の⑰＿＿＿＿＿が発生している。

(2) 一人ひとりが仕事と生活の両立を図る⑱＿＿＿＿・＿・＿＿＿・＿・＿＿の実現が求められ，⑲＿＿＿＿＿＿＿・＿＿＿＿＿制（一定の時間帯の中で出社・退社時間を自由に決められる制度）や⑳＿＿＿＿＿＿制（実際の労働時間に関係なく労使協定で定めた時間働いたこととみなす労働形態。2000年よりホワイトカラー全般に適用されている），㉑＿＿＿＿＿＿＿・＿＿＿＿＿＿（個々の労働時間を短縮させ，雇用の維持確保や，新たな雇用を生み出そうというもの）など，労働形態の多様化も広がっている。2018年には㉒＿＿＿＿＿＿＿関連法が制定された。

(3) 日本では急速な㉓＿＿＿＿＿＿化の進行に伴い，15歳〜64歳の人口にあたる生産年齢人口の減少が懸念されている。深刻な労働力不足の解消に向け，女性や高齢者，外国人の労働力が注目されている。

(4) 外国人労働者の受け入れは，外国人技能実習制度，経済連携協定

(EPA)，在留管理制度を通じて可能となっている。在留資格については，従来，専門・技術職に限られてきたが，出入国管理法の改正により2019年に新たな在留資格として「㉔＿＿＿＿＿」が設けられ，人手不足の特定産業分野（建設，外食，農業など）については単純労働の要素がある作業でも認められるようになった。㉔については，在留期間の上限が５年の１号と，より熟練した技術を要する２号がある。２号は家族帯同が認められ，条件を満たせば永住も可能となる。各産業分野から要望の声もあり，２号の対象分野の２分野から11分野への拡大が閣議決定した（2023年）。

(5)　雇用者全体に占める女性の割合は上昇傾向にあるが，㉕＿＿＿＿＿＿が多いため，待遇や賃金の男女格差が問題となっている。

(6)　1985年，昇進や待遇などで女性が男性と同等に扱われることを定めた㉖＿＿＿＿＿.＿＿＿法が制定された。1997年の改正では女性への㉗＿＿＿＿＿防止配慮義務を事業主に課した。2006年の改正では，間接差別の禁止のほか，男性も対象に加えた㉗防止措置義務が盛り込まれた。

(7)　育児や介護のために，女性だけでなく男性にも育児は満１歳まで（保育所に入れない場合は最大２歳まで），介護は93日間の休業を認める法律を㉘＿＿・＿＿.＿＿法という。

(8)　障がい者の職業の安定を目指し，事業主に一定割合の障がい者の雇用を義務づけた法律を㉙＿＿＿＿＿.＿＿法という。

㉔＿＿＿＿＿＿＿＿
㉕＿＿＿＿＿＿＿＿
㉖＿＿＿＿＿＿＿＿
㉗＿＿＿＿＿＿＿＿
㉘＿＿＿＿・＿＿＿＿
㉙＿＿＿＿＿＿＿＿

主なハラスメントと関連法
いずれも事業主に対し防止措置を講ずるよう義務付けている。
パワハラ
　労働政策総合推進法
セクハラ
　男女雇用機会均等法
マタハラ
　男女雇用機会均等法
　育児・介護休業法

経済

B 図表でチェック

1　次のグラフは，日本における女性の労働力人口を年齢別に示したものである。これに関して次の各問いに答えよ。

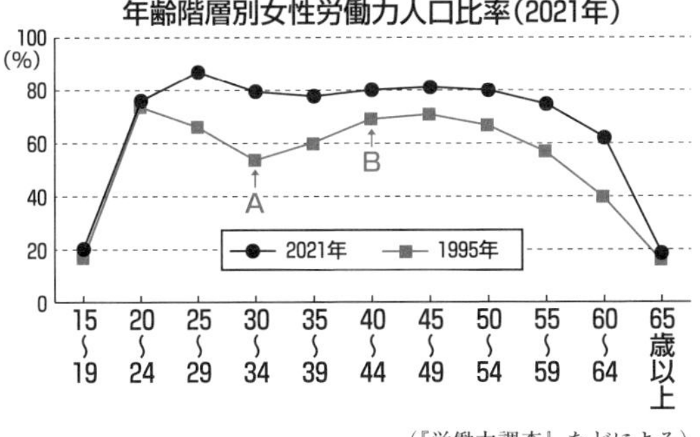

（『労働力調査』などによる）

❶　このグラフは，あるアルファベットに似ていることから何型雇用と呼ばれているか。

❷　図中のA，Bはそれぞれどのようなことを表しているか簡単に答えよ。

A	
B	

2　次の図は，日本の雇用慣行についての図である。空欄に当てはまる語句を答えよ。

日本型雇用慣行
①＿＿制
②＿＿型賃金
③＿＿労働組合

1990年代　平成不況
正規社員の減少
リストラ・合理化進展

雇用形態・雇用情勢の変化
④＿＿タイマー・⑤＿＿者の増加
職能給・⑥＿＿主義の導入
労働組合組織率の低下

①	②	③
④	⑤	⑥

時事正誤チェック

①女性の深夜労働は，法律により，18歳以上の場合にも原則として禁止されている。〈13：現社追試〉［　］

②2010年代後半において，雇用者数全体に占める非正規雇用者数の割合は，約２割で推移している。〈20：現社本試〉［　］

③日本の労働者派遣法は，制定当時に比べると対象業務に限定を加える方向で改正されてきている。〈16：現社本試〉［　］

④ワークシェアリングとは，雇用される労働者の人数を削減することを目的として，一定の仕事を分かち合って行う仕組みのことである。〈16：現社本試〉［　］

⑤日本の育児・介護休業法は，育児のための短時間勤務や残業免除の請求を，女性労働者に比べて男性労働者に対しては制限している。〈16：現社本試〉［　］

33 社会保障の役割

Ⓐ ポイント整理 当てはまることばを書いて覚えよう

（＿＿欄には数値が入る）

①＿＿＿＿
②＿＿・＿＿
③＿＿＿＿
④＿＿＿＿
⑤＿＿と＿＿の政策
⑥＿＿＿＿
⑦＿＿＿＿
⑧＿＿＿＿
⑨＿＿＿＿
⑩＿＿から＿＿まで
⑪＿＿＿＿
⑫＿＿＿＿
⑬＿＿＿＿
⑭＿＿＿＿
⑮＿＿＿＿
⑯＿＿＿＿
⑰＿＿＿＿
⑱＿＿＿＿
⑲＿＿＿＿
⑳＿＿＿＿

社会保障制度における自助・共助・公助

自助
自分で守る（例民間の保険各種，預貯金などに自己責任で契約・加入する）

共助
高齢や疾病・介護など，生活上のリスクに対して，社会連帯の精神に基づき共同してリスクに備えるしくみ（例医療保険や雇用保険，介護保険などの公的な社会保険制度）

公助
自助や共助では対応できない困窮などの状況について補完するしくみ（例公的扶助，社会福祉，公衆衛生）

1 社会保障の意義と各国の社会保障制度

(1) 社会保障は，憲法第25条に定められた①＿＿＿＿をすべての国民に保障することを理念として，国や地方自治体が，国民としての最低限度の生活＝②＿＿＿＿・＿＿＿＿を基準として所得保障や医療保障，福祉サービスを行うものである。

(2) 資本主義の初期には，貧困・失業・疾病は個人の責任とされた。1601年イギリスで制定され，公的扶助制度のルーツといわれるエリザベス③＿＿＿法も，その対象は労働能力のない貧窮者に限られていた。

(3) 19世紀の後半，労働運動や社会主義運動が激しくなり，ドイツの④＿＿＿＿＿は1883年に疾病保険法を制定し，災害保険・老廃保険をあわせて世界最初の社会保険制度を創設した。これは，社会主義運動弾圧の代償として行われたので，「⑤＿＿と＿＿の政策」と呼ばれた。イギリスでも1911年に国民保険法で健康保険と失業保険が設けられた。

(4) 1929年の⑥＿＿＿＿は大量の失業者を発生させ，また社会主義国家として成立したソ連の社会福祉政策もきっかけとなり，国家の責任で失業・貧困を解決することをうながした。アメリカでは1935年⑦＿＿＿＿・＿＿政策の一環として公的扶助と社会保険を含む⑧＿＿＿＿法（連邦＿⑧＿法）が制定され，初めて社会保障という言葉が使われた。

(5) 第二次世界大戦後，生存権を具体的に保障するものとして社会保障制度が本格的に整備・拡充された。イギリスでは1942年の⑨＿＿＿＿報告をもとに，1948年労働党内閣によって「⑩＿＿＿＿から＿＿まで」といわれる社会保障制度が整備された。

(6) 国際的には，国際労働機関（ILO）が1944年に⑪＿＿＿＿・＿＿＿宣言で社会保障の国際的原則を示し，1948年には国連で採択された世界人権宣言で社会権の享受が確認されるなど，権利としての社会保障が確立されていった。

(7) 社会保障制度の体系は，各国の歴史的・社会的なさまざまな条件を反映して，国によって独特の性格をもっているが，大きく「北欧型（租税中心型）」と「大陸型（社会保険中心型）」の２類型に分けられる。

⑫＿＿型	⑮＿＿型
全国民を対象に無差別・平等の保障 ⑬＿＿による一般財源中心，公的扶助中心 階層・貧富の差に関係なく均一の給付 ＝均一方式	職種や階層ごとの制度 ⑯＿＿＿負担中心，社会保険中心 保険料と給付を所得に比例させる方式 ＝⑰＿＿＿＿方式
スウェーデン，⑭＿＿＿＿　など	⑱＿＿＿，フランス　など

(8) ＿⑭＿は国家財政の悪化を背景に1980年代のサッチャー政権が「⑲＿＿＿＿政府」を目指し，社会保障制度が大幅に見直された。

(9) アメリカは伝統的に個人主義と地方分権を原則とし，民間保険を中心に発達した⑳＿＿＿努力型である。日本は事業主・被保険者・国や自治体の財政負担がほぼ同じで均一という特徴がある。

2 日本の社会保障の体系

(1) 日本の社会保障制度の四つの柱は，保険料を支払っている拠出者に対して給付を行う㉑_____，生活困窮者を救済する㉒_____，ハンディキャップを負った人を援助する㉓_____，全国民への健康・衛生サービスである㉔_____である。

㉑____	医療保険・年金保険・雇用保険・労働者災害補償保険・介護保険の５種。	日本の社会保障の中核的制度。 費用は原則㉕____で賄う。 事業主と本人・自治体が負担。
㉒____	生活保護法による生活困窮者への生活保護。	(生活・教育・住宅・医療・出産・生業・葬祭・介護)の８つの扶助。 費用は全額㉖___。資産調査の上で，不足分についてのみ支給される。
㉓____	児童・母子家庭・障がい者など社会的弱者に対する生活援護。	費用は原則全額公費。 社会福祉法（基本事項を規定）と福祉六法が制定されている。
㉔____	疾病の予防や環境衛生。	費用は全額㉗___。地域保健法によって各自治体に設置された㉘____が活動の中心。

㉑__________

㉒__________

㉓__________

㉔__________

㉕__________

㉖__________

㉗__________

㉘__________

経済

B 図表でチェック

1 次の表の空欄に当てはまる語を答えよ。

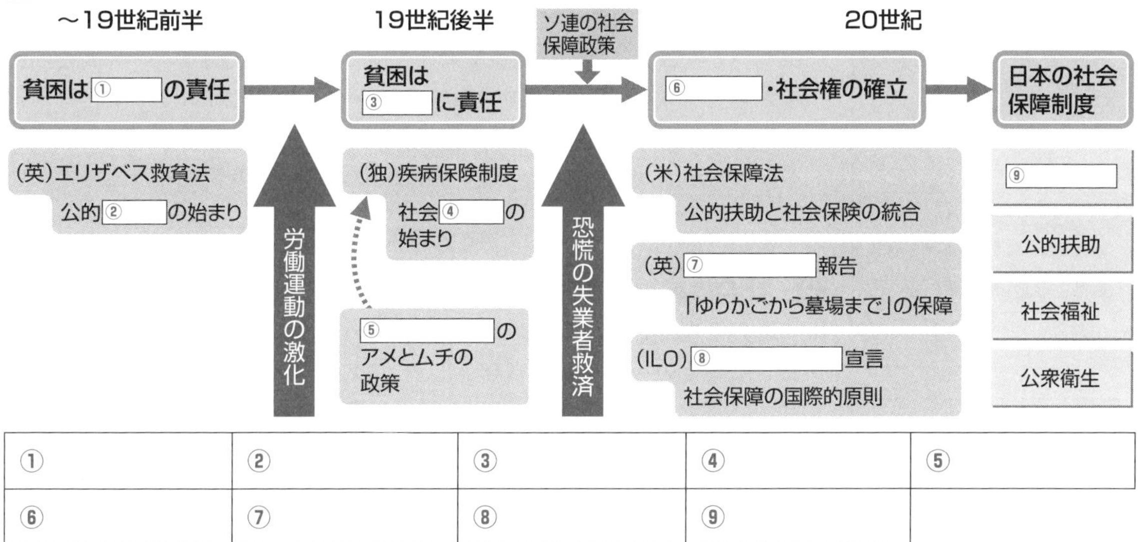

①	②	③	④	⑤
⑥	⑦	⑧	⑨	

2 次のグラフの空欄に当てはまる国名を日本，フランス，スウェーデンから選んで答えよ。

各国の社会保障の財源構成（国立社会保障・人口問題研究所資料などによる）

国				
①　(2009)	31.9%	事業主拠出 43.6%	21.0%	3.5%
②　(2020)	31.9	18.9	20.9	28.3
ドイツ (2009)	35.2	34.0	被保険者拠出 28.9	1.9
アメリカ (1995)	39.1	25.7	22.1	その他 13.1
③　(2009)	51.9	36.4	9.6	2.1
イギリス (2009)	公費負担 48.9	32.1	11.8	7.2

①
②
③

▶▶▶時事正誤チェック

①社会保険の一つである労災保険の保険料を負担しなければならないのは，原則として，政府である。〈20：現社本試〉 [　]

②介護保険制度において，介護保険の給付費用の財源は，40歳以上の人が支払う介護保険料のみで賄われている。〈18：現社本試〉 [　]

34 社会保障と社会福祉の課題

A ポイント整理 当てはまることばを書いて覚えよう

（＿＿欄には数値が入る）

①＿＿＿＿＿＿＿＿

②＿＿＿＿・＿＿＿＿

③＿＿＿＿＿＿＿＿

④＿＿＿＿＿＿＿＿

⑤＿＿＿＿＿＿＿＿

⑥＿＿＿＿＿＿＿＿

⑦＿＿＿＿＿＿＿＿

⑧＿＿＿＿＿＿＿＿

⑨＿＿＿＿＿＿＿＿

⑩＿＿＿＿＿＿＿＿

⑪＿＿＿＿＿＿＿＿

1 日本の社会保障制度の課題

(1) 日本では第二次世界大戦後，憲法第25条で①＿＿＿＿の保障が国の責務であることが明示され，これを基本理念として社会保障制度が整備されていった。

(2) 1961年には②＿＿＿＿＿＿＿・＿＿＿＿＿＿＿が実現し，その後も児童手当制度の創設など社会保険制度の拡充が図られた。政府は1973年を「③＿＿＿＿＿」として，健康保険法の改正や70歳以上の老人医療費の無料化などを実現した。しかし，その後の石油危機によって低成長期に入り，厳しい財政状況によって社会保障の整備は遅れ気味である。

(3) 全人口に占める65歳以上人口の割合（＝高齢化率）が７％超の社会を④＿＿＿＿＿＿，14％超で⑤＿＿＿＿＿，21％超で⑥＿＿＿＿＿＿＿と呼ぶ。現在の日本は＿⑥＿であり，急速な高齢化が進行している。一方，一人の女性が生涯に出産する子どもの数（＝⑦＿＿＿＿＿＿＿＿率）は減少し，少子化も進んでいる。2005年には死亡者数が出生者数を上回る⑧＿＿＿＿＿＿社会となった。

(4) 少子高齢化が進む中で，社会保障の財源確保が最大の課題である。年金についてみると，財源を被保険者の保険料を積み立てる⑨＿＿＿方式と，毎年の年金を現役で働く人の保険料で賄う⑩＿＿＿方式があり，現在日本は＿⑩＿方式がベースになっている。しかし，少子高齢化が進展する中で現役層の負担が拡大しており，⑪＿＿＿間の不公平が大きな問題となってきている。

後期高齢者医療制度導入
（2008年４月）

①75歳以上の後期高齢者独自の医療保険制度を創設
②医療費の本人負担割合

現役並み所得者	その他所得者
３割	１～２割※

③保険料の徴収方法
国民年金（基礎年金）の給付額の中から天引き

※2021年の改正で，本人窓口負担割合が所得に応じて１割～３割負担となった。

増える貧困層

生活保護受給者が急増している。また，収入が生活保護基準以下の「貧困子育て世帯」が，ここ20年間で2.5倍に急増している。背景には，急速な高齢化とワーキングプア（働く貧困層）の増加がある。

貧困を測る主な指標
①相対的貧困率…平均的な所得（所得中央値）以下の世帯の割合。
②子どもの貧困…①に該当する世帯の子どもの割合。

⑫＿＿＿＿＿＿＿＿

⑬＿＿＿＿＿＿＿＿

⑭＿＿＿＿＿＿＿＿

⑮＿＿＿＿＿＿＿＿

⑯＿＿＿＿＿＿＿＿

⑰＿＿＿＿＿＿＿＿

⑱＿＿＿＿＿＿＿＿

2 社会保障制度の改革

(1) 増大する高齢者の医療費に対処するため，1983年に老人保健制度を創設し，医療費の一部を自己負担とした。2008年からは老人保健制度に代わり，原則⑫＿＿＿歳以上の高齢者全員を対象とする⑬＿＿＿＿＿＿＿＿＿制度が実施されている。2023年には「全世代型社会保障」を目的として改正健康保険法が成立し，2024年度から増額される「出産育児一時金」の一部について＿⑬＿制度で負担することとなった。

(2) 年金について，1961年に発足した⑭＿＿＿＿＿＿は自営業者などを対象としていたが，民間企業の会社員が加入する⑮＿＿＿＿＿＿，公務員が加入する共済年金と保険料や給付額が異なり，年金間の格差が問題になっていた。1986年の⑯＿＿＿＿＿＿制度の導入により公的年金が一元化され，国民年金基金（自営業者など），＿⑮＿の報酬比例部分，共済年金が上乗せされた（二階建て年金）。高齢化に伴う年金財源の圧迫を背景に，年金保険料の引き上げや給付水準の引き下げ，厚生年金の支給開始年齢の引き上げが行われた。また国民年金の保険料の未納が増え，制度の形骸化も危惧されている。共済年金は2015年に厚生年金に統合された。

(3) 2000年に施行された主に高齢者で要介護・要支援と認定された人へ，在宅・施設介護サービスを提供するシステムを⑰＿＿＿＿＿＿という。財源は40歳以上の被保険者が納める保険料と公費で折半し，自己負担割合は最高で⑱＿＿＿割である。

3 社会福祉・公的扶助の課題

(1) 社会福祉について，障がいの有無に関係なく尊重しあい共生する社会を目指し，1993年に障害者基本法が施行された。すべての人がともに生活できるという⑲＿＿＿＿・＿＿＿＿を実現するために，ユニバーサルデザインや⑳＿＿＿＿・＿の思想を尊重した福祉行政や地域づくりが必要である。

(2) 日本の㉑＿＿＿＿率（＝国の生活水準を下回る貧困状態にある世帯の割合）は先進国の中でも非常に高い。また，子供の貧困率も高い水準である。日本の㉒＿＿＿受給者数も増加傾向にある。国民全員が最低限度の生活基準（＝ナショナル・ミニマム）を保障されることが急務であり，セーフティ・ネット（安全網）の整備が求められる。近年では生活に必要な基本所得（＝㉓＿＿＿＿・＿＿＿＿）を公的に保障すべきだとの議論も起きている。

⑲＿＿＿＿＿＿＿＿

⑳＿＿＿＿＿＿＿＿

㉑＿＿＿＿＿＿＿＿

㉒＿＿＿＿＿＿＿＿

㉓＿＿＿＿・＿＿＿＿

経済

B 図表でチェック

1 図ア～ウは日本の1950年，1980年，2020年の人口ピラミッドを示している。それぞれどの年のものか答えよ。

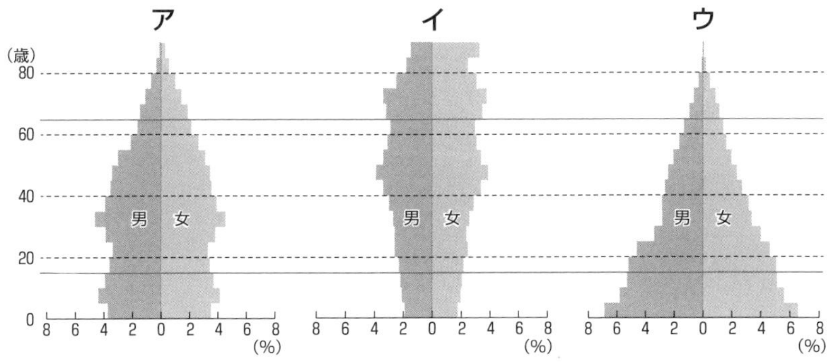

ア	
イ	
ウ	

2 次の図の空欄に当てはまる語を答えよ。

年金制度の体系（2021年3月末現在）

iDeCo（イデコ）
(194万人)
iDeCo
国民年金基金
(34万人)
確定拠出年金（企業型）(750万人)
確定給付企業年金 (933万人)
厚生年金基金 (12万人)
(代行部分)
退職等年金給付
②＿＿年金保険（会社員：4,047万人）
(旧共済年金)（公務員等 466万人）
①＿＿年金（基礎年金）
3階部分
2階部分
1階部分
(自営業者等)　(会社員)　(公務員等)　(第2号被保険者の被扶養配偶者)

〈注〉人数は加入員数。2015年10月，厚生年金と共済年金が一元化された。

①	
②	

▶▶▶時事 正誤チェック

①基礎年金制度では，以前は賦課方式を基本とした方式が採られていたが，現在では積立方式を基本とした方式が採用されている。〈11：現社追試〉 [　]

②介護を要する者を認定し，そのニーズに社会保険によって対応する制度は，後期高齢者医療制度である。〈20：現社本試〉 [　]

③加入者が一定額の確定した保険料を支払い，その運用実績に応じて受け取る給付額が決まる年金制度は，マクロ経済スライドと呼ばれる。〈20：現社本試〉 [　]

④1980年代以降，日本では，所得に関するジニ係数の低下傾向が続いている。〈17：現社本試〉 [　]

⑤年金給付に要する原資をその時々の現役世代が賄う方式は、賦課方式と呼ばれる。〈公共，政経試作問題〉 [　]

⑥デフレーションが生じたときに年金給付額が実質的に減少するという問題が積立方式の下では存在する。〈公共，政経試作問題〉 [　]

用語チェック　28戦後の日本経済～34社会保障と社会福祉の課題

28 戦後の日本経済

➡P.88・89

□❶戦後の日本の経済復興政策で，まず，石炭・鉄鋼などの基幹産業に集中的に投資して再建し，その他の産業を波及的に再建しようとした方式。 ❶［　　］

□❷経済再建のため，資金の供給機関として応急的に設けられた政府金融機関。 ❷［　　］

□❸激しいインフレを収束するために1948年にGHQが掲げた原則。均衡予算，徴税強化，物価統制などからなる。 ❸［　　］

□❹1949年から実施された❸を具体化したインフレ抑制策。 ❹［　　］

□❺間接税中心から所得税などの直接税中心へ移行する税制改革を促した勧告。 ❺［　　］

□❻朝鮮戦争で，アメリカが日本から軍需物資や食料品などを買い付けたことによって発生した景気のこと。 ❻［　　］

□❼1955年から70年代前半にかけて，年平均約10%の高い経済成長をみせたこと。 ❼［　　］

□❽1960年に池田内閣が示した10年間で国民所得を２倍にする計画。 ❽［　　］

□❾1965年から70年にかけて，長く続いた好景気。 ❾［　　］

□❿経済成長に伴い，産業の中心が第１次産業から第２次産業，第３次産業へと移っていくこと。 ❿［　　］

□⓫❿のような現象を何の法則というか。 ⓫［　　］

□⓬高度成長を終焉させるきっかけとなった，1973年の原油価格の高騰。 ⓬［　　］

□⓭インフレと不況が共存する状態。石油危機の下でも発生した。 ⓭［　　］

□⓮貿易摩擦解決のために，円高・ドル安に誘導することを決定したＧ５の合意。 ⓮［　　］

□⓯円高に伴う企業の海外進出により，国内の生産・雇用が減少し，国内産業が衰退する現象。 ⓯［　　］

□⓰1980年代後半～1990年代初めの日本で，株式や土地の価格が実態をこえて上昇した景気の過熱した状態。 ⓰［　　］

□⓱企業に貸し付けられた資金の中で，倒産や経営不振により回収不能または回収が困難となっている債権。 ⓱［　　］

□⓲物価の下落が不況を招き，不況がさらなる物価の下落を招くという悪循環。 ⓲［　　］

29 中小企業，農業問題

➡P.90・91

□❶中小企業の賃金や生産性，収益性などが，大企業と比べて大きな格差があること。 ❶［　　］

□❷大企業と中小企業の二重構造を改善し，中小企業問題を解決するために1963年に制定された法律。 ❷［　　］

□❸親会社と，株式保有や技術提携などで深い関わりをもつ会社。 ❸［　　］

□❹中小企業が親会社から製品の部品や生産工程の一部を請け負うこと。 ❹［　　］

□❺新しい技術や知識を基礎にして，創造的，冒険的な経営を進める中小企業。 ❺［　　］

□❻自立経営農家の育成，農業構造改善事業，農業生産の選択的拡大などを進めるために1961年に制定された法律。 ❻［　　］

□❼米について，政府が管理してきた制度。生産された米を政府が高く買い取り，消費者に安く流通させる制度。1995年に廃止された。 ❼［　　］

□❽❼のもとで実施してきた，米の生産調整のこと（2018年廃止）。 ❽［　　］

□❾ウルグアイ・ラウンドで日本は４～８%の受け入れを条件にコメの関税化を猶予された。この最低輸入義務のことを何というか。 ❾［　　］

□❿農業基本法に代わって，1999年に成立した法律。 ❿［　　］

□⓫食料消費量のうち，どの程度自国でまかなえるかを示す割合。 ⓫［　　］

30 公害と環境保全，消費者問題

➡P.92・93

□❶公害のようにある経済主体の行為が市場を通さずに，直接第三者に不利益を与えること。 ❶［　　］

□❷公害，環境保全など環境行政を総合的に進めるため制定された法律。環境憲法と呼ばれる。　❷［　　］

□❸環境に大きな影響をおよぼす開発や施設などについて，その影響を事前に調査し，公害や環境破壊を未然に防止しようとする制度。1997年に法制化された。　❸［　　］

□❹公害を引き起こした企業には，過失がない場合でも，損害賠償責任があるとする原則。　❹［　　］

□❺地域ごとの汚染物質の排出総量を制限するしくみ。　❺［　　］

□❻事業所ごとに汚染物質の排出濃度の基準を定めるしくみ。　❻［　　］

□❼2001年の省庁再編以降，公害防止などを担当している省庁。　❼［　　］

□❽2000年制定の循環型社会形成推進基本法で示された３Ｒのうち，再資源化を表す言葉。　❽［　　］

□❾2000年制定の循環型社会形成推進基本法で示された３Ｒのうち，廃棄物の発生抑制を表す言葉。　❾［　　］

□❿企業が何をどれだけ生産するかを決める最終的な権限は消費者にあるという考え方。　❿［　　］

□⓫ケネディ大統領が唱えた消費者の４つの権利のうち，知らされる権利，意見を聞いてもらう権利以外の２つ。　⓫［　　］［　　］

□⓬2009年９月，消費者問題を担当する官庁として内閣府の下に設置された官庁の名称。　⓬［　　］

□⓭消費者保護に関して，国・地方公共団体および事業者の果たすべき責任を明記した法律は，2004年に新しい名称に変更された。その新名称を答えよ。　⓭［　　］

□⓮消費者保護のため，商品テストや商品の苦情相談などを行う国の機関。　⓮［　　］

□⓯消費者保護のため，商品テストや商品の苦情相談などを行う地方自治体の機関。　⓯［　　］

□⓰訪問販売や割賦販売で，成立した売買契約を一定期間内なら無条件で買主側から解除できる制度。　⓰［　　］

□⓱欠陥商品によって消費者が損害を受けた場合，過失を立証しなくてもメーカーに損害賠償を負わせることができる法律。　⓱［　　］

□⓲消費者を不当な契約から守る法律。虚偽の説明などによる不当な契約は無効とされる。　⓲［　　］

31 労働者の権利 ➡P.94・95

□❶1919年，労働者の労働条件を改善するために設立された国際機関。　❶［　　］

□❷憲法第28条に定める労働三権。　❷［　　］［　　］［　　］

□❸労働条件の最低基準を定めた法律。　❸［　　］

□❹労働組合を法的に保護し，労働者を使用者と対等の立場に立たせることを目的とした法律。　❹［　　］

□❺労働争議の予防と解決の促進を図る法律。　❺［　　］

□❻労働基準法が定める労働条件を守らせるために設置されている監督機関。　❻［　　］

□❼労働基準法が定める１週当たりの法定労働時間。　❼［　　］

□❽使用者が労働者の正当な組合活動を妨害する行為。　❽［　　］

□❾労働者が一定の定められた時間帯のなかで労働の開始・終了時間を自主的に決定できる制度。　❾［　　］

□❿労働争議を解決するために，国と都道府県に設置された行政機関。　❿［　　］

□⓫労働争議の解決方法を３つ答えよ。　⓫［　　］［　　］［　　］

経済

32 現代の雇用・労働問題 ➡P.96・97

□❶一人ひとりが仕事と生活の調和を図ること。＿＿＿＿ ❶［　　］
□❷労働時間の短縮などによって多くの人で仕事を分け合い，雇用を創出すること。 ❷［　　］
□❸多様で柔軟な働き方を目指し，同一労働同一賃金などの原則を示した2018年制定の法律。＿＿＿＿ ❸［　　］
□❹女性に対する就職・昇進についての差別を禁止した法律。女子差別撤廃条約を批准したことを機に，1985年に成立。＿＿＿＿ ❹［　　］
□❺子供を生育するために，また介護のために男女どちらでも休業できることを定めた法律。＿＿＿＿ ❺［　　］
□❻障がい者の雇用率について定めた法律。＿＿＿＿ ❻［　　］
□❼定年まで同一企業に所属する雇用慣行。＿＿＿＿ ❼［　　］
□❽能力主義・成果主義に基づく賃金の制度。＿＿＿＿ ❽［　　］
□❾アルバイト・パートタイマー・派遣社員など正社員以外の労働者。＿＿＿＿ ❾［　　］

33 社会保障の役割 ➡P.98・99

□❶生活困窮者の救済を公費で行う，世界初の公的扶助とされる法律。＿＿＿＿ ❶［　　］
□❷19世紀のドイツで，疾病保険法を制定し世界初の社会保険制度を創設した宰相。 ❷［　　］
□❸1930年代のアメリカで実施された，不況克服のための経済社会政策。＿＿＿＿ ❸［　　］
□❹❸の一環として制定された，社会保険と公的扶助を含むアメリカの法律。初めてSocial Securityという言葉が使われた。＿＿＿＿ ❹［　　］
□❺イギリスで社会保障制度が拡充されるもとになった1942年の報告。＿＿＿＿ ❺［　　］
□❻❺のスローガン。＿＿＿＿ ❻［　　］
□❼疾病，高齢などによって生活が困難になることを防ぐために，保険料を徴収し，保険事由が発生した人に給付を行う制度。＿＿＿＿ ❼［　　］
□❽公費によって生活困窮者を救済する制度。生活保護法に基づき８つの扶助を行う。 ❽［　　］
□❾高齢者，母子家庭，障がい者などハンディキャップをもつ者に施設・サービスなどを公費から給付する制度。＿＿＿＿ ❾［　　］
□❿公費で全国民に医療・環境整備を提供する制度。＿＿＿＿ ❿［　　］
□⓫貧困で生活が困難な人に最低限の生活を保障するための法律。＿＿＿＿ ⓫［　　］
□⓬2000年に導入された，主に高齢者で要介護状態にある人に対してサービスを給付する制度。＿＿＿＿ ⓬［　　］
□⓭2008年に導入された，75歳以上が加入して医療費の窓口本人負担を原則１割とする制度。＿＿＿＿ ⓭［　　］

34 社会保障と社会福祉の課題 ➡P.100・101

□❶65歳以上の老年人口が７%以上の社会を高齢化社会というが，14%以上の社会は何というか。日本は1994年に14%を超えた。＿＿＿＿ ❶［　　］
□❷一人の女性が一生のうちに出産する子どもの数を示す統計指標。＿＿＿＿ ❷［　　］
□❸国民健康保険法（1958），国民年金法（1959）の制定で整った体制の呼び名。＿＿ ❸［　　］
□❹老齢年金の財源負担について，自ら支払った保険料が年金として給付される方式。 ❹［　　］
□❺老齢年金の財源負担について，現役労働者が支払った保険料で高齢者に年金を給付する方式。＿＿＿＿ ❺［　　］
□❻社会保障制度などで見られる，国民の安心を支えるしくみ。＿＿＿＿ ❻［　　］

記述でチェック 単元で学習した用語を説明しよう。

年金保険の賦課方式には，物価上昇に対応しやすいという利点がある。その一方で，どのような欠点を抱えているか。「不公平」の語を用いて30字以内で答えよ。 ➡34 P.100・101

（解答欄：30字　10　20　30）

実戦問題　28戦後の日本経済～34社会保障と社会福祉の課題

1　次の文章を読み，以下の問いに答えよ。

1967年には，公害対策を総合的に進めるため公害対策基本法が制定された。また，1970年代には本格的な公害行政が開始され，1971年には，環境行政を一元化して進めるため［ 1 ］が設置された。さらに，汚染物質を濃度規制から［ 2 ］へ転換したり，公害防除費用を発生者に負担させるⓐ汚染者負担の原則の確立によって公害対策が強化された。1993年には公害対策基本法に代わって環境問題に総合的に対処するためⓑ環境計画の策定や総合的な環境政策の推進を定めた［ 3 ］が制定された。また，開発行為が環境に与える影響を事前に評価する［ 4 ］制度も1997年に法制化され，1999年から実施されている。最近では，さらにⓒ新しい公害問題も発生している。今後は，ⓓ国民の福祉を優先した公害対策の実施が望まれる。

問1▶文中の空欄［ 1 ］～［ 4 ］に当てはまる最も適当な語を答えよ。

1［　　　　］　2［　　　　］　3［　　　　］　4［　　　　］

問2▶下線部ⓐに関して，次の問いに答えよ。

(1)　汚染者負担の原則を英語の略語で答えよ。［　　　　］

(2)　1972年に汚染者負担の原則を国際ルールとして認めた国際機関は何か。［　　　　］

問3▶下線部ⓑに関して，この法律には，よりよい生活条件を享受できる権利が想定されていないという点に問題がある。その権利とは何か。［　　　　］

問4▶下線部ⓒに関して，近年の公害問題と対策について次の問いに答えよ。

(1)　四大公害病の名称を答えよ。［　　　，　　　，　　　，　　　］

(2)　公害被害者の損害賠償請求の行為に際して，加害者たる企業は過失の有無にかかわらず公害責任を負うべきだとする原則を何というか。［　　　　］

(3)　循環型社会では，ビン・ペットボトルなどの再生利用が義務づけられているが，その根拠となる法律名を答えよ。［　　　　］

(4)　かつて農薬に含まれ，ごみ焼却炉や産業廃棄物処分場などから発生していた［　　］類は，1999年から排出が規制されるようになった。［　　］に当てはまる語を次の①～④のうちから一つ選べ。［　　　　］

①　PM2.5　　②　カドミウム　　③　ダイオキシン　　④　有機水銀

(5)　循環型社会の基本原則を示した下の図中A～Cに当てはまる語句の組合せとして正しいものを，次の①～③のうちから一つ選べ。［　　　　］

①　A　リデュース　　B　リサイクル　　C　リユース
②　A　リユース　　B　リデュース　　C　リサイクル
③　A　リデュース　　B　リユース　　C　リサイクル

天然資源の消費の抑制
1番目：［ A ］廃棄物等の発生抑制
5番目：適正処分
天然資源投入 → 生産（製造・流通等） ⇄ 消費・使用 ⇄ 廃棄
廃棄 → 処理（再生・焼却等） → 最終処分（埋め立て）
2番目：［ B ］再利用
3番目：マテリアル［ C ］再生利用
4番目：サーマル［ C ］熱回収

問5▶下線部ⓓに関して，右の図は，日本の社会保障制度の一つで，2000年に導入されたしくみをまとめたものである。これはどのような制度か，制度名と，「満40歳」という語句を用いて簡単に説明せよ。

［　　　　　　　　　　　　　　　　　　　　］

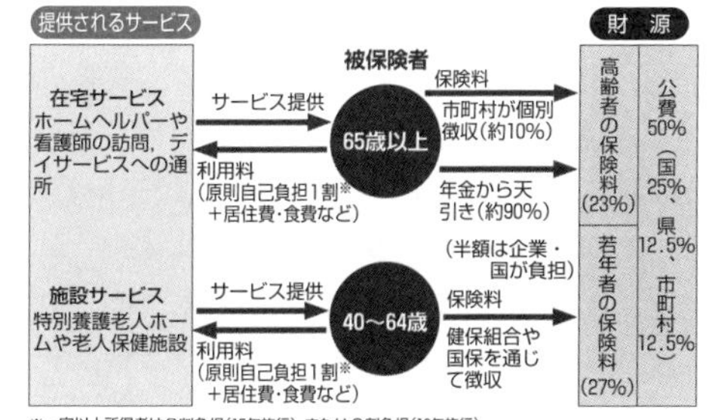

2 次の文章を読み，以下の問いに答えよ。

わが国は，1955～70年頃にかけて高度経済成長を達成して先進国の仲間入りをし，1990年代末までは目覚ましい経済実績をあげてきた。ⓐ高度成長期とその後の低成長期を通して，様々な技術革新やⓑ産業構造の転換が行われるとともに，ⓒ農業のあり方も国際的な自由化の流れの中で変化している。しかし，1990年代以降，わが国はバブル崩壊を経験し，2000年代前半には，いったん景気回復したものの，08年以降，再びⓓ景気後退に陥った。

問1 ▶下線部ⓐに関連して，次の①～⑤のグラフは，日本の経済成長率の推移を10年ごとにまとめたものであり，1960年代，1970年代，1980年代，1990年代，2000年代のいずれかのデータを示している。グラフの横軸は時系列を示しており，0～9の数字がそれぞれの年代の各年を表している。縦軸の数値は実質GDPに基づく年ごとの経済成長率を，パーセントで表したものである。1980年代の経済成長率のグラフとして最も適当なものを，次の①～⑤のうちから一つ選べ。〈21：現社共通テスト第1回改〉 [　　　]

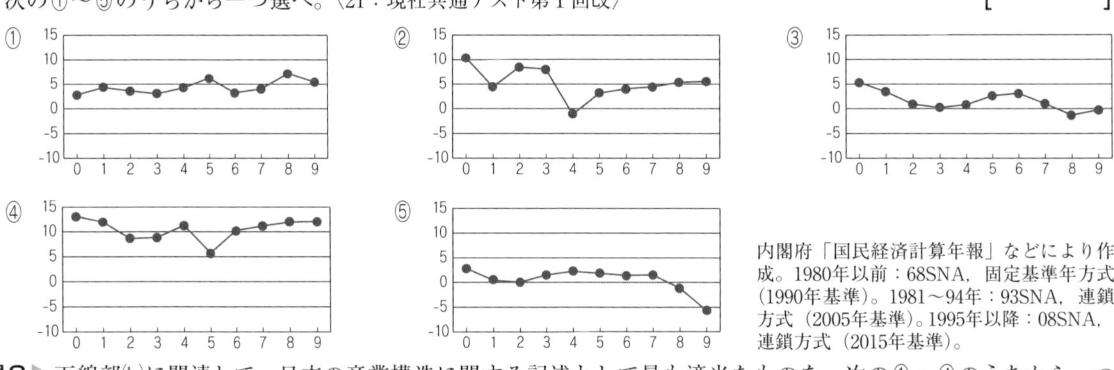

内閣府「国民経済計算年報」などにより作成。1980年以前：68SNA，固定基準年方式（1990年基準）。1981～94年：93SNA，連鎖方式（2005年基準）。1995年以降：08SNA，連鎖方式（2015年基準）。

問2 ▶下線部ⓑに関連して，日本の産業構造に関する記述として最も適当なものを，次の①～④のうちから一つ選べ。〈18：現社本試〉 [　　　]

① 朝鮮特需による好景気の時期には，第1次産業に従事する就業者の割合は，第2次産業に従事する就業者の割合に比べて，小さかった。

② プラザ合意後の円高などの状況下で，第1次産業の生産拠点が外国に移転するという，産業の空洞化が生じた。

③ 高度経済成長期に入ると，第2次産業と第3次産業の発展に伴って，都市部での労働力不足が起こり，農村部から都市部への人口移動が進んだ。

④ 平成不況の時期には，経済のソフト化，IT化に伴い，第3次産業に従事する就業者の割合が低下傾向にあった。

問3 ▶下線部ⓒに関連して，次の表は，日本の農業に関する法制度の変遷についてまとめたものである。空欄［ア］～［エ］に当てはまる記述として最も適当なものを，あとの①～④のうちから一つずつ選べ。〈22：政経共通テスト本試改〉

1952年	農地法の制定〔内容：［ア］〕
1961年	農業基本法の制定〔内容：［イ］〕
⋮	⋮
1995年	食糧管理制度廃止
1999年	食料・農業・農村基本法の制定〔内容：［ウ］〕
2009年	農地法の改正〔内容：［エ］〕

ア [　　　]　イ [　　　]　ウ [　　　]　エ [　　　]

① 農業と工業の生産性の格差を縮小するため，米作から畜産や果樹などへの農業生産の選択的拡大がめざされることになった。

② 国民生活の安定向上のため，食料の安定供給の確保や農業の多面的機能の発揮がめざされた。

③ 地主制の復活を防止するため，農地の所有，賃貸，販売に対して厳しい規制が設けられた。

④ 農地の有効利用を促進するため，一般法人による農地の賃貸借に対する規制が緩和された。

問4 ▶下線部ⓓに関連して，景気後退や経済危機に関する記述として最も適当なものを，次の①～④のうちから一つ選べ。〈20：現社本試〉 [　　　]

① 1980年代後半に円高が進行した際，日本銀行はインフレターゲットの水準を引き下げた。

② 固定為替相場制を軸とするブレトンウッズ体制が崩壊した背景に，中南米の累積債務危機があった。

③ 1990年代のアジア通貨危機の主な原因に，国際的な投機的資金の短期間での流出入があった。

④ アメリカでの住宅バブルを背景に増大したサブプライムローンは，高所得者向けの住宅ローンだった。

3　次の文章を読み，以下の問いに答えよ。

現代の社会では，悪徳商法による(a)消費者被害や公害の発生，さらには(b)労働者の雇用環境の悪化など，様々な問題が発生している。その中でも雇用問題については，(c)日本的な雇用慣行が近年崩壊しつつあるという状況が生じている。また，国民にとって(d)年金や医療などの社会保障も重大な関心事であるが，(e)少子高齢化に伴う財政状況の悪化の中で，いかにして社会保障の質を守っていくかが，今後の課題となっている。

問1▶下線部(a)に関連して，消費者問題にかかわる日本の法制度の説明として正しいものを，次の①～④のうちから一つ選べ。〈20：政経，倫政本試〉　［　　　］

① 特定商取引法の制定により，欠陥製品のために被害を受けた消費者が，損害賠償請求訴訟において製造業者の無過失責任を問えるようになった。

② 消費者団体訴訟制度の導入により，国が認めた消費者団体が，被害を受けた消費者に代わって訴訟を起こせるようになった。

③ 消費者庁の廃止により，消費者行政は製品や事業ごとに各省庁が所管することになった。

④ リコール制度の改正で，欠陥の有無を問わずその製品と消費者の好みに応じた製品との交換が可能になった。

問2▶下線部(b)に関連して，日本でみられる労働問題についての記述として**誤っているもの**を，次の①～④のうちから一つ選べ。〈16：政経，倫政本試改〉　［　　　］

① フルタイムで働いても最低生活水準を維持する収入を得られない，ワーキングプアと呼ばれる人々がいる。

② 不法就労の状態にある外国人労働者は，労働基準法の適用から除外されている。

③ 過剰な労働による過労死や過労自殺が，労働災害と認定される事例が生じている。

④ 非正規労働者にも，待遇改善を求めて労働組合を結成する権利が認められている。

問3▶下線部(c)に関連して，日本の労働や所得分配に関する記述として最も適当なものを，次の①～④のうちから一つ選べ。〈20：現社本試〉　［　　　］

① 高度経済成長期における労働組合の主な形態は，産業別労働組合と呼ばれた。

② 政府による再分配前の当初所得に関するジニ係数は，現在では1980年代よりも低下している。

③ 労働者の働き方改革を総合的に推進するために，法律上，時間外労働に罰則付きの上限が設けられた。

④ 2010年代後半において，雇用者数全体に占める非正規雇用者数の割合は，約２割で推移している。

問4▶下線部(d)に関連して，次のア～ウは公的年金の財源に関する方式の記述であり，X～Zは各方式の特徴の記述である。そのうち積立方式にあたる財源に関する方式とその特徴の組合せとして最も適当なものを，後の①～⑨のうちから一つ選べ。〈22：現社共通テスト追試改〉　［　　　］

財源に関する方式	ア　保険料ではなく，税金を財源にして給付を行う。 イ　一定期間に支給する年金を，その期間の現役労働者の保険料で賄う。 ウ　現役時代に納めた自身の保険料で，将来の年金給付を賄う。
特徴	X　インフレや給与水準の変化に対応しやすいが，現役世代に対する年金受給世代の比率が高まると，保険料負担の増大や年金受給額の削減が必要となることがある。 Y　人口構成の変動の影響は受けにくいが，急激なインフレによって将来受け取る予定の年金の価値が目減りすると，高齢者の生活を支えるという公的年金の役割を果たせなくなることがある。 Z　保険料の未納の問題は生じないが，負担した額に関わりなく年金を受け取ることができるため，負担と給付の関係が曖昧になりやすい。

① ア－X　② ア－Y　③ ア－Z　④ イ－X　⑤ イ－Y
⑥ イ－Z　⑦ ウ－X　⑧ ウ－Y　⑨ ウ－Z

問5▶下線部(e)に関連して，日本の人口構成に関する記述として**適当でないもの**を，次の①～④のうちから一つ選べ。〈19：現社本試改〉　［　　　］

① 出生率・死亡率がともに高い，多産多死型の年齢別人口構成の特徴を表す人口ピラミッドは，「つぼ型」の類型に含まれる。

② 総人口に占める15歳から64歳までの生産年齢人口の比率は，1990年代後半に比べて，現在は低い。

③ 65歳以上が半数以上を占め，社会的共同生活の維持が困難になるとされる地域は限界集落と呼ばれる。

④ 出生数よりも死亡数の方が多く，継続して人口が減少していく「人口減少社会」の状態になっている。

複数資料読解問題③ 国内経済，労働

1 市場の支配に関する次の会話文を読んで，以下の問いに答えよ。

生徒Ａ：市場の支配について学習したから，いくつかの商品の市場占有率を調べてみたよ。

生徒Ｂ：**図１**を見ると，［　a　］が最も寡占化が進んでいて，［　b　］がこの中では一番寡占化が進んでいないということだよね。このような寡占市場では，どのように価格が決定されていくのかな。

生徒Ａ：「囚人のジレンマ」というゲーム理論を寡占市場にも応用できるんだって。これは，もともと，共犯者のＸとＹが逮捕されて，別々の部屋でそれぞれ取(とり)調べ中に，司法取引を持ちかけられたときの２人の行動を考えるゲームなんだよ。２人の行動と結果のパターンを示したものが**図２**なんだ。

生徒Ｂ：お互いに相談できない状態で黙秘するか，自白するか選択しなければならないんだね。例えば，Ｘが自白し，Ｙが黙秘をした場合には，Ｘは釈放されてＹだけ懲役10年が科されるという結果になるということだよね。つまり，自分の判断によって自分の懲役年数が変わるのか。

生徒Ａ：それを応用したものが**図３**だよ。ある市場が寡占市場になっていて，企業Ａと企業Ｂの２社しかなく，各企業は「協力的」「攻撃的」の２パターンの行動しかとれない場合のモデルだね。

生徒Ｂ：利益の合計が最大になるのは［　c　］を選択した場合だけど，お互い，相手がどのような行動をとるかわからない場合，［　d　］を選ぶと，企業Ａと企業Ｂのそれぞれが，最悪の結果を避けることになるんだね。

図１

パソコン

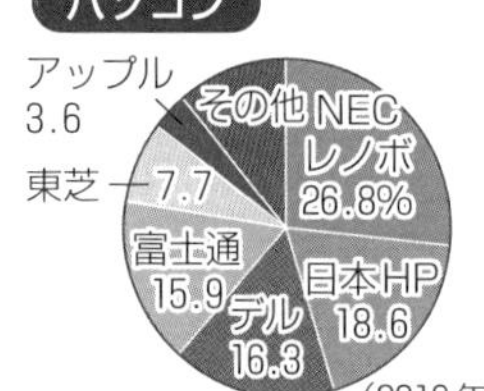

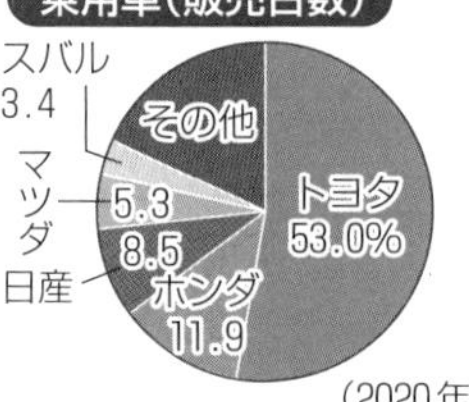

電子辞書

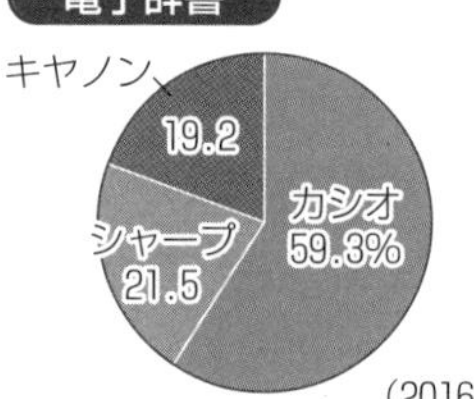

図２

		囚人Ｙ	
		自白	黙秘
囚人Ｘ	自白	Ｘ　懲役５年 Ｙ　懲役５年	Ｘ　懲役０年 Ｙ　懲役10年
	黙秘	Ｘ　懲役10年 Ｙ　懲役０年	Ｘ　懲役２年 Ｙ　懲役２年

（カッコ内は利益）

図３

		企業Ｂ	
		協力的	攻撃的
企業Ａ	協力的	（A10，B10）	（Ａ０，B15）
	攻撃的	（A15，Ｂ０）	（Ａ２，Ｂ２）

（すべて東京法令出版『フォーラム公共2022』による）

問１▶会話文中の［　a　］・［　b　］に入れる語句の組合せとして最も適当なものを，次の①～④のうちから一つ選べ。［　　　］

① a　パソコン　b　電子辞書　② a　電子辞書　b　パソコン
③ a　パソコン　b　乗用車　④ a　電子辞書　b　乗用車

問２▶会話文中の［　c　］・［　d　］にあてはまる内容として最も適当なものを，次の①～④のうちからそれぞれ一つずつ選べ。c［　　　］　d［　　　］

① 企業Ａが協力的な行動を，企業Ｂが攻撃的な行動　② 企業Ａが攻撃的な行動を，企業Ｂが協力的な行動
③ 企業Ａも企業Ｂも攻撃的な行動　④ 企業Ａも企業Ｂも協力的な行動

2 女性の労働について生徒たちが作成した次のまとめを見て，以下の問いに答えよ。

日本の労働環境の現状について，女性の労働問題が話題にのぼることが多い。そこで，この問題について考える上で参考になりそうな資料を集めた。1991年に制定され，その後改正を重ねている育児・介護休業法などの法整備により，以前に比べると育児や介護をしながら働く環境が整えられていることがわかった。育児・介護休業法の制定による影響を次にまとめた。

資料１　育児・介護休業法

項　目	内　容
育児休業（第５条）	男女労働者は，１歳未満の子の養育で，**１年間の休業**を取得可（保育所入所不可の場合は最長２年まで延長可能）。
介護休業（第11条）	男女労働者は，要介護状態の家族の介護のため，**通算93日間の休業**を取得可。
事業主の義務（第６，12条）	事業主は，労働者からの育児・介護休業の申し出を拒否できない。
不利益取扱い禁止（第10，16条）	育児・介護休業を理由とする解雇・降格・減給の禁止。
パート・派遣社員（第５，11条）	育児・介護休業取得可（休業後も雇用の場合）。
短時間勤務（第23条）	事業主は，３歳未満の子がある労働者を対象に短時間勤務制度を設置する義務がある。

（東京法令出版『政治・経済資料2022』による）

資料２

X

資料３　性別・年齢階級別労働力率

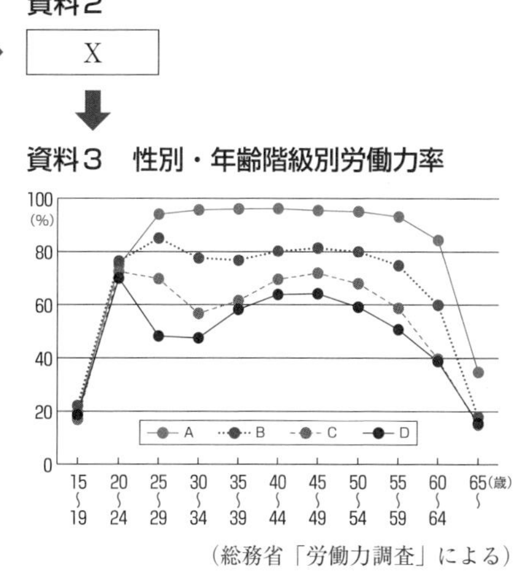

（総務省「労働力調査」による）

問１ ▶**資料３**中の４つの折れ線は，性別・年齢階級別労働力について，それぞれ1979年の女性，1999年の女性，2019年の女性，2019年の男性を示したものである。**資料３**中のＡ～Ｄのうち，2019年の女性を表すものとして最も適当なものを次の①～④のうちから一つ選べ。〈22：現社共通テスト本試〉 [　　　]

①　Ａ　　②　Ｂ　　③　Ｃ　　④　Ｄ

問２ ▶まとめ中の X には，次の①～④の資料のうちのいずれかから読み取った内容があてはまる。X に入る内容が読み取れる資料として最も適当なものを次の①～④のうちから一つ選べ。 [　　　]

① **パートタイマーの割合の推移**

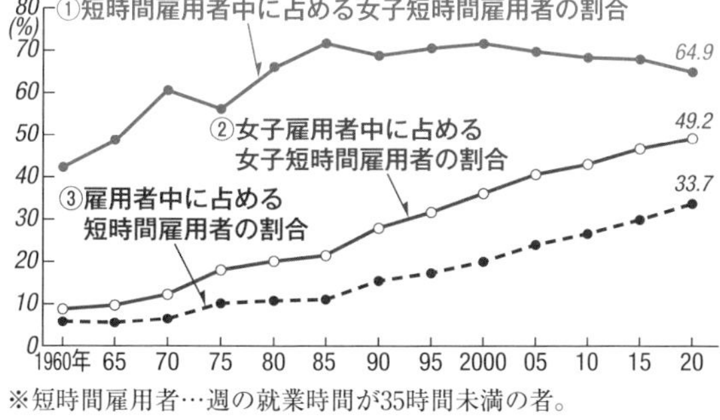

※短時間雇用者…週の就業時間が35時間未満の者。

② **正規雇用・非正規雇用の推移**

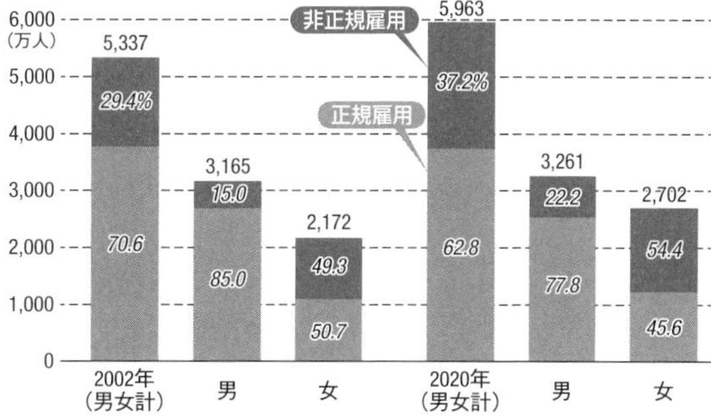

③ **結婚，出産・育児を理由とする離職率の推移**（女性）

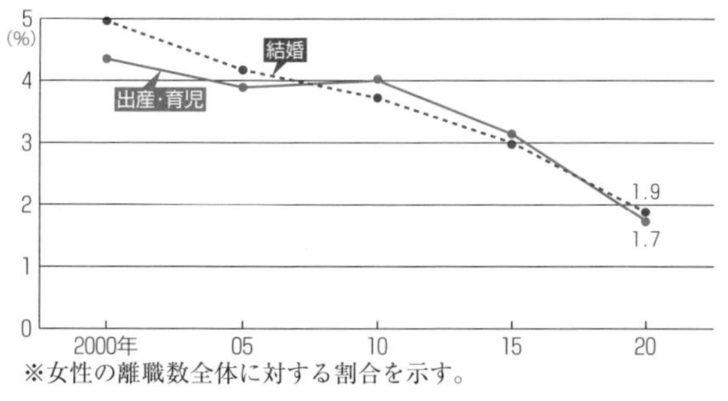

※女性の離職数全体に対する割合を示す。

④ **主要国の男女間賃金格差**（男性を100とした場合の女性の賃金）

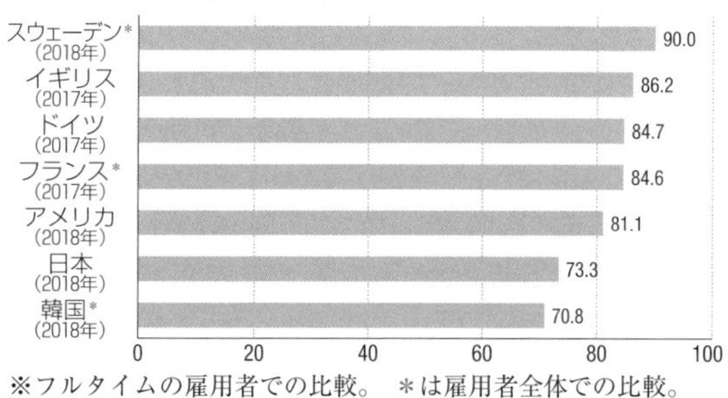

※フルタイムの雇用者での比較。＊は雇用者全体での比較。

（東京法令出版『政治・経済資料2022』，厚生労働省資料による）

35 国際社会の成り立ち

A ポイント整理 当てはまることばを書いて覚えよう

（＿＿欄には数値が入る）

1 国際社会の成立と主権国家

(1) 国家の三要素は，①＿＿，②＿＿，③＿＿である。

(2) 国際社会において独立性を認められた国家のことを④＿＿国家といい，この国家が大国・小国を問わず対等であることを⑤＿＿＿＿の原則という。

(3) 17世紀，神聖ローマ帝国の支配下にあった各民族が宗教的独立を求めて⑥＿＿＿戦争が起きたが，その戦争を終結させた⑦＿＿＿＿＿・＿＿＿条約で複数の主権国家が誕生した。ここに国際社会が誕生した。

2 国際関係を律する決まり

(1) 国家と国家との関係を規律する規範を⑧＿＿＿という。＿⑧＿には国家間の合意文書である⑨＿＿と，過去から重ねられてきた慣習が法的確信を得られるに至った⑩＿＿＿＿＿の２種類がある。成文法である＿⑨＿は締約国のみを拘束するのに対し，基本的に不文法である＿⑩＿は全国家を拘束する。

(2)「国際法の父」と呼ばれるオランダの法学者⑪＿＿＿＿＿・＿は，著書『⑫＿＿＿＿＿・＿＿』で，自然法に基づき，国家間の関係を律するためのルールである国際法の必要性を説いた。

(3) 国家間の紛争や領土問題に対しては，国際連合の主要機関である⑬＿＿＿＿＿・＿＿（ICJ）による裁判が予定されているが，裁判を行う要件として紛争当事国双方の⑭＿＿（同意）が必要なため，その運用には限界がある。

(4) ⑮＿＿＿＿＿・＿＿（ICC）は，戦争指導者による大量虐殺＝⑯＿＿＿＿＿・＿の罪など，人道に反する⑰＿＿の重要な犯罪を裁くため，国連安保理決議に基づいて，2003年に開設された。日本は2007年に加盟したが，アメリカ・ロシア・中国などは未加盟である（2023年７月現在）。

(5) 国際協調主義の観点から国際連合は国際問題を話し合う中心的機関であるが，主要国の経済・政治・外交の話し合いの場として主要国首脳会議（⑱＿＿＿＿＿）がある。

主要国首脳会議（サミット）参加国

- G6：1975年～ ※1 G5【日・米・英・仏・独】＋伊
- G7：1976年～ ＋カナダ
- G8：1997年～2014年 ※2 ＋ロシア
- G20：2008年～ ＋新興国：中国・韓国・ブラジル・インド・オーストラリア・南アフリカ・アルゼンチン・インドネシア・トルコ・サウジアラビア・メキシコ・EU
- ■はBRICS

※1 1975年当時，独（ドイツ）は西独（西ドイツ）。
※2 2014年以降，ロシアはウクライナをめぐる問題で参加資格が停止されている（2023年７月現在）。

3 平和の守り方

(1) 第一次大戦以前の平和維持方式は，対立国家間の力のバランスによって戦争の発生を防止する⑲＿＿＿＿の方式だったが，⑳＿＿競争が進み，同盟間の力のバランス崩壊が大戦を招くという欠点があった。

(2) 第一次大戦以後は，複数の国家が同一の平和維持機構に参加し，同盟国への侵略を集団的制裁によって阻止する㉑＿＿＿＿＿・＿の方式がとられている。

国際法の種類

- 国際法
  - 条約（成文法）：条約・協定・規約・覚書など
  - 国際慣習法（不文法）：公海自由の原則，外交官特権など

①②③＿＿＿＿＿＿
＿＿＿＿＿＿
＿＿＿＿＿＿
④＿＿＿＿＿＿
⑤＿＿＿＿＿＿
⑥＿＿＿＿＿＿
⑦＿＿＿＿＿＿
⑧＿＿＿＿＿＿
⑨＿＿＿＿＿＿
⑩＿＿＿＿＿＿
⑪＿＿＿＿＿＿
⑫＿＿＿＿＿＿
⑬＿＿＿＿＿＿
⑭＿＿＿＿＿＿
⑮＿＿＿＿＿＿
⑯＿＿＿＿＿＿
⑰＿＿＿＿＿＿
⑱＿＿＿＿＿＿
⑲＿＿＿＿＿＿
⑳＿＿＿＿＿＿
㉑＿＿＿＿＿＿

4 領土をめぐる問題

(1) 現在，わが国では周辺諸国との間で領土をめぐる問題を抱えている。

(2) ひとつは㉒____との北方領土問題である。そのほかに，国連海洋法条約（1994年発効，1996年日本批准）が㉓__________を200海里と規定し，深海底資源などその国の経済的利益を認めたため，㉔___との間で竹島問題があり，尖閣諸島については㉕___が領有権を主張している。

㉒________
㉓________
㉔________
㉕________

B 図表でチェック

1 次の図は，第一次世界大戦の前と後の平和維持方式の変化を表したものである。図中の空欄に当てはまる語を答えよ。また，②の例として第二次世界大戦前の機構名を答えよ。

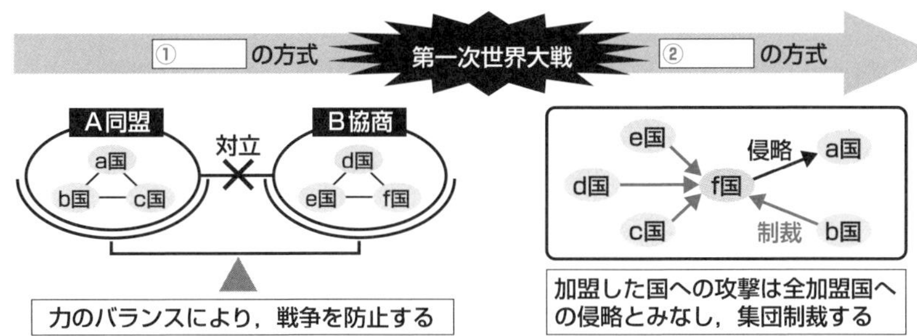

①
②
機構名

2 次の図は，国際法でいう国家の領域を表したものである。空欄に当てはまる語または数値を答えよ。

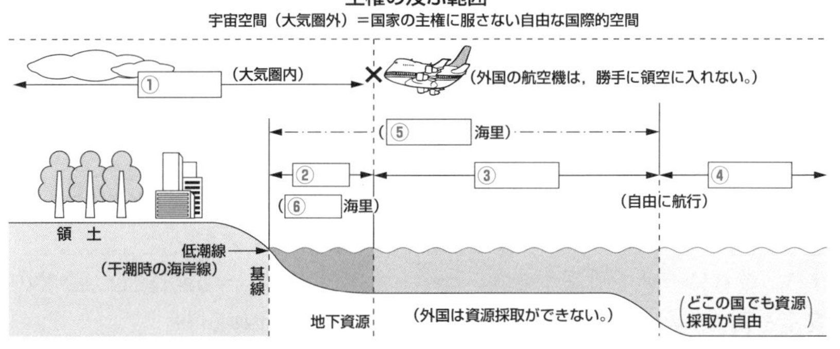

〈注〉 海里：航空，航海の分野で使用されている距離単位。1海里＝1,852m。

①	
②	
③	
④	
⑤	⑥

3 次の表は，国際法と国内法の違いをまとめたものである。空欄に当てはまる語を，語群より選んで答えよ。

国際法		国内法
①____が原則。	法の主体	②____が原則。
統一した立法機関は存在せず，条約が拘束するのは③____のみ。	立法機関	④____が決定した法は国民を拘束する。
国連や国際機構が部分的に執行するが，統一的なものはない。	行政機関	⑤____によって執行される。
⑥____は，当事国が合意した場合のみ裁判を開くことができる。	司法機関	裁判所が強制管轄権をもち，訴えにより裁判を開始できる。
⑦____への依頼は可能だが，強制執行力はない。	法の執行	警察などの強制執行機関あり。

個人　批准国
国家　政府
国連安全保障理事会
国際司法裁判所
議会

①	③	⑤	⑦
②	④	⑥	

▶▶▶時事正誤チェック

①国際刑事裁判所は，国連の司法機関で，国家間の紛争について国際法に基づいて判決を下す裁判所であり，その判決は当事国を拘束する。〈09：現社追試〉 [　]

②2000年代に新興国を加えて開催された第1回目のG20サミットでは，世界的な金融危機への対応策が取りまとめられた。〈18：現社追試〉 [　]

36 国際連合の役割と課題

A ポイント整理 当てはまることばを書いて覚えよう

（＿＿欄には数値が入る）

① ② ③ ④

勢力均衡から集団安全保障へ

三国同盟 ドイツ・イタリア・オーストリア × 三国協商 イギリス・ロシア・フランス

⬇第一次世界大戦後

国際平和機構 A→B←C D E F

A～Fは加盟国 ➡攻撃 →制裁

勢力均衡 集団安全保障

⑤ ⑥ ⑦ ⑧ ⑨ ⑩ ⑪ ⑫ ⑬ ⑭ ⑮ ⑯ ⑰ ⑱ ⑲ ⑳ ㉑ ㉒ ㉓ ㉔ ㉕

1 国際連合の成立としくみ

(1) アメリカの大統領①＿＿＿＿＿＿の提唱により，集団安全保障方式をとる世界初の国際平和機構として，第一次世界大戦後の1920年に②＿＿＿＿＿が発足したが，③＿＿＿＿＿制の意思決定方式などの欠陥があったため④＿＿＿＿＿＿＿＿の勃発を防げず国際平和機構としての機能を十分に果たせなかった。その反省から，国際連合では多数決制を導入し，平和・安全問題については大国の協力なくして平和の実現はあり得ないという立場から，⑤＿＿＿＿＿の原則を導入した。

(2) 国際連合は，1945年に原加盟国51か国で発足した。2002年には永世中立国⑥＿＿＿＿も加盟し，2023年７月現在193か国が加入している。

(3) 国際連合の主要機関は６つある。全加盟国が１国１票の議決権をもつ⑦＿＿，平和・安全問題を扱う⑧＿＿＿＿＿＿＿＿＿＿，非政治分野の問題を扱う⑨＿＿＿＿＿＿＿＿＿，独立の手助けをする信託統治理事会，国際紛争を裁定する⑩＿＿＿＿＿＿＿＿＿，国連の運営に関する事務を行う事務局（この責任者が事務総長）である。

(4) ＿⑧＿は，５大国（アメリカ，イギリス，ロシア，フランス，中国）で構成する⑪＿＿＿＿＿＿と10か国で構成する⑫＿＿＿＿＿＿＿＿で組織されている。決議にはすべての常任理事国と４か国以上の非常任理事国の賛成が必要。常任理事国のうち１か国でも反対すると議決は成り立たない。つまり常任理事国には⑬＿＿＿＿が与えられている。

安全保障理事会の議決

実質事項…15理事国のうち５常任理事国を含む９理事国以上の賛成

手続事項…15理事国のうち９理事国以上の賛成

(5) 国際連合は経済社会理事会を通して，独立の機関として設立された⑭＿＿＿＿＿と連携している。労働・社会保障を討議する⑮＿＿＿＿＿＿＿＝ILO，教育について討議する⑯＿＿＿＿＿＿＿＿＿＿＿＿＝UNESCO，為替の安定を図る⑰＿＿＿＿＿＿＿＝IMF，世界銀行と呼ばれる⑱＿＿＿＿＿＿＿＿＿＿＝IBRDなどである。

2 国際連合の現状と課題

(1) 国連は，安全保障理事会が５大国の⑲＿＿＿＿発動によって機能が麻痺する可能性が高いことから，その場合に⑳＿＿＿＿＿総会を開くことができる。これを規定したのが1950年の㉑＿＿＿＿＿＿＿＿＿＿決議である。

(2) 集団的な軍事制裁は，正式には㉒＿＿＿＿によって行われるが，正規の＿㉒＿は過去一度も組織されたことがない。代わって，停戦勧告・停戦監視を任務とする㉓＿＿＿＿＿活動＝㉔＿＿＿＿が世界各地に展開している。この活動には軽武装の平和維持軍＝PKFと非武装の停戦監視団，さらに選挙監視団や難民救援などのその他の活動がある。＿㉔＿は，国連憲章に明確な規定がなく，憲章の第６章（平和的解決）と第７章（強制措置）の中間的な活動であるため，「６章半活動」とも呼ばれる。

(3) 安全保障理事会を十分に機能させるため，常任理事国の数や構成，㉕＿＿＿行使の制限などを求める声もある。

(4) ㉖＿＿＿＿金について，わが国は全体の約８％を分担し，常任理事国であるイギリスやロシアを上回っている。

(5) 安全保障の新たな考え方として，人間の生存や尊厳等に焦点を当てた「人間の安全保障」が1994年に㉗＿＿＿＿（国連開発計画）により提唱された。2000年にはMDGs（ミレニアム開発目標）を，2015年にはMDGsの後継としてSDGs（㉘＿＿＿＿な開発目標）をそれぞれ採択している。

㉖＿＿＿＿

㉗＿＿＿＿

㉘＿＿＿＿

Ⓑ 図表でチェック

1 次の表は国際連盟と国際連合を比較したものである。空欄に当てはまる語を答えよ。

	国際連盟（1920年）	国際連合（1945年）
本　部	ジュネーブ	③
加盟国	①　不参加，ソ連の加盟遅延，日・独・伊の脱退	大国を含む世界のほとんどの国家が加盟
機　関	総会，理事会，事務局，常設国際司法裁判所	総会，安全保障理事会，④　，信託統治理事会，事務局，国際司法裁判所
表決方法	②　制	⑤　制，安全保障理事会は５大国一致制（⑥　権あり）
制裁措置	経済封鎖が中心	軍事的強制措置，経済的制裁

①	④
②	⑤
③	⑥

国際

2 次の図は，国連の主要な組織を示したものである。これに関し以下の各問いに答えよ。

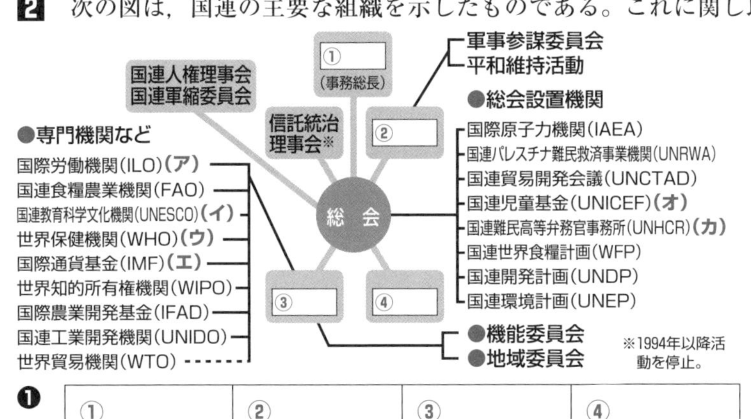

❶ 空欄に当てはまる語を答えよ。

❷ 次のA，Bの文の説明に該当する機関を図中の(ア)〜(カ)から選んで記号で答えよ。

A：為替相場の安定と貿易の拡大を目的として，短期資金の貸し付けを行う。

B：労働者の生活，労働条件の改善を通じて社会正義と世界平和の確立をめざす。

❶

①	②	③	④

❷

A	B

3 次の表は国連軍とPKOを比較したものである。空欄に当てはまる語を，語群より選んで答えよ。

	国連憲章上の国連軍	平和維持活動（PKO）
目　的	侵略の鎮圧・平和の回復	武力衝突再発の防止
主要任務	侵略者に対し①　を行使し撃退。平和を回復	停戦の監視，兵力の引き離し監視，現地の治安維持など
設立根拠	憲章43条・特別協定	憲章22・29条
活動根拠	憲章39・42条	明示規定なし（第６章半）
設立主体	②	④
指　揮	未定（憲章47条３）	国連事務総長
編　成	安保理常任理事国を中心とした大国の軍隊を中心に構成	大国や利害関係国を除く諸国の部隊・将校を中心に構成
武　装	重武装	平和維持軍（PKF）＝⑤ 停戦監視団＝非武装
武器使用	③	⑥

安全保障理事会
自衛の場合に限定
原則として無制限
軽武装
安全保障理事会・総会
軍事的強制力

①	④
②	⑤
③	⑥

時事正誤チェック

①湾岸戦争の発生を受けて，国連平和維持活動（PKO）への日本の協力をめぐる議論が高まり，PKO協力法が成立している。〈14：現社本試〉 [　]

②1990年代前半における，イラクに対する多国籍軍による武力攻撃は，国連の安全保障理事会の決定に基づいたものである。〈15：現社本試〉 [　]

37 戦後の国際政治の展開

A ポイント整理 当てはまることばを書いて覚えよう （____欄には数値が入る）

①________ ②________
③________
④________

東西冷戦構造

西側		東側
トルーマン・ドクトリン NATO マーシャル・プラン	対立	コミンフォルム WTO COMECON

⑤________
⑥________
⑦________
⑧________
⑨________
⑩________ ⑪________
⑫________

アメリカとキューバの国交回復とその後

2015年，オバマ政権の下，アメリカとキューバが54年ぶりに国交を回復した。キューバは1959年のキューバ革命により社会主義化したことから，1961年に両国の国交は断絶していた。しかしその後のトランプ政権の強硬路線により両国の関係は悪化。2021年発足のバイデン政権でもキューバ政府による市民デモ弾圧を理由に制裁を検討していると発表している。（2022年７月現在）

⑬________
⑭________
⑮________
⑯________
⑰________ ⑱________
⑲________
⑳________・________
㉑________
㉒________ ㉓________
㉔________
㉕________

1 東西対立（冷戦）の時代

(1) 第二次大戦後，旧ソ連を中心とした社会主義諸国＝①__側と，アメリカを中心とした自由主義諸国＝②__側との対立構造が形成された。この東西対立を冷たい戦争＝③___と呼ぶ。

(2) イギリス首相の④_______は，ソ連の秘密主義を批判し「⑤______.__」演説を行い，アメリカはソ連封じ込め政策として⑥_______・ドクトリンを実施した。

(3) これに対抗して，ソ連は各国共産党の連絡機関である⑦______.___を結成した。

(4) 1948～49年，ドイツの首都をめぐる東西両陣営の対立・ベルリン危機の中で，西側の軍事同盟，⑧_______.__機構＝NATOが組織された（1949年）。これに対抗してソ連は東側の軍事同盟として，⑨______.___機構＝WTOを結成した（1955年）。

(5) 第二次大戦後に起こった⑩___戦争（1950～53），⑪_____戦争などは，地域の局地紛争に見えるが，実際は米ソの⑫___戦争という側面が強かった。

2 雪解けと多極化

(1) 1955年，⑬_______で米・英・仏・ソの４大国首脳会談（__⑬__４巨頭会談）が開かれ，話し合いによる平和が合意された。

(2) アメリカ大統領ケネディの⑭_____＝緊張緩和，ソ連共産党書記長のフルシチョフの⑮_____の考え方の一致により，米ソ首脳会談が定期的に行われ，話し合い外交が進展した。

(3) 1962年には，核戦争寸前まで行った，⑯________.__が発生したが，話し合いで戦争は回避された。翌年には，米ソ首脳間に電話回線（＝ホットライン）が設置され，話し合い外交が加速した。

(4) 雪解けの背景には，平和を主張する⑰___世界の台頭もあった。彼らは，反⑱____主義，⑲____・中立主義に基づく平和共存を主張した。1955年の⑳_____・__.____会議＝Ａ・Ａ会議では，平和10原則を掲げ，1961年には__⑲__諸国首脳会議が開かれている。

3 冷戦の終結とその後の国際秩序

(1) 1979年の米中国交正常化により孤立感を深めたソ連が㉑_______.___に侵攻すると，アメリカのレーガン政権は「強いアメリカ」政策により核軍拡などを進め，再び東西緊張が強まった（1980年代）。このため，1980年代前半を新冷戦の時代と呼ぶ。

(2) しかし，膨大な軍事費が双方の，とりわけソ連の国民生活を圧迫して，東欧諸国でも民主化要求が強まった。ソ連では1985年に国内の民主化と西側との協調を掲げる㉒________.__政権が誕生し，再び米ソの対話が進められた。そして，1989年の㉓_____会談では，アメリカの㉔______大統領とソ連の__㉒__最高会議議長が㉕______を宣言した。以後，1989年にはベルリンの壁が撤去され，東西ドイツが再統一，ソ連が消滅してCIS＝独立国家共同体が成立するなど世界では冷戦体制からの脱却の動きが加速した。

(3) 冷戦終結後の世界では，各地でナショナリズムが噴出し，地域紛争や㉖＿＿紛争が多発している。また，唯一の超大国となったアメリカの単独行動主義＝㉗＿＿＿＿＿・＿＿＿が目立つようになった（イスラーム過激派勢力によるアメリカ同時多発テロ事件（2001）後，アメリカは安保理決議のないままアフガニスタン（2001），㉘＿＿＿（2003），シリア（2017）への軍事行動を起こした）。一方，急速に経済発展を遂げた中国やロシアが国際社会への影響力を高めようとしている。

㉖＿＿＿＿
㉗＿＿＿＿
㉘＿＿＿＿

B 図表でチェック

国際

1 次の年表は，戦後の東西関係と第三世界の歩みを簡略化して示したものである。空欄に当てはまる語を答えよ。

		東西関係			第三世界
冷戦	1946	チャーチル ①［　］演説			
		西側（資本主義）	対立	東側（社会主義）	アジア・アフリカ諸国のことを，フランス革命時の第三身分になぞらえて「第三世界」と呼んだ。
	1947～	②［　］発表（47）	政治面	③［　］設置（47～56）	
		④［　］発表（47）	経済面	⑤［　］設置 COMECON（49～91）	
		⑥［　］結成 NATO（49～）	軍事面	⑦［　］結成 WTO（55～91）	
	1948	⑧［　］封鎖			
	1950	⑨［　］戦争（～53）			
	54				ネルー・周恩来，⑩［　］発表
	55	ジュネーブ4巨頭会談			⑪［　］会議で平和10原則発表
緊張緩和	61				第1回⑫［　］会議（ベオグラード）
	62	⑬［　］危機			
	63	部分的核実験禁止条約（PTBT）			
	65	⑭［　］戦争（～75）			
	68	核拡散防止条約（NPT）調印			
	73				第四次中東戦争，第一次⑮［　］
	75	欧州安全保障協力会議（CSCE）→95年にOSCEに			
新冷戦	79	ソ連，アフガニスタン侵攻			イラン革命，第二次⑮［　］
	85	ソ連共産党書記長にゴルバチョフ就任			
	87	米ソ，INF（中距離核戦力）全廃条約調印（※2019年8月に失効）			
	89	⑧［　］の壁崩壊。⑯［　］会談，冷戦終結宣言			
ポスト冷戦	1990	東西ドイツ統一			イラクのクウェート侵攻
	91	ソ連邦解体。CIS（独立国家共同体）創設			湾岸戦争

①	⑤	⑨	⑬
②	⑥	⑩	⑭
③	⑦	⑪	⑮
④	⑧	⑫	⑯

▶▶▶時事正誤チェック 冷戦の終結が契機となり，かつてワルシャワ条約機構に参加していた国々のうち一部がNATO（北大西洋条約機構）に加盟した。〈12：政経，倫政追試〉［　］

38 核兵器と軍縮

A ポイント整理 当てはまることばを書いて覚えよう （＿＿欄には数値が入る）

①＿＿＿＿ ②＿＿＿＿
③＿＿＿＿
④＿＿＿＿ ⑤＿＿＿＿

軍備管理から軍備縮小へ

雪解けの成果 ──→ ポスト冷戦の現状

雪解けの成果	ポスト冷戦の現状
戦略兵器**制限**交渉 SALT I／II ・**部分的**核実験**禁止**条約(PTBT)発効 ・核拡散防止条約（NPT）発効	戦略兵器**削減**条約 START I／II ・**包括的**核実験**禁止**条約(CTBT)採択 ・核拡散防止条約を**無期限延長**

⑥＿＿＿＿
⑦＿＿＿＿
⑧＿＿＿＿
⑨＿＿＿＿
⑩＿＿＿＿
⑪＿＿＿＿
⑫＿＿＿＿
⑬＿＿＿＿
⑭＿＿＿＿
⑮＿＿＿＿

核抑止論

核兵器をもつことが，対立する国相互に核の使用をためらわせ，結果として核戦争が回避される，という考え方。日本も，日米安保条約によるアメリカの「核の傘」のもと，核抑止によって安全が保たれてきたという議論がある。

⑯＿＿＿＿
⑰＿＿＿＿
⑱＿＿＿＿
⑲＿＿＿＿
⑳＿＿＿＿
㉑＿＿＿＿

1 軍備をなくす努力

(1) 軍備に一定の量的・質的な制限を設けて軍備の拡大や拡散を阻止することを軍備①＿＿というのに対し，軍備の数量を減らすことを②＿＿という。

(2) 国連成立後に作られた国連③＿＿＿＿＿＝UNDCが冷戦のために成果を上げられなかったため，代わってジュネーブの国連欧州本部で開かれてきたジュネーブ④＿＿＿＿で化学兵器や核兵器の削減・禁止が討議されてきた。国連でも，1978, 82, 88年の3回，国連⑤＿＿＿＿総会が開催され，民間の平和団体などのNGO＝非政府組織の参加が認められた。

(3) 1960年代には，軍備管理に関する２つの条約が調印された。米・ソ・英で結ばれ大気圏等での実験を禁止した⑥＿＿＿＿＿＿＿＿条約（PTBT），米・ソ・英・仏・中以外の国に核兵器が広がるのを防ごうとした⑦＿＿＿＿＿＿条約＝NPTがそれである。

(4) ＿⑦＿条約は，非核保有国の核開発の禁止，非核保有国への核兵器引き渡しの禁止を定めた条約で，1995年には永久条約化が決定した。

(5) 1970年代には長距離・大型核兵器の上限数を定める，米ソ間の⑧＿＿＿＿＿＿交渉＝⑨＿＿＿＿＿が行われ，1969～72年に＿⑨＿Ｉ，1972～79年に＿⑨＿IIが進められ，条約が成立した。Ｉ条約は調印・発効したものの，II条約はソ連の⑩＿＿＿＿＿＿＿＿＿侵攻によりアメリカが批准を拒否した。

(6) 1982年からは，SALTに代わって，長距離・大型核兵器を削減するという⑪＿＿＿＿＿＿＿条約＝⑫＿＿＿＿＿＿＿が始まり，米ソ（露）間で＿⑫＿Ｉ，＿⑫＿IIが調印されている（Ｉは発効，IIは未発効）。

(7) 1987年，米ソ間で⑬＿＿＿＿＿＿＿＿＿＿条約＝INF全廃条約が調印され翌年発効した（2019年８月，失効）。また1996年には，国連総会において，地下も含む核実験を全面的に禁止する⑭＿＿＿＿＿＿＿＿＿＿条約＝CTBTが採択された。しかし，インドなどが署名を拒否し，発効のめどが立っていない。

(8) 2002年，米ロ間で長距離・大型核兵器をそれぞれが1,700～2,200発に削減するという⑮＿＿＿＿＿＿＿＿＿＿条約＝SORT（モスクワ条約）が調印され，03年発効した。2011年には＿⑫＿Ｉに代わって10年間の新＿⑫＿が発効した（期限を迎えた2021年に５年間の延長を米ロ正式合意）。

2 信頼感を育てるシステムと軍縮を阻む動き

(1) 1975年の全欧安保協力会議＝CSCEでは東西欧州諸国が集まり，軍事演習の事前通告や実地調査を行う⑯＿＿醸成措置（CBM）が導入された。

(2) 軍縮推進の動きは政府間の交渉によるものばかりではない。1954年のビキニ環礁水爆実験による⑰＿＿＿＿＿＿が被ばくした事件を契機に市民や科学者などによって反核・核軍縮を訴える運動が活発化し，1957年には⑱＿＿＿＿＿＿＿＿会議が開催され，世界の科学者たちによって核廃絶への提言がなされた。

(3) 1997年の⑲＿＿＿＿＿全面禁止条約や，2008年の⑳＿＿＿＿＿＿＿＿＿禁止条約，2017年の㉑＿＿＿＿＿＿条約は，いずれもNGO（非政府組織）の国際的な活動によって採択が実現された。

(4) 核兵器の開発・保有・使用などを法的に禁止するとした㉑条約は，アメリカなどの核保有国や㉒_____加盟国の多く，さらにアメリカの「核の傘」の下にある日本も未批准である。

(5) 世界に核兵器の使用を認めない㉓___地帯を作る動きがある一方，⑦条約に未批准の国の中には核開発を進める国もあり，インドやパキスタンが1998年に相次いで核実験を実施したほか，北朝鮮でも2006年以降繰り返し核実験が行われている。さらに，兵器を販売して利益を得る国家や㉔_の商人も後を絶たない。また，軍と兵器産業が㉕_____体をつくっているとの指摘もある。2013年には㉖_____条約（ATT）が採択され，通常兵器取引にも世界共通の規制が導入されることとなったが，主な輸出国であるアメリカやロシアは未批准である（2023年７月現在）。

㉒________

㉓________

㉔________

㉕________

㉖________

B 図表でチェック

国際

1 次の年表は核軍縮についてまとめたものである。これに関して，以下の各問いに答えよ。

調印年	条約	内容
1963年	①	大気圏内・宇宙空間および水中での核実験を禁止。地下実験は除外。
1968年	②	核兵器保有国のこれ以上の増加を防ぐ。1995年無期限延長。
1972年	ABM制限条約	ABM（弾道弾迎撃ミサイル）の配備を制限。2002年アメリカ離脱で失効。
1972年	③	戦略核兵器の数量の上限を設定。
1979年	④	すべての戦略核兵器の上限を設定。アメリカ議会が批准せず85年失効。
1987年	⑤	中距離核戦力の廃棄を決定。初の核兵器削減条約。2019年失効。
1991年	⑥	米ロ両国の保有する戦略核兵器の削減を決定。
1993年	⑦	
1996年	⑧	地下実験を含むすべての核実験を禁止する条約。採択するも未発効。
2002年	⑨	米ロが戦略核兵器の核弾頭を1,700～2,200発に削減する条約。2003年発効。
2010年	⑩	米ロが戦略核弾頭を1,550発に削減する条約。2011年発効。2023年ロシアが履行停止。
2017年	核兵器禁止条約	核兵器の開発・保有・使用などを法的に禁止する条約。2021年発効。

A．中距離核戦力（INF）全廃条約
B．核拡散防止条約（NPT）
C．戦略兵器削減条約（START Ⅰ）
D．戦略兵器削減条約（START Ⅱ）
E．新戦略核兵器削減条約（新START）※1
F．包括的核実験禁止条約（CTBT）
G．戦略兵器制限交渉（SALT Ⅰ）
H．戦略兵器制限交渉（SALT Ⅱ）
I．部分的核実験禁止条約（PTBT）
J．戦略攻撃兵器削減条約（SORT）※2

❶ 主な核軍縮条約について，上の表の空欄に当てはまる条約名を語群から選び，記号で答えよ。

❷ 原子力の平和利用を目指して，軍事的利用への転用を監視し，各施設の査察などを行う国連の機関名を答えよ。

❸ 核兵器は米ロなど５か国が保有してきたが，それ以外に1998年に相次いで核実験をした国がある。その２つの国名を答えよ。

❹ 2006年から2017年にかけて６回に上る核実験を実施し，加えて度重なるミサイル発射を行ったことで，国連安全保障理事会で非軍事的措置などの制裁が決定された国を答えよ。

❶

①	⑥
②	⑦
③	⑧
④	⑨
⑤	⑩

❷

❸

❹

※1 10年間の期限付き条約であったが，2021年に５年間延長。
※2 SORTは締結された場所にちなんで，モスクワ条約とも呼ばれる。

▶▶▶時事正誤チェック

①包括的核実験禁止条約（CTBT）は，あらゆる場所での核爆発を伴う核実験の禁止を目指して採択された。〈11：政経本試〉 [ ]

②軍縮の進め方を討議する国連軍縮特別総会には，NGOは参加したことがない。〈15：現社追試〉 [ ]

③核兵器禁止条約が国連で採択され，日本もこの条約に加入している。〈20：政経追試〉 [ ]

39 民族問題と紛争

A ポイント整理 当てはまることばを書いて覚えよう

（___欄には数値が入る）

①

②

③

④

⑤

⑥

⑦

⑧

⑨

⑩

⑪

⑫

⑬

⑭

⑮

⑯

⑰

⑱

⑲

⑳

㉑

㉒ ・

㉓

1 民族と国家

(1) 歴史・言語・習慣・宗教など一定の文化的なきずなによって結びつきながら，一定の同一集団に属するという帰属意識をもった人々を①___という。身体的な共通性をもつ②___とは区別される。

(2) 異なる人種に対する差別的な扱いを人種問題という。かつて南アフリカで行われていた③_______・___（人種隔離政策）とよばれる，少数の白人が多数の黒人や有色人種の権利を制限した差別的な政策は，国際社会の強い批判により終結した。アメリカでは，1964年の④______の制定により黒人の社会進出が保障されたが，現在でも黒人に対する差別は根強くある。

(3) 一つの国家に複数の民族が居住する国家を⑤____国家という。もともとその土地に居住していた少数の⑥___民族と，後に移住・侵略してきた多数の民族とで構成される国家では，少数の_⑥_民族に対する差別や迫害，多数の民族への同化を強要するケースが多く発生している。

少数の_⑥_民族の例

ネイティブ・アメリカン（アメリカ）
イヌイット（アメリカ・カナダ）
アボリジニ（オーストラリア）
アイヌ民族（日本・北海道）

2 現代の紛争

(1) 冷戦終結後に地域紛争や⑦___紛争が頻発した。これは，19世紀末～20世紀初頭の帝国主義列強による⑧____分割やそれによって機械的に線引きされた⑨___をめぐる対立，その地域の伝統的な宗教対立・民族対立などが主な背景となっている。それらの矛盾は，冷戦下では米ソなどの力で押さえ込まれていたが，冷戦終結後，西欧諸国を含む世界各地で⑩________・___（民族主義）という形で噴出し，多くの民族紛争を引き起こした。

(2) ⑪_______・___連邦では，連邦から離脱して独立を宣言した共和国に対して，⑫______共和国を中心とする連邦軍がこれを食い止めようとし，度重なる紛争に発展した。そこでは，汎_⑫_主義に基づく⑬______（エスニック・クレンジング）や集団殺害が行われた。

(3) 第二次世界大戦後，⑭____人国家⑮_______が国連決議によって建国されたため，その土地を追放され難民化した⑯____人である⑰________の人々と対立した。4度の中東戦争が発生し，現在も反目している。

(4) 近年では，アメリカの単独行動主義に反発するイスラム過激派による⑱___活動が，国家との武力闘争に発展している。

保護する責任（R2P）とは

「保護する責任」とは，主権国家が自国民を保護しない，あるいは保護の意思がない場合に，国際社会が保護する責任を負わなければならないとする考えであり，「人道的介入」を正当化する見方でもある。2005年に国連総会で採択された。

3 難民問題

(1) 紛争は大量の⑲___（「経済難民」は含まない）や⑳______民（「難民」の定義に含まれない）を生み出してきた。難民は難民条約（「㉑_______・_____条約」と「難民の地位に関する議定書」で構成）によって保護され，迫害のおそれのある国へ追放・送還することを禁じている（㉒____・___・_____の原則）。

(2) 難民については，㉓_______・_____事務所（UNHCR）や国際NGO

が保護・救済活動を続けている。日本はUNHCRへの拠出額は多いが，難民受け入れ数が少ないなど課題がある。難民に対する日本の取り組みが一層期待される。

改正出入国管理法（2023年成立）

※「特定技能」についてはP.97参照

【強制送還】 難民認定申請は原則2回まで→3回目以降は強制送還可能
【罰則強化】 送還妨害行為者らに罰則付きの退去命令制度を創設
【監理措置の導入】 支援者らの監理下で暮らしながら退去手続きを進める
【「準難民」制度】 紛争から逃れた外国人を，難民に準じて受け入れ

B 図表でチェック

1 次の地図は，第二次大戦後の主な地域紛争を表している。以下のA～Jの説明に該当する紛争は，地図中の①～⑯のどれに当たるか，記号で答えよ。

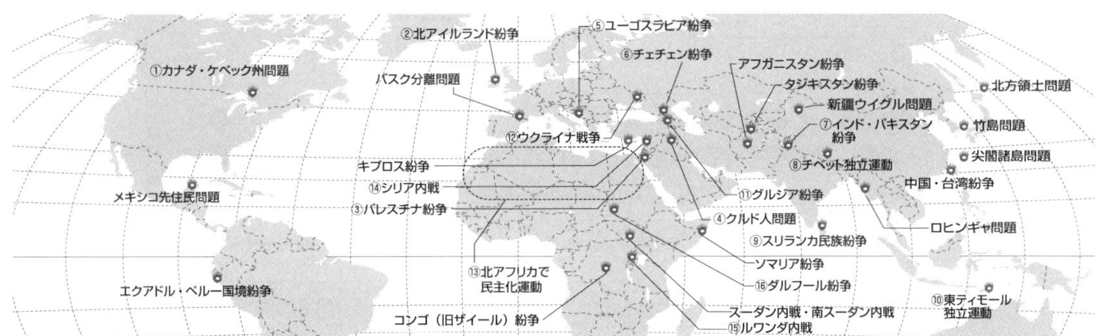

A．国の北西部で，現在の国からの独立を求めるイスラム系住民と残留を求めるヒンドゥー系住民との対立。

B．バクー油田からのパイプラインが通過する共和国が独立運動を起こし，これを阻止しようとするロシア連邦と対立，紛争となっている。

C．インドネシアへの帰属を求めるグループと，独立派との対立。1999年の住民投票で独立決定。2002年独立が実現した。

D．「7つの国境，6つの共和国，5つの民族，4つの言語…」という言葉で象徴されるモザイク国家が，冷戦後，民族・宗教対立で長い内戦となった。

E．50年以上続いているユダヤ人対アラブ人の対立。これまで4回の大きな戦争があった。

F．旧ソ連邦を構成していた国で親ロシア派政権が倒れ，親欧米派政権が樹立される中，ロシアが2014年にクリミア半島を併合した。2022年には「NATO拡大による安全保障の危機」を理由にロシアが再び侵攻している。

A	
B	
C	
D	
E	
F	
G	
H	
I	
J	

G．「アラブの春」の影響で反政府勢力の武装蜂起が起き，内戦に発展した。ロシアや中国が支持する政権側と，欧米側が支持する反政府勢力との間で激しい戦闘となり，さらにISIL（イスラム国）なども台頭して複雑化した。戦闘の長期化により民間人犠牲者とともに難民が大量に発生している。

H．トルコ，イラク，イラン，シリアなど複数の国に居住している民族で，分離・独立や自治獲得などを目指す闘争が各地で展開されている。

I．1990年に多数派と少数派との民族対立が内戦に発展し，1994年には多数派の強硬派による大量虐殺が起こり，その混乱の中で難民が流出した。

J．2003年に始まったアラブ系武装勢力（政府が支援）とアフリカ系反政府勢力の民族対立などから武力衝突が発生し，大規模な人権侵害につながった（「世界最大の人道危機」）。2013年に政府と反政府勢力の一部が停戦協定に調印。

▶▶▶時事 正誤チェック

①ISIL（イスラム国）と呼ばれるイスラム教過激派勢力は，もともとイランの政権に反対する勢力がイランとシリアの一部都市を実力により占領・支配するという目的で戦闘行為を開始した。 [ ]

②国内避難民は，紛争などから逃れつつも国境を越えていない人々であり，難民条約上の保護対象に含まれない。〈20：政経，倫政本試〉 [ ]

③パレスチナ紛争が続くなか，国連総会の決定によって，パレスチナは国連加盟国として認められた。〈21：現社共通テスト第2回〉 [ ]

国際

用語チェック　35国際社会の成り立ち～39民族問題と紛争

35 国際社会の成り立ち

➡P.110・111

□❶国家の三要素を答えよ。　❶[　　] [　　] [　　]

□❷領域と国民を持ち，他の国の干渉や支配を受けない独立した国家のこと。　❷[　　]

□❸主権国家が国際社会の構成単位であると明確にされた17世紀の条約。　❸[　　]

□❹主権国家間の関係を規律する法律。　❹[　　]

□❺国際法のうち，国家間の合意が明文化されたもの。　❺[　　]

□❻大多数の国家の慣行が法として認められたもの。　❻[　　]

□❼国家間の関係にも人間の理性（自然法）に基づく法が存在すると主張した国際法の父といわれるオランダの学者。　❼[　　]

□❽国際法の基礎理念を説いた❼の人物の主著。　❽[　　]

□❾日本とロシアとの間で領有をめぐる問題となっている北海道東部の島々。　❾[　　]

□❿日本と韓国との間で領有をめぐる問題となっている島根県の島々。　❿[　　]

□⓫日本固有の領土でありながら，中国が領有を主張している沖縄県の島々。　⓫[　　]

□⓬領土に接し，その国の主権が及ぶ海域のこと。　⓬[　　]

□⓭領海の基線から200海里の海域部分（領海を除く）を何というか。この範囲の漁業資源・鉱産資源は沿岸国のものとなる。　⓭[　　]

□⓮排他的経済水域の外側の海域では，どの国の船も自由に航行・漁業できるとする原則。　⓮[　　]

□⓯主権国家が，他国に支配されたり干渉されたりしない権利。　⓯[　　]

□⓰国家間の紛争を裁判により解決する，国際連合の主要機関。　⓰[　　]

□⓱拷問や虐殺など重大な非人道的行為を犯した個人の犯罪を裁く機関。　⓱[　　]

□⓲主要国の経済・政治・外交の話し合いの場として，1975年以降毎年開催されている会議。　⓲[　　]

□⓳同盟を結ぶなどして，お互いの軍事上のバランスを保って平和を保つ方式。　⓳[　　]

□⓴複数の国家が，同一の平和維持機構に参加し，加盟国への攻撃に組織的な制裁を加えて平和と安全を守ろうとする方式。　⓴[　　]

36 国際連合の役割と課題

➡P.112・113

□❶1945年に調印された，国際連合の組織と基本原則に関する条約。　❶[　　]

□❷全加盟国から構成され，１国１票の投票権に基づき多数決で評決が行われる，国連の最高機関。　❷[　　]

□❸世界の平和と安全保障問題を扱う国連の主要機関。　❸[　　]

□❹経済・社会・文化などの国際問題を研究・報告・勧告を行う国連主要機関。　❹[　　]

□❺国連の各機関の事務を処理する機関。　❺[　　]

□❻国連事務局の最高責任者の呼称。　❻[　　]

□❼安全保障理事会の常任理事国は米・露・英・仏ともう１国はどこか。　❼[　　]

□❽安全保障理事会の非常任理事国の構成国は何か国か。　❽[　　]

□❾安全保障理事会の決定は５常任理事国すべての賛成が必要であるが，この原則を何というか。　❾[　　]

□❿国際連盟の評決は全会一致制だったが，国連の総会の評決制は何か。　❿[　　]

□⓫国連の安全保障理事会の５常任理事国がもつ決議阻止の権利を何というか。常任理事国のうち１国でも反対すれば決議が成立しない。　⓫[　　]

□⓬拒否権行使で安全保障理事会の機能が麻痺(まひ)した場合，特別の手続きによって開かれる国連総会。　⓬[　　]

□⑬安保理の決議に基づき派遣されるが国連の指揮下にない多国籍の軍隊。 ⑬ [ ]
□⑭教育・科学・文化などを通じて世界の平和と安全を促進する国連の専門機関。 ⑭ [ ]
□⑮経済社会理事会の中の人権委員会をもとに2006年に設立された，人権状況の改善に取り組む機関。 ⑮ [ ]
□⑯拒否権発動により安全保障理事会が機能しない場合，24時間以内に総会を緊急に開いて危機に対処できるようにした，1950年の総会決議。 ⑯ [ ]
□⑰国連憲章に規定され，武力紛争が発生したときその解決にあたるとされる軍隊。正式なものはまだ組織されたことはない。 ⑰ [ ]
□⑱総会，安保理の決議に基づいて，国際紛争の拡大防止，停戦監視などにあたる国連の活動。 ⑱ [ ]
□⑲比較的小規模の編成で，紛争国の停戦の監視や監督にあたる非武装の部隊。 ⑲ [ ]
□⑳カンボジア，モザンビーク，ソマリア，東ティモールのうち，日本のPKOが正式に派遣されなかった国はどれか。 ⑳ [ ]
□㉑国連の予算は各加盟国が負担するが，このお金のことを何というか。 ㉑ [ ]

37 戦後の国際政治の展開

➡P.114・115

□❶第二次大戦後の資本主義陣営と社会主義陣営の対立を何と呼ぶか。 ❶ [ ]
□❷ソ連の秘密主義を「鉄のカーテン」と批判したイギリスの元首相。 ❷ [ ]
□❸政治面で西側がとったソ連封じ込め政策。1947年発表。 ❸ [ ]
□❹戦後の復興のため経済面で西ヨーロッパを援助する計画。 ❹ [ ]
□❺1949年結成されたアメリカを中心とする西側軍事同盟。 ❺ [ ]
□❻各国の共産党の連携を強化するため1947年にソ連が設置した機関。 ❻ [ ]
□❼1949年設置された，ソ連と東欧諸国との経済協力機構。 ❼ [ ]
□❽NATOに対抗して結成されたソ連を中心とした東側陣営の集団安全保障体制。 ❽ [ ]
□❾東西対立を背景に，北緯38度線をはさんで起こった戦争。 ❾ [ ]
□❿東西対立で，一時核戦争の危機に直面した1962年の事件。 ❿ [ ]
□⓫東西対立を背景に，インドシナ半島で起こった戦争。介入したアメリカは最終的に撤兵に追い込まれた。 ⓫ [ ]
□⓬2011年にはじまったシリア内戦では，ロシアはアサド大統領を支援し，アメリカと西ヨーロッパは反アサド派を支援した。このような戦争の状態を何というか。 ⓬ [ ]
□⓭キューバ危機の時のアメリカ大統領。 ⓭ [ ]
□⓮キューバ危機の時のソ連首相。 ⓮ [ ]
□⓯1960年代以降，東西の対立の緊張が減少していった状態。 ⓯ [ ]
□⓰1960年代以降，フランス・中国が独自路線をとり，日本やECが経済発展したことなどによって，米ソの二極化が崩れていった状態。 ⓰ [ ]
□⓱米ソの二大陣営に属さず，積極的な中立を目指した旧植民地諸国を中心とした国々のこと。 ⓱ [ ]
□⓲平和共存・反植民地主義を唱え，東西両陣営に対し中立の立場で積極的に平和維持を図ろうとする主張。インドのネルーが提唱。 ⓲ [ ]
□⓳1955年インドネシアのバンドンで開かれたアジア・アフリカ諸国の会議。 ⓳ [ ]
□⓴⓳で宣言された反植民地，民族自決主義の原則。 ⓴ [ ]
□㉑俗にアフリカの年といわれるのは何年か。 ㉑ [ ]
□㉒1989年，米ソの首脳が会見し冷戦に終止符を打った会談。 ㉒ [ ]
□㉓㉒のソ連の出席者。 ㉓ [ ]

38 核兵器と軍縮

➡P.116・117

□❶軍備の開発・配備などに量的・質的な制限を設けること。 ❶ [ ]
□❷軍備を縮小，廃止すること。 ❷ [ ]

□❸1957年，アインシュタインとラッセルの提唱で，核兵器廃絶を目的にカナダで開かれた国際科学者会議。＿＿＿ ❸［　　　］

□❹国連安全保障理事会の中に設置された軍備の規制に関する委員会。冷戦構造の中で成果が上がらなかった。＿＿＿ ❹［　　　］

□❺大気圏・宇宙空間・水中での核実験を禁止する条約。米・英・ソ３国で結ばれた。＿＿＿ ❺［　　　］

□❻核兵器保有国を増やさないように，核兵器の移譲禁止，非保有国の核製造禁止などを定めた条約。1995年無期限に延長された。＿＿＿ ❻［　　　］

□❼戦略ミサイルの数量制限を中心とする米ソ間の交渉，またその条約。ⅠとⅡの２次にわたる交渉があったが，Ⅱは未発効のまま失効。＿＿＿ ❼［　　　］

□❽米ソ（現在はロシア）間で行われてきた戦略兵器を削減するための交渉，またその条約。2011年発効の新条約では，戦略核弾頭の配備上限を1550発と定めた。＿＿＿ ❽［　　　］

□❾あらゆる核実験を禁止する条約。米・中・露が未批准のため発効していない。＿＿＿ ❾［　　　］

□❿1987年米ソ間で結ばれた，射程が500km以下の核戦力を廃棄する条約（2019年失効）。＿＿＿ ❿［　　　］

□⓫原子力の平和利用のために国連の下に設立された国際機関。専門機関ではない。核査察を実施している。＿＿＿ ⓫［　　　］

□⓬安保理５常任理事国が主要輸出国となっている，大量破壊兵器以外の兵器。＿＿＿ ⓬［　　　］

□⓭地雷の製造・保有の禁止，保有している地雷の破棄などを定めた条約。＿＿＿ ⓭［　　　］

□⓮核兵器全廃など軍縮のために国家間の信頼をつくりだすこと。具体例としては，軍事情報の公開やホットラインの設置など。＿＿＿ ⓮［　　　］

39 民族問題と紛争

➡P.118・119

□❶ある民族が，他の民族や国家などの干渉を受けずに，自らの帰属や政治組織を決めること。＿＿＿ ❶［　　　］

□❷その地域に先に住んでいた民族。アメリカ大陸のネイティブ・アメリカン，オーストラリアのアボリジニなど。＿＿＿ ❷［　　　］

□❸難民問題の解決にあたる，国連の機関。＿＿＿ ❸［　　　］

□❹1948年ユダヤ人が建国した国の名前。＿＿＿ ❹［　　　］

□❺ユダヤ人国家が建国されたため，土地を追い出されて難民化したアラブ人。＿＿＿ ❺［　　　］

□❻郷土をイスラエルに占領されているパレスチナ人の政治組織。アラブ首脳会議でパレスチナ人を代表する唯一の政治機構と公認されている。＿＿＿ ❻［　　　］

□❼インドとパキスタンでその帰属を争っている地域。＿＿＿ ❼［　　　］

□❽1990年，イラクのクウェート侵攻に始まった，多国籍軍対イラクの戦争。＿＿＿ ❽［　　　］

□❾イスラム教を信仰し，トルコ，イラク，イランなどにまたがって居住する民族。 ❾［　　　］

□❿住民投票でインドネシアからの独立を決定し，2002年独立を達成した国。＿＿＿ ❿［　　　］

□⓫難民の送還を禁止することなどで難民を保護し，彼らの人権を守ることを目的とする条約。1951年採択の条約と1967年採択の議定書をあわせて通常何と呼ぶか。 ⓫［　　　］

□⓬内戦などを理由に国内の安全な場所に避難する人々。⓫の保護の対象外。＿＿＿ ⓬［　　　］

□⓭国連開発計画（UNDP）が1994年に提唱した，飢餓や環境汚染，人権侵害などから人間を守ることを重視する新しい安全保障の考え方を何というか。＿＿＿ ⓭［　　　］

記述でチェック 単元で学習した用語を説明しよう。

ロシアが北大西洋条約機構（NATO）への対立姿勢を強めていったのはなぜか。「ワルシャワ条約機構」「アメリカ」の語を用いて40～60字程度で答えよ。 ➡37 P.114・115

									10										20										30
									40										50										60

実戦問題　35国際社会の成り立ち～39民族問題と紛争

1　次の文章を読み，以下の問いに答えよ。

平和を実現することは人類の永久の願いである。ⓐどうすれば平和を守ることができるかについては，いろいろな考え方があったが，ⓑ国際連合は，第二次世界大戦後の平和と安全を守る基本的な枠組みとなってきた。とりわけ，［ 1 ］（平和維持活動）は，多くの紛争を解決する現実的な役割を果たしてきている。ⓒ第二次世界大戦後の国際関係は，東西対立を前提としてきたが，両陣営がⓓ軍備管理や軍備縮小に関する交渉を行い，さまざまな条約を成立させてきた。また国連では，1996年に，地下核実験を含め爆発を伴うすべての核実験を禁止した［ 2 ］（包括的核実験禁止条約）や，2017年には，核兵器の開発・保有・使用などを法的に禁止する［ 3 ］を採択するなど，核廃絶に向けた努力が行われている。

問1▶文中の空欄［ 1 ］～［ 3 ］に入る最も適当な語を答えよ。

1［　　　　］　2［　　　　］　3［　　　　］

問2▶下線部ⓐに関して，平和維持方式は，第一次世界大戦以前には各国の力のバランスによって戦争を未然に防止する［ A ］方式がとられていたが，戦後は多くの国が同一の平和維持機構に加入して加盟1か国への侵略の際には全加盟国が集団制裁を加えることによって戦争を防止する［ B ］方式へと移行した。空欄に該当する語句を入れよ。

A［　　　　］　B［　　　　］

問3▶下線部ⓑに関して，国際連合についての以下の設問に答えよ。

(1)　平和・安全問題の第一次責任を負う主要機関は何か。［　　　　］

(2)　(1)の機関は，実質事項の決定には常任理事国の一致が前提である。常任理事国のうち，北大西洋条約機構（NATO）加盟国をすべて答えよ。

［　　　　］

(3)　常任理事国のうち1か国でも反対すると議決が成り立たないことから，常任理事国には，ある権利が与えられているといわれる。その権利を何というか。［　　　　］

(4)　(1)の機関が常任理事国1か国の反対で議決が成り立たなかった場合に，平和・安全問題の討議を行うために開くことができる総会を何というか。［　　　　］

(5)　国家間の条約違反などのトラブルを解決するために設置されている主要機関は何か。

［　　　　］

(6)　国際人道法違反などを犯した個人を裁く裁判所の設置が1998年に決定し，2002年に発足したが，その裁判所を何というか。［　　　　］

問4▶下線部ⓒに関して，戦後の国際関係についての以下の設問に答えよ。

(1)　戦後の国際関係は，西側の軍事機構と東側の軍事機構の対立に基づく東西対立構造であった。東側の軍事機構の名称を答えよ。［　　　　］

(2)　1962年に，ある国に建設されていたソ連のミサイル基地の建設問題をめぐり，アメリカがその国を海上封鎖して核戦争寸前にまで至った事件が発生した。この事件を何というか。［　　　　］

問5▶下線部ⓓに関して，軍備管理ないし軍備縮小についての以下の設問に答えよ。

(1)　1963年には，アメリカ，イギリス，ソ連の間で部分的核実験禁止条約が調印されて，発効した。この条約が禁止した核実験の場所を3つ答えよ。［　　　　］

(2)　1968年には，非核保有国への核兵器の輸出や非核保有国の核開発を禁止する条約が調印され，1970年に発効した。この条約の名称を答えよ。［　　　　］

記述　(3)　右図は「安全保障のジレンマ」を説明したもので，図中の数字はA国・B国が軍縮・軍拡を選択することで得られる利得の度合いを示している。Xの状況が生まれるのはなぜか，次の書き出しに続けて答えよ。

［相手国がどちらの選択をするかがわからない状況では，

　　　　］

		B国	
		協　調	非協調
A国	協　調	A国に10点 B国に10点	A国に1点 B国に15点
	非協調	A国に15点 B国に1点	A国に5点 B国に5点（X）

2 次の文章を読み，以下の問いに答えよ。

ⓐ国際社会の秩序を維持するため，ⓑ国際連合はその憲章で，紛争の平和的解決義務と違反国に対する集団的制裁を予定している。これに基づいて，国連は第二次大戦後の世界の平和と繁栄に大きく貢献してきた。しかし，米ソ対立のため，ⓒ安全保障理事会が拒否権乱発で機能しないことも多かった。このため，総会は，「平和のための結集決議」を採択し，総会が集団的措置をとるよう勧告できるようにした。正規の国連軍は，未結成であるが，それに代わる平和維持活動（PKO）が多くの実績を残している。しかし，最近では，民族紛争・地域紛争の多発を受けて，ⓓ国連機能の強化の必要性が求められている。

問1▶下線部ⓐに関連して，国際法に関する記述として**適当でないもの**を，次の①～④のうちから一つ選べ。〈13：現社本試改〉 [ ]

① 国際慣習法とは，国家間の慣行が法として認められた不文法である。

② 国家間の合意を明文化した文書には，条約や協定，憲章，規約，議定書など様々な名称のものが存在する。

③ 国際司法裁判所は，紛争当事国が裁判を行うことに同意しない限り，裁判を行うことができない。

④ 条約が国連総会で採択された場合，それと同時に条約としての効力が発生するので，各国の批准は必要ない。

問2▶下線部ⓑに関連して，国連安全保障理事会における表決についての次の事例A～Cのうち，決議が成立するものとして正しいものはどれか。当てはまる記号をすべて選び，答えよ。〈19：政経本試改〉 [ ]

A 実質事項である国連平和維持活動の実施についての決議案に，イギリスが反対し，ほかのすべての理事会構成国が賛成した。

B 手続事項である安全保障理事会の会合の議題についての決議案に，フランスを含む5か国が反対し，ほかのすべての理事会構成国が賛成した。

C 実質事項である国際紛争の平和的解決についての決議案に，すべての常任理事国を含む9か国が賛成した。

問3▶下線部ⓒに関連して，次の図は，安全保障をめぐる国際関係を示したものである。A～F国はすべて国際連合加盟国である。また，A国はB国と，C国はD国と，それぞれ同盟関係にある一方，E国とF国はどの国とも同盟を結んでいない。ここでA国がC国に対して武力攻撃を行い，国連で侵略と認定された場合，国連憲章に違反する対応に当たるものを，あとの①～④のうちから一つ選べ。〈19：政経，倫政追試〉 [ ]

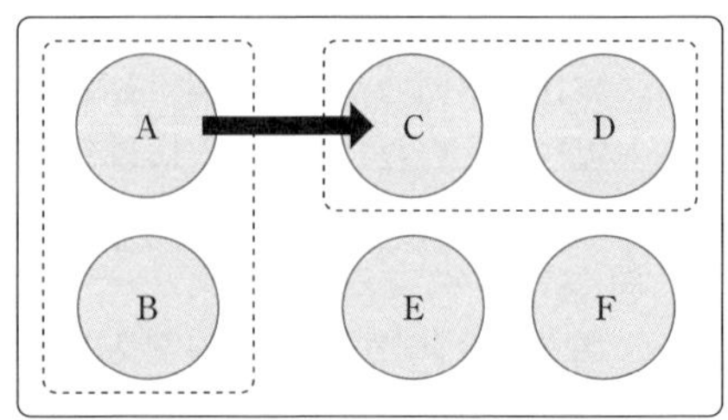

① C国は，安全保障理事会が必要な措置をとるまでの間，A国に対して武力を行使した。

② D国は，安全保障理事会が必要な措置をとるまでの間，B国に対して武力を行使した。

③ E国は，安全保障理事会決議に基づく非軍事的措置として，A国との外交関係を断絶した。

④ F国は，安全保障理事会決議に基づく軍事的措置として，多国籍軍を編成してA国を攻撃した。

問4▶下線部ⓓに関連する動きとして**誤っているもの**を，次の①～⑤のうちから二つ選べ。ただし，解答の順序は問わない。〈98：現社本試改〉 [，]

① 民族紛争の激化とともに難民の数が増えており，それに応じて国連の難民救援活動の充実が図られている。

② イラクによるクウェート侵攻に対して，安全保障理事会の承認のもとに多国籍軍が派遣された。

③ 安全保障理事会が拒否権で機能停止することを避けるため，常任理事国間で拒否権を放棄しようとする動きがある。

④ 平和維持分野での国連の機構を強化するため，安全保障理事会の常任理事国の数を増やそうとする動きがある。

⑤ あらゆるテロリズムに対する制裁については，安全保障理事会の容認決議なしに武力行使を行うことができるという国際ルールが確立している。

3　次の文章を読み，以下の問いに答えよ。

戦後の国際関係は，東西両陣営の勢力拡大競争からスタートした。ⓐアメリカは経済援助を通して西側の資本主義陣営の結束を図り，ソ連はこれに対抗した。こうしてⓑ東西冷戦と呼ばれる時代に入っていく。しかし，1960年代に入ると，非同盟・中立主義を掲げる第三世界の台頭，核兵器の脅威の認識などにより平和共存の主張が起こり，雪解けに向かっていった。今日の国際関係は，あらゆる問題を国際協調という新たな協力の枠組みで解決していくべきである。世界各地で発生するⓒ民族問題・ⓓ民族紛争はもとより，ⓔ戦闘の手段や方法の制限についても，世界的な協力によって解決を模索していくことが望まれる。

問1▶下線部ⓐに関連して，NATO（北大西洋条約機構）の冷戦後の変容に関する記述として**誤っているもの**を，次の①～④のうちから一つ選べ。〈19：政経本試〉　[　　]

①　フランスが，NATOの軍事機構に復帰した。

②　域内防衛だけでなく，域外でもNATOの作戦が実施されるようになった。

③　旧社会主義国である中東欧諸国の一部が，NATOに加盟した。

④　オーストラリアなどの太平洋諸国が，新たにNATOに加盟した。

問2▶下線部ⓑに関連して，次のA～Dは，冷戦期の国際関係にかかわる出来事についての記述である。これらの出来事を古いものから順に並べたとき，**3番目**にくるものとして正しいものを，あとの①～④のうちから一つ選べ。〈20：政経，倫政追試改〉　[　　]

A　ソ連がアフガニスタンに侵攻した。

B　キューバ危機が起こった。

C　米英仏ソの首脳によるジュネーブ４巨頭会談が開かれた。

D　CSCE（全欧安全保障協力会議）が発足した。

①　A　　②　B　　③　C　　④　D

問3▶下線部ⓒに関連して，民族や人種に関する記述として**適当でないもの**を，次の①～④のうちから一つ選べ。〈20：現社本試〉　[　　]

①　20世紀半ばのアメリカにおいて人種差別的政策の撤廃に寄与した法律として，公民権法がある。

②　国連総会においては，先住民族の権利に関する宣言の採択は，見送られている。

③　南アフリカ共和国において，20世紀後半に廃止された，少数の白人が多数の黒人などの権利を制限していた政策は，アパルトヘイトと呼ばれる。

④　難民の地位に関する条約における，迫害のおそれのある国に難民を追放・送還することを禁じる原則は，ノン・ルフールマンの原則と呼ばれる。

問4▶下線部ⓓの例である次のA～Cと，それらの説明であるア～ウとの組合せとして正しいものを，あとの①～⑥のうちから一つ選べ。〈16：政経，倫政本試〉　[　　]

A　コソボ紛争　　B　パレスチナ問題　　C　チェチェン紛争

ア　多民族が暮らす連邦の解体過程で建国された共和国の自治州で，内戦が発生し，アルバニア系住民に対する迫害が行われた。

イ　ロシア南部のカフカス地方で，独立を宣言した少数民族に対し，ロシアが独立を認めず軍事侵攻した。

ウ　国家建設をめぐる民族間の紛争が発端となり，数次にわたる戦争や，インティファーダという抵抗運動が起こるなど，争いが続いてきた。

①　A－ア　B－イ　C－ウ　　②　A－ア　B－ウ　C－イ　　③　A－イ　B－ア　C－ウ

④　A－イ　B－ウ　C－ア　　⑤　A－ウ　B－ア　C－イ　　⑥　A－ウ　B－イ　C－ア

問5▶下線部ⓔに関連して，国際社会における取組みに関する記述として最も適当なものを，次の①～④のうちから一つ選べ。〈17：現社追試〉　[　　]

①　生物兵器の製造や保有を禁止する条約は，現在まで採択されていない。

②　対人地雷の製造や保有を禁止する条約を，日本は批准していない。

③　核兵器と戦争の廃絶を目指す科学者らによって開催されている会議に，全欧安全保障協力会議（CSCE）がある。

④　東南アジア諸国は，核兵器の実験や配備などを禁止する非核兵器地帯を設置している。

40 国際分業と貿易

A ポイント整理 当てはまることばを書いて覚えよう （____欄には数値が入る）

①
②
③
④
⑤

1 国際分業

(1) イギリスの経済学者①______は，それぞれの国が国内で相対的に安く作れるものを生産して交換する方が，互いに利益になるという②______説を唱え，③___貿易を主張した。

(2) リカードの比較生産費説では，**表1**のようにポルトガルとイギリスがブドウ酒とラシャ（毛織物）を生産していたとする。ポルトガルはどちらの生産もイギリスより有利であるが，1単位の生産に必要な労働力が少ないブドウ酒生産の方がより有利である（④______）といえる。

一方イギリスはどちらを生産するにもポルトガルより多い労働量が必要であるが，ブドウ酒よりラシャの方が労働量が少なくてすみ，比較的有利である。よってポルトガルはブドウ酒，イギリスはラシャの生産に集中（⑤___）して，それぞれ生産しない財を相手国から輸入した方が両国にとって有利である（**表2**）。

表1

		ブドウ酒1単位の生産に必要な労働量	ラシャ1単位の生産に必要な労働量
特化前	ポルトガル	80	90
	イギリス	120	100
	2国の生産量計	2単位	2単位

表2

		ブドウ酒の生産に投じられる労働量	ラシャの生産に投じられる労働量
特化後	ポルトガル	170（80 + 90）	
	イギリス		220（120 + 100）
	2国の生産量計	2.125単位（170/80）	2.2単位（220/100）

水平的分業と垂直的分業

先進国 ⇄（工業製品／水平的分業／工業製品）⇄ 先進国
先進国 →工業製品→ 途上国（垂直的分業）
途上国 →一次産品→ 先進国

自由貿易と保護貿易

	長所	短所
自由貿易	・他国との交流がさかんになる。 ・世界中からもっとも安く，品質のよい工業製品や農作物が得られる。	・力の弱い産業は衰退する。 ・大国が利益を得る。
保護貿易	・自国の富（工業・農業）を増大させることができる。	・貿易の自由化は阻止される。 ・国民は高額な国産の製品や農作物を買わされる。

(3) 19世紀，ドイツの経済学者⑥____は，経済発展段階説を唱えて，途上国は国内幼稚産業保護のため⑦___貿易を行う必要があると主張した。

(4) 国際分業には，水平的分業と垂直的分業がある。

⑧______	主に先進国同士で，種類の違う工業製品を相互に補完し合う形で交換する分業。
⑨______	主に先進国が工業製品，発展途上国が農産物や原料などの一次産品を生産し交換する分業。

(5) 複数の国家に生産や流通・販売の拠点を置き，国境を越えて事業を展開する企業を⑩_______と呼ぶ。近年，⑩の途上国への進出と，途上国の工業化に伴い，先進国と途上国の間でも水平貿易化が進んでいる。多国籍企業の海外展開が世界的に加速する中，多国籍企業による工程間の⑪______も進み，多国籍企業の本社と海外子会社間の企業内貿易取引も世界貿易の大きな割合を占めている。

(6) 多国籍企業の形態には，発展途上国に進出して安価な⑫____を求める低賃金志向型，安価な資源を入手する低資源コスト志向型，先進国に進出して現地生産・現地販売を行うもの，法人税率の低い⑬______・______（租税回避地）に進出して節税を行う租税回避型などがある。

⑥
⑦
⑧
⑨
⑩
⑪
⑫
⑬ ・

2 自由貿易と保護貿易

(1)　現在，世界では自由貿易が広がってきている。

<table>
<tr><td>⑭＿＿＿＿</td><td colspan="3">国際分業の利益を追求するには，貿易について⑮＿＿が政策介入すべきではないとする考え方。</td><td>リカードや⑯＿＿＿＝＿＿＿によって主張された。</td></tr>
<tr><td rowspan="4">⑰＿＿＿＿</td><td colspan="3">国内の産業を保護・育成するために，国家が貿易に介入して輸入を抑える貿易の考え方。</td><td>19世紀のドイツ経済学者⑱＿＿＿が，後発工業国だった自国内の⑲＿＿産業を守るために主張した。</td></tr>
<tr><td rowspan="3">主な方法</td><td rowspan="2">非関税障壁</td><td>⑳＿＿＿＿制限</td><td>輸入の数量を一定量に制限する。</td></tr>
<tr><td>為替制限（為替割当）</td><td>輸入品目ごとに必要な外貨を制限することで輸入を抑制する。</td></tr>
<tr><td colspan="2">㉑＿＿障壁</td><td>輸入品に税金（関税）をかける。</td></tr>
</table>

⑭＿＿＿＿＿＿
⑮＿＿＿＿＿＿
⑯＿＿＿＝＿＿＿
⑰＿＿＿＿＿＿
⑱＿＿＿＿＿＿
⑲＿＿＿＿＿＿
⑳＿＿＿＿＿＿
㉑＿＿＿＿＿＿

B 図表でチェック

国際

1　次は，産業が半導体産業と繊維産業であるというA・B２国について，貿易が行われるとそれぞれの国の産業がどうなるのかということを考察した資料である。**表**は各製品１単位の生産に必要な人員数であり，横の**条件**は，貿易をする際のその他の諸条件を示している。この**表**の説明と貿易が起こることの説明として最も適当なものを，後の①～④のうちから一つ選べ。〈22：現社追試改〉

表　生産に必要な労働投入量(人)

	半導体1万個	繊維製品1トン
A国	80	120
B国	250	200

条件
・生産に必要な要素は労働力のみとし，同一国内では産業間の労働移動が可能なため賃金水準は同一となり，それぞれの製品の生産に投入された労働量の比率がそのまま価格比となる。
・国内での産業間の労働移動はできるが国境を越えた労働移動はできず，二国間における同一製品の価格比は必ずしも労働投入量の比率にはならない。
・両製品に対する需要の上限は考慮する必要のない状況で，産業間の適切な労働移動があれば失業は発生しない。

①　A国内では半導体１万個と繊維製品1.5トンとの価格が等しくなる。
②　B国内では繊維製品１トンと半導体1.25万個との価格が等しくなる。
③　A国が繊維製品１トンをB国に輸出し，その対価として半導体を8,000個よりも多く輸入した場合，A国は貿易による利益を常に得られる。
④　B国が繊維製品１トンをA国に輸出し，その対価として半導体を8,000個よりも多く輸入した場合，B国は貿易による利益を常に得られる。

［　　］

2　次の年表は，戦後の日本の貿易についてまとめたものである。空欄に当てはまる語を語群より選んで答えよ。

年	出来事
1960	貿易・為替自由化計画大綱→貿易の自由化へ
1963	①［　　］11条国へ移行
1964	・②［　　］８条国へ移行 ・③［　　］に加盟→資本の自由化が義務づけられる
1965～70	いざなぎ景気，輸出額が増大→日米貿易摩擦問題の発生
1981～94	対米自動車輸出自主規制
1986	前川レポート→内需拡大・規制緩和を提唱
1988	アメリカ「スーパー301条」制定→日本の「不公正な貿易慣行」への報復措置
1989～90	⑥［　　］→排他的取引の撤廃・系列取引の見直し
1993～96	⑦［　　］
2001	対中国産暫定セーフガード（ネギ・生シイタケ・イグサ）

【日米貿易摩擦（品目）】

1950年代以降	④［　　］
1960年代以降	鉄鋼
1970年代以降	⑤［　　］・カラーテレビ
1980年代	半導体

OECD　自動車　IMF
日米包括経済協議　繊維
GATT　日米構造協議

①	⑤
②	⑥
③	⑦
④	

▶▶▶時事正誤チェック　各国が相互に工業製品の完成品や部品を生産し，同一産業内で貿易し合うことは，国際分業の観点から，垂直的分業と呼ばれる。〈19：現社本試〉［　　］

41 外国為替のしくみと国際収支

Ⓐ ポイント整理 当てはまることばを書いて覚えよう

（＿＿欄には数値が入る）

①＿＿＿＿＿＿
②＿＿＿＿＿＿
③＿＿＿＿＿＿
④＿＿＿＿＿＿

1 外国為替のしくみ

(1) 遠く離れた地域の間で取引する際に，その決済の手段として発達したのが①＿＿という方法で，現金を送る代わりに②＿＿＿＿を用いて決済する。

(2) 海外との取引では，一般に③＿＿＿＿＿＿を用いて決済する。この手形は銀行間で取引されるが，異なる通貨間での取引には通貨の交換比率＝為替④＿＿＿が問題になる。例えば，1ドルが何円と交換されるかが（円建ての）為替④である。こうした決済のために外貨を売買する市場を⑤＿＿＿＿＿＿という。現在この為替レートは，外国為替市場での需要と供給によって決まる⑥＿＿＿＿＿＿制となっている。

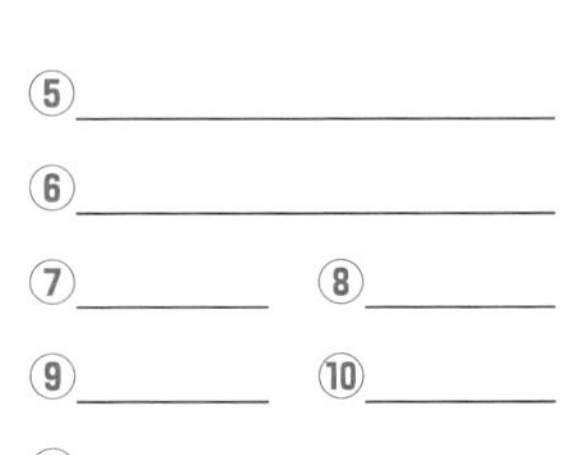

(3) 外国為替市場で，ドル買い，円売りが強まれば，円の需要が減るので，ドル⑦＿，円⑧＿となる。このような状況は，日本の国際収支の動向が⑨＿字傾向になり，経済的な信用を失う場合などに起こる。貿易でいうと，日本の⑩＿＿が増加しているとき，また，日本から海外への企業進出・株式投資などが増加しているとき，日本からの海外旅行者が増加しているときなどが当てはまる。

(4) 為替レートの変動が激しいとき，政府・中央銀行は保有している外貨準備をもとに外国為替市場に介入して，為替相場の安定を図る。これを⑪＿＿＿＿（公的介入，外国為替平衡操作）と呼んでいる。

⑤＿＿＿＿＿＿
⑥＿＿＿＿＿＿
⑦＿＿＿　⑧＿＿＿
⑨＿＿＿　⑩＿＿＿
⑪＿＿＿＿＿＿

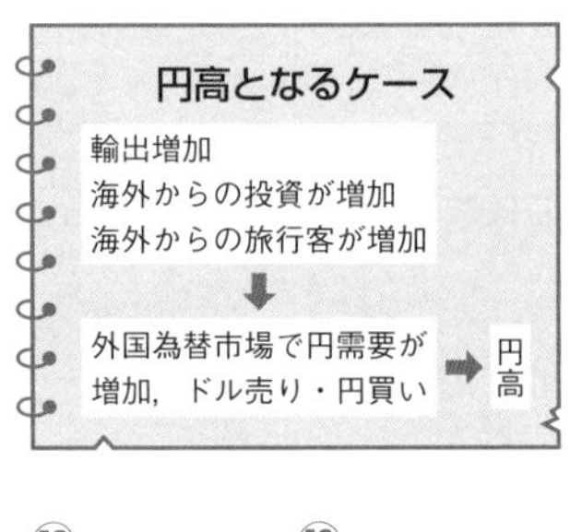

2 円高・円安の貿易への影響，国内経済への影響

(1) 1ドル＝200円の為替相場が1ドル＝100円になった場合，これは円⑫＿である。この場合，日本人は1ドルのアメリカ商品を購入するのに，円支払いとしてかつては200円支払っていたものが⑬＿＿円の支払いですむため，輸入品は値⑭＿＿＿し，日本の輸入有利となる。その結果輸入は⑮＿＿する。

(2) 一方，輸出を考えると，かつてアメリカ人は1ドル支払って⑯＿＿円の日本商品を購入できたが，⑰＿＿円の日本商品しか買えなくなる。200円の日本商品を買うには⑱＿＿ドルの支払いが必要となる。つまり，日本の輸出商品は（ドル支払いとして）値⑲＿＿＿するので日本の輸出不利となりいずれ輸出量は⑳＿＿していく。

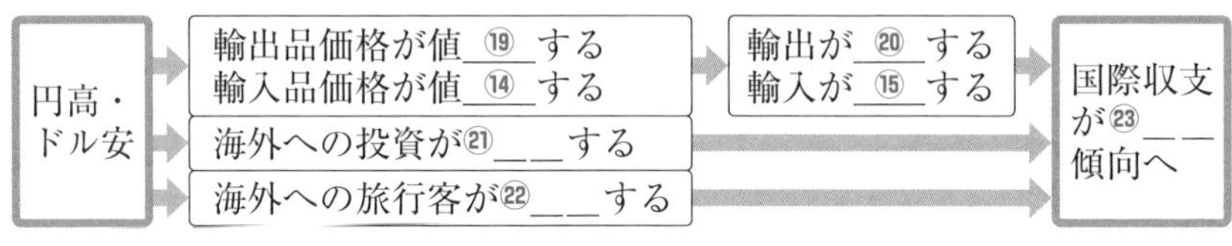

(3) 1ドル＝200円の為替相場が1ドル＝300円になった場合，これを円㉔＿という。この場合，上記と反対に日本にとって輸入は不利となり減少し，輸出は有利となって増加していく。日米貿易摩擦を考えると，円㉕＿が進むと摩擦が激化し，円㉖＿が進むと摩擦は解消に向かうことがわかる。

⑫＿＿＿　⑬＿＿＿
⑭＿＿＿＿＿＿
⑮＿＿＿　⑯＿＿＿
⑰＿＿＿　⑱＿＿＿
⑲＿＿＿　⑳＿＿＿
㉑＿＿＿　㉒＿＿＿
㉓＿＿＿　㉔＿＿＿
㉕＿＿＿　㉖＿＿＿

3 国際収支

(1) 国家間の経済取引による資金の流出入を帳簿の形で記録したものを㉗＿＿＿＿という。㉗の経常収支，資本移転等収支においては，取引によってその国からの資金流入が資金流出を上回った場合を㉘＿＿，逆に下回った場合を㉙＿＿という。ただし，金融収支では，海外資産の増減で計測するため，資金が流出して海外の資産が増えた場合は黒字，資金が流入して外国人が日本に資産を増やした場合は赤字と表記する。

(2) 国際収支の構成

項目			説明
㉚＿＿収支	貿易・サービス収支	㉝＿＿収支	商品の取引（輸出－輸入）
		㉞＿＿＿＿収支	輸送・旅行・通信などサービスの取引
	㉟＿＿＿＿＿収支		投資から生じた利子，配当など
	㊱＿＿＿＿＿収支		海外への援助や送金など対価を伴わない資金
㉛＿＿収支			直接投資，証券投資，金融派生商品，その他投資，外貨準備
㉜＿＿＿＿＿収支			対価を伴わない固定資産の提供など

(3) 金融収支は，(a)対外企業進出・設立を示す㊲＿＿投資，(b)海外の株式などを購入する㊳＿＿投資，(c)金融派生商品の購入，(d)海外への預金などを示すその他投資，(e)外貨準備によって構成される。

(4) わが国は，輸出・輸入を示す㊴＿＿収支が伝統的に大幅な㊵＿＿であったが，東日本大震災が発生した2011年以来㊶＿＿に陥り，2014年まで拡大した。また，海外旅行をする人が多いことから㊷＿＿＿＿収支が赤字である。

(5) わが国は途上国へ消費財などを援助しているので例年㊸＿＿＿＿＿収支が赤字である。

(6) わが国は，企業の海外進出や，外国証券への投資などを多く行っていることから㊹＿＿収支は黒字であることが多い。

㉗＿＿＿＿
㉘＿＿＿＿
㉙＿＿＿＿
㉚＿＿＿＿
㉛＿＿＿＿
㉜＿＿＿＿
㉝＿＿＿＿
㉞＿＿＿＿
㉟＿＿＿＿
㊱＿＿＿＿
㊲＿＿＿＿
㊳＿＿＿＿
㊴＿＿＿＿
㊵＿＿＿＿
㊶＿＿＿＿
㊷＿＿＿＿
㊸＿＿＿＿
㊹＿＿＿＿

国際

B 図表でチェック

1 次の表は，日本の国際収支を表したものである。これに関して，以下の問いに答えよ。

わが国の国際収支 （単位：億円）（『日本国勢図会』2023/24）

項目	2021年	2022年
①＿＿収支	215,363	115,466
②＿＿＿＿収支	−24,834	−211,638
貿易収支 ――(ア)	17,623	−157,436
輸出	823,526	987,688
輸入	805,903	1,145,124
サービス収支 ――(イ)	−42,457	−54,202
第一次所得収支 ――(ウ)	263,788	351,857
③＿＿＿収支 ――(エ)	−23,591	−24,753
資本移転等収支	−4,232	−1,144
④＿＿収支	168,376	64,922
直接投資 ――(オ)	192,428	169,582
証券投資 ――(カ)	−219,175	−192,565
外貨準備	68,899	−70,571
誤差脱漏	−42,755	−49,400

❶ 表中の空欄に当てはまる語を答えよ。

❷ 次のA～Cは，国際収支表の(ア)～(カ)のどの項目に該当するか，記号で答えよ。

A 中国へ企業が進出して工場を建てた経費。

B ヨーロッパにあるA社の工場から日本のA社に支払われた配当。

C フランス人観光客が，奈良で支払った宿泊費。

❶

①
②
③
④

❷

A
B
C

42 戦後国際経済の枠組みと変化

Ⓐ ポイント整理　当てはまることばを書いて覚えよう　（___欄には数値が入る）

①＿＿＿＿
②＿＿＿＿
③＿＿＿＿
④＿＿＿＿
⑤＿＿＿＿
⑥＿＿＿＿
⑦＿＿＿＿
⑧＿＿＿＿
⑨＿＿＿＿
⑩＿＿＿＿
⑪＿＿＿＿
⑫＿＿＿＿
⑬＿＿＿＿
⑭＿＿＿＿
⑮＿＿＿＿
⑯＿＿＿＿
⑰＿＿＿＿
⑱＿＿＿＿
⑲＿＿＿＿
⑳＿＿＿＿
㉑＿＿＿＿
㉒＿＿＿＿
㉓＿＿＿＿
㉔＿＿＿＿

1 IMF-GATT体制

(1) 戦前の保護貿易が排他的な①＿＿＿＿＿経済圏の形成を招き，第二次世界大戦を引き起こしたという反省から，戦後は徹底した②＿＿＿＿＿体制の確立が目指された。

(2) 1944年には③＿＿＿＿＿＿・＿＿＿協定が結ばれ，貿易の自由化を目指す④＿＿＿＿＿＝関税と貿易に関する一般協定と，その支払い手段となる為替の安定・自由化をめざす⑤＿＿＿＿＝国際通貨基金や，戦後復興の資金を貸与する⑥＿＿＿＿＿（国際復興開発銀行，世界銀行）が設立された。

(3) ＿⑤＿は，国際通貨・金融の枠組みとなる協定である。発足当初はドルを⑦＿＿＿通貨とする⑧＿＿＿為替相場制を採用した。ドルの信用性は⑨＿との交換を保証することによって作り出されていた。

(4) ＿④＿は自由貿易の制度的枠組みを定めた協定で，⑩＿＿＿・⑪＿＿＿＿・⑫＿＿＿主義を三原則として掲げ，輸入⑬＿＿＿＿＿の原則撤廃と⑭＿＿＿の引き下げを行う。＿⑪＿は特定国に与えた有利な貿易条件を全ての加盟国に平等に与えたと見なす，⑮＿＿＿＿待遇を意味する。

(5) GATTの自由貿易交渉は，多国間の交渉によって進める＿⑫＿主義がとられているので，定期的に多角的貿易交渉（⑯＿＿＿＿＿＿）が実施されてきた。

主なラウンド	ラウンド交渉の内容・成果など
ケネディ・ラウンド（1964～67）	・鉱工業製品の関税を平均35％引き下げ
⑰＿＿＿ラウンド（1973～79）	・農産物の関税引き下げ ・関税以外の⑱＿＿＿＿障壁の撤廃 （農産物輸入許可手続の国際ルール化など）
⑲＿＿＿＿＿＿・ラウンド（1986～94）	・見えざる貿易⑳＿＿＿＿＿貿易の自由化 ・特許権など㉑＿＿＿＿＿＿の国際保護ルール化 ・米などの㉒＿＿＿＿の輸入自由化
ドーハ・ラウンド（2001～）（ドーハ開発アジェンダ）	・農業分野での対立が激しく，決裂・再開を繰り返している。 ・01年に中国，02年に台湾，12年にロシアがWTOへ加盟

(6) GATTは，1995年から，常設の多国間通商紛争処理システムである㉓＿＿＿＿＝世界貿易機関に発展した。紛争処理機関を常設化した点に意義がある。

(7) ＿⑯＿では関税の引き下げを目指したが，輸入の増加が国内産業に重大な損害を与えた場合には，輸入数量制限などの㉔＿＿＿＿＿＿＿・＿（緊急輸入制限，輸出制限措置）を行うことができる例外を認めた。

ブレトンウッズ体制＝旧IMF体制
固定為替相場制　～1971.8
金１オンス＝35ドル
１ドル＝360円
〈ドルを媒介として各国通貨は金と結合〉

㉕＿＿＿＿
㉖＿＿＿＿
㉗＿＿＿＿
㉘＿＿＿＿

2 ブレトンウッズ体制の崩壊

(1) 戦後，1971年８月までは固定為替相場制がとられたが，アメリカでは対外援助・資本輸出・軍事支出の増大，日本・西欧の経済復興による輸出の減少などで貿易収支などが㉕＿＿＿に陥った。そのためドルを金に交換するゴールドラッシュが起こり，金保有量も減少し，㉖＿＿＿危機が発生した。IMFはこれに対して，外貨や金を補完するものとして特別引出権（㉗＿＿＿＿）を創設した。

(2) 1971年８月，ニクソン大統領は金とドルの交換を停止した（㉘＿＿＿＿

＿・ショック）ため，ドルの信用は崩壊し，固定為替相場制は事実上崩壊して，一時，㉙＿＿為替相場制に移行した。

(3)　同年12月，ドルを切り下げた新レートの下で，固定為替相場制に復帰した（㉚＿＿＿＿＿＿.＿協定）が，1973年には結局㉙＿＿為替相場制に移行した。

㉙＿＿＿＿

㉚＿＿＿＿

㉛＿＿・＿＿

㉜＿＿＿＿

㉝＿＿＿＿

3　経済のグローバル化と国際貿易の課題

(1)　現代の経済は国境を越えて相互に依存・影響し合うボーダーレス経済となっており，企業も国際標準（㉛＿＿＿＿＿.・＿＿＿＿.＿＿）を遵守する必要性が高まっている。

(2)　金融のグローバル化により，外国人投資家の動きが各国の為替レートや国内経済に大きな影響を及ぼしている。例えば1997年におきた㉜＿＿＿＿＿危機や2008年の㉝＿＿＿＿危機などがそうである。

B 図表でチェック

1　次の図はGATT（WTO）についてまとめたものである。空欄に当てはまる語を答えよ。

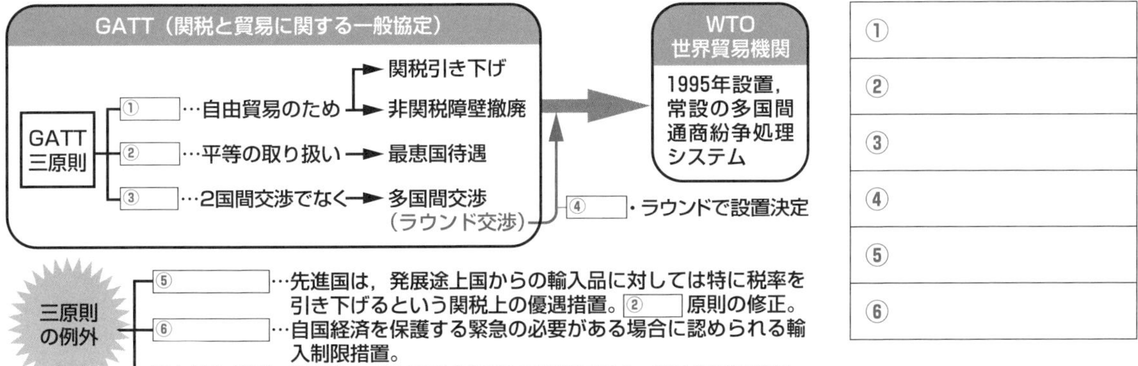

①
②
③
④
⑤
⑥

2　次の年表の空欄に当てはまる語を答えよ。

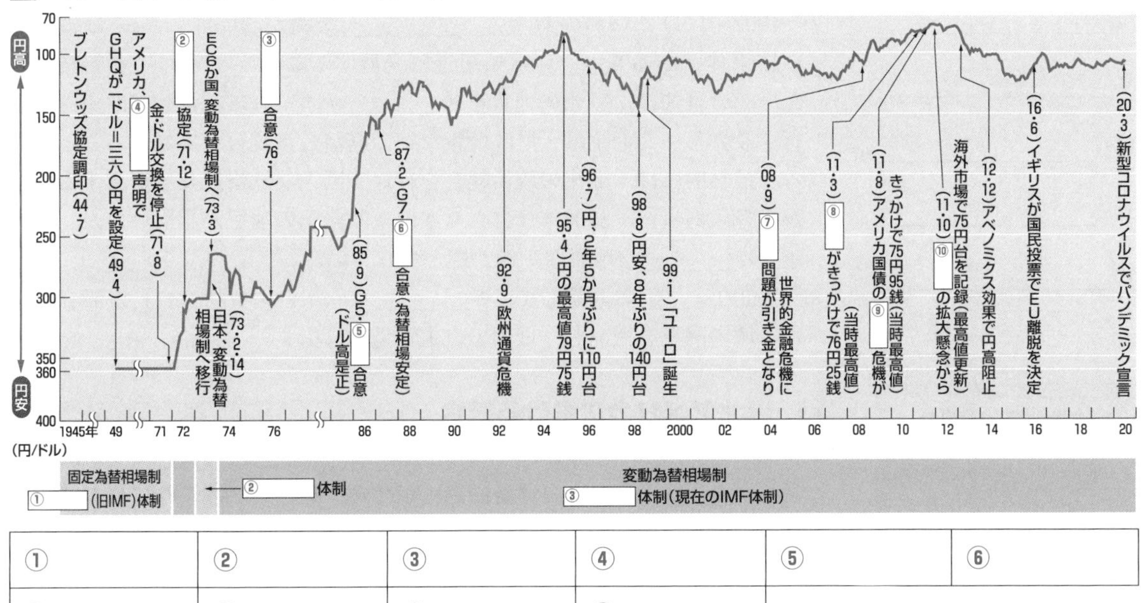

①	②	③	④	⑤	⑥
⑦	⑧	⑨	⑩		

43 地域的経済統合

A ポイント整理 当てはまることばを書いて覚えよう

（＿＿欄には数値が入る）

①＿＿＿-＿＿＿
②＿＿＿
③＿＿＿
④＿＿＿
⑤＿＿＿
⑥＿＿＿
⑦＿＿＿
⑧＿＿＿
⑨＿＿＿
⑩＿＿＿
⑪＿＿＿
⑫＿＿＿
⑬＿＿＿
⑭＿＿＿
⑮＿＿＿
⑯＿＿＿
⑰＿＿＿
⑱＿＿＿
⑲＿＿＿
⑳＿＿＿

1 地域的経済統合

(1) 世界的規模で自由貿易を推進する①＿＿＿-＿.＿＿＿体制に対し，隣接する国々で②＿＿＿や輸出入規制などを撤廃して地域的な自由貿易圏をつくり，ヒト・モノ・サービス・カネの流れの自由化を目指す動きが進んだ。地域的経済統合を進める考え方を③＿＿＿主義（リージョナリズム）という。

(2) 地域的経済統合にはさまざまな形がある。

	内　　容	④＿＿＿	USMCA	メルコスール	AFTA
自由貿易地域	域内関税撤廃		○		○
⑤＿＿＿同盟	域内関税撤廃＋域外共通関税	○		○	
共同市場	人・物・サービスが自由に移動	○	○※1	○	
経済同盟	各種規制や経済政策の共通化	○		○	
完全経済同盟	共通の通貨を使用	○※2			

※1　人の移動自由化なし
※2　EU の最終目標は外交・安全保障も統一する政治統合

2 ヨーロッパにおける統合

(1) 第二次世界大戦後のヨーロッパでは，石炭・鉄鋼などの基幹産業の再建と共同管理のために，1952年に⑥＿＿＿＝欧州石炭鉄鋼共同体が設立され，1958年には経済協力のために⑦＿＿＿＝欧州経済共同体，原子力の共同開発・管理のために⑧＿＿＿.＿＿＿＝欧州原子力共同体が設立された。この３機関が統合して，1967年に⑨＿＿＿＝欧州共同体が組織された。これは，域内の関税撤廃と，域外の共通関税を設定する⑩＿＿＿同盟をベースにしながら，共通経済政策，共通エネルギー政策を目指すものであった。1992年には，＿⑨＿は域内におけるヒト・モノ・サービス・カネの自由化を実現し，⑪＿＿＿統合が行われた。

(2) 1992年には，いわゆる⑫＿＿＿.＿＿＿条約が調印され，ECはより強い結束体である⑬＿＿＿＝欧州連合に発展することが決定し，翌年発足した。その目的は，欧州の通貨を⑭＿＿＿＝ユーロに統合して欧州中央銀行を設立し，共通金融・財政政策などの経済政策統合を実施することにある。最終的には，欧州の政治統合を行い，巨大な欧州連邦を形成することが視野にあった。2000年代に入り，旧東欧諸国の加盟が相次いだが，2020年に⑮＿＿＿が離脱し，27か国となっている。

(3) 1960年，＿⑨＿に対抗して，⑯＿＿＿（欧州自由貿易連合）が設立された。域内関税を撤廃し，域内の自由貿易を目指す。

欧州統合のあゆみ

1952	ECSC発足
1958	EEC，EURATOM発足
1960	EFTA発足
1967	EEC→EC発足
1993	マーストリヒト条約発効 →EU発足
2002	ユーロ流通開始
2009	リスボン条約発効 →EU大統領新設

3 南北アメリカにおける統合

(1) 北アメリカでは，1994年にアメリカ，⑰＿＿＿，メキシコの３か国で⑱＿＿＿（北米自由貿易協定）が発効，2020年にはこれに代わる新貿易協定としてUSMCA（米国・メキシコ・カナダ協定）が発効した。

(2) 南アメリカでは，アルゼンチン，⑲＿＿＿，パラグアイ，ウルグアイ，ベネズエラ，ボリビアの間で⑳＿＿＿.＿＿＿（南米南部共同市場）が形成されている。

4 アジア・太平洋における統合と新興国の台頭

(1) アジアでは，1967年に㉑＿＿＿＿＿＿（東南アジア諸国連合）が結成され，他地域との連携を深めている。

(2) 1989年には，日本・アメリカを含むアジア・太平洋地域の経済協力組織として㉒＿＿＿＿＿（アジア太平洋経済協力）が結成された。

(3) 2010年から拡大交渉が行われていた㉓＿＿＿＿（環太平洋パートナーシップ，環太平洋経済連携協定）は，途中でアメリカが離脱し，再交渉の末に2018年，アメリカを除く11か国でCPTPPとして発効した。

(4) 2020年，日本・中国・韓国・＿㉑＿・オーストラリア・ニュージーランドの15か国で㉔＿＿＿＿＿（地域的な包括的経済連携協定）が署名された。

(5) 2000年前後から急成長を遂げたブラジル・ロシア・インド・中国・南アフリカは，その頭文字をとって㉕＿＿＿＿＿＿と呼ばれている※。

(6) ＿㉕＿のうち㉖＿＿は，2015年12月に㉗＿＿＿＿＿を発足させ，アジア諸国に融資を行い，経済圏を拡大する動きを見せている。

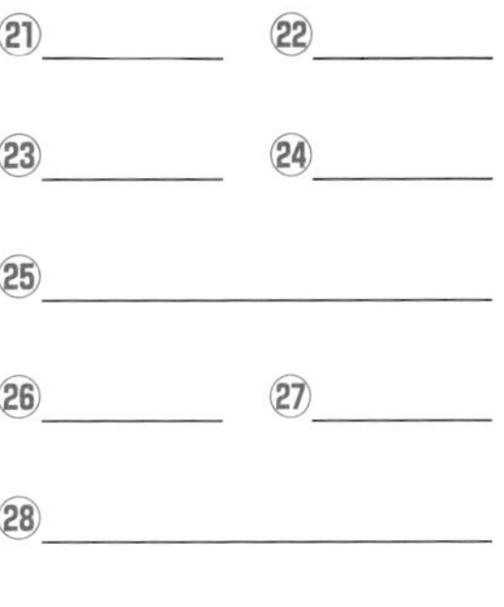

5 FTA・EPA締結の動き

(1) WTO（世界貿易機関）における貿易ルールづくりが難航する中，特定の国や地域との間で貿易の自由化などをすすめる㉘＿＿＿＿（自由貿易協定）やEPA（㉙＿＿＿＿＿＿＿）の締結が活発化している。

※ 2023年の＿㉕＿首脳会議にて，アルゼンチン，エジプト，エチオピア，イラン，サウジアラビア，アラブ首長国連邦（UAE）の加盟が承認され，2024年1月から11か国体制となることが予定されている（2023年8月現在）。

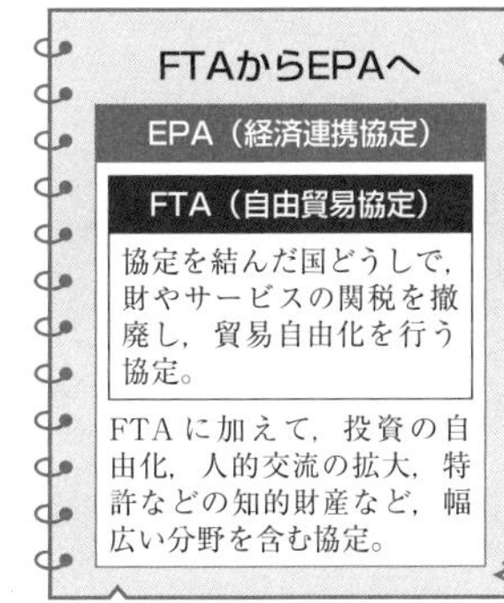

国際

B 図表でチェック

1 次の図中の空欄に当てはまる地域統合の略号を語群から選んで答えよ。

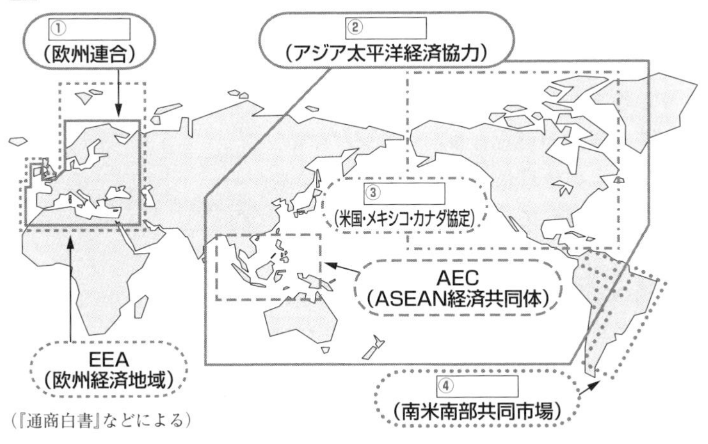

（『通商白書』などによる）

語群
APEC　EC　EU
MERCOSUR　TPP
USMCA

①
②
③
④

2 次のグラフは，日本，ASEAN，EU（27か国），USMCAの人口，GDP，貿易額を比較したものである。①～④はそれぞれどの地域を表しているか答えよ。

	人口（2020）（億人）	GDP（2020）（兆ドル）	貿易額（2020）（兆ドル）輸出	貿易額（2020）（兆ドル）輸入
①	4.5	15.3	5.1	4.5
②	5.0	23.6	2.2	3.2
③	1.3	5.0	0.6	0.6
④	6.7	3.0	1.4	1.3

（『世界国勢図会』2022/23）

①
②
③
④

時事正誤チェック

①日本が各国と締結している経済連携協定（EPA）には，介護福祉士や看護師などの労働力の移動の自由化も対象とするものがある。〈13：現社追試〉［　］

②WTO（世界貿易機関）による多角的な貿易自由化を背景として，地域的統合の動きが沈静化した。〈13：現社本試〉［　］

44 南北問題と日本の役割

Ⓐ ポイント整理　当てはまることばを書いて覚えよう　（____欄には数値が入る）

①____
②____
③____
④____　⑤____
⑥____
⑦____
⑧____
⑨____
⑩____
⑪____
⑫____
⑬____　⑭____
⑮____
⑯____
⑰____
⑱____
⑲____
⑳____
㉑____
㉒____
㉓____
㉔____

1 南北問題

(1) 地球の南半球に多い発展途上国と，北半球に多い先進国との間の経済格差の問題を①_____という。この問題が発生する原因は，第一に発展途上国の多くが，農産物や鉱産物など非加工の②_____に依存する③_____・___経済であること，第二に，発展途上国と先進国との間の貿易が_②_と工業製品という④___的分業に基づいていることにある。

(2) 南北問題解消の対策としては，_③_経済の改善，発展途上国が工業化して，工業製品どうしの⑤___的分業を確立すること，_②_の価格を安定させて，発展途上国の⑥___条件を改善することなどがある。

2 南南問題

(1) 1970年代，２度の⑦_____によって利潤を蓄積した産油途上国と，その影響を受けて経済停滞した非産油途上国との間に格差が発生した。このような南の国々の間での格差の問題を⑧_____という。

(2) 新たに工業化を進めて経済成長している地域を⑨_____（新興工業経済地域）という。特に韓国・台湾・香港・シンガポールは外国資本の導入と輸出促進を積極的に行う⑩_____工業化政策により工業化を成しとげた。

(3) 1980年代，中南米では先進国の銀行からの借入金が拡大する一方，輸出の低迷から⑪_______（債務不履行）の危機に陥った（累積債務危機）。IMFは緊縮財政などの条件を示したうえで⑫_______・_____（債務繰り延べ）を実施した。

(4) 中・南アフリカでは，人口爆発を背景とする貧困と飢餓に苦しむ⑬____（後発発展途上国）が存在する。世界の食料の適正な配分を図るため，⑭____（国連食糧農業機関）や⑮____（国連世界食糧計画）が活動している。

後発発展途上国とは？
①１人あたりGNI②栄養・健康・教育③経済の安定性の３つの基準によって定義され，これらの基準のいずれかを満たさない国をいう。約50か国が該当する（2023年４月現在）。

3 格差の解消へ向けて

(1) 国連は，1964年に⑯_______・__（国連貿易開発会議）を設置し，「援助より貿易」を掲げる⑰________・__報告を提出し，発展途上国からの輸入品には先進国が関税の面で優遇する⑱_____制度（一般_⑱_）を実施することとなった。

(2) 1961年，先進国は⑲_____（経済協力開発機構）を設立し，その下部機関の⑳____（開発援助委員会）を通じて途上国への援助を行っている。1966年には発展途上国に対する援助計画を統一するため，㉑_____（国連開発計画）を設立した。_㉑_は，援助が貧困層へ直接届くようにするため㉒_______・__（HDI）を作成した。

(3) 発展途上国では，天然資源を自国で管理・開発しようとする㉓_____・______が高まっていった。石油危機後の1974年の国連資源特別総会では，㉔_____（新国際経済秩序）樹立宣言が採択され，多国籍企業への規制，天然資源に対する恒久主権などを求めた。

日本の戦後外交

1951	対西側	サンフランシスコ平和条約、日米安全保障条約
1956	対ソ連	日ソ共同宣言 ➡（日本）国連加盟実現
1965	対韓国	日韓基本条約
1972	対中国	日中共同声明 ➡（日本）台湾政権と断交

(4) 2000年，国連は㉕＿＿＿＿＿＿＿＿＿（MDGs）を採択し，保健・衛生・教育などの分野で2015年までに達成すべき目標を掲げた。さらに2015年，㉖＿＿＿＿＿＿＿＿＿（SDGs）を採択し，貧困・環境問題への対策など2030年までに達成すべき目標を示した。

(5) 発展途上国の自立支援として，貧困層に無担保・低金利で少額の融資を行い，新規事業の支援をする㉗＿＿＿＿＿＿＿＿＿や，発展途上国の一次産品を，先進国の消費者が適正な価格で購入する㉘＿＿＿＿＿＿＿があるる。

4 日本の役割

(1) わが国の政府開発援助（㉙＿＿＿）は，金額では世界トップクラスであるが，㉚＿＿比率が低く，ひもつき援助が多いと批判されている。GNIに対する比率も目標値に達していないなど，質的改善が望まれる。青年海外協力隊や，㉛＿＿＿（非政府組織）による人的支援への期待も高まっている。

(2) 2015年，政府は日本の安全保障や経済上の国益につながる支援の重視，非軍事分野に限り他国軍への支援も可能とする新しいODA大綱である㉜＿＿＿＿＿＿を閣議決定した。

㉕＿＿＿＿＿＿＿＿
㉖＿＿＿＿＿＿＿＿
㉗＿＿＿＿＿＿＿＿
㉘＿＿＿＿＿＿＿＿
㉙＿＿＿＿＿＿＿＿
㉚＿＿＿＿＿＿＿＿
㉛＿＿＿＿＿＿＿＿
㉜＿＿＿＿＿＿＿＿

開発協力大綱の改定（2023年）
- ●ODAは「外交の最重要ツールの一つ」
- ●相手国の要請を待たずに提案する「オファー型協力」を強化。
- ●「相手国の債務の持続可能性に配慮する」として，中国との違いを強調。
- ●「非軍事原則」は維持されつつも，軍事目的回避のための強化策は設置なし。

国際

B 図表でチェック

1 次の表は南北問題，南南問題などについての表である。空欄に当てはまる語を答えよ。

問題	年代	開発の10年	年	事項	内容
南北問題	1960年代	第1次国連開発の10年		目標：経済成長率年5％ 成果：ほとんどの国で達成	→ 急激な人口増加。経済格差拡大。
			1964	第1回国連貿易開発会議	
				プレビッシュ報告	スローガン「①より②を」 援助目標 国民所得の③％援助 → 後に「①も②も」ODAをGNPの④％
南南問題	1970年代	第2次国連開発の10年		目標：経済成長率年6％ 成果：ほぼ達成	→ 石油危機による不況 途上国間格差の拡大
			1973	第1次石油危機	OAPECが原油生産削減 OPEC原油を4倍値上げ
			1974	国連資源特別総会	⑤樹立(NIEO)宣言 天然資源の恒久主権を宣言
			1979	第2次石油危機	OPEC原油2.5倍値上げ
累積債務問題	1980年代	第3次国連開発の10年		目標：経済成長率年7％ 成果：世界不況で途上国平均3％成長。累積債務危機。「⑥10年」	
				累積債務危機	メキシコが債務不履行 債務一部免除，支払繰り延べ 中南米，アジア諸国へ波及
	1990年代	第4次国連開発の10年		目標：数値目標設定せず	
			1999	ケルンサミット	最貧重債務国へのODA債権の放棄を決定

①
②
③
④
⑤
⑥

2 次の図表は，わが国の政府開発援助（ODA）に関する資料である。これを見て，わが国のODAの問題点を簡潔に答えよ。

DAC諸国のODAの贈与比率

国名	順位	比率：％
アメリカなど15か国	1	100.0
イギリス	16	98.8
スペイン	17	98.2
フィンランド	20	97.7
カナダ	23	96.2
ドイツ	26	81.7
フランス	27	56.4
韓国	28	53.2
日本	29	39.2
DAC諸国平均		82.6

(DAC開発協力報告書：約束額ベース，2019/2020年の平均値)
※債務救済を除く。

DAC加盟国のODA実績(2021年暫定値)

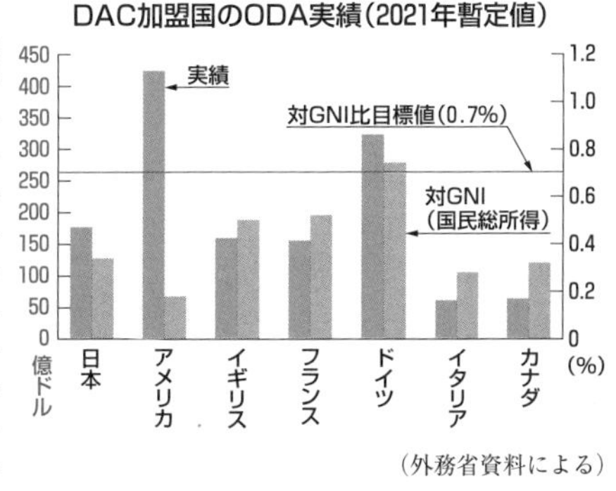

（外務省資料による）

問題点

時事正誤チェック
①2015年に閣議決定された「開発協力大綱」は，ODAをもっぱら貧困改善に限り，他国軍への支援については禁止した。［　］
②発展途上国の中には，貧困層の自助努力を支援するために，マイクロファイナンスという低所得者向けの少額融資が実施されている国もある。〈20：政経，倫政本試〉［　］

経済特別講座③ 国際収支

国際収支

国際収支とは，１年間の外国とのお金の出入りを記録した「**国の家計簿**」のようなもの。
- 経常収支，資本移転等収支では**外国との取引でお金が流入すれば黒字（プラス），流出すれば赤字（マイナス）**と表示。
- 金融収支ではお金が流出して**海外資産が増えれば黒字（プラス）**，流入して**国内資産が外国人に所有されれば赤字（マイナス）**と表示。

外国とのお金の取引としては，貿易だけでなく，海外旅行や海外投資，海外援助などでもお金は移動する。国際収支統計を見れば国際的なマネー・フローないし，海外資産の増減がわかる。

新国際収支表について

国際収支関連統計が，IMFの新しい国際収支マニュアル（第６版）に準拠する形で，2014年から大幅に見直された。主な変更点は以下のとおり。

【１】項目名の変更

①これまでの「所得収支」を「**第一次所得収支**」に名称変更。─Ⓐ

②これまでの「経常移転収支」を「**第二次所得収支**」に名称変更。─Ⓑ

【２】主要項目の組み替え

①これまでの「投資収支」「外貨準備増減」を統合して「**金融収支**」とする。─Ⓒ

②これまでの「その他資本収支」を「**資本移転等収支**」として，「経常収支」「金融収支」に並ぶ大項目に変更。─Ⓓ

③これまでの「資本収支」は廃止。

【３】符号表示の変更

これまでの「投資収支」等では資金の流出入に着目し，流入をプラス，流出をマイナスとしていたが，新たな「金融収支」では**資産・負債の増減に着目して，資産・負債の増加をプラス，減少をマイナスとした**。─Ⓔ（**2**参照）

1 新旧の国際収支表

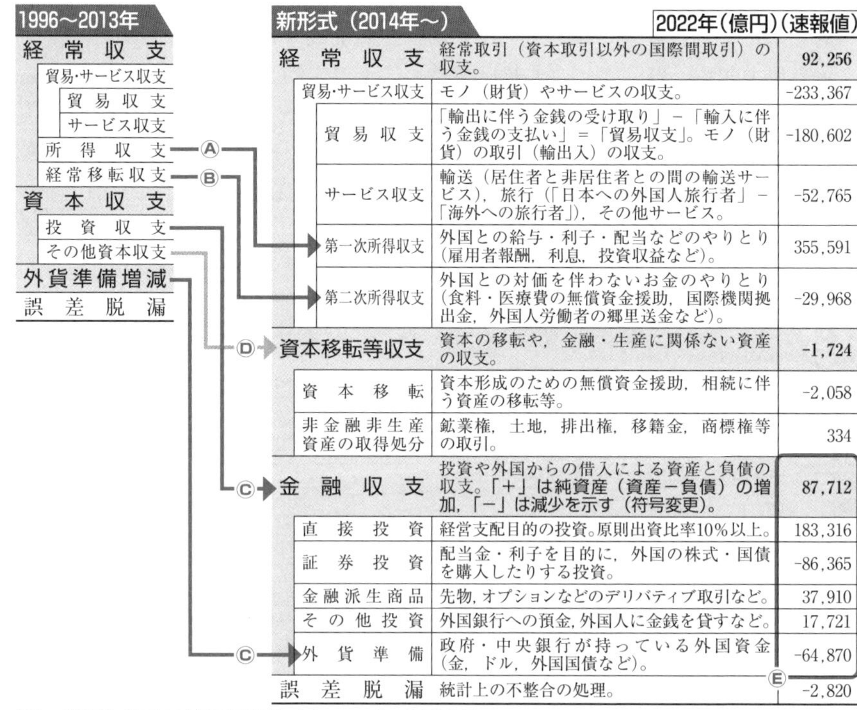

1996〜2013年

- 経常収支
  - 貿易・サービス収支
    - 貿易収支
    - サービス収支
  - 所得収支 ─Ⓐ
  - 経常移転収支 ─Ⓑ
- 資本収支
  - 投資収支
  - その他資本収支
- 外貨準備増減
- 誤差脱漏

新形式（2014年〜）

項目	内容	2022年（億円）（速報値）
経常収支	経常取引（資本取引以外の国際間取引）の収支。	**92,256**
貿易・サービス収支	モノ（財貨）やサービスの収支。	-233,367
貿易収支	「輸出に伴う金銭の受け取り」－「輸入に伴う金銭の支払い」＝「貿易収支」。モノ（財貨）の取引（輸出入）の収支。	-180,602
サービス収支	輸送（居住者と非居住者との間の輸送サービス），旅行（「日本への外国人旅行者」－「海外への旅行者」），その他サービス。	-52,765
Ⓐ→第一次所得収支	外国との給与・利子・配当などのやりとり（雇用者報酬，利息，投資収益など）。	355,591
Ⓑ→第二次所得収支	外国との対価を伴わないお金のやりとり（食料・医療費の無償資金援助，国際機関拠出金，外国人労働者の郷里送金など）。	-29,968
Ⓓ→**資本移転等収支**	資本の移転や，金融・生産に関係ない資産の収支。	**-1,724**
資本移転	資本形成のための無償資金援助，相続に伴う資産の移転等。	-2,058
非金融非生産資産の取得処分	鉱業権，土地，排出権，移籍金，商標権等の取引。	334
Ⓒ→**金融収支**	投資や外国からの借入による資産と負債の収支。「＋」は純資産（資産－負債）の増加，「－」は減少を示す（符号変更）。	**87,712**
直接投資	経営支配目的の投資。原則出資比率10%以上。	183,316
証券投資	配当金・利子を目的に，外国の株式・国債を購入したりする投資。	-86,365
金融派生商品	先物，オプションなどのデリバティブ取引など。	37,910
その他投資	外国銀行への預金，外国人に金銭を貸すなど。	17,721
Ⓒ→外貨準備	政府・中央銀行が持っている外国資金（金，ドル，外国国債など）。	-64,870
誤差脱漏	統計上の不整合の処理。	-2,820

Ⓔ

2 新形式での符号表示（＋，－）の変更

「純資産」＝各収支の全体の数字

	資金の動き	資産の符号表示	負債の符号表示	「純資産」の計算式
旧 投資収支・外貨準備増減	流出	－：資産増加	－：負債減少	資産＋負債
	流入	＋：資産減少	＋：負債増加	
新 金融収支	流出	＋：資産増加	－：負債減少	**資産－負債**
	流入	－：資産減少	＋：負債増加	

注意 旧形式は資金の流出入，新形式は資産・負債の増減で符号をそろえている。各収支の全体を表す「純資産」は，新旧で符号が逆になる。

3 国際収支全体の恒等式（新旧比較）

旧 経常収支＋資本収支＋外貨準備増減＋誤差脱漏＝０

新 **経常収支＋資本移転等収支－金融収支＋誤差脱漏＝０**

【練習問題】 国際収支表に関する記述として正しいものには○，誤っているものには×で答えよ。

① ある製品を輸出した場合，輸出した国にとって貿易収支の支払い（マイナス）となる。

② 日本へ来た外国人観光客が日本の店で食事した場合，日本にとってサービス収支の受取り（プラス）となる。

③ 特許使用料の受取りは，受取り国にとってサービス収支の受取り（プラス）となる。

④ 日本企業が外国で子会社を設立するため投資した場合，日本にとって金融収支は（プラス）となる。

⑤ 政府開発援助を行った場合，贈与の部分については，援助した国にとって第二次所得収支の受取り（プラス）となる。

①
②
③
④
⑤

●日本の国際収支の特徴

（単位：億円）

		2019年	2020年	2021年	2022年	
経常収支		192,513	159,917	215,363	115,466	Ⓐ
貿易・サービス収支	貿易	1,503	27,779	17,623	-157,436	Ⓑ
	サービス	-10,821	-36,552	-42,457	-54,202	Ⓒ
第一次所得収支		215,531	194,387	263,788	351,857	Ⓓ
第二次所得収支		-13,700	-25,697	-23,591	-24,753	
資本移転等収支		-4,131	-2,072	-4,232	-1,144	
金融収支		248,624	141,251	168,376	64,922	Ⓔ
外貨準備		28,039	11,980	68,899	-70,571	

（『日本国勢図会』2023/24）

背景をつかもう

1　日本は高度成長期の1964年以来，2010年まで一貫して**貿易収支黒字**を記録してきた。石油危機（1973年，79年）の際にも貿易収支は縮小したものの黒字を記録。経常収支も石油危機で一時的な赤字になったが，ほぼ一貫して大幅な黒字を続けてきた。しかし，世界金融危機の影響で輸出が激減し，08・09年の貿易収支は大幅に減少し，2011年には東日本大震災と津波によるサプライ・チェーンの寸断で生産ラインが止まり，**貿易収支は48年ぶり**※**の赤字を記録。14年まで赤字拡大が続いた。**2022年には，エネルギー価格の高騰に加え円安の影響により，貿易収支赤字は過去最大となった。

2　1985年９月のプラザ合意による円高不況を背景に，特に北米向け・貿易摩擦回避型の企業の海外進出が増え，**80年代後半には資本は流出超過**（現統計では「金融収支」大幅黒字）となった。

3　2000年代に入ってからは海外子会社からの逆輸入の増加，中国の輸出拡大による日本製品の輸出環境の悪化，中国からの輸入拡大などによってわが国の貿易収支黒字は縮小傾向を示し，2011年以降は赤字に転落する。それに代わり，海外投資収益が大幅に増加し，2005年に初めて**第一次所得収支＞貿易収支**を記録して以来，この傾向は続いている。わが国は，**モノを作って輸出する国から海外投資の収益を稼ぐ国（過去の遺産を運用する国）**へと変化しつつある。

4　資本について，わが国は，海外投資国であることから例年流出超過である。つまり，現統計によれば金融収支黒字傾向である（海外資産が増加）。

Ⓐ経常収支
2000年代に入り増加したが，リーマン・ショックで08・09年と大幅に減少。一時回復を見せたが，東日本大震災が発生した2011年以降，2014年まで毎年大幅減少が続いた。2016年以降，経常収支黒字は約20兆円だったが，2020年は新型コロナウイルス感染拡大の影響で，2022年は資源価格の高騰や円安の影響で，それぞれ減少した。

Ⓑ貿易収支
①1980年代大幅な黒字
→アメリカとの貿易摩擦問題に発展
②2000年代は貿易収支黒字減少傾向。08・09年のリーマン・ショックで激減し，10年は回復したが，東日本大震災による影響から赤字となり，2014年まで赤字は拡大した。2019年は米中の貿易摩擦で中国経済が減速し，対中輸出量が減少した影響で大幅に減少。さらに2022年は資源価格の高騰や円安の影響により過去最大の赤字拡大となった。

Ⓒサービス収支
1980年代後半以降，例年赤字。最近は日本への海外旅行客増加により赤字は縮小していたが，2020年以降，新型コロナウイルス感染拡大による海外旅行客の減少で赤字が拡大。

Ⓓ第一次所得収支
2000年代に入って増加。2004年以降10兆円を突破し，2005年に貿易収支黒字を上回った。近年は黒字が約20兆円となり，貿易収支の赤字や黒字の減少分を補填し，経常収支の大幅黒字に貢献している。2022年は円安の影響で海外子会社社会の配当金等の増加により黒字幅が拡大した。

Ⓔ金融収支
1989年～2003・04年を除き，資本は流出超過
→海外への投資・資産が増大
2014年からの新統計表示によると，海外への資金の流出は海外資産の増加を示すのでプラス（黒字）と表示され，旧統計とは逆符号の表示となった。海外投資の増加でプラス（黒字）である。

時事問題に強くなる　主要国の国際収支：アメリカと中国の特徴に注目！

●主要国の国際収支（2019年～21年）

（単位：億ドル）

	年	経常収支	貿易収支	サービス収支	第一次所得収支	第二次所得収支	資本移転等収支	金融収支	
アメリカ	19	-4,721	-8,615	2,852	2,319	-1,277	-64	-4,804	
	20	-6,161	-9,220	2,453	1,885	-1,279	-55	-6,530	
	21	-8,216	-10,914	2,300	1,749	-1,352	-24	-6,871	
中国	19	1,029	3,930	-2,611	-392	103	-3	-266	④
	20	2,488	5,111	-1,525	-1,182	85	-1	891	
	21	3,173	5,627	-999	-1,620	165	1	1,514	

（①：経常収支・貿易収支，②：金融収支，③：中国の貿易収支）

（『世界国勢図会』2022/23による）

アメリカ
①貿易収支の大幅赤字が拡大傾向！対日のみならず対中国貿易赤字なども加わる！2021年は経済回復に伴う輸入拡大により大幅赤字を記録。
②貿易収支赤字による経常収支赤字分を，海外からの投資（投資資金の流入＝金融収支赤字）で埋め合わせている。

中国
③"21世紀の世界の工場"と呼ばれるように，貿易収支黒字が拡大。世界１位の輸出国である。
④以前は中国への投資熱で赤字基調だったが，近年は海外投資により黒字。

※　2011年は，国際収支統計で見て貿易収支は1963年以来48年ぶりの赤字，ただし貿易統計では1980年以来31年ぶりの赤字。

経済特別講座④ 円高・円安―外国為替レートはどう決まるのか？

1 円高・円安は外国為替市場における円と外貨（一般的にはドル）との需要・供給によって決まる!!

ルール1 日本にお金が入ってくるときは円高になる，日本からお金が出ていくときは円安になる！

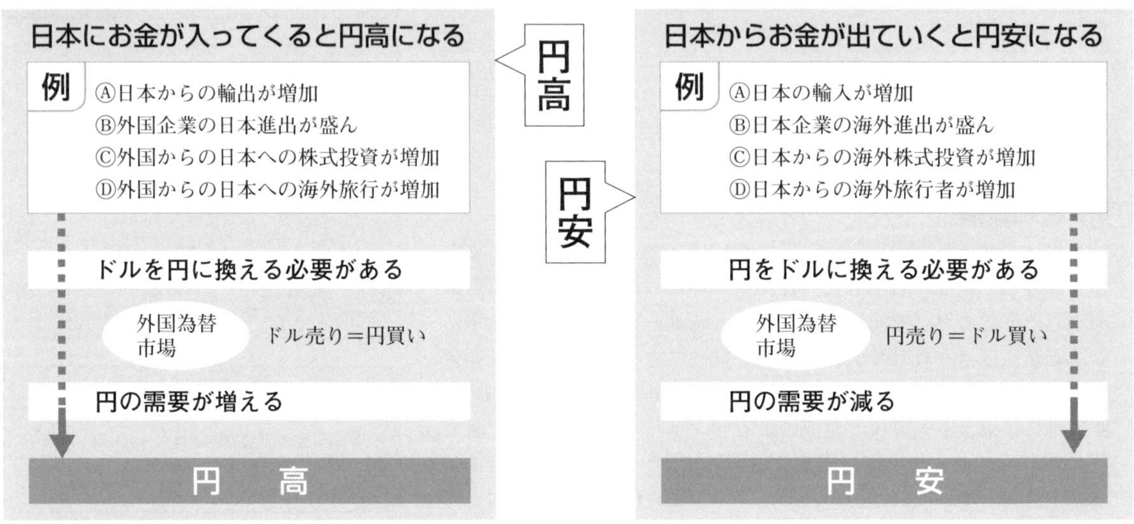

2 円高・円安の輸出入への影響

ルール2 円高 輸入有利（増加） 輸出不利（減少） 円安 輸入不利（減少） 輸出有利（増加）

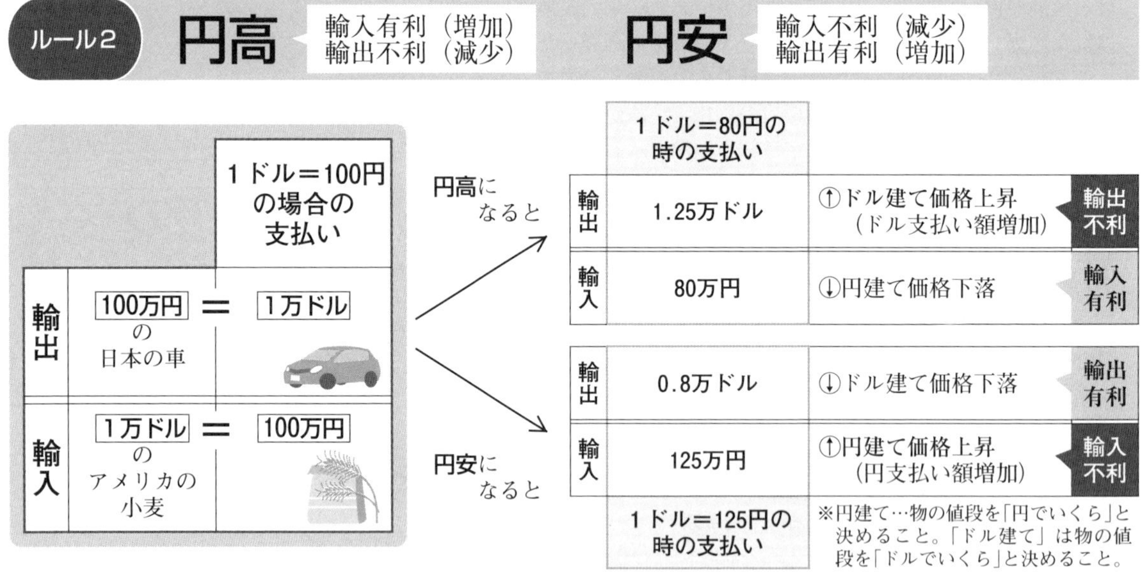

【練習問題】❶ 次の出来事が発生した場合，円高傾向になるか？円安傾向になるか？

① 日本の輸出が増加した。
② 日本からの海外旅行者が増加した。
③ 日本への対内投資が増加した。
④ 日本からの海外企業進出が増加した。
⑤ 日本からのアメリカ向け株式投資が増加した。
⑥ 日本が金利を下げ，アメリカが金利を上げた。
⑦ アメリカでインフレが進んだ。

①	④	⑦
②	⑤	
③	⑥	

パターン1　貿易摩擦の原因と対策

1　貿易摩擦の原因　**日本の輸出に有利なレート＝円安にある**

例　1980年代初め　アメリカ大統領レーガンの経済政策（レーガノミクス）

米国で高金利政策 → 米国に預金流入 → 米国の国際収支黒字要素 → ドル高・円安 → 日本の輸出に有利

2　貿易摩擦の対策　**日本の輸出に不利なレートに誘導する＝円高誘導**

例　①各国の中央銀行が外国為替市場で**ドル売り・円買い**の介入を実施する。
②1985年の**プラザ合意**のとき（貿易摩擦対策）

G５（先進５か国＝日・米・英・仏・西独）がドル売り・円買いの協調介入を実施 → 円高を誘導

パターン2　円高・円安の国内物価・景気への影響

1　円高の場合→国内デフレ・不況へ

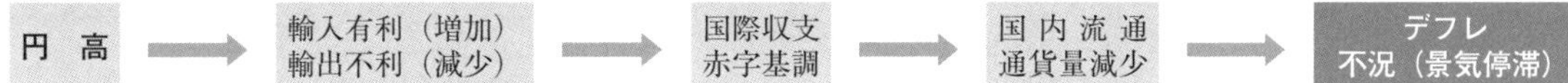

2　円安の場合→国内インフレ・好況へ

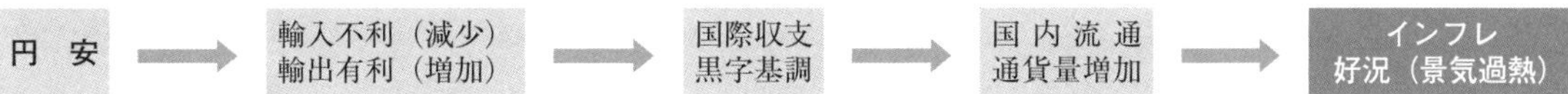

パターン3　国内の物価・景気対策─為替政策─　【空欄に適当な言葉を入れなさい】

1　国内インフレ・景気過熱対策

2　国内デフレ・景気停滞対策

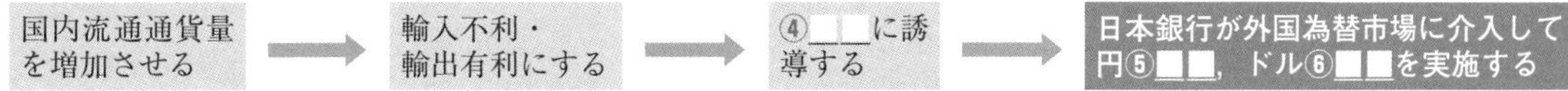

時事問題に注意

円高になるとデフレ・不況に向かう！

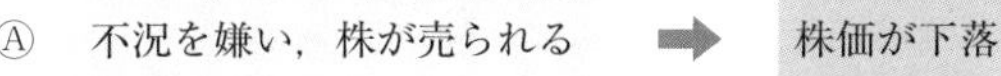

Ⓑ　輸入品は値下がり → 極度の円高 → 価格破壊

円安になるとインフレ・好況に向かう！

Ⓐ　好況を好感して株が買われる → 株価が上昇

Ⓑ　輸入品は値上がり → 極度の円安 → 国内インフレ

【練習問題】**2**　円高，円安に関する記述について正しいものを，次の①～⑥のうちから二つ選べ。

①　円高は，外国企業による日本企業の買収を促進する。
②　円高は，日本企業が国内で生産する商品の国際競争力を高める。
③　円高になると，日本企業が保有している外国の不動産の，円建て価格は下落する。
④　円高になると，輸入品の価格が上昇するので，インフレーションの可能性が高まる。
⑤　円安が進行すると，日本の製造業関連企業にとっては，製造工場を国外に移す経済的動機が強まる。
⑥　円安は，輸入原料などの円建て価格を高くし，それを使う日本国内の生産者にとっては，コスト高の要因となる。

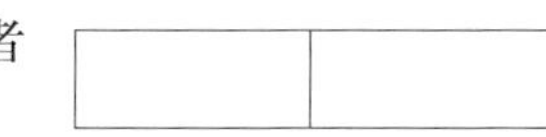

特別講座

用語チェック 40国際分業と貿易〜44南北問題と日本の役割

40 国際分業と貿易 ➡P.126・127

□❶主に先進工業国間で見られる工業製品どうしの貿易の形態。 ❶［ ］
□❷先進国が工業製品を輸出し，発展途上国がもっぱら一次産品を輸出するという貿易の形態。 ❷［ ］
□❸イギリスの経済学者で，各国が自由貿易を行うことがお互いの利益になると主張した人物。 ❸［ ］
□❹❸の人物が主張した貿易と分業に関する理論。各国が国内で安く生産できる財を作り交換し合う方がお互いに得であるとするもの。 ❹［ ］
□❺関税や輸入制限など国家の干渉なしに行われる貿易。 ❺［ ］
□❻特定の産業や商品に特別に力を入れて生産したり輸出したりすること。 ❻［ ］
□❼国内の産業保護のため，輸入品に税金をかけたり，輸入数量を制限したりして，貿易の制限をすること。 ❼［ ］
□❽ドイツの経済学者で，リカードの主張は先進国に有利であるとして，ドイツには保護貿易が必要だとした人物。 ❽［ ］
□❾貿易の際にかけられる税金。主に輸入品に課せられる。 ❾［ ］
□❿関税以外の方法で行う輸入制限手段。数量の制限や検査基準，輸入手続などがある。 ❿［ ］

41 外国為替のしくみと国際収支 ➡P.128・129

□❶離れた地域にいる債権者と債務者で手形や小切手により代金の決済をする方法。 ❶［ ］
□❷通貨の異なる外国との取り引きで，現金を用いず為替手形をやり取りして決済する手段。 ❷［ ］
□❸外国為替市場で１ドルが100円から120円になった時，これは円高・ドル安か，または円安・ドル高か。 ❸［ ］
□❹円が１ドル120円の時，180万円の自動車は何ドルで取り引きされるか。 ❹［ ］
□❺日本人が海外へ旅行するとき，有利なのは，円高のときか，円安のときか。 ❺［ ］
□❻輸入品の価格が上昇するのは，円高のときか，円安のときか。 ❻［ ］
□❼金との交換を保証されたドルと，その他の通貨が決まったレートで結びつけられた国際通貨制度。 ❼［ ］
□❽異なる通貨の交換比率を一定にする制度。 ❽［ ］
□❾異なる通貨の交換比率を固定せずに，市場の需給によって変動させる制度。 ❾［ ］
□❿1989年に開催され，貿易摩擦の解決のためにアメリカから日本の経済構造の根本的改革が要求された会議。 ❿［ ］
□⓫円高になると一般的に輸出は有利になるか不利になるか。 ⓫［ ］
□⓬円高・ドル安となった場合，日本の国際収支は黒字となる傾向があるか，赤字となる傾向があるか。 ⓬［ ］
□⓭ある国が外国との間で行った取り引きの収入・支出の勘定。大きく経常収支と資本移転等収支，金融収支に大別される。 ⓭［ ］
□⓮国家間の商品の取り引きに伴う収支。 ⓮［ ］
□⓯国家間の輸送・旅行・通信・金融・保険など，サービスの取り引きに伴う収支。 ⓯［ ］
□⓰雇用者の給料や利子・配当に関する収支。 ⓰［ ］
□⓱海外への消費財援助や賠償，国際機関の拠出金など，無償の資金の収支。 ⓱［ ］
□⓲国際収支の中心となる収支。貿易・サービス収支，第一次所得収支，第二次所得収支をあわせたもの。 ⓲［ ］
□⓳国際間の資本取り引きの収支。直接投資・証券投資・その他投資などの合計。 ⓳［ ］

42 戦後国際経済の枠組みと変化

➡P.130・131

□❶1929年の世界恐慌後，主要国が植民地などとともに結成した閉鎖的・排他的な地域的経済。第二次世界大戦を誘発したとされる。　❶［　　］

□❷戦後，自由で無差別な貿易を促進するためにつくられた協定。　❷［　　］

□❸❷の掲げた三原則のうち，関税を引き下げること。　❸［　　］

□❹❷の掲げた三原則のうち，特定国に対する有利な貿易条件をすべての加盟国に適用すること。　❹［　　］

□❺❷の掲げた三原則のうち，多国間交渉を行うこと。　❺［　　］

□❻戦後，自由貿易促進のための為替の安定と自由化を目的につくられた機関。　❻［　　］

□❼戦後，加盟国の復興と開発のために長期の資金貸し出しを目的に設立された国際金融機関。　❼［　　］

□❽第二次大戦後，国際通貨・金融の安定のため，連合国がアメリカで合意した協定。IMFとIBRDの設立が定められた。　❽［　　］

□❾国際間の経済取引の決済手段として中心的に用いられ，各国通貨の価値を示す基準となる通貨のこと。第二次大戦後は米ドルが該当。　❾［　　］

□❿多国間で，関税やその他輸入制限措置の撤廃を話し合うための場。　❿［　　］

□⓫1979年に成立したGATTの多角的貿易交渉のこと。鉱工業品，農産物の関税引き下げと，関税以外の非関税障壁の改善，ダンピング防止などで合意。　⓫［　　］

□⓬1986年から開かれたGATTの多角的貿易交渉。モノだけでなくサービス貿易，知的所有権などの国際的ルールの確立などを取り決めた。　⓬［　　］

□⓭⓬の交渉の結果日本が市場開放をした農産物。段階的に輸入量を増やしてきたが，1999年からは関税化された。　⓭［　　］

□⓮GATTに代わり世界貿易を統括するために設立された機関。通商上の国際紛争を処理する権限をもつ。　⓮［　　］

□⓯輸入の増加が国内産業に重大な損害を与えた場合，⓮の機関が実施を認めている，輸入数量制限などの措置。　⓯［　　］

□⓰1971年，ニクソン大統領がドルと金との交換を停止したことにより，世界経済が混乱に陥ったこと。　⓰［　　］

□⓱ドルの価値が低下するドル危機に対して，IMFが創設した，他の参加国から必要な通貨を引き出すことができる権利。　⓱［　　］

□⓲1971年，ドルの価値を金1オンス35ドルから38ドルに切り下げ，各国の通貨価値を調整した協定。固定為替相場制に移行した。　⓲［　　］

□⓳為替取引の自由化にともない，投機的な資金が移動するようになった結果，タイの通貨バーツの暴落をきっかけとして1990年代に起こった通貨危機。　⓳［　　］

□⓴2000年代のリーマン・ショックを機に，世界で連鎖して起こった金融危機。　⓴［　　］

43 地域的経済統合

➡P.132・133

□❶1952年，フランス・ドイツなどヨーロッパの6か国で石炭と鉄鋼の単一市場を作ろうとして結成された組織。　❶［　　］

□❷ローマ条約により1958年にフランス・ドイツなど6か国で翌年結成した経済統合組織。　❷［　　］

□❸原子力の共同開発や育成などを目的に，フランス・ドイツなどヨーロッパの6か国でつくった組織。1958年設立。　❸［　　］

□❹EEC，ECSC，EURATOMの3つの共同体を統合してつくられた組織。1967年発足。商品・資本・労働力が自由に移動できる統一の市場が出現した。　❹［　　］

□❺複数の国家間で関税を撤廃し，一方で域外の諸国に対して共通の関税を設定する同盟。　❺［　　］

□❻通貨の統合を柱として，新しいヨーロッパの統合＝EUの設立をめざした条約。

1992年調印。 ❻ [ ]

□❼マーストリヒト条約により1993年にECから改組されてできた組織。中央銀行を創設し，共通の通貨導入を開始している。 ❼ [ ]

□❽欧州連合で導入した共通通貨の名称。 ❽ [ ]

□❾2020年にアメリカ，カナダ，メキシコで発効したNAFTAに代わる貿易協定。 ❾ [ ]

□❿アルゼンチン，ブラジルなど南米６か国で構成される共同市場。 ❿ [ ]

□⓫1967年に結成された東南アジアの経済協力組織。 ⓫ [ ]

□⓬1989年，日本，アメリカ，オーストラリア，東南アジア諸国など，環太平洋諸国で結成された経済協力組織。 ⓬ [ ]

□⓭２以上の国（又は地域）の間で，自由貿易協定（FTA）に加え，人の移動，投資なども含めて締結される包括的な協定のこと。 ⓭ [ ]

□⓮太平洋を取り囲む国々で例外なく関税撤廃をめざす協定。 ⓮ [ ]

□⓯2022年１月に10か国で発効した，東アジア地域を中心とした15か国が参加する包括的経済連携協定。 ⓯ [ ]

44 南北問題と日本の役割

➡P.134・135

□❶発展途上国と先進国との間に大きな経済格差があるという問題。 ❶ [ ]

□❷必要最低限の生活水準を維持するために食料など必要なものを購入できない状態の人たちの層のこと。 ❷ [ ]

□❸１つのまたは少数の一次産品にのみ依存する経済構造のこと。旧植民地国などに多くみられる。 ❸ [ ]

□❹輸出商品１単位に対してどれだけの量のものが輸入できるかを示した数値。貿易条件ともいう。 ❹ [ ]

□❺先進国と発展途上国との経済格差を是正するために1964年に国連に設けられた機関。 ❺ [ ]

□❻発展途上国が，自国の天然資源に関する恒久的主権を主張し，自国の利益のために生産や輸出価格の決定を自ら行おうとすること。 ❻ [ ]

□❼発展途上国に不利な経済構造を是正し，天然資源の自主的管理や，一次産品の価格保証などを宣言したもの。1974年，国連で採択。 ❼ [ ]

□❽先進国が発展途上国に対して行う経済援助。贈与，借款，技術援助などがある。 ❽ [ ]

□❾1961年発足した西側諸国の経済協力組織。各国の経済発展，貿易の拡大，発展途上国の援助などを目的とする。 ❾ [ ]

□❿❾の下部機関で，途上国に対する援助の調査・勧告・調整などを行う。 ❿ [ ]

□⓫発展途上国間の経済格差の問題。資源保有国と非保有国の対立などが該当。 ⓫ [ ]

□⓬発展途上国が先進国から多額の資金を借り入れ，その元本返済が困難となっている問題。 ⓬ [ ]

□⓭発展途上国援助のため，日本から派遣される技術や知識をもった青年の集団。 ⓭ [ ]

□⓮発展途上国の中でも特に経済発展が遅れている国々。 ⓮ [ ]

□⓯発展途上国の中で，急激に工業化が進んだ国や地域。 ⓯ [ ]

□⓰2015年に国連が採択した，貧困・環境問題への対策など2030年までに達成すべき目標。 ⓰ [ ]

記述でチェック 単元で学習した用語を説明しよう。

先進国と発展途上国の経済格差が拡大していった要因を，「垂直的分業」「交易条件」の語を用いて70字以内で答えよ。

➡44 P.134・135

									10										20										30
									40										50										60
									70																				

実戦問題　40国際分業と貿易～44南北問題と日本の役割

1　次の文章を読み，以下の問いに答えよ。

貿易に対する立場には，ⓐ自由貿易とⓑ保護貿易の２つがある。どちらに立つにしても，現代の世界経済は［ 1 ］化し，モノだけでなく大量のサービスやお金の国際取引が行われている。その取引量を示す指標がⓒ国際収支である。ⓓ為替レートは，その動向によって影響を受ける。こうした国際取引を円滑に行うため，ⓔ戦後の国際経済体制は［ 2 ］貿易を目指して構築された。しかしその一方で，ⓕ地域経済統合による地域主義の台頭や発展途上国を守るための保護主義の必要性も無視できない。

問1▶文中の空欄［ 1 ］・［ 2 ］に入る最も適当な語を答えよ。

1 [　　　　] 2 [　　　　]

問2▶下線部ⓐに関して，各国で商品の生産コストを比較して，コストの安い商品をお互いの国が集中的に作り，相互に貿易し合うことが，両国にとって得であるとする考え方を何というか。また，この説を唱えた経済学者の名前を答えよ。 [考え方　　　　経済学者名　　　　]

問3▶下線部ⓑに関して，国内産業を守るための保護貿易の手段としては，輸入品に税金を課して国内販売価格を高くして，商品の流入を防ぐ［ A ］障壁と，輸入数量制限や輸入課徴金などそれ以外の方法による［ B ］障壁の２つがある。空欄に適語を入れよ。 A [　　　　] B [　　　　]

問4▶下線部ⓒに関して，国際収支についての以下の文章の空欄に適語を入れよ。ただし，BDFHには「プラス」か「マイナス」の語が入る。

(1)　日本からの海外旅行客の増加は，［ A ］収支の［ B ］要因である。

A [　　　　] B [　　　　]

(2)　日本企業の海外進出の増加は，［ C ］収支の［ D ］要因である。

C [　　　　] D [　　　　]

(3)　日本人が外国から利子や配当を受け取ることは，［ E ］収支の［ F ］要因である。

E [　　　　] F [　　　　]

(4)　日本が発展途上国に資金を供与することは，［ G ］収支の［ H ］要因である。

G [　　　　] H [　　　　]

問5▶下線部ⓓに関して，以下の空欄に「円高」もしくは「円安」と記入せよ。

(1)　日本の輸出の増加は，［　　］を招く。 [　　　　]

(2)　日本からの海外直接投資の増加は，［　　］を招く。 [　　　　]

(3)　日本よりアメリカの金利が高い場合，［　　］が発生しやすい。 [　　　　]

問6▶下線部ⓔに関して，戦後の国際経済体制についての以下の設問に答えよ。

(1)　戦後，自由貿易を支えるために貿易の支払手段である為替の自由化と安定を図るために作られた組織を何というか。 [　　　　]

(2)　戦後の通貨体制は，1971年８月まで［ A ］制だったが，ドル・ショックをきっかけに，一時，［ B ］制となり，再び［ A ］制に戻ったものの，1973年以降，［ B ］制に移行した。空欄にあてはまる語を答えよ。

A [　　　　] B [　　　　]

問7▶下線部ⓕに関して，右の資料は，WTOとFTAの関係についてまとめたものである。WTOが推進した2001年以降のドーハ・ラウンドは停滞し，FTA・EPAなどの二国間での交渉が主流となった。その原因の一つを，「全ての加盟国」「関税」の語を用いて簡単に答えよ。

[　　　　]

国際

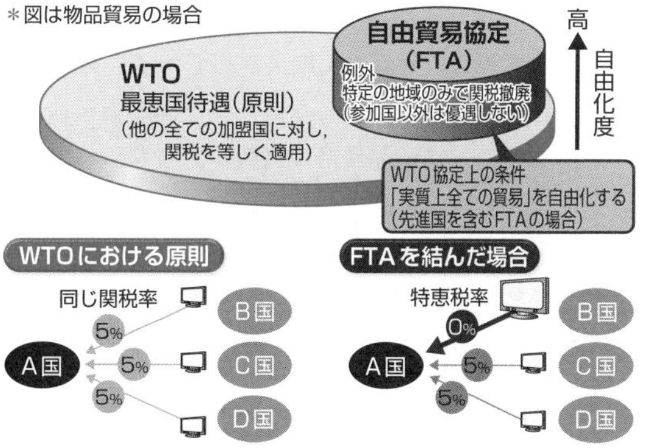

2 次の文章を読み，以下の問いに答えよ。

ブロック経済が第二次世界大戦を引き起こしたという反省から，戦後は，ⓐ貿易と資本の自由化が叫ばれた。そして，その支払手段であるⓑ為替の安定化のため，ブレトン・ウッズ体制が確立された。しかし，基軸通貨ドルの低落に伴い，現在はⓒ変動為替相場制がとられている。この体制下で，1985年にいわゆるⓓプラザ合意が行われ，先進諸国が為替相場に介入して為替の誘導が行われた。このため，ⓔ日本経済は大きな影響を被ることになった。

問1▶下線部ⓐに関する記述として最も適当なものを，次の①～④のうちから一つ選べ。〈02：現社追試改〉

[　　　]

① サービス貿易の自由化については，1990年代に経済協力開発機構（OECD）の下で国際ルールが確立している。

② 資本の自由化により外国に工場を設立する直接投資も増加しているが，それらは投資先の国の経済に空洞化をもたらすことが懸念されている。

③ 資本の自由化により大量の資金が国際間を移動するようになったが，ヘッジファンドによる投機目的の短期資本も増加し，経済の攪乱(かくらん)要因になっている。

④ 最近急増している経済連携協定（EPA）は，お互いに貿易と投資を制限して，域外からの財や資本の流入を防止することを目的としている。

問2▶下線部ⓑに関連して，国際収支と外国為替相場についての記述として最も適当なものを，次の①～④のうちから一つ選べ。〈17：政経，倫政追試〉

[　　　]

① 自国の通貨高を是正するために通貨当局が為替介入を行うことは，外貨準備の増加要因になる。

② 自国の通貨高は，自国の輸出を促進する要因になる。

③ 貿易収支の黒字は，自国の通貨安要因になる。

④ 自国への資本流入が他国への資本流出を上回るほど増加することは，自国の通貨安要因になる。

問3▶下線部ⓒに関する記述として**適当でないもの**を，次の①～④のうちから一つ選べ。〈01：現社追試〉

[　　　]

① 変動為替相場制度は各国の経済力の変化に対応できるメリットがあるが，他方で投機的な動きによって市場が不安定になるデメリットもある。

② 変動為替相場制度は原則として為替相場の決定を市場の働きに任せる制度であるが，実際にはしばしば政府による介入がなされてきた。

③ スミソニアン合意以前の固定為替相場制度の時期には，日本の円は1ドルに対して360円と定められていた。

④ 変動為替相場制度に移行してから，円高・ドル安になったために日本の経常収支の黒字は次第に縮小した。

問4▶下線部ⓓに関する記述として**適当でないもの**を，次の①～④のうちから一つ選べ。〈00：現社追試〉

[　　　]

① 日本政府は対米貿易黒字削減の数値目標を具体的に掲げ，アメリカ製品を輸入する企業に補助金を支給した。

② アメリカは従来のドル高維持の政策を見直すことになり，これにより為替レートは円高・マルク高の方向に誘導されることになった。

③ 先進資本主義各国はこの合意に基づき，為替市場に協調介入し，ドル相場の適正化を図った。

④ アメリカの輸出産業の国際競争力を回復させるため，日本政府はドル安を誘導する政策の実施を求められた。

問5▶下線部ⓔに関連して，日本や世界で生じた経済の危機・混乱に関する記述として最も適当なものを，次の①～④のうちから一つ選べ。〈18：現社本試〉

[　　　]

① 日本が第二次世界大戦後初めてマイナス成長を経験したのは，バブル経済崩壊後の不況期においてであった。

② 1980年代に表面化した開発途上国の累積債務問題について，開発途上国の債務の返済が困難に陥った原因の一つに，一次産品価格の高騰があった。

③ 1990年代のアジア通貨危機は，ヘッジファンドによる投機的取引の煽(あお)りを受けて，中国の通貨の価値が暴落したことがきっかけとなった。

④ 欧州連合（EU）からの離脱をめぐる，イギリスにおける国民投票の結果を受けて，世界経済に不安定化の懸念が生じ，日本の株式相場が急落した。

3　次の文章を読み，以下の問いに答えよ。

国際的な経済問題を解決するために，いくつかの国際機関が設けられている。国際連合でも，発展途上国の開発のための取り組みを行っている。しかし，ⓐ発展途上国の状況も様々であることから，その実情に応じたきめ細かな援助が必要である。ⓑわが国も，他国との経済調和を図りながら，様々な援助や経済協力を行ってきた。

一方，ある一定の地域内でのⓒ貿易や投資の拡大をはかるⓓ地域的経済統合を進める動きがみられる。この動きは，世界の自由貿易を拡大する一面がある裏で，排他的な地域主義に陥る危険性があることに注意が必要である。

問1▶下線部ⓐに関連して，次の図はBRICS※（ブラジル，ロシア，インド，中国，南アフリカ）のうちの3か国のGDPの推移を，各国の2000年のGDP水準を100とする指数で表したものである。また，下のア～ウは，この3か国について説明した文章である。図中の国A～Cと説明ア～ウの組合せのうち，ロシアに該当するものとして正しいものを，あとの①～⑨のうちから一つ選べ。〈19：政経，倫政本試〉　[　　　]

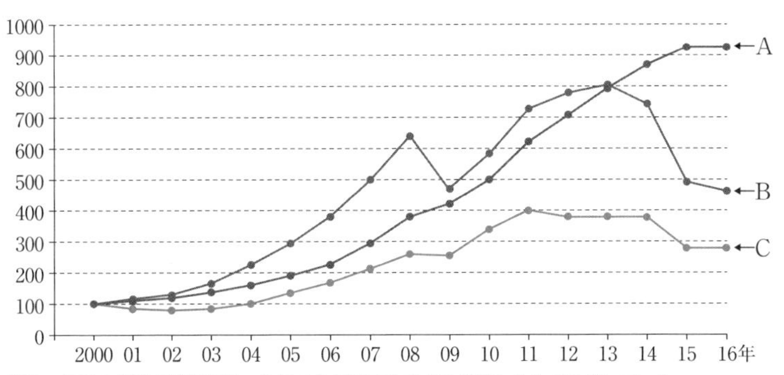

（注）GDPの指数の算出には，各年の名目GDPを米ドル換算したものを用いている。
（資料）International Monetary Fund（IMF），*World Economic Outlook Database, April 2017 edition*（IMF Webページ）により作成。

ア　二酸化炭素の総排出量が現在最も多いこの国では，2016年のGDPは2000年水準の9倍以上になった。

イ　2012年にWTOに加盟したこの国では，ピーク時に2000年水準の約8倍までGDPが拡大したが，2016年に2000年水準の5倍未満となった。

ウ　「アジェンダ21」を採択した国連環境開発会議が開催されたこの国では，2000年から2016年にかけて，GDPは2000年水準より下回ったことがある。

①　A－ア　②　A－イ　③　A－ウ　④　B－ア　⑤　B－イ
⑥　B－ウ　⑦　C－ア　⑧　C－イ　⑨　C－ウ

問2▶下線部ⓑに関連して，日本のODAについての記述として正しいものを，次の①～④のうちから一つ選べ。〈21：政経共通テスト第1回〉　[　　　]

①　日本は，国際機関を通じた多国間援助は実施していないが，発展途上国を対象とした二国間援助を実施している。
②　日本は，返済義務のない無償の援助のみを実施している。
③　日本のODA支出額は，2001年以降，先進国の目標とされる対GNI比0.7パーセント以上を維持してきた。
④　日本のODA支出額は，1990年代の複数年で世界第一位を記録した。

問3▶下線部ⓒに関連して，国際貿易についての記述として最も適当なものを，次の①～④のうちから一つ選べ。〈21：現社共通テスト第1回〉　[　　　]

①　途上国で生産された原材料と，先進国で生産された工業製品が交換される貿易は，水平貿易と呼ばれる。
②　保護貿易の手段の一つとして輸入品検品の厳格化が行われる場合，それは非関税障壁と呼ばれる。
③　他の経常収支の項目が一定である場合，日本の貿易収支の黒字幅が拡大することは，為替レートが円安に動く一因となる。
④　日本がコメの輸入について，部分開放を初めて受け入れた多角的貿易交渉は，ドーハ・ラウンドである。

問4▶下線部ⓓに関連して，経済的地域統合についての記述として**適当でないもの**を，次の①～④のうちから一つ選べ。〈19：現社本試〉　[　　　]

①　EUの共通通貨ユーロを発行し，ユーロ圏における共通の金融政策を担うのは，欧州中央銀行（ECB）である。
②　東南アジアでは，関税障壁の撤廃などを主な目的としてASEAN地域フォーラム（ARF）が結成された。
③　環太平洋経済連携協定（TPP）に署名していたアメリカは，2017年にその署名を撤回してTPPからの離脱を正式に表明した。
④　1995年に発足した南米南部共同市場（MERCOSUR）は，域外に対する共通の関税率を設定する関税同盟の段階に至っている。

※　2024年1月からアルゼンチン，エジプト，エチオピア，イラン，サウジアラビア，アラブ首長国連邦を加えた11か国体制となる予定（2023年8月現在）。

国際

複数資料読解問題④ 国際経済・国際政治

1 国際分業と貿易に関する次の図1～3を見て，以下の問いに答えよ。

図1は比較生産説を説明するための例，**図2**は自由貿易と保護貿易の長所と短所をまとめたもの，**図3**はある財の需要と供給の関係を示したもの，下は，生徒Aがまとめた**ノート**の一部である。

図1

A国とB国がテレビ（1台）と小麦（10kg）を生産するのにかかる費用

	テレビ（1台）	小麦（10kg）
A国	1万円	2万円
B国	6万円	5万円

図2

	長所	短所
自由貿易	・他国との交流がさかんになる。 ・世界中から最も安く，品質のよい工業製品や農作物が得られる。	・力の弱い産業は衰退する。 ・大国が利益を得る。
保護貿易	・自分の国の富（工業・農業）を増大させることができる。	・貿易の自由化は阻止される。 ・国民は高額な国産の製品や農作物を買わされる。

図3

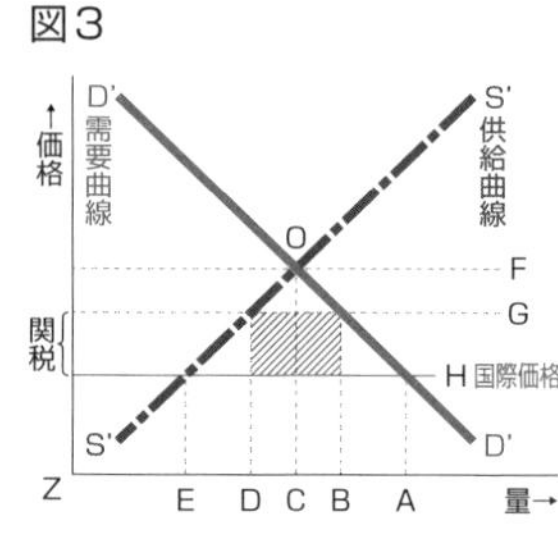

（東京法令出版『フォーラム公共 2022』）

> **ノート**
>
> **図1**は，A国とB国が，テレビと小麦だけ生産するとして，それぞれ生産にかかる費用を示したものです。このときのA国の状態は［ a ］と呼ばれます。このまま両国が生産した場合，両国あわせてテレビ2台，小麦20kgが生産可能です。ここで，それぞれの国が得意なものに特化して生産を行うことにした場合，両国のそれぞれの生産量の合計は［ b ］。
>
> このあと，A国とB国が，得意なものに特化して生産を行い，貿易を進めたとします。**図2**の保護貿易の立場に立つと，例えばB国が苦手な産業を国内で発展させたいと考えたとき，A国が得意な製品を輸入することは国内産業に影響を与えることになります。そこでB国は，［ c ］ことで国内の産業を保護しようとします。
>
> 次に，自由貿易と保護貿易における価格の変化と輸入量の変化について見ていきます。**図3**はある財の国内の需要と供給を表し，Fが価格，Hが国際価格を示します。自由貿易が行われた場合，国内生産量はEに減少し，輸入量は［ d ］となり，G－Hの関税をかけたら輸入量は［ e ］となります。

問1▶**ノート**中の［ a ］・［ b ］に入れる語句の組合せとして最も適当なものを，次の①～⑧のうちから一つ選べ。　［　　　］

① a 絶対優位　b テレビの生産量も小麦の生産量も減ります
② a 絶対優位　b テレビの生産量が増え，小麦の生産量が減ります
③ a 絶対優位　b テレビの生産量が減り，小麦の生産量が増えます
④ a 絶対優位　b テレビの生産量も小麦の生産量も増えます
⑤ a 比較優位　b テレビの生産量も小麦の生産量も減ります
⑥ a 比較優位　b テレビの生産量が増え，小麦の生産量が減ります
⑦ a 比較優位　b テレビの生産量が減り，小麦の生産量が増えます
⑧ a 比較優位　b テレビの生産量も小麦の生産量も増えます

問2▶**図1**と**図2**を踏まえて，**ノート**中の［ c ］に入れる内容として最も適当なものを，次の①～④のうちから一つ選べ。　［　　　］

① A国が得意な製品の輸入に高い関税をかけたり，輸入量を減らしたりする
② A国が得意な製品の輸入に高い関税をかけたり，輸入量を増やしたりする
③ A国が得意な製品の輸入にかかっている関税を下げたり，輸入量を減らしたりする
④ A国が得意な製品の輸入にかかっている関税を下げたり，輸入量を増やしたりする

問3▶**ノート**中の［ d ］・［ e ］に入れる内容として最も適当なものを，次の①～⑤のうちから一つずつ選べ。

d［　　　］　e［　　　］

① A－C　② A－E　③ B－C　④ B－D　⑤ B－E

2 授業で国際連合の安全保障理事会を学習した生徒A，Bの次の会話文を読んで，以下の問いに答えよ。

生徒A：この前の授業で，紛争が起きている地域の様子を映像で見たけど，自分たちも，日本や世界の平和について今まで以上に考えていかなければならないと思ったよ。

生徒B：国際平和と安全について主要な責任をもつのが，ⓐ<u>国際連合の安全保障理事会</u>だと学習したね。国際紛争や国際平和をめぐる決議案について話し合いを行っているみたいだけど，拒否権発動によって否決されることもあるんだって。

生徒A：拒否権は，安全保障理事会の常任理事国に認められている権利だよね。

生徒B：そうだね。拒否権発動が頻発されると安全保障理事会が機能不全に陥る可能性もあるよね。拒否権の扱いや常任理事国の構成や数を見直すよう改革を求める声もあるよ。

生徒A：ⓑ<u>常任理事国入りを望む国もあって，日本もその一つだよね</u>。安全保障上の課題について，よりよい解決方法が見いだせるように議論が今後一層深まっていくといいね。

資料1　パレスチナ自治区ガザの即時停戦を求める決議案
(2009年)

採決内訳	賛成14 棄権１（アメリカ）

資料2　シリアへの人道支援に関する決議案
(2019年)

採決内訳	賛成13 反対２（中国，ロシア）

（国際連合資料による）

資料3　日本の安全保障理事会常任理事国入りへの賛否

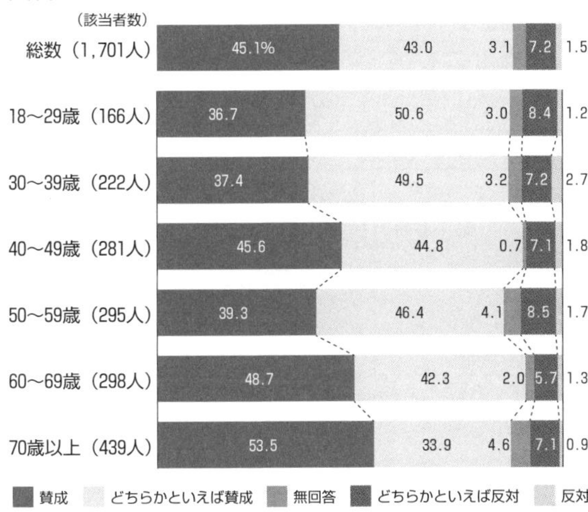

資料4　日本の常任理事国入りに賛成または反対の理由

(資料3で「賛成」，「どちらかといえば賛成」と答えた人に)

(該当者数)	非核保有国で平和主義を理念としている日本が加わることが世界の平和に役立つ	日本は国連に多大の財政的貢献を行っているのに，重要な意思決定に加われないのはおかしい	世界における日本の地位からすると，世界の平和構築のために積極的に参画していくべきだ	その他	無回答
総数（1,500人）	25.3%	22.6	22.3	20.3	9.4

(資料3で「どちらかといえば反対」，「反対」と答えた人に)

(該当者数)	安保理常任理事国にならなくとも，経済・社会分野や環境問題などの非軍事的分野で十分な国際貢献を行っていける	安保理常任理事国になると，国連に対し，これまで以上の財政的負担を負わなければならなくなる	安保理常任理事国になれば，国連の軍事活動に積極的に参加しなければならなくなる	その他	無回答
総数（149人）	24.8%	23.5	21.5	15.4	14.8

（「令和３年度 外交に関する世論調査」内閣府による）

問1▶下線部ⓐに関連して，**資料1**，**資料2**の決議案について採択されたものの組合せとして正しいものを，次の①～④のうちから一つ選べ。　[　　　]

① **資料1**のみ　② **資料2**のみ　③ **資料1・資料2**　④ なし

問2▶下線部ⓑについて，**資料3**と**資料4**は，日本の常任理事国入りに関する世論調査の結果を表している。これらの資料から読み取れることとして最も適当なものを次の①～④のうちから一つ選べ。　[　　　]

① 「賛成」「どちらかといえば賛成」の割合は，年齢が高くなるにつれて低くなっている。

② 「反対」「どちらかといえば反対」の割合は，全体では１割に満たないが，50歳以上のどの世代も１割を超えている。

③ 「賛成」「どちらかといえば賛成」と答えた人は全体の約９割を占め，そのうちの約４分の１の人が，日本が加わることが世界平和に役立つと考えている。

④ 「反対」「どちらかといえば反対」と答えた人の半数が，国連に対する財政的貢献は積極的に行うべきではないと考えている。

45 地球環境問題

A ポイント整理 当てはまることばを書いて覚えよう

（＿＿欄には数値が入る）

①＿＿＿＿ ②＿＿＿＿

③＿＿＿＿＿＿＿＿

④＿＿＿＿ ⑤＿＿＿＿

⑥＿＿＿＿＿＿＿＿

⑦＿＿＿＿＿＿＿＿

⑧＿＿＿＿＿＿＿＿

⑨＿＿＿＿ ⑩＿＿＿＿

地球温暖化の影響

- 局地的な集中豪雨
- 台風やハリケーンの強大化
- 生態系の破壊
- 解氷による海面上昇 ➡ 沿岸低地が水没
- 内陸部で乾燥化 ➡ 干ばつによる食糧危機 ➡ 世界経済の混乱

PM2.5

大気中に漂う直径2.5マイクロメートル以下の微小粒子状の汚染物質。工場のばい煙や自動車の排気ガスなどが原因で呼吸器障害などを引き起こす。中国の経済成長に伴い大気汚染が拡大し，偏西風にのって日本にも影響を及ぼしている。

⑪＿＿＿＿ ⑫＿＿＿＿

⑬＿＿＿＿ ⑭＿＿＿＿

⑮＿＿＿＿ ⑯＿＿＿＿

⑰＿＿＿＿＿＿＿＿

⑱＿＿＿＿＿＿＿＿

GX推進法（2023年成立）

①新しい国債（GX経済移行債）を発行し，企業の脱炭素化を支援。

②①の原資（括弧は導入時期）

- 化石燃料輸入業者へ賦課金（2028年度）
- 電気事業者へ排出枠の割り当て購入を求める（2033年度）

1 地球温暖化

(1) 石炭・石油などの①＿＿＿＿＿の燃焼により排出される二酸化炭素などの②＿＿＿＿＿ガスが，大気中にエネルギーを蓄積し，③＿＿＿＿＿＿をもたらす。＿①＿の使用に応じて課税する炭素税（環境税）がヨーロッパを中心に設けられており，日本においても，従来の石油石炭税に二酸化炭素排出量に応じた税率を上乗せした「地球温暖化対策税」が2012年に導入された。

(2) 洗浄剤やスプレーなどに利用される④＿＿＿＿ガスの大量使用は，＿③＿や⑤＿＿＿＿＿破壊の原因となっている。＿⑤＿が破壊されると，紫外線が地表に達し，皮膚ガンや白内障の多発や，農作物への被害が増加する。その対策として，＿⑤＿保護に関する⑥＿＿＿＿＿＿.＿＿＿議定書の締約国会議は特定＿④＿ガスの生産・消費の全廃を決定し，先進国は1996年から全廃した。

(3) 1992年の地球サミットでは⑦＿＿＿＿＿＿.＿＿条約（地球温暖化防止条約）が採択された。1997年に，同条約の第３回締約国会議が日本で開かれ，温室効果ガスの排出削減数値目標を定めた⑧＿＿＿＿＿＿を採択した。

(4) 2015年には，中国・インドなどにも＿②＿ガス排出削減義務を課した⑨＿＿＿＿＿＿が採択された。

	＿⑧＿	＿⑨＿（2020年～）
削減義務※	・先進国―あり EU８％　アメリカ７％　日本６％ ・発展途上国―なし	・すべての締約国にあり ・削減目標は産業革命前の気温と比べ，上昇を⑩＿℃未満（できれば1.5℃未満）に抑える
国別削減目標と達成義務	・目標値は政府間交渉で決定 ・目標達成義務あり	・各国自らが目標値を設定。５年ごとに見直し ・目標達成義務なし

※1990年比での削減目標値（2008～12年までの第一約束期間）

2 その他の環境問題

(1) 工場や自動車から排出される硫黄酸化物（SOx）や⑪＿＿＿＿＿＿（NOx）は⑫＿＿＿＿の原因となっている。これは，湖沼の漁業被害や森林・農作物の枯死，建物の溶解・腐蝕などの被害をもたらす。

(2) 焼畑農耕や先進国への木材輸出のため引き起こされる⑬＿＿＿の破壊は，酸素の供給量減少と，それに伴う温暖化・乾燥化，また希少な動植物の減少・絶滅などを招くとともに洪水被害を発生させている。国連は，「⑭＿＿＿＿＿な森林経営」を打ち出し，国連森林フォーラム（UNFF）を設置した。

(3) 乾燥地域の人口増加による過剰な放牧や燃料としての植物採取は，⑮＿＿＿＿の進行を早めている。＿⑮＿による森林の減少は，二酸化炭素に対する自浄作用の低下により＿③＿を加速させ食糧危機の原因となる。これを食い止めるための取り組みを先進締約国が支援することを規定した⑯＿＿＿＿＿＿条約が1994年に採択された。

(4) 1982年に採択された⑰＿＿＿＿＿＿＿条約では，海洋汚染を引き起こす汚染物質の排出を防止するための，国の管轄権について規定した。近年は微細なプラスチックごみの⑱＿＿＿＿＿＿＿.＿＿＿＿＿＿＿が海洋に広がり，新たな環境問題となっている。

(5) 水鳥などの生息にとって重要な湿地を保護するため，1971年に⑲＿＿＿＿＿＿条約が採択された。

⑲

⑳

㉑

㉒

㉓

㉔

3 地球環境問題に対する国際連合の取り組み

(1) 1972年にストックホルムで，「⑳＿＿＿＿＿＿＿＿＿＿」をスローガンに㉑＿＿＿＿＿＿会議が開催された。この会議で国連内に地球環境問題を討議する㉒＿＿＿＿＿＿（UNEP）が設置され，その後の国際的な取り組みの中心的な役割を担ってきた。1992年，＿㉑＿会議の20周年の年にブラジルのリオデジャネイロで㉓＿＿＿＿＿＿＿会議，いわゆる地球サミットが開かれた。スローガンとして，「㉔＿＿＿＿＿＿＿＿」が掲げられ，経済成長と環境との調和が目指されている。

(2) さらに，持続可能な開発と環境保全に関する先進国と発展途上国との調整のために，2002年に『持続可能な開発に関する世界首脳会議』がヨハネスブルクで開かれた。

環境倫理の確立

・レイチェル・カーソン
『沈黙の春』において，農薬と殺虫剤による生態系の破壊を警告した。
・ハンス・ヨナス
科学技術の膨張によって，未来世代の人類や環境を脅かしているとして，未来世代への責任を説いた。世代間倫理の先駆者。

B 図表でチェック

1 次の図の空欄に当てはまる語を語群から選んで答えよ。

（『環境白書』1990）

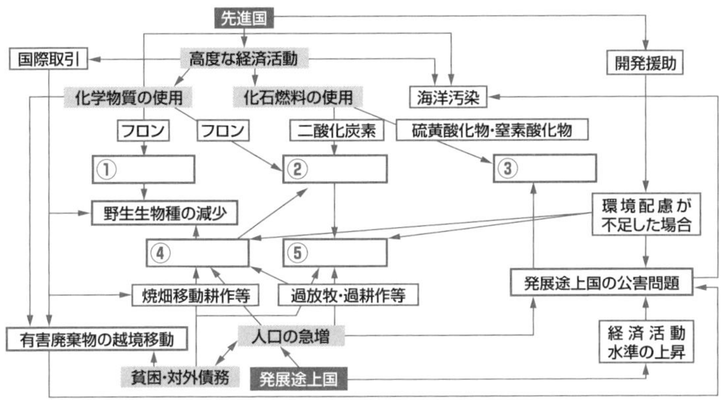

砂漠化　酸性雨　地球温暖化
オゾン層の破壊　森林の減少

①
②
③
④
⑤

2 次の図の空欄に当てはまる語を語群から選んで答えよ。

1972年	国連①＿＿会議	〈スローガン〉「②＿＿地球」 〈宣言〉人間環境宣言→1972年国連環境計画（UNEP）発足，翌73年から活動開始
1985年	③＿＿保護のためのウィーン条約採択 →1987年④＿＿議定書採択…フロンを段階的に規制 →1995年に先進諸国で特定フロンの生産・消費の打ち切り実現	
1992年	国連⑤＿＿会議（地球サミット）	・環境と開発に関する⑥＿＿宣言（「⑦＿＿な開発」） ・アジェンダ21（地球環境保護への世界の行動計画） ・⑧＿＿条約（地球温暖化防止対策の枠組み規定）採択 ・生物多様性条約
1997年	地球温暖化防止京都会議	・京都議定書（温室効果ガス削減に関する数値目標）採択
	2001年	⑨＿＿が自国の産業保護を理由に離脱
	2005年	⑩＿＿の批准により発効
	2013年	日本は2013年以降の削減義務を拒否し，自主削減へ
2015年	COP21	京都議定書に代わる2020年以降の温暖化対策の新たな国際枠組み「パリ協定」採択
	2019～21年	⑨＿＿は正式に離脱通告したが，2021年復帰した

持続可能　モントリオール
人間環境　アメリカ
ロシア　気候変動枠組み
かけがえのない　リオ
オゾン層　環境開発

①
②
③
④
⑤
⑥
⑦
⑧
⑨
⑩

時事正誤チェック IPCCは，1988年に設立され，地球の気候変動に関して，地球温暖化に伴う影響なども含め，科学的な知見に基づいて評価した報告書を数年おきにまとめているものである。〈21：現社共通テスト第1回〉 [　]

46 資源・エネルギー問題

Ⓐ ポイント整理 当てはまることばを書いて覚えよう

（＿＿欄には数値が入る）

①＿＿＿＿ ②＿＿＿＿
③＿＿＿＿
④＿＿＿＿
⑤＿＿＿＿
⑥＿＿＿＿
⑦＿＿＿＿
⑧＿＿＿＿
⑨＿＿＿＿
⑩＿＿＿＿
⑪＿＿＿＿
⑫＿＿＿＿
⑬＿＿＿＿
⑭＿＿＿＿
⑮＿＿＿＿
⑯＿＿＿＿
⑰＿＿＿＿
⑱＿＿＿＿
⑲＿＿＿＿
⑳＿＿＿＿

1 限りある資源

(1) 人間が利用するエネルギーのうち，石油・石炭・地熱・風力・火力・原子力のような加工する前の自然界に存在するものを①＿＿エネルギーといい，電気・ガスなどそれを変換したものを②＿＿エネルギーという。石炭が使用されるようになった18世紀の③＿＿革命と，石炭から石油への大転換が起きた20世紀の④＿＿＿＿＿革命を契機としてエネルギー消費量は飛躍的に増大した。

(2) 日本では，1950年代中頃から1960年代の⑤＿＿＿＿＿.＿期にかけて，エネルギー革命が進行した。1970年代の２度にわたる⑥＿＿＿＿（オイル・ショック）は省エネルギー化と脱石油化が進展する契機となった。

(3) 鉱産資源は⑦＿＿＿資源であり，その⑧＿＿年数が限られている。特にリチウムなどの⑨＿＿＿＿＿（希少金属）は，埋蔵量が限られ，安定した供給が難しい。近年は採掘技術の進歩により，⑩＿＿＿＿ガスや＿⑩＿オイルの開発が進み，アメリカが主要な産出国となっている。

2 資源ナショナリズム

(1) 1962年，国連総会で「天然資源に対する⑪＿＿＿＿」が採択された。自国の資源は自国で管理・開発しようとする⑫＿＿＿＿＿.＿＿＿＿の動きが高まり，1960年に⑬＿＿＿＿（石油輸出国機構）が結成され，産油国がメジャーに対抗して石油の生産量・価格の調整を図るようになった。

(2) 第一次＿⑥＿後の1974年には⑭＿＿＿＿＿.＿＿＿が開かれ，原油などの一次産品の価格安定と，先進国と途上国間の対等な貿易を目指す⑮＿＿＿＿＿.＿＿（NIEO）樹立宣言が採択された。

(3) ⑯＿＿などの鉱産資源は，産出国と消費国が一致していないことが多いため，消費国である先進国の経済が産出国の政治・外交による石油戦略の影響を受けやすい。ヘッジファンドの投機的売買やシェールガスの開発などで，その価格は乱高下している。

3 原子力発電

(1) 石油危機を経て，⑰＿＿＿という物質の核分裂によるエネルギーで発電する⑱＿＿＿発電が拡大した。しかし，老朽化した原子炉の廃棄，⑲＿＿＿廃棄物の処理に多額の費用がかかるなどの問題点を抱えている。

(2) ソ連のチョルノービリ※（チェルノブイリ）原発事故（1986年）と同じレベル７の⑳＿＿＿＿＿.＿第一原発事故（2011年３月）が発生すると，イタリアやスイスなどで国民投票が実施され，脱原発に方向転換する国もあった。日本では全原発が停止したが，電力不足に対応するため，2015年以降，安全性を確認したものから再稼働を始めた。また，＿⑳＿第一原発事故を機に原発の運転を「原則40年＋最長20年延長」としてきたが，2023年に成立した「GX脱炭素電源法」（原子力基本法などの改正を一本化）では，運転期間の枠組みを維持しつつ，再稼働審査や司法判断で停止した期間のカウントを除外することで60年超えの運転を可能とした。

GX脱炭素電源法

原子力基本法 原発活用による電力の安定供給や脱炭素社会の実現は「国の責務」

電気事業法 原発の運転期間について，再稼働審査などで停止した期間を除外→60年超運転が可能に

原子炉等規制法 原子力規制委員会は，運転開始から30年を起点に10年以内ごとに劣化を確認

再処理法 原子力事業者に廃炉資金の外部への拠出を義務づけ

再生可能エネルギー特別措置法 送電網整備の支援や再エネ事業者の規律を強化

※ 2022年日本政府は，ロシアに侵攻されたウクライナへの連帯を示すため，ウクライナの地名をロシア語からウクライナ語に基づく読みに変更した。

4 再生可能エネルギー

(1) 温室効果ガスを発生させず，枯渇することのない㉑＿＿＿＿エネルギーの開発が進んでいる。太陽光・風力・地熱などがこれに当てはまる。

(2) 2012年に施行された再生可能エネルギー特別措置法により，再生可能エネルギーによってつくられた電力を電力会社が固定価格で一定期間買い取る㉒＿＿＿＿・＿制度が導入された。最近は先端技術を使って電力の需要と供給を最適化する㉓＿＿＿＿＿・＿＿＿という新しい電力網が実現している。

(3) 熱と電力を同時に供給する㉔＿＿＿＿＿・＿＿＿＿＿（熱電併給）も確立している。

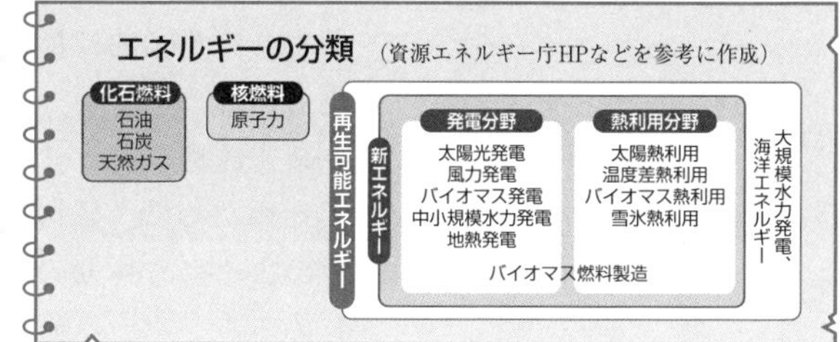

B 図表でチェック

1 次の空欄に当てはまる一次エネルギーの名称を答えよ。

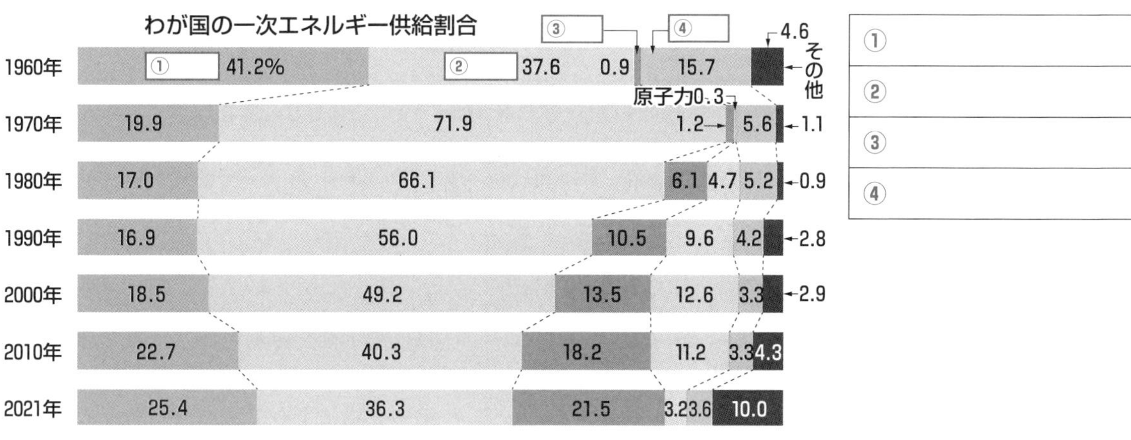

①
②
③
④

2 次のグラフの空欄に当てはまる国名を語群から選んで答えよ。

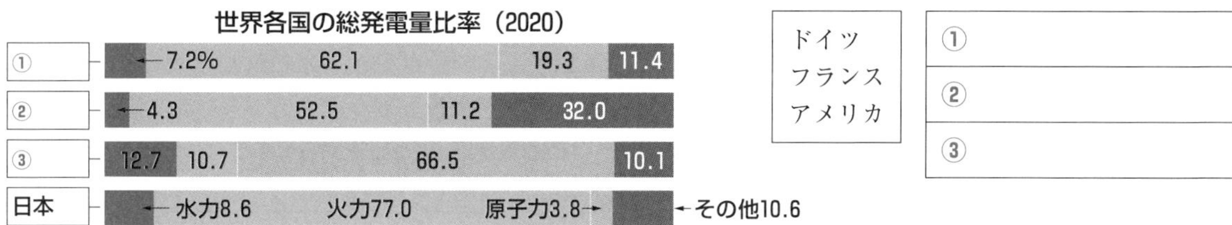

（以上『日本国勢図会』2023/24などによる）

ドイツ
フランス
アメリカ

①
②
③

3 次の原油高騰の原因に関する図の空欄に当てはまる語を語群から選んで答えよ。

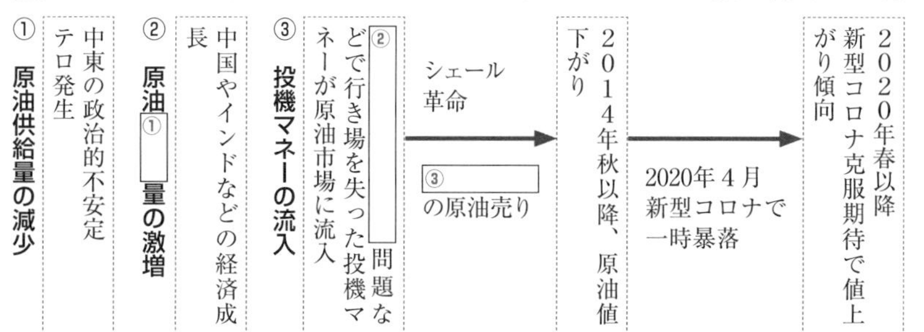

①
②
③

サブプライムローン
需要
ヘッジファンド

時事正誤チェック 2000年代後半に技術革新によって地下深くの頁岩（けつがん）層から採掘可能となり，アメリカで生産量が急増した天然ガスは，バイオマスと呼ばれる。〈20：現社追試〉 [　]

47 科学技術の発達と生命倫理

A ポイント整理 当てはまることばを書いて覚えよう

（____欄には数値が入る）

①____
②____
③____
④____
⑤____
⑥____
⑦____
⑧____＝____
⑨____
⑩____
⑪____
⑫____

1 医療技術の発達と生命倫理

(1) 生命工学＝①____・____や医療技術のめざましい発達で，人間が生命を意図的に操作してよいのかといった様々な問題が発生し，新たな生命倫理（②____・____）の確立が求められている。

(2) 終末医療（ターミナル・ケア）の問題として，人間としての尊厳を保って死ぬために，延命治療を拒否して自然死を迎える③____，末期ガン患者のように，死期の差し迫った傷病者を苦痛から解放する目的で死に至らしめる④____の是非が議論されている。

(3) 最近では，生きているという事実を重視するのではなく，どのように生きるかを重視する，人生の質（⑤____）や，自己決定権を憲法第13条の⑥____権の一つとして認める傾向にある。

(4) 一例として，末期ガン患者などが精神的に充実して死を迎えることができるための⑦____なども注目されている。

	安楽死	尊厳死
目的	・末期に生じる激しい苦痛から解放	・人間としての尊厳を保つ ・⑤の維持
現状	・オランダ，ベルギー，アメリカの一部の州などで法制化。日本では認められていない	・厚生労働省が方針を示す ・⑦などで緩和医療を受けられる

QOLとSOL

QOL（Quality of Life） 生命の質，生活・人生の質	SOL（Sanctity of Life） 生命の神聖さ・尊厳さ
個人の価値観により生命に質の違いを認める立場 【医療】 患者自身の意向・自己決定権を尊重。 関連事項 ・インフォームド=コンセント→患者自身の同意と納得に基づいた治療。 ・緩和ケア，終末医療（ターミナル・ケア）における尊厳死など。	生命に価値の違いを認めず，等しく尊重する立場 【医療】 医療側は生命維持を優先。 行きすぎると 医療現場は医師の決定が絶対。→医療パターナリズム（父権主義，温情主義）※に陥る可能性。 ※ここでは，（患者よりも優位な立場である専門家の）医師が，患者によかれと（患者の意向と合致しない場合であっても）医療行為を一方的に進めるケースが挙げられる。

(5) 治療の方法や内容について，医師が患者に説明し納得してもらう医療方法を，⑧____・____＝____・____といい，自己決定権を尊重する考え方である。

(6) 体外受精，⑨____診断などの医療技術の登場によって，家族のあり方に今後根本的な変化が起きる可能性が生まれている。一方，⑨診断では，妊婦の血液だけでダウン症などの胎児の染色体異常を判定でき，命の選別につながるという指摘もある。

⑬____ ⑭____
⑮____ ⑯____

医療の種類		
生殖補助	⑩___授精	男性の精子を女性の子宮に人工的に授精させる。
	体外受精	体外で人工的に精子と卵子を受精させる。
	⑪___出産	体外受精による受精卵をもとに，第三者の女性に出産してもらう。

(7) 近年は⑫____の健康／権利（リプロダクティブ・ヘルス／ライツ）が，世界保健機関（WHO）をはじめとする国際機関により提唱されている。

再生医療の進歩

2012年，iPS細胞を作成した山中伸弥氏がノーベル医学・生理学賞を受賞した。2007年，人の皮膚細胞からiPS細胞を作成することに世界で初めて成功し，2013年からはiPS細胞を人に応用する初の臨床研究が始まっている。2018年にはiPS細胞をパーキンソン病治療に使用する方向性が示された。傷ついた臓器や失われた皮膚を新たに作り出す技術を「再生医療」といい，そのもとになる細胞を「万能細胞」と呼ぶ。

2 臓器移植と脳死

(1) 1997年に，⑬____法が施行され，⑭___した患者から摘出した臓器を第三者に提供する道が開かれた。この法律は制定以来⑮__歳未満の子どもからの臓器提供を禁止していたが，2009年７月の改正法（2010年７月施行）により移植の⑯___制限を撤廃し，本人の意思が不明でも家族の同意のみで提供が可能となった（2011年４月に初の実施）。

(2) 改正前と改正後の主な違いは以下のとおりである。

	脳死の位置づけ	臓器提供条件	子どもからの臓器提供	その他
改正後	臓器移植との関係で脳死は「人の死」とする	本人の生前の拒否がなければ家族の同意	⑯＿＿制限撤廃	親族への臓器提供優先
改正前	臓器提供の意思がある場合に限り「人の死」	本人の意思と家族の同意	⑮＿＿歳未満は禁止	

⑰＿＿＿＿

⑱＿＿＿＿

⑲＿＿＿＿

⑳＿＿＿＿

㉑＿＿＿＿

㉒＿＿＿＿

㉓＿＿＿＿

3 科学技術にかかわる諸問題

(1) 最近では，遺伝子情報（⑰＿＿＿＿）の解析が行われ，稲などの穀物だけでなく，ヒトの解析も進んでいる（2003年にヒト＿⑰＿の配列の解読完了）。
(2) その結果，遺伝的に同じ生物をつくる，⑱＿＿＿＿＿技術が誕生した。しかし動物実験では多くの遺伝子異常が認められ，クローン技術規制法（2001年施行）により人間の＿⑱＿作成は禁止されている。
(3) 食料についても⑲＿＿＿＿＿＿＿.＿＿＿食品の開発が進んでいる。日本では，食品表示法により9農作物と33加工食品群について，＿⑲＿の表示を義務づけている（2023年7月現在）。科学技術の発達は，一方で，地球環境や生態系を破壊することから，⑳＿＿＿倫理の確立が求められている。
(4) 近年，生成AI（㉑＿＿＿＿＿＿）の台頭により，著作権の侵害や情報漏洩などの懸念の声が各国で上がっている。AIの最適な活用とともに，リスク低減の政策が求められている。
(5) 損傷を受けた人体を再生させる㉒＿＿＿＿＿＿の研究が進められ，ES細胞（胚性幹細胞）に続き，㉓＿＿＿＿細胞（人工多能性幹細胞）の実用化が期待されている。

ゲノム医療推進法
国に対して，ゲノム医療（ゲノムに基づく最適な医療の提供）を推進するための基本計画策定と，ゲノムによる差別を防止する対策を講じるよう求める内容（2023年成立）。

ES細胞とiPS細胞
ES細胞は受精卵を利用するという倫理的な問題と，「他人の細胞」であるため，移植の際に拒絶反応がおこるという問題があった。それに対し，iPS細胞は自分の体細胞を使用するので，これらの問題を一挙に解決できる可能性がある。

課題

B 図表でチェック

1 脳死と臓器移植について，次の各問いに答えよ。

❶ 臓器移植に関しては脳死を人の死とし，臓器の移植を認めた法律の名称を答えよ。
❷ 臓器移植の意思を確認するための，臓器提供意思表示カードのことを何というか。
❸ 次の文章は，❶の法律の条文である。

> **第4条**　医師は，臓器の移植を行うに当たっては，診療上必要な注意を払うとともに，移植術を受ける者又はその家族に対し必要な説明を行い，その理解を得るよう努めなければならない。

これに関して，医師が患者に病状を説明し，患者自身の同意に基づいて治療を行うという「説明と同意」を表す語を答えよ。

❶
❷
❸

↓カード裏面

《 1．2．3．いずれかの番号を◯で囲んでください。》
1．私は，脳死後及び心臓が停止した死後のいずれでも，移植の為に臓器を提供します。
2．私は，心臓が停止した死後に限り，移植の為に臓器を提供します。
3．私は，臓器を提供しません。
《1又は2を選んだ方で，提供したくない臓器があれば，×をつけてください。》
【 心臓 ・ 肺 ・ 肝臓 ・ 腎臓 ・ 膵臓 ・ 小腸 ・ 眼球 】
〔特記欄：　　　　　　　〕
署名年月日：　　年　　月　　日
本人署名(自筆)：
家族署名(自筆)：

2 生命倫理について次の各問いに答えよ。

❶ 右の図の空欄に当てはまる語を答えよ。

ビオス（生物）＋エシイオス（倫理）→［　　　］（生命倫理）

❷ 末期状態にある患者が，延命治療を拒否し，自分らしい生き方をして自然な死に方を望むとき，この死のあり方を何というか。
❸ ❷の意思を文書などで生前に表明することを何というか。
❹ 末期患者をケアするための施設の名称を答えよ。

❶
❷
❸
❹

時事正誤チェック　iPS細胞（人工多能性幹細胞）由来の細胞については，すでに患者に移植する手術が開始されており，個人向けiPS細胞の保管ビジネスも民間で始まっている。〈19：現社追試改〉［　］

実戦問題　45地球環境問題～47科学技術の発達と生命倫理

1　次の文章を読み，以下の問いに答えよ。

現代社会における課題は多岐にわたっているが，全ての(a)生物の生存にかかわる(b)地球環境問題は最重要課題であり，その解決のために1992年の国連環境開発会議（ 1 ）をはじめとする(c)国際会議がたびたび開かれてきた。特に(d)資源エネルギー問題については，クリーンな代替エネルギーの開発が急務である。日本政府も，持続可能な開発目標（SDGs）を実施するための８つの優先事項のうち５番目の目標として，「(e)省・再生エネルギー，気候変動対策， 2 型社会」をあげている。

問1▶文中の空欄 1 ・ 2 に当てはまる適当な語を答えよ。

1［　　　　　］　2［　　　　　］

問2▶下線部(a)に関して，生命倫理の観点から議論があったものの，わが国では脳死患者から臓器を摘出して，必要としている患者に提供することを一定の要件の下に認める法律が1997年に制定された。

(1)　その法律の名称を答えよ。［　　　　　］

(2)　(1)の法律は2009年の改正で何歳未満の者からの臓器提供を認めたか。［　　　　　］

問3▶下線部(b)に関して，地球環境問題についての以下の設問に答えよ。

(1)　地球温暖化の原因物質は，いわゆる温室効果ガスであるが，その中で最も大きな原因となっている物質は何か。［　　　　　］

(2)　地球温暖化によって，人々の生活にどのような影響が及ぶと考えられるか。具体例をあげよ。

［　　　　　］

(3)　フロンの排出によって引き起こされる地球環境問題は何か。［　　　　　］

問4▶下線部(c)に関して，地球環境問題への国際的取り組みについての以下の設問に答えよ。

(1)　1972年に世界の多くの国々が参加して開かれた地球環境保護のための国際会議の名称を答えよ。

［　　　　　］

(2)　2020年以降の新たな枠組みが2015年のCOP21で採択された。中国やインドなどを含めた全ての加盟国にどのような義務を課すことになったか。

［　　　　　］

問5▶下線部(d)に関して，次のA～Dは，高度経済成長期から現在にかけての日本の発電量構成を示したグラフである。**図**の見出しに当てはまるようグラフを古い順に並べたとき，③と④にあたるグラフとして適当なものをそれぞれ選び，記号で答えよ。

図　①高度経済成長（1960年代）➡②２度の石油危機（1970年代）➡③電力需要の拡大（1980～2010年代）➡④震災による原発停止（2011年以降）

A　水力 11.9%　石炭 9.7　石油 26.5　天然ガス等 24.4　再生可能エネルギー 0.2　原子力 27.3

B　天然ガス等 4.2　原子力 2.6　水力 17.2%　石炭 4.7　石油 71.4

C　原子力 3.9　水力 7.8%　石炭 31.0　石油 6.3　天然ガス等 39.0　新エネ等 12.0

D　天然ガス等 0.2　水力 42.4%　石炭 26.4　石油 30.9

③（1990年度）［　　　　　］　④（2020年度）［　　　　　］

記述 問6▶下線部(e)に関連して，右の資料は，世界の主な国の１人当たりの実質GDPと一次エネルギー消費量を示している。ここから読み取れる，１人当たりの実質GDPと一次エネルギー消費量の関係を，「先進国」の語を用いて説明せよ。

［　　　　　］

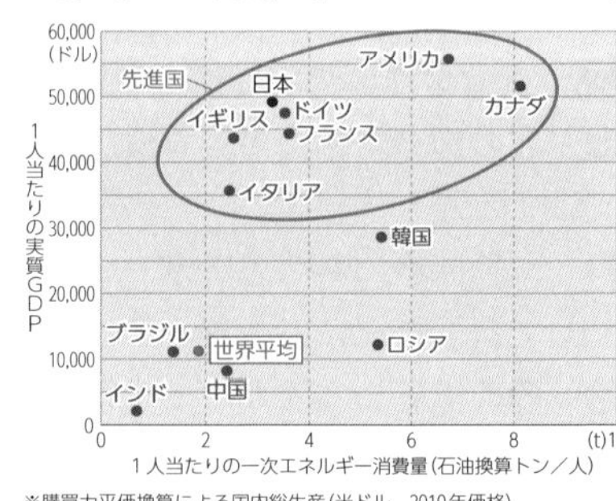

※購買力平価換算による国内総生産（米ドル，2010年価格）
（『EDMC/エネルギー・経済統計要覧』2022）

2 次の文章を読み，以下の問いに答えよ。

近年，日本は科学技術が発展し，ⓐ医療や産業はめざましい進化を遂げている。その一方で，環境破壊が深刻化したことから，ⓑさまざまなスローガンの下，ⓒ環境問題に対する取り組みや，ⓓ持続可能な社会を実現するための方法が模索されてきたが，何よりも，ⓔ私たち自身が環境保全に役立つ行動をとっていくことが求められる。環境問題の解決は，「グローバルに考えて，ローカルに行動する」ことが大切である。

問1▶下線部ⓐに関連して，生命倫理をめぐる日本の現状に関する記述として**適当でないもの**を，次の①～④のうちから一つ選べ。〈17：現社追試改〉 [ ]

① 出生前診断は，胎児の情報を得ることを目的として行われるが，生命の選別につながるという指摘もある。

② 現在，クローン技術の研究が進められているが，ヒトのクローン胚(はい)の作成は，法律によって規制されている。

③ 代理母による出産が行われると，生まれた子の親権や養育権をめぐって争いが起きうるが，現状では，出産した人が法律上の母親になる。

④ iPS細胞は，その作成にあたってヒトの受精卵などの胚を壊す点で，倫理的な問題をめぐる議論がある。

問2▶下線部ⓑに関連して，現代の環境問題に対する提言，取決め，スローガンについての記述として**適当でないもの**を，次の①～④のうちから一つ選べ。〈20：倫理追試〉 [ ]

① ストックホルムで開催された国連人間環境会議では，「かけがえのない地球」をスローガンに人間環境宣言が採択され，環境問題に取り組むことが世界各国の義務であるとされた。

② 環境問題の一つとして，人間による動物の取扱い方の問題があるが，ピーター・シンガーは，動物には権利を認めずに人間のみを特別扱いするのは種差別だとして，「動物の権利」を主張した。

③ リオデジャネイロで開催された地球サミットでは，ラムサール条約が締結され，「宇宙船地球号」という考えから，生物の多様性や地球環境の持続性を損なわない経済開発が提唱された。

④ ノーベル平和賞を受賞した環境保護活動家のワンガリ・マータイは，「もったいない」という日本の言葉を知り，この言葉を世界共通のスローガンとして提唱した。

問3▶下線部ⓒに関連して，「環境問題における国家間の対立と協調」についての出来事に関する記述として**誤っているもの**を，次の①～④のうちから一つ選べ。〈21：政経共通テスト第1回改〉 [ ]

① 国連人間環境会議（1972年）で，国連に環境問題を本格的に検討・推進するための組織である国連環境計画の設置が決定した。

② 気候変動枠組み条約の京都議定書では，温室効果ガス削減の数値目標が定められた。

③ 国連持続可能な開発会議（2012年）で，「グリーン経済」の推進が提唱された。

④ 気候変動枠組み条約のパリ協定では，締約国が温室効果ガス削減目標を設定し，その達成が義務づけられた。

問4▶下線部ⓓに関連して，持続可能なエネルギー利用のあり方に関する正しい記述を，次の①～④のうちからすべて選べ。〈02：現社本試改〉 [ ]

① 地熱は，自然環境の中にあって繰り返し利用できるエネルギーではあるが，どんな場所でもそれを活用した発電が可能というわけではない。

② 風力発電は，風のエネルギーで発電機を回し電力を得るものであり，日本でも沿岸部中心に導入されている。

③ 太陽光発電は，どんな場所でも発電できる上，一つの施設で大規模にエネルギーを供給できる点が特長である。

④ バイオマスは，廃熱を暖房や給湯などの熱源に用いて，エネルギー利用を効率化する技術である。

問5▶下線部ⓔに関連して，資源利用についての日本の法制度に関する記述として最も適当なものを，次の①～④のうちから一つ選べ。〈18：現社本試〉 [ ]

① 循環型社会形成推進基本法では，いわゆる３Ｒのなかで，再使用（リユース）が，再生利用（リサイクル）や廃棄物の発生抑制（リデュース）よりも優先されるという原則が定められている。

② 循環型社会形成推進基本法では生産者が，自ら生産した製品が使用され廃棄された後においても，一定の責任を負うという考え方が取り入れられている。

③ 資源のリサイクルを促進するための個別法は様々な分野に存在するが，そのうち容器包装リサイクル法と家電リサイクル法は，高度経済成長期に制定されたものである。

④ 資源のリサイクルを促進するための個別法は様々な分野に存在するが，建設工事で使われた資材の再資源化を促進する法律は，いまだ制定されていない状況にある。

複数資料読解問題⑤ 私たちの課題

1 地球環境問題に関して，以下の問いに答えよ。

生徒Aは，地球温暖化や気候変動に関するレポートを作成するため，資料を集めている。**資料1**は地球温暖化による影響をまとめたもの，**資料2**は水資源における地球温暖化の影響についてまとめたもの，なお**資料3**は，気候変動による災害の増加を見据え，防災や減災に関するものを選んだ。

資料1　地球温暖化の影響

指　標	観測された変化
世界平均気温	・2011 ～ 2020年は，工業化前と比べて約1.09℃上昇。
海面水位	・1901～2018年の間に世界平均で0.20m上昇。
極端な降水	・陸地のほとんどで1950年代以降に大雨の頻度と強度が増加（人が起源の気候変動が主要な要因）。
熱帯低気圧	・強い熱帯低気圧の発生割合が過去40年間で増加。

（東京法令出版『フォーラム公共2022』による）

資料2　水資源における地球温暖化の影響

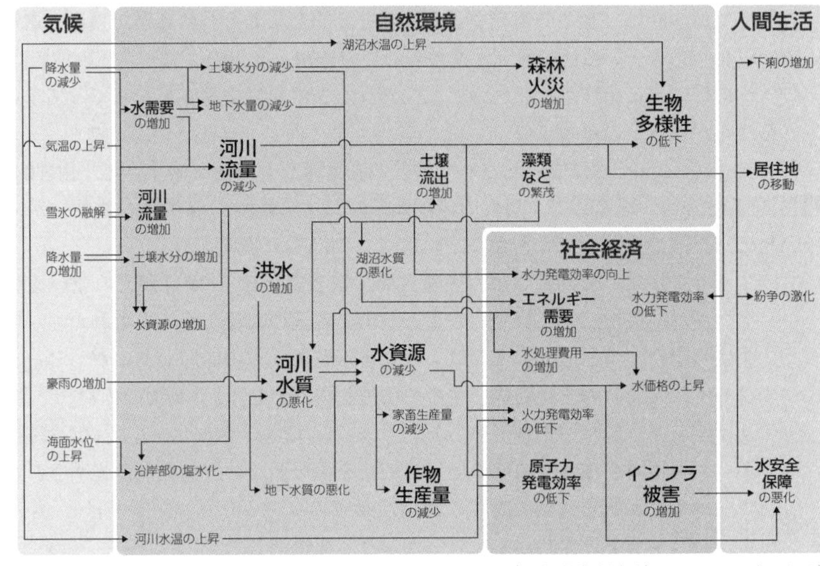

（国立環境研究所ホームページによる）

資料3　防災・減災のための具体的な行動

a	b	c
・ハザードマップの確認，防災知識の習得。 ・マイタイムライン（防災行動計画）の作成。 ・飲料水や食料の備蓄。	・地域の防災活動（自主防災組織や消防団）への参加や協力。 ・地域住民同士の安否確認。 ・体が不自由な人や高齢者への避難支援。 ・（企業）BCP…事業継続計画の作成や見直し。	・ハザードマップの作成や避難体制の整備。 ・堤防などの建設や公共施設の耐震化。 ・災害に強い社会資本の整備や自主防災組織への支援。 ・防災知識の普及，防災教育の充実。 ・災害情報や支援物資の提供。 ・消防や警察，自衛隊による救援活動。

（『防災白書』令和４年度版などによる）

問1▶地球温暖化について，**資料1**，**資料2**から読み取れることとして**不適当なもの**を次の①～④のうちから一つ選べ。　［　　　］

① 世界平均気温は工業化前に比べると約1.09℃上昇しており，このような世界平均気温の上昇は，湖沼や河川の水温の上昇，河川流量の減少，さらには水資源の悪化や生物多様性の低下などを招くおそれがある。

② 海面水位は，この約120年の間で，世界平均で0.20m上昇しており，このような海面水位の上昇は，人間生活において，水の安全保障の悪化，さらには居住地の移動，紛争の激化につながるおそれがある。

③ 豪雨などの極端な降水は，近年頻繁に起こるようになり，このような極端な降水の増加は，河川水質の悪化，さらには水処理費用の増加と水価格の上昇，原子力発電効率の低下を引き起こすおそれがある。

④ 社会経済におけるエネルギー需要の増加という課題に対応しようとする場合，これを引き起こす河川水質の悪化や，河川水質の悪化に影響を与える洪水の増加，豪雨の増加について解決する必要がある。

問2▶**資料3**の［a］～［c］に入れる語句の組合せとして最も適当なものを，次の①～④のうちから一つ選べ。　［　　　］

① a 共助　b 自助　c 公助　② a 自助　b 共助　c 公助
③ a 共助　b 公助　c 自助　④ a 自助　b 公助　c 共助

2 科学技術の発展と生命倫理に関する次の会話文を読んで，以下の問いに答えよ。

生徒Ａ：科学技術が発達することで，様々な倫理上の問題が出てきているみたいだね。

生徒Ｂ：ⓐSOLとQOLについて学習したときに，**資料１**と**資料２**を見つけたよ。

生徒Ａ：ⓑ移植医療も，日本で少しずつ広まってきたような気がするけど，実際はどうなのかな。

生徒Ｂ：それなら，**資料３**と**資料４**を見て考えてみようよ。

資料１　ヒポクラテスの誓い

……自身の能力と判断に従って，患者に利すると思う治療法を選択し，害と知る治療法を決して選択しない。依頼されても人を殺す薬を与えない。同様に婦人を流産させる道具を与えない。……どんな家を訪れる時もそこの自由人と奴隷の相違を問わず，不正を犯すことなく，医術を行う。

（東京法令出版『テーマ別資料　公共2022』による）

資料２　緩和ケアの定義

緩和ケアとは，生命を脅かす疾患による問題に直面している患者とその家族に対して，疾患の苦痛，身体的問題，精神的問題，社会的問題，スピリチュアルな問題に関して，早期からきちんとした評価を行い，それが障害とならないように予防したり，対処したりする……アプローチである。

（WHO資料による）

資料３　各国の臓器提供数（100万人当たりのドナー数）

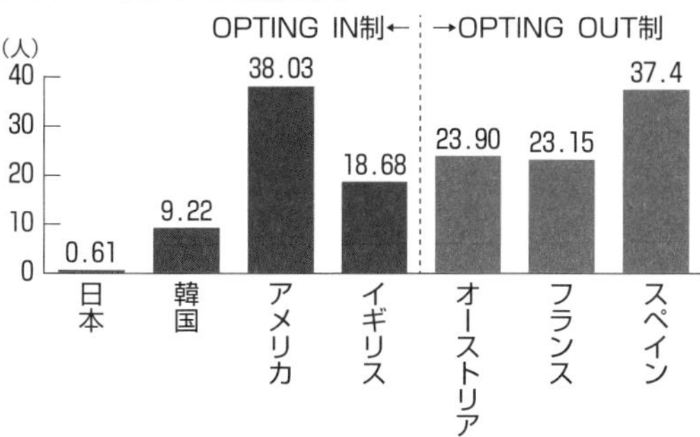

※OPTING IN…本人が生前，臓器提供の意思表示をしていた場合，または家族が臓器提供に同意した場合に臓器提供が行われる。

※OPTING OUT…本人が生前，臓器提供に反対の意思を残さない限り，臓器提供をするものとみなす。

（日本臓器移植ネットワーク資料）

資料４　日本における臓器提供に対する意識

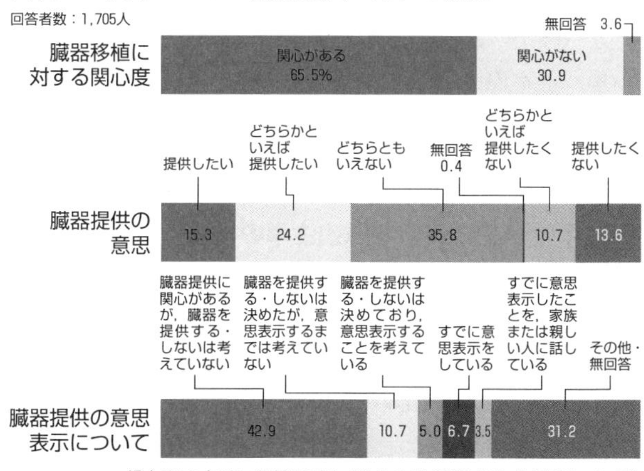

（「令和３年度 移植医療に関する世論調査」内閣府による）

問１▶下線部ⓐに関連して，**資料１**，**資料２**の説明として最も適当なものを次の①～④のうちから一つ選べ。　[　　　]

① **資料１**はSOLの立場の資料であり，自己決定権が尊重され，延命治療の拒否や死を迎えるまでホスピスにいるという選択も尊重される。**資料２**はQOLの立場の資料であり，末期医療の段階でも可能な限り生かすのが医者の義務としている。

② **資料１**はSOLの立場の資料であり，末期医療の段階でも可能な限り生かすのが医者の義務としている。**資料２**はQOLの立場の資料であり，自己決定権が尊重され，延命治療の拒否や死を迎えるまでホスピスにいるという選択も尊重される。

③ **資料１**はSOLの立場の資料であり，本人の生前の意思が確認できない場合に限り末期医療の段階でも可能な限り生かすのが医者の義務としている。**資料２**はQOLの立場の資料であり，患者本人だけでなく，患者の家族の生命の質も含まれる。

④ **資料１**はSOLの立場の資料であり，患者本人だけでなく，患者の家族の生命の質も含まれる。**資料２**はQOLの立場の資料であり，本人の生前の意思が確認できない場合に限り末期医療の段階でも可能な限り生かすのが医者の義務としている。

問２▶下線部ⓑについて，**資料３**，**資料４**から読み取れることとして**不適当なもの**を次の①～④のうちから一つ選べ。　[　　　]

① 100万人当たりの臓器提供数について，OPTING OUTの制度がとり入れられている国は臓器提供数が多くなる傾向があるが，**資料３**の国々の中で最も提供数が多い国はこの制度をとり入れていない。

② 100万人当たりの臓器提供数について，日本は，同じアジアの韓国と比べると15分の１程度である。

③ 日本では，臓器提供をしたい人が４割近くいるが，実際その意思表示をしている人は１割程度である。

④ 日本でとられている制度では，75％以上の人が臓器提供をするものとみなされる。

特別講座

特別講座 複数の図表を読み取る

1 図表の読み取り

複数の図表から，日本が抱えている課題と将来を読み解いてみよう！

★「共通テスト」の問題から予想される今後の**出題傾向**

共通テストでは，一定のストーリーを展開するために図表をどの順序で見るのが論理的か，順列を問う出題などが今後も予想される。

ここでは，日本が抱える問題点と将来の推測を見るための基礎データとなる図表（統計）を複数読み取ってみよう。

【考え方】

① 各々の統計データが何を示すかを的確に押さえること

② 各々のデータの意味から**読み取れるポイント**（Ⓟ）をつなげることでわかる【現状】【問題点】【将来の課題】を論理的に考える

【図１】総人口と合計特殊出生率の推移

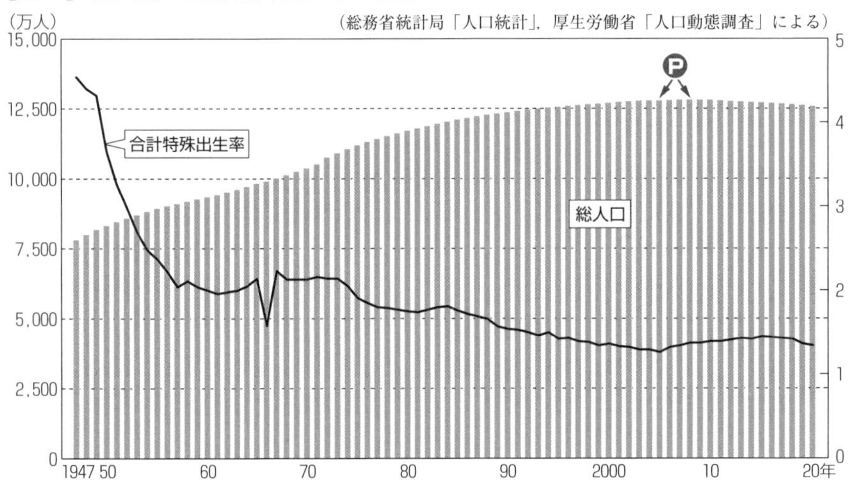

読み取れるポイント

① 日本の現状として，2000年代初頭（2008年）から人口減少社会に入った。

② その原因は合計特殊出生率（1人の女性が15～49歳の間に産む子どもの平均人数）の低下。2005年には最低値（1.26）に。※

※「合計特殊出生率」は2022年に再び1.26に落ち込み，2005年と並んで過去最低の水準となった。

【図２】将来の推計人口

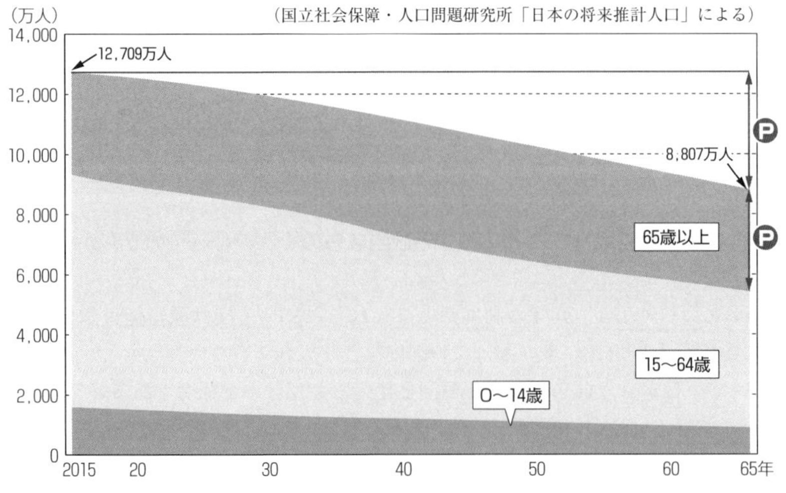

読み取れるポイント

日本の将来推計人口の推移が予測されている。

① 日本の総人口は2015年が１億2,709万人。2065年には8,807万人と予測。→50年間で約4,000万人減少。将来50年間で日本の総人口は約３分の１減少する！

② 老年人口の比率は2015年が26.6%→2065年は38.4%。50年後の日本は約４割が高齢者となる一方，年少人口は10.4%（約１割）。

【図3】外国人労働者数の推移※1

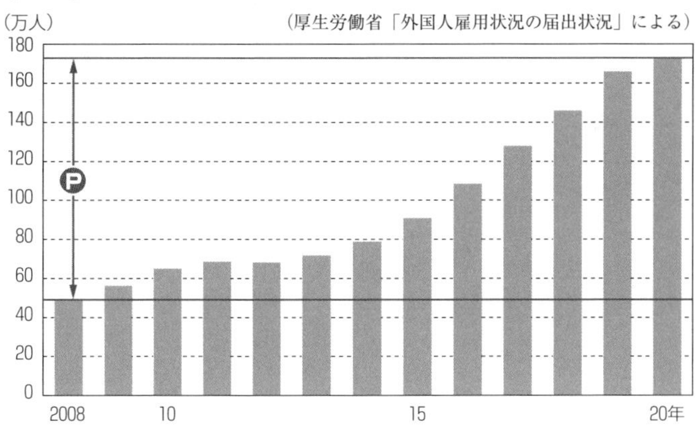

読み取れるポイント

① 外国人労働者数は2008年約50万人→2020年約172万人（３倍超に）。

② 日本の人口減少，少子・高齢化の加速（**図２**）や生産年齢人口比率も低下し，日本人労働者不足が深刻化する。その代わりに，少なくとも新型コロナ流行前までは外国人労働者が急増した。

＋α 2019年４月に施行された改正出入国管理法は，人手不足の特定14業種について外国人労働者を専門技能職のみならず単純労働でも受け入れることを認めた。

【図４】一般会計歳出と社会保障関係費の推移※2

読み取れるポイント

① 一般会計歳出（一般会計の規模）は，1967年度から現在に至るまで増加傾向を示し，当初予算でも2019～21年度は100兆円を突破。

② 2021年度の内訳を見ても，近時，社会保障関係費は一般会計歳出の約３分の１を占めるに至っている。その原因は，高齢化の加速に伴う年金給付や高齢者医療費の増加があげられる（→**図８**）。

【図５】国債残高とGDPに対する比率※3

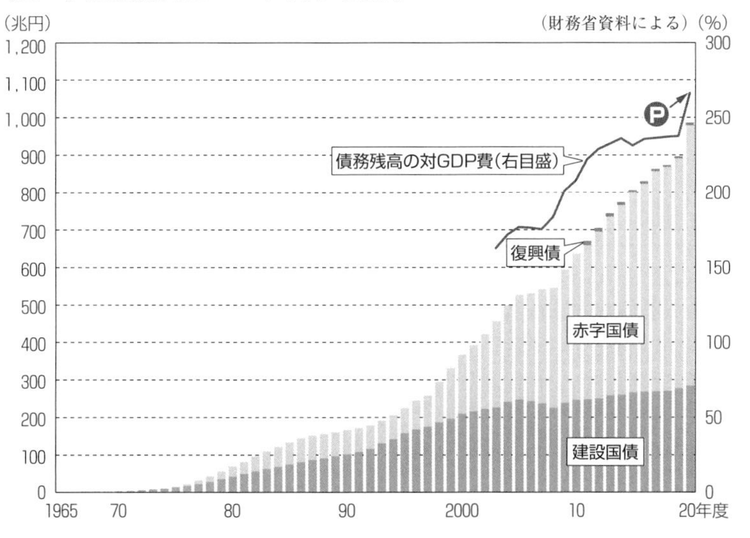

読み取れるポイント

① 2020年度も一般会計歳出の規模が100兆円突破と超大型予算になる中，その歳入としては国債（国の借入金），特に赤字国債（国の借金）に依存していることから，国債残高（借金残高）は900兆円超に増加。地方の分も含めた債務残高は，今や国内総生産（GDP）の266.2%にも達している。

② 少子・高齢化，高齢社会における社会保障関係費の増加は赤字国債に依存しており，その結果，国債残高が急増している。つまり，超高齢社会の進行が日本の財政破綻（はたん）危機の大きな要因であることがわかる。

※１ 図表には表れていないが2021年以降，新型コロナウイルス感染拡大により外国人労働者数（特に入国者数）は激減することが確実である。
※２ 新型コロナウイルス対策を盛り込んだ2020年度第３次補正予算では，過去最大規模の約176兆円に達している。
※３ 2020年度の第１～３次補正予算約73兆円のすべてが国債の発行によって賄われたため，国債残高は激増してしまった（2019年度末887兆円→20年度末985兆円）。
（すべて2021年７月現在）

【図6】国民負担率の国際比較

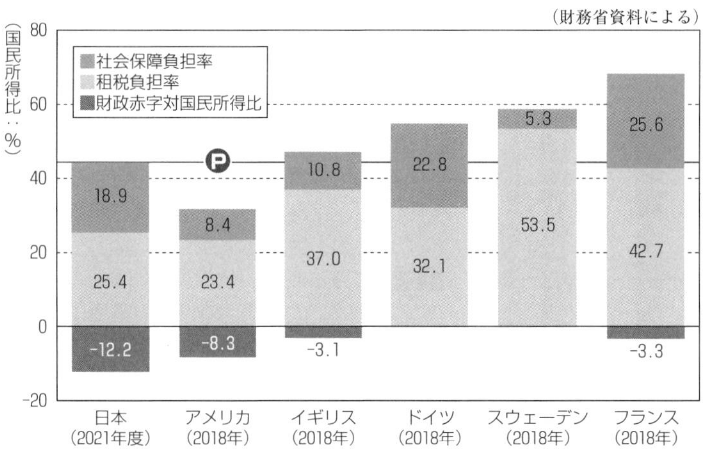

読み取れるポイント

① 日本の国民所得に占める国民負担率(租税負担率+社会保障負担率)は2021年度には44.3%。

② 国際比較では欧州,特に福祉先進国である北欧やフランスと比べればわが国は低い。

+α 少子高齢化の加速,人口減少の中,わが国の国民負担率は今後,増加することが予想される。

➡ 逆に言うと,可処分所得は減少し,消費が減退し,経済を低迷させる可能性があることがわかる。

【図7】社会保障給付費の推移

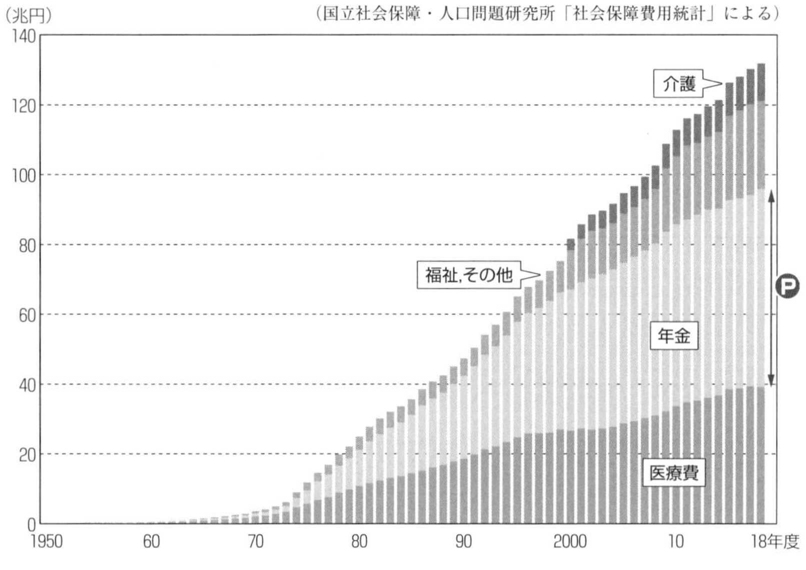

読み取れるポイント

① 社会保障給付費の推移の内訳を見ると,近年は年金が急増し,最も多くなっている。

② 超高齢社会の進行が要因であることがわかる。

③ 医療費が増加傾向にあるが,**図8**から高齢者関連医療費の増加が医療費全体を増加させていることがわかる。

④ 2018年度には、社会保障給付費の総額は,120兆円を優に超えている。

1年間の一般会計予算約100兆円(→**図4**)と比較すると,それを超える社会保障費が1年間に給付されていることになる。

(注) 社会保障給付費の財源は,社会保険料なども充(あ)てられているが,一般会計歳出の約3分の1が社会保障関係費となっており,他の財政支出を圧迫していることがわかる。(→**図4**)

【図8】国民医療費の内訳

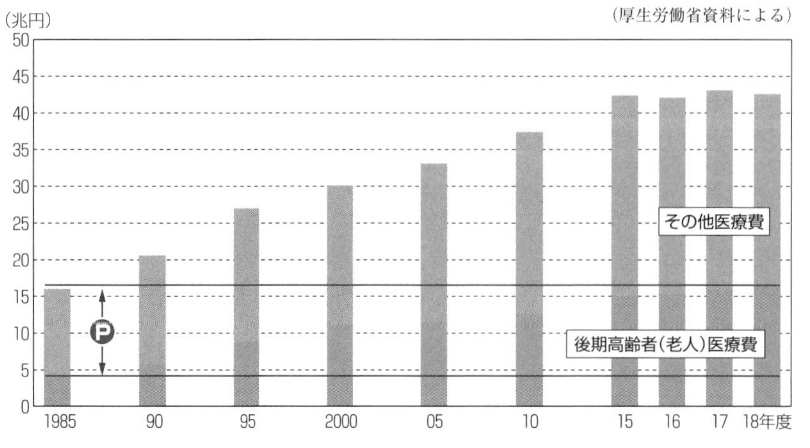

【表１】機能別社会保障給付費の推移（2000年度以降） （単位：1,000億円）

年度	合計	高齢	遺族	障害	労働災害	保健医療	家族	失業	住宅	生活保護その他
2000	784.0	366.9	59.6	21.5	10.6	255.8	23.7	26.4	2.0	17.6
01	816.7	387.8	60.9	22.2	10.5	261.4	26.4	26.6	2.2	18.7
02	838.4	410.2	61.7	22.9	10.2	257.7	27.8	25.5	2.5	19.9
03	845.3	417.9	62.5	23.0	10.1	260.2	28.0	19.5	2.8	21.3
04	860.8	428.2	63.3	23.6	9.9	264.8	30.7	14.7	3.1	22.5
05	888.5	441.0	64.6	24.0	9.8	274.9	32.3	14.5	4.3	23.1
06	906.7	452.0	65.3	27.1	10.0	280.3	31.8	13.5	3.6	23.2
07	930.8	463.6	66.1	29.5	9.8	290.3	31.7	12.8	3.8	23.3
08	958.4	478.7	66.7	31.6	9.9	296.5	33.0	14.2	4.0	23.9
09	1,016.7	503.8	67.4	34.0	9.6	308.0	34.1	27.9	4.6	27.1
10	1,053.6	513.4	67.9	34.0	9.4	322.1	50.1	22.5	5.1	29.1
11	1,082.7	517.8	68.0	35.3	9.6	331.8	52.6	22.6	5.5	39.5
12	1,090.7	532.1	67.8	37.7	9.5	337.7	50.5	18.3	5.7	31.5
13	1,107.8	542.6	67.4	39.3	9.3	344.7	50.6	16.2	5.9	31.8
14	1,121.7	544.5	66.7	40.1	9.3	351.3	54.5	14.7	5.9	34.7
15	1,154.0	552.4	66.7	42.2	9.1	364.9	64.4	14.4	6.2	33.8
16	1,169.0	555.8	65.7	43.4	9.0	367.1	68.5	14.2	6.0	39.3
17	1,202.4	565.2	65.5	45.6	9.1	377.4	82.6	14.0	6.1	36.9
18	1,215.4	572.8	65.0	47.5	9.1	380.8	86.4	14.3	6.0	33.5

（国立社会保障・人口問題研究所資料による）

読み取れるポイント

① 社会保障給付費の使途先を示している。

② 2018年度の社会保障給付費の総額約122兆円のうち，高齢者関係が約57.3兆円と約２分の１を占めている。

③ 高齢者関係は2000年度約36.7兆円→2018年度約57.3兆円と21兆円も増加している。

④ 今後の高齢化率の上昇（→**図２**）から推測すると，高齢者関連社会保障給付費は増加が予想され，「年金給付費を削減，年金保険料の引き上げ」などの年金改革が急務の課題だといえる！

2 統計から日本の現況をつかもう

①日本の人口構成は？

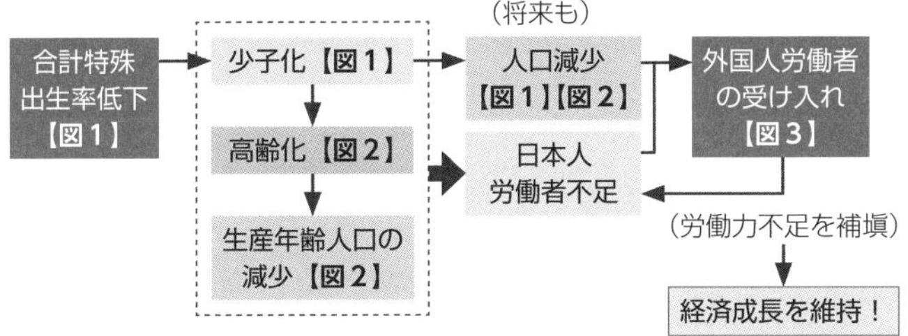

②日本の財政は？

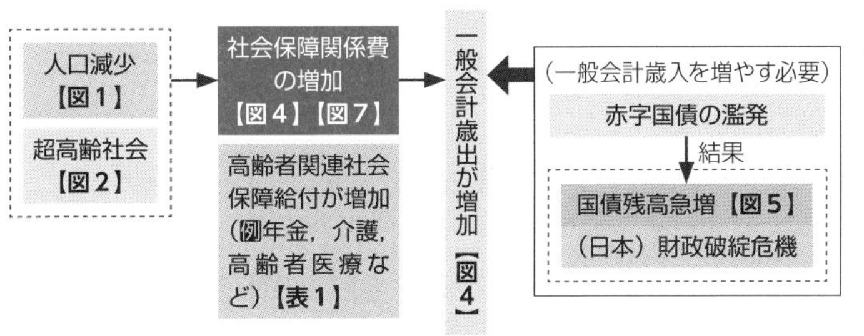

③少子・高齢化，人口減少が進む日本の将来は？

①労働力不足→経済成長を阻害

②年金破綻や社会保障制度の危機

③国債残高急増→国民負担増加（増税，社会保険料の値上げ）

対策？～日本の今後の課題は何か？

①労働力不足対策

外国人受け入れ（2019年４月～，出入国管理法改正）

②年金制度の見直し

年金給付額の引き下げ
年金支給開始年齢の引き上げ
年金保険料の値上げ

⬆抜本的には少子高齢化を食い止めること

●合計特殊出生率の引き上げ（アベノミクス新３本の矢の一つ『希望出生率1.8』）

●子育て支援の充実（『１億総活躍社会』）

③財政赤字の解消（財政再建）

（i） **基礎的財政収支（プライマリー・バランス）の均衡・黒字化**

一般歳入（国債を除く）≧国債償還以外の一般歳出（借金返済以外の経常的支出）の実現

つまり，無駄遣いを削減し税収の範囲内で経常的支出をまかなう

（ii） **税収を増加させる**

増税（消費税等引き上げ）＋減税（法人税率引き下げ）で景気回復

➡税収を自然増加

特別講座

アルファベット略語Check

ICJ（International Court of Justice）
国際司法裁判所

1945年に国連の主要機関として設立。本部はオランダのハーグ。国家間の紛争の平和的解決が目的。当事者は国家のみで，裁判は当事国の合意が必要。

ICC（International Criminal Court）
国際刑事裁判所

2003年設立。本部はオランダのハーグ。紛争時の集団殺害や重大な戦争犯罪を犯した個人を裁くための常設裁判所。日本加盟。米・中・露未加盟。

UNESCO（United Nations Educational, Scientific and Cultural Organization）
国際連合教育科学文化機関（ユネスコ）

教育・科学の発展，文化遺産保護などを目的とする国連の専門機関。1946年設立。本部パリ。

UNICEF（United Nations Children's Fund）
国際連合児童基金（ユニセフ）

主に途上国の児童への保健・栄養・衛生・教育などの支援を行う国連総会の設立した機関。1946年設立。本部ニューヨーク。

WTO（World Trade Organization）
世界貿易機関

1995年発足のGATTにかわる世界貿易に関する国際機関。本部ジュネーブ。

WHO（World Health Organization）
世界保健機関

世界の保健水準の向上や感染症予防に取り組む国連の専門機関。1948年設立。本部ジュネーブ。

IMF（International Monetary Fund）
国際通貨基金

国際通貨の安定と世界経済の発展をめざす国連の専門機関。1944年ブレトン・ウッズ協定に基づき翌年発足。

INF（Intermediate-range Nuclear Force）
中距離核戦力

射程500～5,500kmの中距離核戦力。1987年米ソは中距離核戦力の全廃条約に調印，冷戦終結への一歩となった。2019年8月失効。

SALT（Strategic Arms Limitation Talks）
戦略兵器制限交渉（ソルト）

1969年米ソ両国によって開始された核兵器の数を制限する交渉。1972年にはSALT Ⅰが締結された。

START（STrategic Arms Reduction Treaty）
戦略兵器削減条約（スタート）

1991年米ソが締結した初の戦略核兵器の削減条約。2010年には米露が新START調印（2021年までの期限付き）。

PTBT（Partial Test Ban Treaty）
部分的核実験禁止条約

1963年米英ソ３か国で締結された，地下核実験を除くすべての核実験を禁止した条約。

CTBT（Comprehensive Nuclear Test Ban Treaty）
包括的核実験禁止条約

地下核実験を含め爆発をともなう核実験すべてを禁止した画期的条約。1996年，国連総会で採択。米中や，「疑惑国」は未批准で，発効への道のりは遠い。

PLO（Palestine Liberation Organization）
パレスチナ解放機構

パレスチナ人を代表する政治組織。1993年にはイスラエルとPLOとの間で暫定自治協定が結ばれた。

PKO（Peace-Keeping Operations）
国連平和維持活動

国際連合が紛争の平和的解決をめざして行う活動の一つ。６章半の活動ともいわれる。1988年のノーベル平和賞。

OECD（Organization for Economic Co-operation and Development）
経済協力開発機構

1961年発足の資本主義先進国の経済協力機関。いわゆる「先進国クラブ」。日本は1964年加盟。

OSCE（Organization for Security and Co-operation in Europe）
欧州安全保障協力機構

欧州の安全保障を討議した欧州安全保障協力会議から発展し，1995年に改称され常設的な機構となった。

OPEC（Organization of Petroleum Exporting Countries）
石油輸出国機構（オペック）

産油国の国際的カルテル。メジャー（国際石油資本）に対抗して1960年結成。

APEC（Asia-Pacific Economic Cooperation）
アジア太平洋経済協力（エイペック）

1989年発足のアジア・太平洋地域の経済協力強化を目的とした会議。

PPP（Polluter Pays Principle）
汚染者負担の原則

公害を引き起こした企業が公害防止・補償費用を負担すべきとする原則。1972年OECDが勧告。

TPP（Trans-Pacific Partnership）
環太平洋パートナーシップ

日本を含めたアジア太平洋地域12か国によって2016年に署名された経済連携協定。2017年にアメリカが離脱し、翌2018年にアメリカを除く11か国で新協定「CPTPP」が発効。2023年７月にイギリスの加入に関する議定書が署名された。

特集 模擬問題
大学入学共通テスト対策

1 身体論 次の資料と会話文を読み，空欄に当てはまる語句・文章の組み合わせとして正しいものを次の①～⑧から一つ選べ。〈オリジナル〉 [　　]

生徒A：先生から「身体」についてのレポートを書くために資料集めをするように言われたけど，どんな資料を見つけた？

生徒B：私は『パイドン』で次の一節を見つけたよ。

　肉体は，これを養う必要のためにわれわれに無数の面倒をかけるものだ。それに病気にでもなろうものなら，われわれの真実の探究は妨げられてしまう。そのうえ肉体は恋情や欲望や恐怖やあらゆる種類の空想や数々のたわごとなどで，われわれの心を満たすので，諺（ことわざ）にもいわれるように，われわれは肉体があるために，何ごとにつけ，瞬時も考えることができないというのは，正に本当なのだ。戦争も内乱も戦いも，みんな肉体とその欲望が起すものではないか。

生徒B：これを読むと，身体は高く評価されていなかったことがわかるね。

生徒A：だからこそソクラテスは，身体ではなく魂への配慮をすすめたんだね。身体は［ア］をもたらすものだという考えは，朱子の資料からも読み取れるね。

　思うに，仁義の心は，誰にでもそなわっています。ただ人間は身体があるので，物欲でおおわれないわけにはいきません。そこで自分で分別することができないのです。もし何ごとにつけ究明し，とことん理解し，形而上的なことと形而下的なこと，大なることと小なることにかかわりなく，見通しがきくならば，自然に，道理が心を悦ばせるのは，動物の肉が口を悦ばせるのと同じだとわかって，みずからを欺くまでに至りません。

生徒B：異なる地域で同じような考えが見られるのは面白いね。あと，身体といえば，デカルトの心身二元論の考えが有名だよね。

　私は一つの実体であって，その本質あるいは本性はただ，考えるということ以外の何ものでもなく，存在するためになんらの場所をも要せず，いかなる物質的なものにも依存しない，ということ。したがって，この「私」というもの，すなわち，私をして私たらしめるところの「精神」は，物体から全然分かたれているものであり，さらにまた，精神は物体よりも認識しやすいものであり，たとえ物体が存在せぬとしても，精神は，それがあるところのものであることをやめないであろう，ということ。

生徒B：デカルトは，精神は［イ］であると考えたんだね。この考えは，人の身体を機械の一部のように捉える世界観の下地を作ったとも言われるよ。

生徒A：でも私は，身体を単なる物体とみなすのは間違っていると思うな。だから，メルロ－ポンティの，身体は［ウ］という考えは納得したよ。

生徒B：確かに，身体を機械と同じように扱って人の手を加えるならば，それは問題があると思う。例えば［エ］は，生命の尊厳を損なう行為だと思うんだ。

生徒A：身体の価値について，より倫理的な観点から考えてみる必要があるね。

① **ア** 理性
　イ 身体から独立して存在する実体
　ウ 単なる主体でも単なる客体でもなく両義的なものである
　エ 遺伝子操作を行うこと

② **ア** 理性
　イ 身体と合わせて一つの実体
　ウ 単なる主体でも単なる客体でもなく両義的なものである
　エ 尊厳死を認めること

③ **ア** 理性
　イ 身体から独立して存在する実体
　ウ 客体ではなく，主体そのものである
　エ 遺伝子操作を行うこと

④ **ア** 理性
　イ 身体と合わせて一つの実体
　ウ 客体ではなく，主体そのものである
　エ 尊厳死を認めること

⑤ **ア** 欲望
　イ 身体から独立して存在する実体
　ウ 単なる主体でも単なる客体でもなく両義的なものである
　エ 遺伝子操作を行うこと

⑥ **ア** 欲望
　イ 身体と合わせて一つの実体
　ウ 単なる主体でも単なる客体でもなく両義的なものである
　エ 尊厳死を認めること

⑦ **ア** 欲望
　イ 身体から独立して存在する実体
　ウ 客体ではなく，主体そのものである
　エ 遺伝子操作を行うこと

⑧ **ア** 欲望
　イ 身体と合わせて一つの実体
　ウ 客体ではなく，主体そのものである
　エ 尊厳死を認めること

（プラトン　田中美知太郎・池田美恵訳『パイドーン』新潮文庫1968年，朱子　荒木見悟訳「朱子文集・語類抄」『世界の名著19』中央公論新社1978年，デカルト　野田又夫訳「方法序説」『世界の名著22』中央公論新社1967年による）

2 認識論　バークリー，デカルト，カント，フッサールのいずれかの言葉の断片である次の**資料A～D**を見ながら，生徒が会話をしている。次の会話文の空欄と，バークリーの言葉として当てはまる資料との正しい組み合わせを，次の①～⑧から一つ選べ。
〈オリジナル〉　［　　　］

資料A

われわれがいまもっている観念に似ている物体が外部にまったく存在しないにもかかわらず，われわれはそうした観念のすべてをもつことが可能である。したがって，外的物体の想定は明らかに，われわれの観念を生みだすために必要ではない。なぜなら，外的物体が同時に作用しなくても，現在われわれが見ているのと同じ秩序で観念がときに生みだされ，ひょっとしたらつねに生みだされうるということが承認されているからである。

資料B

それゆえ，眼前に与えられている客観的世界に対するあらゆる態度決定を，（中略）いっさい有効なものと認めないということ〔すなわち，そうした態度決定をみずからに「禁ずること」，有効なものとして「はたらかせないこと」〕，あるいはよくいわれるように，客観的世界に関して現象学的判断中止（エポケー）を行なうこと，または客観的世界を括弧に入れること，このようなことは，われわれを無の前に立たせるのではない。むしろそのことによって，われわれは，もっと明確にいえば，省察するものとしてのわたしは，純粋なすべての思念体験と，その思念のめざす純粋なすべての思念対象とを含んだわたしの純粋な生を，すなわち，現象学的意味での現象の全体を所有することになるのである。

資料C

観念論は次のような主張において成り立つ。すなわち，思考する存在以外の何ものもなく，われわれが直観において知覚すると信じているほかの物は単に思考する存在のなかの表象にすぎず，この表象には実際は思考する存在の外にあるようないかなる対象も対応しない，という主張である。これに反して，私が言っているのは，物はわれわれの外にある感官の対象としてわれわれに与えられるが，ただし，物がそれ自体としてどんなものかについてわれわれは何も知らず，ただその現象，すなわち物がわれわれの感官を触発するときにわれわれのうちに引き起こす表象を知るだけである，ということである。

資料D

もはや残るところは，物質的事物が存在するかどうかを吟味することだけである。そして確かに，私はすでに，少なくとも次のことを知っている。物質的事物は，純粋数学の対象であるかぎり，存在することが可能である，私はそれらを明晰（めいせき）に判明に認識するのだから，ということである。

生徒W：西遊記を最近読んだんだけど，三蔵法師のモデルは玄奘（げんじょう）なんだってね。玄奘は仏教の中でも特に［Ⅰ］に影響を受けたと言われているけど，玄奘が砂漠越えを含む過酷な道のりを乗り越えられたのって，砂漠の熱さみたいな外的な事物も自分の心が見出したものに過ぎないと考えたからこそ乗り越えられたんじゃないかな。

生徒X：バークリーの思想と［Ⅰ］とはかなり近しいところがあると思うよ。

生徒Y：バークリーと違って，デカルトとカントに関しては，外的な事物が存在していることは認めていることが読み取れるね。デカルトの場合は外的な事物の本質を延長と呼んだけれど，それはこのデカルトの資料ではそれとは異なった言葉で［Ⅱ］と表現しているよ。

生徒Z：この資料で読み取れるフッサールの考えは［Ⅲ］ということだから，他の3人と考え方が違うね。でも，フッサール自身が現象を注視していたことと［Ⅰ］には共通点も見出せそうだ。

会話文の空欄に当てはまる語句

	Ⅰ	Ⅱ	Ⅲ
ア	唯識思想	純粋数学の対象	外的な事物が存在するかどうか判断しない
イ	唯識思想	純粋数学の対象	外的な事物の認識をしない
ウ	唯識思想	純粋なすべての思念対象	外的な事物が存在するかどうか判断しない
エ	唯識思想	純粋なすべての思念対象	外的な事物の認識をしない
オ	唯物論	純粋数学の対象	外的な事物が存在するかどうか判断しない
カ	唯物論	純粋数学の対象	外的な事物の認識をしない
キ	唯物論	純粋なすべての思念対象	外的な事物が存在するかどうか判断しない
ク	唯物論	純粋なすべての思念対象	外的な事物の認識をしない

① ア－A　② イ－A　③ ウ－A
④ エ－A　⑤ オ－D　⑥ カ－D
⑦ キ－D　⑧ ク－D

（バークリー　宮武昭訳『人知原理論』ちくま学芸文庫2018年，フッサール　舟橋弘訳「デカルト的省察」『世界の名著51』中央公論新社1970年，カント　土岐邦夫・観山雪陽訳「プロレゴーメナ」『世界の名著32』中央公論新社1972年，デカルト　井上庄七・森啓訳「省察」『世界の名著22』中央公論新社1967年による）

3 キリスト教的道徳とルサンチマン　次の会話は，高校生AとBの会話である。会話の a ・ b に入る語句，および文の組み合わせとして最も適当なものを，次の①～⑧のうちから一つ選べ。〈オリジナル〉 【　　】

A：日本の若者は，他国に比べて自己肯定感が低いという統計があるよね。日本人は，みんな自分に自信がないのかな。

B：確かに，僕もいつも自信満々という訳にはいかないものな。でもさ，無駄に自己肯定感の高すぎる人も，どうかと思うよ。いつも自分の事が正しいと思っている人は，僕はちょっと苦手だな。

A：ねえ，その感情って，もしかしたら，ニーチェの言うルサンチマンなんじゃないかな。ニーチェは，弱者が強者に対して抱く怨恨感情をそう呼んだんだ。

B：僕が弱者ってこと？

A：ニーチェに言わせればね。今ね，ニーチェの『道徳の系譜』という本について学んでいるんだ。ニーチェはこの本で，まず，キリスト教的道徳を批判するんだ。

「惨めな者のみが善い者である。貧しい者，力のない者，賤しい者のみが善い者である。悩める者，乏しい者，病める者，醜い者のみがひとり敬神な者，神に帰依する者であって，彼らの身にのみ浄福がある。(中略)」…このユダヤ的価値転換の遺産を相続した者が誰であるかを，われわれは知っている…。(中略)「ユダヤ人と共に道徳における奴隷一揆がはじまった」。この一揆は，その背後に二千年の歴史をもちながら，しかもそれが今日われわれの眼から見逃されているというのも，それが――すでに勝利をえてしまっているからにほかならないのだ…

(作問者注) ここでの「ユダヤ」はキリスト教のことをさすと思われる。

(F.ニーチェ 信太正三訳『道徳の系譜』ちくま学芸文庫1999年)

B：道徳における奴隷一揆とは，随分，過激な言い回しだね。でも確かに，イエスの a によれば，弱者こそが幸いな者とされていたよね。これによって，謙虚であることや心優しいことが善いことだという価値観が定着したと言えるかも。

A：そうなんだ。でも，それによって作られたキリスト教的道徳を，ニーチェは弱者による道徳だと批判するんだ。キリスト教的道徳によって，弱者が善で，強者が悪であるという価値観が生まれてきてしまった。そこで作られた善悪の図式を，ニーチェはこんな風に表現しているよ。

――だがわれわれは元へ戻るとしよう。〈よい〉のもう一つの起源の問題が，すなわちルサンチマンの人間が考えだした〈よい〉(善) の問題が，解決されるのを待ちかねているからだ。(中略)「この猛禽は悪い。だから猛禽とはできるだけ縁のないもの，むしろその反対物，つまり仔羊こそが，――善いといえるものではあるまいか？」

B：つまり，謙虚な弱者の群れに，一人の自己肯定感の強い強者がいた時のことを考えればよいかな。 b ということだね。

A：そう。ニーチェがここで批判をしているのは，まず価値判断を，否定から入っていることだと思うんだ。そして，それによって生まれた自己への肯定は，副産物のようなものになってしまっている。だからニーチェは，それよりもまず，力強い自己肯定があるべきだと言っている。ニーチェはそのように自己肯定による価値判断を，高貴な道徳と呼んで，次のように書いているよ。

こういうわけで，貴族的人間における場合とは事情はまさに逆なのだ！　貴族的人間は〈よい〉(優良) という基本概念をまずもって自発的に，すなわち自分自身から考えおこし，そこからしてはじめて〈わるい〉(劣悪) という観念をつくりだすのだ！　貴族的な起源の〈わるい〉と，飽くことない憎悪の醸造釜から生まれるあの〈悪い〉とを対比すれば，(中略) 見たところ同一な〈よい〉という概念に対置された〈わるい〉と〈悪い〉との両語は，なんと異なったものであることか！

A：けれども，そんな強者を，弱者はキリスト教的道徳によって引きずり下ろした。これを，道徳における奴隷一揆と呼んだんだ。

B：なるほど「出る杭は打たれる」みたいなことかな。現代における人間の平均化を批判しているとも言えそうだね。

a　**ア**　十戒　　**イ**　山上の垂訓

b　**ア**　まず，弱者が自分たちを善と考え，その反対の強者を悪と考える

　イ　まず，強者が自分たちを善と考え，その反対の弱者を悪と考える

　ウ　まず，弱者が強者を悪と決めつけて，その反対の自分たちを善と考える

　エ　まず，強者が弱者を悪と決めつけて，その反対の自分たちを善と考える

①	a－ア	b－ア	②	a－ア	b－イ
③	a－ア	b－ウ	④	a－ア	b－エ
⑤	a－イ	b－ア	⑥	a－イ	b－イ
⑦	a－イ	b－ウ	⑧	a－イ	b－エ

特集

4 **アイデンティティ**　心理学者のマーシャは，エリクソンのアイデンティティの概念を発展させ，アイデンティティの状態（アイデンティティ・ステイタス）について四つに分類した。分類は，職業選択などの領域における，次に示す「**危機**」と「**関与**」の二つの基準によってなされ，**表**のA～Dに区分される。このうちA～Cの分類と，それらに対応する青年の例**ア**～**エ**との組合せとして最も適当なものを，次の①～⑨のうちから一つ選べ。
〈22：現社共通テスト本試〉　　［　　　］

「**危機**」と「**関与**」
・「危機」：自分の職業などに関する様々な選択肢のなかで，選択や決定をしようと悩んだり思索し続けたりする時期
・「関与」：職業などにつながるかもしれないことについて自ら積極的に関わったり何かしらの行動をとったりすること

（注）「危機」と「関与」の内容は，マーシャの著書およびマーシャの理論に基づいた研究者らの著書により作成。

表　アイデンティティ・ステイタスの分類

	「危機」	「関与」
A　アイデンティティ達成	経験した	している
B　モラトリアム	現在，経験している最中である	しているが曖昧である
C　早期完了（フォークロージャー）	経験していない	している
D　アイデンティティ拡散	経験していない，もしくは，経験した	していない

ア　私は，親からバレエダンサーになるよう言われてきました。私は，幼少期から何度もバレエで受賞しており，ダンサーになることに疑問を感じたことはありません。高校卒業後は，バレエ団に入団し，舞台で活躍するために，毎日，練習に励んでいます。

イ　私は，親から公務員になるよう言われてきました。しかし，自分は公務員には向いていないのではないかとずっと思っていました。大学に入ってからは，将来のことはその時に考えればよいし，どのみち自分の思いどおりにはならないので，今楽しければそれで良いと思って過ごしています。

ウ　私は，高校時代から進路に悩んでいました。そのなかで，友人に誘われて取り組んだ地域活性化事業がとても面白く，ビジネスとしても軌道に乗り始めたので，将来のキャリアとして考えるようになりました。大学では地域福祉について研究しており，研究成果をこの事業にいかしていく予定です。

エ　私は，大学入学の頃から将来について真剣に悩んでいます。職業や生き方を考えるために関連する本を読んだり，ボランティアに参加したりするなど，色々なことを試していますが，まだ自分が何をしたいのかが分かりません。

①　A－ア　B－イ　C－ウ
②　A－ア　B－イ　C－エ
③　A－ア　B－ウ　C－エ
④　A－イ　B－ア　C－ウ
⑤　A－イ　B－ア　C－エ
⑥　A－イ　B－エ　C－ア
⑦　A－ウ　B－イ　C－ア
⑧　A－ウ　B－エ　C－ア
⑨　A－ウ　B－エ　C－イ

5 **道徳的判断**　コールバーグは，成長に伴い道徳的判断の理由付けが変化していくことを指摘し，その変化を，次の**表**に示す三つのレベルに区分した。彼によると，各々のレベルに達してはじめて獲得される道徳的視点がある。この**表**に基づくと，「なぜ盗んではいけないか」という問いに対してどのような回答がなされると想定できるか。レベルと，そのレベルに適合する回答例の組合せとして最も適当なものを，次の①～④のうちから一つ選べ。〈22：倫理共通テスト本試〉　［　　　］

表　道徳的判断の理由付けのレベル

レベル	そのレベルではじめて獲得される道徳的視点	時期の目安
レベル1：前慣習的道徳性	単純な快不快に影響される。罰を避けるためや，具体的な見返り（他者からの好意や報酬）を得ようとするために，指示や規則に従う。	青年期より前
レベル2：慣習的道徳性	他者の期待を満足させたり，社会的役割を果たしたり，秩序を守ったりすることを重視して，既存の権威や規則に従順に従う。	青年前期
レベル3：脱慣習的道徳性	慣習的な規則や法を改善することも考慮しつつ，幸福増進や個人の尊厳など，皆に受け入れ可能で自らの良心にもかなう原理に従う。	青年後期以降

①　レベル2：盗みをすると，相手の幸せを脅かし，誰でも認めるはずの普遍的な道理に逆らうことになるから
②　レベル2：盗みをすると，親に厳しく叱られて，自分が嫌な思いをすることになるから
③　レベル3：盗みをすると，警察に逮捕され，刑務所に入れられてしまうかもしれないから
④　レベル3：盗みをすると，所有者を人として尊重していないことになり，自らの内面的な正義の基準に反するから

特集 模擬問題

大学入学共通テスト対策 政治・経済

1 よりよい経済社会 次の資料は，「よりよい社会のあり方」を考える学習の一環として，生徒たちが何人かの経済学者の主張についてまとめたカードA～Gを作成し，「経済面から見たよりよい社会」というテーマでグループ内討論をした際の記録である。**カード**と**グループ内討論の記録**を読み，グループ内討論の記録の［ア］～［エ］に入るカードの組み合わせとして最も適当なものを，次の①～⑫のうちから一つ選べ。〈オリジナル〉［　　　］

カード

A 恐慌や失業といった資本主義の矛盾を解決するために，政府は経済や福祉分野に積極的に介入し，有効需要を創出すべきである。（ケインズ）

B 資本主義は富裕層がより大きな利益を得るしくみであり格差は拡大する。格差を是正するためには，世界各国が協力して企業や富裕層を対象とした「世界的な資本税」を導入すべきである。（ピケティ）

C 政府が経済活動に介入しなくても見えざる手（＝市場メカニズム）が働いて資源の最適配分が実現する。（アダム＝スミス）

D 資本主義には恐慌や失業などの根本的な矛盾があるので，経済活動はすべて国家が計画的に統制すべきである。（マルクス）

E 政府の経済への介入をお金の量をコントロールすることに限定し，財政支出抑制と規制緩和・民営化などにより市場機能を再生すべきである。（フリードマン）

F 市場においては売り手と買い手の間に情報の非対称性が生じることから市場を通した効率的な資源配分は実現されにくい。（スティグリッツ）

G 資本主義経済による経済発展は，中間層を増やすことになり，しだいに格差は縮小する。（クズネッツ）

グループ内討論の記録

生徒a：「経済面から見たよりよい社会」を考える場合，どのような点を重視したらいいだろう？

生徒b：税金に注目してみよう。税金はできるだけ少ない方が望ましいと思うから，税金を少なくし，経済のことは基本的に市場に任せて，問題が生じたら政府が最低限カバーする［ア］の主張がよりよい社会につながると思う。

生徒c：でも，［ア］の主張をもとにした政策が1980年代以降のアメリカ，イギリス，日本などで行われたけれど，その影響で経済的な格差が拡大して新たな貧困問題も生じたよね。格差が大きいのはよりよい社会とは言えないと思うから，格差を小さくするために国民はある程度の税を負担し，雇用対策や景気対策などに公費を投入するという［イ］の主張がいいのではないかな。

生徒a：20世紀前半，アメリカが［イ］の主張にもとづいた政策によって世界恐慌後の不況から回復すると，多くの国で政府が経済に積極的に介入するようになったよね。でもその結果，各国は深刻な財政赤字を抱え，経済への政府の過度の介入は市場経済の機能を低下させると批判された。だから，［ア］の主張が注目されたといえるけれど，［ア］の主張には経済的な格差を拡大する矛盾があるから，［ウ］の主張に注目したいな。経済発展によって格差は縮小するという主張もあるけれど，現実にはその逆になっていると思う。

生徒b：各国が協力してうまく富裕層へ課税することができれば，格差の是正につながりそうだね。

生徒c：でも，もうかっている企業や富裕層はその利益や資産を税負担の軽い国に移転して税負担を免れようとするから，課税するのは難しそうだね。企業に自由な経済活動を保障して市場における経済活動を活発化した方が，結局は経済にとってプラスになるような気がする。

生徒a：［エ］の主張にあるように，市場経済では効率的な資源配分が難しいとすれば，各国の政府が格差を小さくするような政策を実行するのは不可欠だと思うし，［ウ］の主張にあるように格差是正のため各国政府が協力して積極的な政策を実施する必要もあると思う。

	ア	イ	ウ	エ
①	ア：C	イ：B	ウ：A	エ：F
②	ア：C	イ：A	ウ：B	エ：F
③	ア：C	イ：D	ウ：F	エ：B
④	ア：C	イ：F	ウ：D	エ：B
⑤	ア：C	イ：B	ウ：F	エ：A
⑥	ア：C	イ：A	ウ：F	エ：B
⑦	ア：E	イ：D	ウ：F	エ：B
⑧	ア：E	イ：F	ウ：D	エ：B
⑨	ア：E	イ：B	ウ：A	エ：F
⑩	ア：E	イ：A	ウ：B	エ：F
⑪	ア：E	イ：D	ウ：B	エ：F
⑫	ア：E	イ：F	ウ：D	エ：A

2 GDP　次の会話文を読み，問いに答えなさい。〈オリジナル〉

生徒：一国の経済の規模を測る指標としてGDPがよく使われますが，GDPとは何か教えてください。

先生：GDPは「国内総生産」といい，1年間に日本国内で新たに生み出された財・サービスの価値の合計と定義されます。新たに生み出された価値を付加価値といい，財・サービスの生産総額から原材料費などの中間生産物を差し引いたものです。

生徒：「新たに生み出された価値（付加価値）の合計」とは，どういうことですか。

先生：次の例で考えてみましょう。

(1)農家は中間投入を一切必要とせずにりんご500万円分を生産し，そのうち300万円分を消費者に販売し，残りの200万円分を飲料メーカーに販売した。

(2)飲料メーカーは仕入れた200万円分のりんごを使い，全部で400万円分のりんごジュースを生産し，小売店に販売した。

(3)小売店は飲料メーカーからりんごジュース400万円分を仕入れ，そのすべてを600万円で消費者に販売した。

(2)の段階では，新たに生み出された価値（付加価値）はいくらでしょう。

生徒：りんご500万円とりんごジュース400万円を合わせて，900万円です。

先生：違います。りんごジュース400万円のうち200万円はりんご代です。単純に足し算をすると同じりんご代を2回足すことになります。

生徒：では，どうすればいいのですか。

先生：りんごジュース400万円からりんご代200万円を差し引いて200万円だけカウントすれば，りんご代の二重計算を避けることができます。飲料メーカーのりんご代は原材料費として差し引かれるものです。したがって，原材料費を差し引いた200万円分が飲料メーカーで新たに生み出された価値なのです。

生徒：なるほど。そうすると，この例での(1)～(3)の付加価値の合計は［　A　］万円になりますね。

先生：その通り。GDPが高くなれば，一般に経済全体の活動水準が高いので「景気がいい」ともいえます。GDPは経済全体の活動水準を表す最も代表的な指標ですが，他にも指標があります。

生徒：どんな指標があるのですか。

先生：GDPは日本国内で生み出された付加価値の合計ですが，場所が国内であるか国外であるかを問わず，日本の国民（法で定められた日本の居住者）や企業が生み出した付加価値を合計したものをⓐ<u>GNI（国民総所得）といって，GDPに海外純所得（海外からの所得から海外への所得を差し引いたもの）を加えたものです。</u>

生徒：国民所得という言葉は聞いたことがあります。

先生：ⓑ<u>GNIから生産活動で摩耗した機械や建物の価値の消耗分（固定資本減耗＝減価償却費）を差し引いたものは，NNP（国民純生産）とよばれます。</u>さらに，財・サービスの価格には消費税などの間接税が含まれ，その分商品の価格が高くなっています。逆に補助金が出ている場合はその分価格が安くなっています。ⓒ<u>NNPから間接税と補助金を調整した指標がNI（国民所得）です。</u>

生徒：どうしてたくさんの指標が必要なのですか。

先生：経済の実態を把握するには，その内訳をみることが重要です。GDPなどの国民所得は「生産面」「分配面」「支出面」の3つの見方が特に重要で，この3つの側面はGDPや国民所得を異なる内訳で計測しただけで結局は等しくなります。その国の経済の状況を正しく把握するには，この3つのどれをみるのか，また固定資本減耗分・海外での所得・間接税や補助金を含めるのかなどを意識して適切な指標を選ぶ必要があります。

生徒：数字だけでなく，その中身も重要なのですね。ありがとうございました。

問1　文中の［　A　］にあてはまる数字を次の①～⑤のうちから一つ選べ。　［　　］

①　700　　②　900　　③　1000　　④　1300　　⑤　1500

問2　下線部ⓐ～ⓒに関連して，次の**表**はある年度における諸指標を仮想の金額で表したものである。この表に関する下の記述**ア**～**ウ**の正誤の組み合わせとして正しいものを，下の①～⑧のうちから一つ選べ。　［　　］

表

項目	金額（兆円）
GNI（国民総所得）	550
固定資本減耗	100
海外からの所得	30
海外への所得	15
間接税	50
補助金	20

ア　GDP（国内総生産）の額は565兆円である。
イ　NNP（国内純生産）の額は450兆円である。
ウ　NI（国民所得）の額は435兆円である。

①　**ア**：正　**イ**：正　**ウ**：正　　②　**ア**：正　**イ**：正　**ウ**：誤
③　**ア**：正　**イ**：誤　**ウ**：正　　④　**ア**：正　**イ**：誤　**ウ**：誤
⑤　**ア**：誤　**イ**：正　**ウ**：正　　⑥　**ア**：誤　**イ**：正　**ウ**：誤
⑦　**ア**：誤　**イ**：誤　**ウ**：正　　⑧　**ア**：誤　**イ**：誤　**ウ**：誤

3 **国際人権条約**　あるクラスの政治・経済の授業で，基本的人権についてグループごとに調べ学習をした。国際人権条約について，あるグループがまとめた次の表をみて，次の問いに答えなさい。

〈オリジナル〉

【主な国際人権条約】

条約名	内容	採択年	発効年	日本批准年
ジェノサイド条約	集団的殺害を平和時も戦争時も国際法上の犯罪とし，処罰する。	1948	1951	未批准
難民の地位に関する条約	難民の定義，難民の追放・送還の禁止など。（難民議定書（1967）とあわせ難民条約とよぶ。）	1951	1954	1981
人種差別撤廃条約	人種の違いを理由とする差別を禁止する。	1965	1969	1995
国際人権規約	世界人権宣言（1948）を条約化したもので，A規約（社会権規約）とB規約（自由権規約）からなる。日本は一部を留保して批准した。	1966	1976	1979
女子差別撤廃条約	女子に対するあらゆる差別を撤廃し，男女平等を保障する。	1979	1981	1985
児童の権利に関する条約（子どもの権利条約）	子どもを，「人権をもち行使する主体」として認め，さまざまな権利を規定する。	1989	1990	1994
死刑廃止条約	死刑廃止が人間の尊厳向上と人権保障の発展につながるとして死刑を完全廃止。（国際人権規約B規約の第2選択議定書）	1989	1991	未批准
障害者権利条約	障がいのある人の基本的人権を促進・保護する。	2006	2008	2014

問1　国際人権条約についてまとめた表に関連して，次のA～Dの文の内容の正誤について，①～⑩の中で適切なものを一つ選べ。　［　　］

A　ジェノサイド条約について，国内法の未整備等の理由から批准していない。

B　日本は，国際人権規約の批准にあたり，「公務員のストライキ権」，「高校大学教育の無償化」，「祝祭日の給与」の3点について留保したが，いずれも撤回されていない。

C　死刑廃止条約について，日本は死刑制度があることと，死刑制度の存廃は慎重に検討すべき問題であり，直ちに廃止できないという理由で批准していない。

D　女子差別撤廃条約は，締約国に「姓を選択する権利」を含めて女性に対する差別の撤廃を義務づけているため，最高裁は，夫婦別姓を認めない民法と戸籍法の規定を違憲とする判決を下した。

① A：正　B：正　C：正　D：正
② A：正　B：誤　C：誤　D：誤
③ A：正　B：誤　C：正　D：誤
④ A：正　B：正　C：正　D：誤
⑤ A：正　B：誤　C：誤　D：正
⑥ A：誤　B：誤　C：誤　D：誤
⑦ A：誤　B：正　C：誤　D：正
⑧ A：誤　B：誤　C：正　D：正
⑨ A：誤　B：正　C：誤　D：誤
⑩ A：誤　B：正　C：正　D：正

問2　児童の権利に関する条約（子どもの権利条約）の中で，子どもの権利とされているものを次の①～④のうちから**すべて**選べ。
［　　］

①　生きる権利　②　育つ権利
③　守られる権利　④　参加する権利

問3　障害者権利条約に関連した国内での取り組みについての記述として**適当でないもの**を，次の①～④のうちから一つ選べ。　［　　］

①　2016年には，すべての国民が障がいの有無によって分け隔てられることなく，相互に人格と個性を尊重し合いながら共生する社会の実現をめざして障害者差別解消法が施行された。

②　障害者基本法では，障がい者を「身体障害，知的障害，精神障害（発達障害を含む。）その他の心身の機能の障害（以下「障害」と総称する。）がある者であつて，障害及び社会的障壁により継続的に日常生活又は社会生活に相当な制限を受ける状態にあるもの」と定義している。

③　障害者差別解消法は2021年に改正され，国や自治体だけでなく，民間事業者についても合理的配慮を提供することが努力義務とされるようになった。

④　近年注目されている合理的配慮とは，社会的障壁によって生まれた機会の不平等を正すためのもので，「合理的配慮の提供」とは，たとえば車いす利用者が階段しかない店舗を利用しようとする場合に，事業者が簡易スロープを出して段差を越える介助をするなどの配慮を行うことである。

4 日本銀行の金融政策 ある高校のクラスでは政治・経済の授業で，日本銀行の金融政策について，日本銀行資料をもとに学習を行った。次の問いに答えなさい。〈オリジナル〉

【資料】

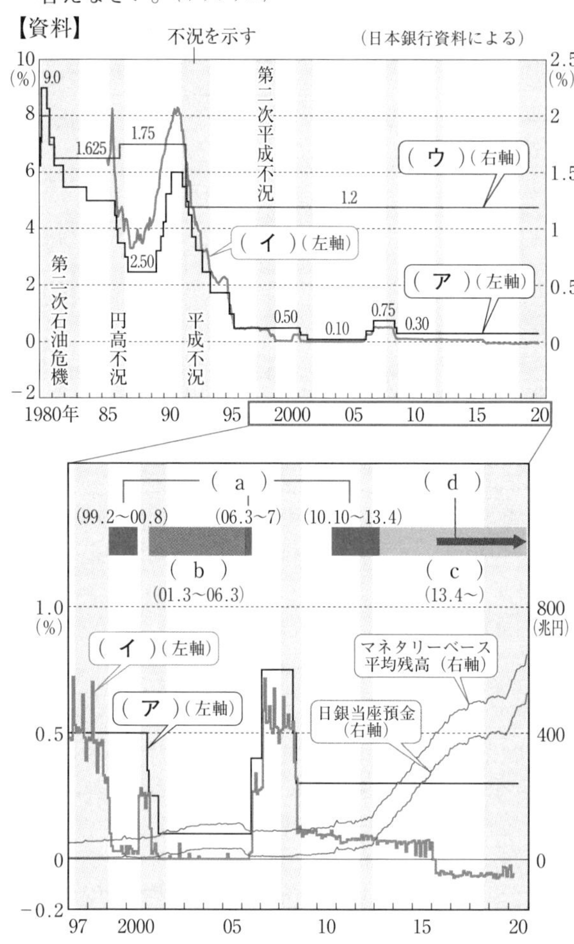

問1 【資料】を参考に，日銀の代表的金融手段について，生徒Xは次のようにまとめた。【資料】と文章中の空欄(ア)～(ウ)に当てはまる最も適当なものを次の①～③のうちからそれぞれ一つ選べ。

> 日本銀行の金融政策の主な手段は，従来，公開市場操作（オープン・マーケット・オペレーション），(ア)操作，(ウ)操作の３つとされてきた。このうち，かつては(ア)操作が中心だったが，1990年代にすすめられた金利の自由化の影響によって，現在は公開市場操作が金融政策の中心的手段となっている。日本銀行は金融市場で国債などの売買を通じて政策金利［銀行間の貸出金利である(イ)］を誘導し，通貨供給量を調整する。なお，(ウ)は1991年以来変更されていない。

ア[　　　]　イ[　　　]　ウ[　　　]

① 公定歩合
② 預金準備率
③ 無担保コールレート（翌日物）

問2 生徒Yは景気動向と公開市場操作の関係を，次の図にまとめた。(ア)～(カ)に当てはまるものを次の①～⑥のうちからそれぞれ一つ選べ。

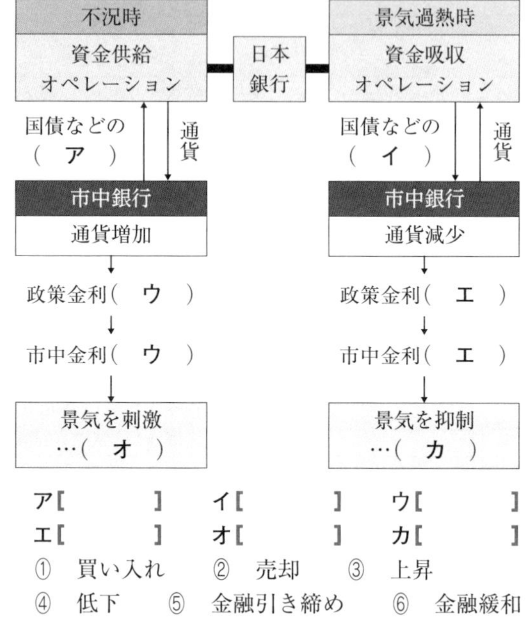

ア[　　　]　イ[　　　]　ウ[　　　]
エ[　　　]　オ[　　　]　カ[　　　]

① 買い入れ　② 売却　③ 上昇
④ 低下　⑤ 金融引き締め　⑥ 金融緩和

問3 生徒Zは，日本ではバブル崩壊後の景気後退でデフレーションが進んだため，1999年以降，デフレ脱却のため従来みられなかった(a)～(d)の金融政策が行われてきたことに注目して調べを進めた。それに関する記述として**誤っているもの**を，次の①～④のうちから一つ選べ。　[　　　]

① 政策金利をおおむねゼロ水準に誘導するゼロ金利政策が，1999年２月に初めて導入された。2000年８月には解除されたが，その後も2006年３月から７月，2010年10月から2013年４月にも実施された。
② ＩＴバブル崩壊によるデフレの強まりのなかで，通貨量を増やすために，金融政策の誘導目標を短期金利ではなく日銀当座預金残高の量においた量的緩和政策が，2001年３月から2006年３月まで実施された。
③ 2008年リーマンショックの影響で再び景気が悪化し，2013年４月にはデフレ脱却にむけて市中の通貨量を従来にないほど増やすため，誘導目標をマネタリーベース（現金通貨と日銀当座預金の総量）においた量的・質的金融緩和政策を開始した。また，2013年１月には消費者物価上昇率を前年比２％とする目標（インフレターゲット）を発表した。この目標については，2020年に達成することができた。
④ 日銀当座預金の一部の金利をマイナスにする政策が，2016年２月から実施された。この影響で，短期の政策金利や10年国債の長期金利もマイナスになるなど，市中金利が大幅に低下した。

「公共」のポイント
【特集　公共①～⑥】

確認問題

①
②
③
④　⑤
⑥
⑦
⑧
⑨
⑩
⑪
⑫
⑬
⑭　⑮
⑯
⑰
⑱

練習問題1

①
②
③
④　⑤
⑥
⑦
⑧
⑨
⑩

練習問題2

(1)
①
②
③
④
⑤
⑥
(2)

練習問題3

①
②
③
④
⑤
⑥
⑦
⑧
⑨
⑩
⑪
⑫

練習問題4

①
②
③
④
⑤
⑥
⑦
⑧
⑨

1公共的な空間をつくる私たち／2公共的な空間における人間としてのあり方・生き方

1　青年期の意義と課題
【本誌P.2・3】

Ⓐポイント整理

①
②
③
④
⑤
⑥
⑦
⑧
⑨
⑩
⑪
⑫
⑬
⑭
⑮
⑯
⑰
⑱
⑲
⑳

Ⓑ図表でチェック

1
①
②

③

④

2

①

②

③

④

⑤

⑥

2　自己形成と社会参加 【本誌P.4・5】

Ⓐポイント整理

①

②

③

④

⑤

⑥

⑦

⑧

⑨

⑩

⑪

⑫

⑬

⑭

⑮

⑯

⑰

⑱

⑲

⑳

㉑

㉒

㉓

㉔

㉕

㉖

㉗

Ⓑ図表でチェック

1

①

②

2

①

②

③

3　日本の伝統的考え方 【本誌P.6・7】

Ⓐポイント整理

①

②

③

④

⑤

⑥

⑦

⑧

⑨

⑩

⑪

⑫

⑬

⑭

⑮

⑯

⑰

⑱

⑲

⑳

㉑

㉒

㉓

㉔

㉕

㉖

㉗

㉘

㉙

㉚

Ⓑ図表でチェック

1

①

②

③

④

⑤

⑥

⑦

4　外来思想の受容と展開 【本誌P.8・9】

Ⓐポイント整理

①
②
③
④
⑤
⑥
⑦
⑧
⑨
⑩
⑪
⑫
⑬
⑭
⑮
⑯
⑰
⑱
⑲
⑳

Ⓑ図表でチェック

1

①
②
③
④
⑤

2

①
②
③
④
⑤
⑥

5　よく生きること（源流思想） 【本誌P.10・11】

Ⓐポイント整理

①
②
③
④　・
⑤
⑥
⑦
⑧
⑨
⑩
⑪
⑫
⑬
⑭
⑮
⑯
⑰
⑱
⑲
⑳
㉑
㉒
㉓
㉔
㉕
㉖

Ⓑ図表でチェック

1

①
②
③
④

2

①
②
③
④

6　宗教と人間 【本誌P.12・13】

Ⓐポイント整理

①
②
③
④
⑤
⑥
⑦
⑧
⑨

⑩
⑪
⑫
⑬
⑭
⑮
⑯
⑰
⑱
⑲
⑳
㉑
㉒
㉓
㉔
㉕

Ⓑ図表でチェック

1

①
②
③
④
⑤
⑥
⑦
⑧
⑨

2

①名称
説明文
②名称
説明文
③名称
説明文

7　人間の尊厳，近代科学の考え方
【本誌P.14・15】

Ⓐポイント整理

①
②
③
④
⑤ ＝
⑥
⑦
⑧
⑨
⑩
⑪
⑫
⑬
⑭
⑮
⑯
⑰
⑱
⑲
⑳
㉑
㉒ ，
㉓
㉔
㉕
㉖

Ⓑ図表でチェック

1

①法　　法
人物名
②法　　法
人物名

2

①
②
③
④

8　民主社会に生きる倫理
【本誌P.16・17】

Ⓐポイント整理

①
②
③
④
⑤
⑥
⑦
⑧
⑨
⑩
⑪
⑫

⑬
⑭
⑮ =
⑯
⑰
⑱
⑲
⑳
㉑
㉒
㉓
㉔
㉕
㉖
㉗
㉘
㉙
㉚
㉛

Ⓑ図表でチェック

1

①
②

2

①
②
③
④
⑤

9　人間性の回復を求めて 【本誌P.18・19】

Ⓐポイント整理

①
②
③
④
⑤
⑥
⑦
⑧
⑨
⑩
⑪
⑫
⑬
⑭
⑮
⑯
⑰
⑱
⑲
⑳ -
㉑
㉒
㉓
㉔
㉕
㉖
㉗

Ⓑ図表でチェック

1

①
②
③
④
⑤

2

①
②
③
④

用語チェック

1 青年期の意義と課題 【本誌P.20】

❶
❷
❸
❹
❺
❻
❼
❽
❾
❿
⓫

2 自己形成と社会参加 【本誌P.20】

❶
❷

❸
❹
❺
❻
❼
❽

3 日本の伝統的考え方 【本誌P.20】

❶
❷
❸
❹
❺
❻
❼
❽
❾
❿
⓫

4 外来思想の受容と展開 【本誌P.21】

❶
❷
❸
❹
❺
❻
❼
❽
❾

5 よく生きること（源流思想）【本誌P.21】

❶
❷
❸
❹
❺
❻
❼
❽

6 宗教と人間 【本誌P.21】

❶
❷
❸
❹
❺
❻
❼
❽
❾A
B
❿
⓫

7 人間の尊厳，近代科学の考え方 【本誌P.21】

❶
❷
❸
❹
❺
❻
❼
❽

8 民主社会に生きる倫理 【本誌P.22】

❶
❷
❸
❹
❺
❻
❼
❽

9 人間性の回復を求めて 【本誌P.22】

❶
❷
❸
❹
❺
❻
❼

記述でチェック

10 20 30 40 50

実戦問題

1青年期の意義と課題～9人間性の回復を求めて 【本誌P.23～25】

1

問1

1 [ ]

2 [ ]

問2

(1) [ ]

(2) [ ]

(3) [ ]

(4) [ ]

(5) [ ]

(6) [ ]

(7)記号 [ ]

説明 [ ]

問3 [ ]

問4 [ ]

問5 [ ]

2

問1 [ ]

問2 [ ]

問3

(1) [ ]

(2) [ ]

問4 [ ]

問5 [ ]

3

問1 [ ]

問2 [ ]

問3

ロールズ [ ]

セン [ ]

特別講座

複数資料読解問題① 思想・宗教 【本誌P.26・27】

1

問1 [ ]

問2 [ ]

問3 [ ]

2

問1 [ ]

問2 [ ]

3公共的な空間における基本原理と日本国憲法

10 民主政治の原理と法の支配 【本誌P.28・29】

Ⓐポイント整理

①

②

③

④

⑤

⑥

⑦

⑧

⑨

⑩

⑪

⑫

⑬

⑭

⑮

⑯

⑰

⑱

⑲

⑳

㉑

㉒

㉓

㉔

㉕

㉖

㉗

㉘

㉙

Ⓑ図表でチェック

1

①

②

③

④

⑤

⑥

⑦

⑧

⑨

⑩

⑪

2

①

②

③

④

⑤

⑥

11　民主政治のあゆみ，世界の政治体制

【本誌P.30・31】

Ⓐポイント整理

①

②

③

④

⑤

⑥

⑦

⑧

⑨

⑩

⑪

⑫

⑬

⑭

⑮

⑯

⑰

⑱

⑲

⑳

㉑

Ⓑ図表でチェック

1

①

②

③

④

⑤

⑥

⑦

⑧

⑨

⑩

⑪

⑫

2

①

②

③

12　日本国憲法の成立と三大原理

【本誌P.32・33】

Ⓐポイント整理

①

②

③

④

⑤

⑥

⑦

⑧

⑨

⑩

⑪

⑫

⑬

⑭

⑮

⑯

⑰

⑱

⑲

⑳

㉑

㉒

㉓

㉔

㉕

㉖

㉗ 分の

㉘

㉙

Ⓑ図表でチェック

1

①

②

③

④

⑤

⑥

⑦

⑧

⑨

⑩

⑪

⑫

2

❶

A

B

C

❷

①

②

③

④

⑤

⑥

⑦

⑧

13 基本的人権の保障①（平等権・自由権）

【本誌P.34・35】

Ⓐポイント整理

①

②

③

④

⑤

⑥

⑦

⑧

⑨

⑩

⑪ ・

⑫

⑬

⑭

⑮

⑯

⑰

⑱

⑲

⑳

㉑

㉒

㉓

㉔

㉕

㉖

㉗

㉘

㉙

㉚

Ⓑ図表でチェック

1

❶

① ②

③ ④

⑤

❷

⑥

⑦

⑧

⑨

⑩

⑪

❸

14 基本的人権の保障②（社会権・新しい人権など）

【本誌P.36・37】

Ⓐポイント整理

①

②

③
④
⑤
⑥
⑦
⑧
⑨
⑩
⑪
⑫
⑬
⑭
⑮
⑯
⑰
⑱
⑲
⑳
㉑
㉒
㉓
㉔
㉕
㉖
㉗
㉘
㉙
㉚
㉛
㉜
㉝
㉞
㉟
㊱

Ⓑ図表でチェック

1

❶

①
②
③
④

❷

①
②
③
④

15　平和主義と日本の安全保障

【本誌P.38・39】

Ⓐポイント整理

①
②
③
④
⑤
⑥
⑦
⑧
⑨
⑩
⑪
⑫
⑬
⑭
⑮
⑯
⑰
⑱
⑲
⑳
㉑
㉒
㉓

Ⓑ図表でチェック

1

①
②
③
④
⑤
⑥
⑦
⑧
⑨
⑩

2

①
②
③
④

3

①

②

③

④

⑤

⑥

用語チェック

10 民主政治の原理と法の支配 【本誌P.40】

❶
❷
❸
❹
❺
❻
❼
❽
❾
❿
⓫
⓬
⓭
⓮
⓯
⓰
⓱
⓲

11 民主政治のあゆみ，世界の政治体制 【本誌P.40】

❶
❷
❸
❹
❺
❻
❼
❽
❾
❿
⓫
⓬

12 日本国憲法の成立と三大原理 【本誌P.41】

❶
❷
❸
❹
❺
❻
❼
❽
❾
❿
⓫
⓬
⓭
⓮
⓯
⓰
⓱

13 基本的人権の保障①（平等権・自由権） 【本誌P.41】

❶
❷
❸
❹
❺
❻
❼
❽
❾
❿
⓫
⓬
⓭
⓮
⓯

14 基本的人権の保障②（社会権・新しい人権など） 【本誌P.42】

❶
❷
❸
❹
❺
❻
❼
❽
❾
❿

⓫
⓬
⓭

15 平和主義と日本の安全保障 【本誌P.42】

❶
❷
❸
❹
❺
❻
❼
❽
❾
❿

記述でチェック

10 20 30 40 50

実戦問題

10民主政治の原理と法の支配～15平和主義と日本の安全保障 【本誌P.43～45】

1

問1 [ ]

問2 [ ]

問3

(1) [ ]

(2) [ ]

問4

(1) [ ]

(2) [ ]

(3) [ ]

(4) [ ]

(5) [ ]

(6) [ ]

問5 [ ]

2

問1 [ ]

問2 [ ]

問3 [ ]

問4 [ ]

3

問1 [ ]

問2 [ ]

問3 [ ]

問4 [ ]

4日本の政治機構と政治参加

16 立法権と国会 【本誌P.46・47】

Ⓐポイント整理

①
②
③
④
⑤
⑥
⑦
⑧
⑨
⑩
⑪
⑫
⑬
⑭
⑮
⑯
⑰
⑱
⑲
⑳
㉑
㉒ 分の
㉓

Ⓑ図表でチェック

1

❶

①
②
③
④
❷
❸

2

①
②
③
④

17　行政権と内閣

【本誌P.48・49】

Ⓐポイント整理

①
②
③
④
⑤
⑥
⑦
⑧
⑨
⑩
⑪
⑫
⑬
⑭
⑮
⑯
⑰
⑱
⑲
⑳
㉑
㉒
㉓
㉔
㉕
㉖
㉗
㉘
㉙
㉚
㉛

Ⓑ図表でチェック

1

①
②
③
④
⑤
⑥
⑦
⑧
⑨

2

①
②
③
④
⑤
⑥
⑦
⑧
⑨

18　司法権と裁判所

【本誌P.50・51】

Ⓐポイント整理

①
②
③
④
⑤
⑥
⑦
⑧
⑨
⑩
⑪
⑫
⑬
⑭
⑮
⑯
⑰
⑱
⑲
⑳
㉑
㉒

㉓
㉔
㉕
㉖
㉗
㉘

Ⓑ図表でチェック

1

①
②
③
④
⑤
⑥

2

①
②
③
④
⑤
⑥
⑦
⑧
⑨
⑩

19　地方自治のしくみと課題

【本誌P.52・53】

Ⓐポイント整理

①
②
③
④
⑤
⑥
⑦
⑧ 分の
⑨
⑩
⑪ 分の
⑫
⑬
⑭
⑮
⑯
⑰
⑱
⑲
⑳
㉑
㉒
㉓
㉔
㉕
㉖
㉗
㉘
㉙ ・
㉚

Ⓑ図表でチェック

1

①
②
③
④
⑤
⑥
⑦
⑧
⑨

2

①
②
③
④

20　選挙と政党

【本誌P.54・55】

Ⓐポイント整理

①
②
③
④
⑤
⑥
⑦
⑧
⑨
⑩
⑪
⑫
⑬

⑭
⑮
⑯
⑰
⑱
⑲
⑳
㉑
㉒
㉓
㉔
㉕
㉖
㉗
㉘

Ⓑ図表でチェック

1

①
②
③
④
⑤
⑥

2

❶

ア
イ
ウ
エ

❷
❸

21 政党政治と圧力団体，世論

【本誌P.56・57】

Ⓐポイント整理

①
②
③
④
⑤
⑥
⑦
⑧
⑨
⑩
⑪
⑫
⑬
⑭
⑮
⑯
⑰
⑱
⑲
⑳
㉑
㉒
㉓

Ⓑ図表でチェック

1

①
②
③
④
⑤

2

①
②
③
④
⑤
⑥

用語チェック

16 立法権と国会

【本誌P.58】

❶
❷
❸
❹
❺
❻
❼
❽
❾
❿
⓫
⓬
⓭
⓮
⓯
⓰
⓱

⓲
⓳
⓴
㉑
㉒
㉓
㉔

17 行政権と内閣
【本誌P.58】

❶
❷
❸
❹
❺
❻
❼
❽
❾
❿
⓫
⓬
⓭
⓮

18 司法権と裁判所
【本誌P.59】

❶
❷
❸
❹
❺
❻
❼
❽
❾
❿
⓫
⓬
⓭
⓮
⓯
⓰
⓱
⓲
⓳
⓴
㉑
㉒

19 地方自治のしくみと課題
【本誌P.59】

❶
❷
❸
❹
❺
❻
❼
❽
❾
❿
⓫
⓬
⓭
⓮
⓯
⓰
⓱

20 選挙と政党
【本誌P.60】

❶
❷
❸
❹
❺
❻
❼
❽
❾
❿
⓫
⓬
⓭
⓮
⓯
⓰

21 政党政治と圧力団体，世論
【本誌P.60】

❶
❷
❸
❹
❺
❻
❼

❽

❾

❿

記述でチェック

	10						
			20				
					30		
							40
	50						

実戦問題

16立法権と国会～21政党政治と圧力団体，世論 【本誌P.61～63】

1

問1

1 [ ]

2 [ ]

3 [ ]

問2 [ ]

問3 [ ]

問4 [ ]

問5 [ ]

問6

(1) [ ]

(2) [ ]

(3) [ ]

(4) [ ]

2

問1 [ ]

問2 [ ]

問3 [ ]

問4 [ ]

問5 [ ]

3

問1 [ ]

問2 [ ]

問3 [ ]

問4 [ ]

特別講座

複数資料読解問題②憲法・政治 【本誌P.64・65】

1

問1 [ ]

問2 [ ]

2

問1 [ ]

問2 [ ]

5経済のしくみ

22　経済社会の変容 【本誌P.66・67】

Ⓐポイント整理

①

②

③

④

⑤

⑥

⑦

⑧ =

⑨

⑩

⑪

⑫

⑬

⑭

⑮

⑯

⑰

⑱

⑲

⑳

㉑

Ⓑ図表でチェック

1

①

②

③

④
⑤
⑥

2

①
②
③
④

23　企業のはたらき
【本誌P.68・69】

Ⓐポイント整理

①
②
③
④
⑤
⑥
⑦
⑧
⑨
⑩
⑪
⑫
⑬
⑭
⑮
⑯
⑰
⑱
⑲
⑳
㉑
㉒
㉓
㉔
㉕ ・
㉖
㉗
㉘
㉙
㉚
㉛
㉜
㉝

Ⓑ図表でチェック

1

①
②
③
④
⑤
⑥

2

①
②
③
④
⑤

24　市場のはたらき
【本誌P.70・71】

Ⓐポイント整理

①②
③
④
⑤ ＝
⑥
⑦
⑧
⑨
⑩
⑪
⑫
⑬
⑭ ・
⑮
⑯
⑰
⑱
⑲
⑳
㉑
㉒
㉓

Ⓑ図表でチェック

1

① ②
③ ④
⑤ ⑥

⑦ ＿＿＿ ⑧ ＿＿＿

⑨ ＿＿＿ ⑩ ＿＿＿

2

①

②

3

①

②

③

25　国民所得と景気変動

【本誌P.72・73】

Ⓐポイント整理

①

②

③

④

⑤

⑥

⑦

⑧

⑨

⑩

⑪

⑫

⑬

⑭

⑮

⑯

⑰

⑱

⑲

⑳

㉑

㉒

㉓

㉔

㉕

㉖

㉗

㉘

㉙

Ⓑ図表でチェック

1

①

②

③

④

⑤

⑥

⑦

⑧

2

①

②

③

④

A

B

C

3

①

②

③

④

26　金融のしくみとはたらき

【本誌P.74・75】

Ⓐポイント整理

①

②

③

④

⑤

⑥

⑦

⑧

⑨

⑩

⑪

⑫

⑬

⑭

⑮

⑯

⑰

⑱

⑲

⑳

㉑

㉒

㉓

㉔

㉕

㉖

㉗

㉘

㉙

㉚

Ⓑ図表でチェック

1

①

②

③

④

⑤

⑥

⑦

⑧

2

①

②

③

④

⑤

⑥

3

①

②

③

④

27　財政のしくみとはたらき

【本誌P.76・77】

Ⓐポイント整理

①

②

③

④

⑤

⑥

⑦　・

⑧　・

⑨

⑩

⑪

⑫

⑬　・

⑭

⑮

⑯

⑰

⑱

⑲

⑳

㉑

㉒

㉓

㉔

㉕

㉖

㉗

㉘

㉙

㉚

㉛　・

Ⓑ図表でチェック

1

①

②

③

④

⑤

2

❶

①

②

③

④

⑤

⑥

⑦

⑧

⑨

⑩

⑪

⑫

❷

①

②

③

④

特別講座

経済特別講座① 市場における価格メカニズム 【本誌P.78・79】

【練習問題】1

① ②

③ ④

⑤ ⑥

⑦

⑧

⑨

⑩ ⑪

⑫

⑬

【練習問題】2

(1)①

②

③

(2)④

⑤

⑥

【練習問題】3

(1)①

②

③

④

(2)⑤

⑥

⑦

⑧

経済特別講座② 広義の国民所得 【本誌P.80・81】

【練習問題】

用語チェック

22 経済社会の変容 【本誌P.82】

❶

❷

❸

❹

❺

❻

❼

❽

❾

❿

⓫

23 企業のはたらき 【本誌P.82】

❶

❷

❸

❹

❺

❻

❼

❽

❾

❿

⓫

⓬

⓭

⓮

⓯

⓰

⓱

⓲

⓳

24 市場のはたらき 【本誌P.83】

❶

❷

❸

❹

❺

❻

❼

❽

❾

❿

⓫

⓬

⓭

⓮

25 国民所得と景気変動 【本誌P.83】

❶

❷

❸

❹
❺
❻
❼
❽
❾
❿
⓫
⓬
⓭
⓮
⓯
⓰
⓱
⓲
⓳
⓴
㉑
㉒
㉓

26 金融のしくみとはたらき 【本誌P.84】

❶
❷
❸
❹
❺
❻
❼
❽
❾
❿
⓫
⓬
⓭
⓮

27 財政のしくみとはたらき 【本誌P.84】

❶
❷
❸
❹
❺
❻
❼
❽
❾
❿
⓫
⓬
⓭

記述でチェック

10 20 30 40

実戦問題

22経済社会の変容～27財政のしくみとはたらき 【本誌P.85～87】

1

問1

1 [ ]

2 [ ]

問2 [ ]

問3 [ ]

問4 [ ]

問5 [ ]

問6 [ ]

問7 [ ]

問8 [ ]

問9A [ ]

2

問1 [ ]

問2 [ ]

問3 [ ]

問4 [ ]

3

問1 [ ]

問2 [ ]

問3 [ ]

問4 [ ]

問5 [ ]

6変化する日本経済，豊かな生活の実現

28　戦後の日本経済
【本誌P.88・89】

Ⓐポイント整理

①
②
③　・
④
⑤
⑥
⑦
⑧
⑨
⑩
⑪
⑫
⑬
⑭
⑮
⑯
⑰
⑱
⑲
⑳
㉑
㉒
㉓
㉔
㉕

Ⓑ図表でチェック

1

①
②
③
④
⑤
⑥

2

①
②
③
④
⑤

29　中小企業，農業問題
【本誌P.90・91】

Ⓐポイント整理

①
②
③
④
⑤
⑥
⑦
⑧
⑨
⑩
⑪
⑫
⑬
⑭
⑮
⑯
⑰
⑱　・
⑲　・
⑳
㉑
㉒　・　・
㉓
㉔
㉕
㉖

Ⓑ図表でチェック

1

2

①
②
③
④

3

①
②
③
④

4

①
②

30　公害と環境保全，消費者問題

【本誌P.92・93】

Ⓐポイント整理

①
②
③
④
⑤
⑥
⑦
⑧
⑨
⑩
⑪
⑫
⑬
⑭
⑮
⑯
⑰
⑱
⑲
⑳
㉑
㉒
㉓
㉔
㉕
㉖
㉗

Ⓑ図表でチェック

1

①
②
③
④
⑤
⑥
⑦
⑧
⑨
⑩

2

①
②
③
④

31　労働者の権利

【本誌P.94・95】

Ⓐポイント整理

①
②
③
④
⑤
⑥
⑦
⑧
⑨
⑩
⑪
⑫
⑬
⑭
⑮
⑯
⑰
⑱
⑲
⑳
㉑
㉒
㉓
㉔
㉕
㉖
㉗
㉘
㉙
㉚
㉛
㉜
㉝
㉞
㉟

Ⓑ図表でチェック

1

①
②
③
④

⑤

2

①
②
③
④
⑤
⑥
⑦
⑧

32　現代の雇用・労働問題 【本誌P.96・97】

Ⓐポイント整理

①
②
③
④
⑤
⑥
⑦
⑧
⑨ ・
⑩
⑪
⑫
⑬
⑭
⑮
⑯
⑰
⑱ ・ ・
⑲ ・
⑳
㉑
㉒
㉓
㉔
㉕
㉖
㉗
㉘ ・
㉙

Ⓑ図表でチェック

1

❶
❷A
B

2

①
②
③
④
⑤
⑥

33　社会保障の役割 【本誌P.98・99】

Ⓐポイント整理

①
② ・
③
④
⑤ と の政策
⑥
⑦
⑧
⑨
⑩ から まで
⑪
⑫
⑬
⑭
⑮
⑯
⑰
⑱
⑲
⑳
㉑
㉒
㉓
㉔
㉕
㉖
㉗
㉘

Ⓑ図表でチェック

1

①
②
③
④

⑤

⑥

⑦

⑧

⑨

2

①

②

③

34　社会保障と社会福祉の課題

【本誌P.100・101】

Ⓐポイント整理

①

②　・

③

④

⑤

⑥

⑦

⑧

⑨

⑩

⑪

⑫

⑬

⑭

⑮

⑯

⑰

⑱

⑲

⑳

㉑

㉒

㉓　・

Ⓑ図表でチェック

1

ア

イ

ウ

2

①

②

用語チェック

28 戦後の日本経済

【本誌P.102】

❶

❷

❸

❹

❺

❻

❼

❽

❾

❿

⓫

⓬

⓭

⓮

⓯

⓰

⓱

⓲

29 中小企業，農業問題

【本誌P.102】

❶

❷

❸

❹

❺

❻

❼

❽

❾

❿

⓫

30 公害と環境保全，消費者問題

【本誌P.102】

❶

❷

❸

❹

❺

❻

❼

❽

❾

❿

⓫
⓬
⓭
⓮
⓯
⓰
⓱
⓲

31 労働者の権利 【本誌P.103】

❶
❷
❸
❹
❺
❻
❼
❽
❾
❿
⓫

32 現代の雇用・労働問題 【本誌P.104】

❶
❷
❸
❹
❺
❻
❼
❽
❾

33 社会保障の役割 【本誌P.104】

❶
❷
❸
❹
❺
❻
❼
❽
❾
❿
⓫
⓬
⓭

34 社会保障と社会福祉の課題 【本誌P.104】

❶
❷
❸
❹
❺
❻

記述でチェック

10 20 30

実戦問題

28戦後の日本経済～34社会保障と社会福祉の課題 【本誌P.105～107】

1

問1

1 [ ]

2 [ ]

3 [ ]

4 [ ]

問2

(1) [ ]

(2) [ ]

問3 [ ]

問4

(1) [ ]

(2) [ ]

(3) [ ]

(4) [ ]

(5) [ ]

問5 [ ]

2

問1 [ ]

問2 [ ]

問3

ア [ ]

イ [ ]

ウ [ ]

エ [ ]

問4 [ ]

3

問1 [ ]

問2 [ ]

問3 [ ]

問4 [ ]

問5 [ ]

特別講座

複数資料読解問題③ 国内経済，労働 【本誌P.108・109】

1

問1 [ ]

問2

c [ ]

d [ ]

2

問1 [ ]

問2 [ ]

7 国際政治のしくみと動向

35 国際社会の成り立ち 【本誌P.110・111】

Ⓐポイント整理

①②③

④

⑤

⑥

⑦

⑧

⑨

⑩

⑪

⑫

⑬

⑭

⑮

⑯

⑰

⑱

⑲

⑳

㉑

㉒

㉓

㉔

㉕

Ⓑ図表でチェック

1

①

②

機構名

2

①

②

③

④

⑤

⑥

3

①

②

③

④

⑤

⑥

⑦

36 国際連合の役割と課題 【本誌P.112・113】

Ⓐポイント整理

①

②

③

④

⑤

⑥ ⑦

⑧

⑨
⑩
⑪
⑫
⑬
⑭
⑮
⑯
⑰
⑱
⑲
⑳
㉑
㉒
㉓
㉔
㉕
㉖
㉗
㉘

Ⓑ図表でチェック

1

①
②
③
④
⑤
⑥

2

❶

①
②
③
④

❷

A
B

3

①
②
③
④
⑤
⑥

37　戦後の国際政治の展開【本誌P.114・115】

Ⓐポイント整理

①
②
③
④
⑤
⑥
⑦
⑧
⑨
⑩
⑪
⑫
⑬
⑭
⑮
⑯
⑰
⑱
⑲
⑳　・
㉑
㉒
㉓
㉔
㉕
㉖
㉗
㉘

Ⓑ図表でチェック

1

①
②
③
④
⑤
⑥
⑦
⑧
⑨
⑩
⑪
⑫
⑬
⑭
⑮

⑯

38　核兵器と軍縮
【本誌P.116・117】

Ⓐポイント整理

①
②
③
④
⑤
⑥
⑦
⑧
⑨
⑩
⑪
⑫
⑬
⑭
⑮
⑯
⑰
⑱
⑲
⑳
㉑
㉒
㉓
㉔
㉕
㉖

Ⓑ図表でチェック

1

❶

①
②
③
④
⑤
⑥
⑦
⑧
⑨
⑩

❷
❸
❹

39　民族問題と紛争
【本誌P.118・119】

Ⓐポイント整理

①
②
③
④
⑤
⑥
⑦
⑧
⑨
⑩
⑪
⑫
⑬
⑭
⑮
⑯
⑰
⑱
⑲
⑳
㉑
㉒ ・
㉓

Ⓑ図表でチェック

1

A　B
C　D
E　F
G　H
I　J

用語チェック

35　国際社会の成り立ち
【本誌P.120】

❶
❷
❸
❹
❺

❻
❼
❽
❾
❿
⓫
⓬
⓭
⓮
⓯
⓰
⓱
⓲
⓳
⓴

36 国際連合の役割と課題 【本誌P.120】

❶
❷
❸
❹
❺
❻
❼
❽
❾
❿
⓫
⓬
⓭
⓮
⓯
⓰
⓱
⓲
⓳
⓴
㉑

37 戦後の国際政治の展開 【本誌P.121】

❶
❷
❸
❹
❺
❻
❼
❽
❾
❿
⓫
⓬
⓭
⓮
⓯
⓰
⓱
⓲
⓳
⓴
㉑
㉒
㉓

38 核兵器と軍縮 【本誌P.121】

❶
❷
❸
❹
❺
❻
❼
❽
❾
❿
⓫
⓬
⓭
⓮

39 民族問題と紛争 【本誌P.122】

❶
❷
❸
❹
❺
❻
❼
❽
❾
❿
⓫
⓬

⑬

記述でチェック

	10						
			20				
					30		
							40
	50						
			60				

実戦問題

35国際社会の成り立ち～39民族問題と紛争 【本誌P.123～125】

1

問1

1 [ ]

2 [ ]

3 [ ]

問2

A [ ]

B [ ]

問3

(1) [ ]

(2) [ ]

(3) [ ]

(4) [ ]

(5) [ ]

(6) [ ]

問4

(1) [ ]

(2) [ ]

問5

(1) [ ]

(2) [ ]

(3) [相手国がどちらの選択をするかがわからない状況では,]

2

問1 [ ]

問2 [ ]

問3 [ ]

問4 [,]

3

問1 [ ]

問2 [ ]

問3 [ ]

問4 [ ]

問5 [ ]

8国際経済のしくみと動向，日本の役割

40 国際分業と貿易 【本誌P.126・127】

Ⓐポイント整理

①

②

③

④

⑤

⑥

⑦

⑧

⑨

⑩

⑪

⑫

⑬ ・

⑭

⑮

⑯ ＝

⑰

⑱

⑲

⑳

㉑

Ⓑ図表でチェック

1

2

①

②

③

④

⑤

⑥

⑦

41　外国為替のしくみと国際収支

【本誌P.128・129】

Ⓐポイント整理

①

②

③

④

⑤

⑥

⑦　⑧

⑨　⑩

⑪

⑫　⑬

⑭

⑮　⑯

⑰　⑱

⑲　⑳

㉑　㉒

㉓　㉔

㉕　㉖

㉗

㉘　㉙

㉚

㉛

㉜

㉝

㉞

㉟

㊱

㊲

㊳

㊴

㊵

㊶

㊷

㊸

㊹

Ⓑ図表でチェック

1

❶

①

②

③

④

❷

A

B

C

42　戦後国際経済の枠組みと変化

【本誌P.130・131】

Ⓐポイント整理

①

②

③

④

⑤

⑥

⑦

⑧

⑨

⑩

⑪

⑫

⑬

⑭

⑮

⑯

⑰

⑱

⑲

⑳

㉑

㉒

㉓

㉔

㉕

㉖

㉗

㉘
㉙
㉚
㉛ ・
㉜
㉝

Ⓑ図表でチェック

1

①
②
③
④
⑤
⑥

2

①
②
③
④
⑤
⑥
⑦
⑧
⑨
⑩

43 地域的経済統合

【本誌P.132・133】

Ⓐポイント整理

① –
②
③
④
⑤
⑥
⑦
⑧
⑨
⑩
⑪
⑫
⑬
⑭
⑮
⑯
⑰
⑱
⑲
⑳
㉑
㉒
㉓
㉔
㉕
㉖
㉗
㉘
㉙

Ⓑ図表でチェック

1

①
②
③
④

2

①
②
③
④

44 南北問題と日本の役割

【本誌P.134・135】

Ⓐポイント整理

①
②
③
④
⑤
⑥
⑦
⑧
⑨
⑩
⑪
⑫
⑬
⑭
⑮
⑯
⑰
⑱
⑲

⑳
㉑
㉒
㉓
㉔
㉕
㉖
㉗
㉘
㉙
㉚
㉛
㉜

Ⓑ図表でチェック

1

①
②
③
④
⑤
⑥

2

問題点

特別講座

経済特別講座③　国際収支【本誌P.136・137】

【練習問題】

① ②
③ ④
⑤

経済特別講座④　円高・円安【本誌P.138・139】

【練習問題】**1**

① ②
③ ④
⑤ ⑥
⑦

パターン3

① ②
③ ④
⑤ ⑥

【練習問題】**2**

[,]

用語チェック

40 国際分業と貿易 【本誌P.140】

❶
❷
❸
❹
❺
❻
❼
❽
❾
❿

41 外国為替のしくみと国際収支 【本誌P.140】

❶
❷
❸
❹
❺
❻
❼
❽
❾
❿
⓫
⓬
⓭
⓮
⓯
⓰
⓱
⓲
⓳

42 戦後国際経済の枠組みと変化 【本誌P.141】

❶
❷
❸
❹
❺
❻

❼
❽
❾
❿
⓫
⓬
⓭
⓮
⓯
⓰
⓱
⓲
⓳
⓴

43 地域的経済統合 【本誌P.141】

❶
❷
❸
❹
❺
❻
❼
❽
❾
❿
⓫
⓬
⓭
⓮
⓯

44 南北問題と日本の役割 【本誌P.142】

❶
❷
❸
❹
❺
❻
❼
❽
❾
❿
⓫
⓬
⓭
⓮
⓯
⓰

記述でチェック

10 20 30 40 50 60 70

実戦問題

40国際分業と貿易～44南北問題と日本の役割 【本誌P.143～145】

1

問1

1 [ ]

2 [ ]

問2

考え方 [ ]

経済学者名 [ ]

問3

A [ ]

B [ ]

問4

(1)A [ ]

B [ ]

(2)C [ ]

D [ ]

(3)E [ ]

F [ ]

(4)G [ ]

H [ ]

問5

(1) [ ]

(2) [ ]

(3) [ ]

問6

(1) [ ]

(2)A [ ]

B [ ]

問7 [ ]

2

問1 [ ]

問2 [ ]

問3 [ ]

問4 [ ]

問5 [ ]

3

問1 [ ]

問2 [ ]

問3 [ ]

問4 [ ]

特別講座

複数資料読解問題④ 国際経済・国際政治

【本誌P.146・147】

1

問1 [ ]

問2 [ ]

問3

d [ ]

e [ ]

2

問1 [ ]

問2 [ ]

9私たちの課題

45 地球環境問題

【本誌P.148・149】

Ⓐポイント整理

①
②
③
④
⑤
⑥
⑦
⑧
⑨
⑩
⑪
⑫
⑬
⑭
⑮
⑯
⑰
⑱
⑲
⑳
㉑
㉒
㉓
㉔

Ⓑ図表でチェック

1

①
②
③
④
⑤

2

①
②
③
④
⑤
⑥
⑦
⑧
⑨
⑩

46 資源・エネルギー問題

【本誌P.150・151】

Ⓐポイント整理

①
②
③
④
⑤
⑥
⑦
⑧
⑨
⑩
⑪

⑫
⑬
⑭
⑮
⑯
⑰
⑱
⑲
⑳
㉑
㉒
㉓
㉔

Ⓑ図表でチェック

1

①
②
③
④

2

①
②
③

3

①
②
③

47　科学技術の発達と生命倫理

【本誌P.152・153】

Ⓐポイント整理

①
②
③
④
⑤
⑥
⑦
⑧ =
⑨
⑩
⑪
⑫
⑬
⑭
⑮
⑯
⑰
⑱
⑲
⑳
㉑
㉒
㉓

Ⓑ図表でチェック

1

❶
❷
❸

2

❶
❷
❸
❹

実戦問題

45地球環境問題～47科学技術の発達と生命倫理

【本誌P.154・155】

1

問1

1 [ ]

2 [ ]

問2

(1) [ ]

(2) [ ]

問3

(1) [ ]

(2) [ ]

(3) [ ]

問4

(1) [ ]

(2) [ ]

問5

③1990年度 [ ]

④2020年度 [ ]

問6 [ ]

2

問1 [ ]

問2 [ ]

問3 [ ]

問4 [ ]

問5 [ ]

特別講座

複数資料読解問題⑤ 私たちの課題

【本誌P.156・157】

1

問1 [ ]

問2 [ ]

2

問1 [ ]

問2 [ ]

大学入学共通テスト対策

倫理 【特集　倫理①〜④】

1 [ ]

2 [ ]

3 [ ]

4 [ ]

5 [ ]

政経 【特集　政経①〜④】

1 [ ]

2

問1 [ ]

問2 [ ]

3

問1 [ ]

問2 [ ]

問3 [ ]

4

問1

ア [ ]

イ [ ]

ウ [ ]

問2

ア [ ]

イ [ ]

ウ [ ]

エ [ ]

オ [ ]

カ [ ]

問3 [ ]

MEMO

年 組 番	
年 組 番	

解答・解説

特集 「公共」のポイント

➡ 公共①～⑥

【確認問題】 ①善く生きる　②四元徳　③観想的生活　④孔子　⑤徳治主義　⑥無為自然　⑦知は力なり　⑧デカルト　⑨間柄的存在　⑩アーレント　⑪対話的理性　⑫無知のヴェール　⑬共同体主義　⑭セン　⑮義務論　⑯ベンサム　⑰他者危害の原理　⑱善意志

練習問題❶　①功利主義　②最大多数の最大幸福　③レールを切り替える　④道徳法則　⑤手段　⑥多数者　⑦少数者　⑧調整的正義　⑨トリアージ　⑩ケア

練習問題❷　(1)①ミルの他者危害の原理　②感情　③カントの定言命法　④生理現象　⑤体調　⑥アリストテレスの徳倫理
(2)②

練習問題❸　①義務論　②主観　③帰結主義　④客観（普遍）　⑤動機　⑥自立　⑦キャリア　⑧自己決定　⑨結果　⑩愚行権　⑪民法　⑫モラトリアム

練習問題❹　①Ⅰ・Ⅱ・Ⅲ・Ⅳ（いずれも100頭）　②公平　③Ⅰ・Ⅳ（AとBでそれぞれ50頭）　④持続可能性（Ⅳが残るが，ともに最初に50頭を間引く必要あり）　⑤自由　⑥自己責任　⑦Ⅱ・Ⅲ（片方が100頭を選択する）　⑧効用　⑨生態系

【解説】 練習問題❶　マミは，量的功利主義者ベンサムの立場で結論を導いている。ベンサムは快楽計算説に立ち，「最大多数の最大幸福」という彼の言葉に示されるように幸福の量を最大化することを重視している。その結果，5人死ぬよりも1人死ぬにとどめるほうが妥当だという持論を導き出している。これに対してヒロは，命の尊厳は数量で比べることはできない＝5人，1人という差はないと考え，1人の命を5人の命を助けるための手段として用いることはカントの人格主義に反するのではないか，ひいては多数者の利益のために少数者の人権を無視することは妥当なのかと疑問を呈している。また，正義だけではなく，残された家族の感情など，他に考慮する要素があるのではないかなど，様々な視点から苦慮していることがうかがえる。

練習問題❷　(1)ミルは，悪徳でない習慣であったとしても，身近な人びとの利害や感情を阻害するものであれば悪として非難しうると説いている。また，「徹夜をする」という個人的な行為は阻害されるべきではないが，それを理由に社会に害を与える行為（居眠り運転をするなど）を正当化することはできない，ともしている。カントの定言命法の一つに「汝の意志の格率が，つねに同時に普遍的立法となるように行為せよ」とあり，他者の立場からも正当化されうる行為のみが道徳にかなっているとする。道徳的主体となり自らを律することができる自由に，またその実現に向けた努力に，カントは人間の尊厳があるとする。アリストテレスは，人柄のよさを人格的徳とし，習慣を通して身に付けることを説いた。その流れをくむ現代の徳倫理学では，理想の人格者の振る舞いを道徳的判断の拠り所とすることを説いている。アリストテレスは，秩序だった社会の実現のためには，人々に友愛と正義の徳が欠かせない，と説いている。(2)カントの道徳法則は「～せよ」という命令形で発せられる。それは「もし～ならば，～せよ」という条件つきの命令（仮言命法）ではなく，無条件的で端的な命令（定言命法）であり，義務とする意志に基づく。①③④は，「信用が得られる」「他人からも親切にされたい」「友人が助かる」という条件（結果）に基づく判断であり定言命法ではない。②は端的に「生き続けること」を「義務」と判断しているので，カントの説く道徳的判断に適合する。①の「公平に扱う」や③の「親切であろうと努める」は結果だけみれば道徳的だが，その動機が利己心（条件）に基づいているので道徳性はないとする。また④の「嘘をついた」は普遍妥当性の観点からも道徳性はない。

コラム　悪と知りつつ悪をなすことはできない？

古代ギリシャの哲学者ソクラテスは，**徳の知識が行動を導く**とする**知行合一**を唱えました。「盗むことは悪いこと」という知識を正しく理解していれば，「盗みを行うことはできない」ということです。この立場では，「悪いとは分かっていたけれど，出来心で盗みを働いてしまいました」という言い訳は認められません。盗みは，**魂への配慮**を怠った結果，「ばれなければ盗んでもよい」という誤った知識に基づいて実行されたとされるのです。

一方，ソクラテスの孫弟子にあたるアリストテレスは，欲求や感情を適切に制御した態度である**倫理的徳**は，**習慣によって身につけるもの**だと考えました（そこで**習性的徳**とも呼ばれます）。この立場では，知識として理解しただけでは行動にうつすことができないので，「出来心で盗みを働いてしまいました」という言い訳が通用します。適切な行動を毎日の生活の中で習慣づけることによってはじめて，**中庸**に基づく正しい態度がとれるようになるのです。盗みという行動を回避するには，不当な利得を得ることは人間関係の均衡を損ねるという正義の感覚（**調整的正義**）を身につけなければならないのです。このアリストテレスの考え方は，**人格者の行動が善悪や正義の手本**となるという現代の**徳倫理学**に応用されています。

1　公共的な空間をつくる私たち

1 青年期の意義と課題

➲P.2・3

①性徴　②マージナル・マン　③第二の誕生
④ルソー　⑤離乳　⑥モラトリアム
⑦アイデンティティ　⑧発達課題
⑨アイデンティティ　⑩劣等　⑪18　⑫生理
⑬自己実現　⑭葛藤　⑮適応行動　⑯欲求不満
⑰フロイト　⑱合理化　⑲反動形成　⑳昇華

Ⓑ **1**　①通過儀礼　②境界　③マージナル
④モラトリアム
2　①抑圧　②合理化　③同一視　④反動形成
⑤代償　⑥昇華

【解説】 **1**　①七五三や成人など，人生の重要な節目となる儀礼を通過儀礼という。②③青年期は，子どもから大人への過渡期にあり，子どもにも大人にも属さない周辺人，境界人（マージナル・マン）と呼ばれる。④最近では，成人としての責任や義務を猶予された準備期であるモラトリアム期が延長している。

2　①防衛機制とは，欲求不満や葛藤に直面したときに，心理的な平衡状態を維持・回復するために無意識のうちにとるさまざまな心理的な手段のことをいう。欲求を無意識の内に抑えつけて思い出さないようにすることを抑圧という。②口実をつけて失敗を正当化することを合理化という。③相手を取り入れて自分と同一であると思うことを同一視という。④本心とは真逆なことを言ったり，したりすることを反動形成という。⑤本来の欲求を代わりのもので満たすことを代償，⑥本来の欲求を文化的価値の高い代償で満たすことを，特に昇華という。

2 自己形成と社会参加

➲P.4・5

Ⓐ ①パーソナリティ　②能力　③気質
④内向型　⑤クレッチマー
⑥シュプランガー　⑦個性　⑧社会　⑨公共
⑩カント　⑪道徳法則　⑫他者危害　⑬サルトル
⑭アンガジュマン（アンガージュマン）　⑮LGBT
⑯ジェンダー　⑰ダイバーシティ
⑱インクルージョン　⑲アーレント　⑳レヴィナス
㉑キャリア　㉒ライフサイクル　㉓ボランティア
㉔インターンシップ　㉕ニート　㉖生涯学習
㉗レインボー

Ⓑ **1**　①気質　②能力
2　①子ども　②市民　③家庭人

【解説】 **1**　個人の特性や性質を総合したものがパーソナリティで，個性ともいう。パーソナリティを形成する三要素のうち，気質は感情的側面に，能力は知識・技能に，性格は意志的側面に当たる。

2　ライフ・キャリア・レインボーは，アメリカの心理学者D. E. スーパーによる，生涯のキャリアを虹の形に表現した概念図で，「キャリアは人生のそれぞれの時期で果たす役割の組み合わせである」と定義した。例えば①の子どもとしての役割は生まれたときの0歳から始まり，親が亡くなるとき（図中では50歳代）まで継続する。その間，成人するころには②の市民としての役割が加わり，やがて結婚により③の家庭人としての役割が加わる。

▶▶▶時事正誤チェック　正解［○］　青年期後期の課題として「職業の選択」がある。最近では新卒の求人倍率が上昇傾向にあり，複数の就職先の内定をもらえるケースも増えつつある。自分の適性に合致した職業を見つける上でも，インターンシップなどの職業体験は重要な意味をもっている。

3 日本の伝統的考え方

➲P.6・7

Ⓐ ①おのずから　②古事記　③八百万
④重層　⑤清明心（清き明き心）　⑥正直
⑦誠　⑧神道　⑨罪（ツミ）　⑩祓（祓い）
⑪禊　⑫年中行事　⑬端午　⑭七五三
⑮祖霊信仰　⑯ハレ　⑰千利休　⑱見立て
⑲幽玄　⑳和　㉑鎮護　㉒延暦　㉓金剛峯
㉔神仏習合　㉕道元　㉖他力　㉗法然　㉘専修
㉙親鸞　㉚日蓮

Ⓑ **1**　①聖徳太子　②最澄　③空海　④法然
⑤親鸞　⑥日蓮　⑦道元

【解説】 **1**　6世紀に儒教・仏教の外来思想が相次いでもたらされた。それらは中央集権国家をつくることに尽力した聖徳太子によって政治理念として取り入れられ，奈良時代には，朝廷の保護の下で鎮護国家的な仏教となった。9世紀になると最澄・空海により，それまでの理論中心の奈良仏教にかわる新しい平安仏教が開かれ，後の鎌倉時代を開く多くの僧侶が比叡山（天台宗の総本山，延暦寺）で学んだ。平安時代の中期以降には政治をめぐる争乱，自然災害など不安な時代を背景に，阿弥陀仏に救いを求める浄土思想が広まっていき，鎌倉時代には法然・親鸞・日蓮・道元・栄西などによる新しい仏教がもたらされていく。

4 外来思想の受容と展開

➲P.8・9

Ⓐ ①朱子学　②陽明学　③孝　④伊藤仁斎
⑤荻生徂徠　⑥古学　⑦本居宣長　⑧国学
⑨契沖　⑩石田梅岩　⑪道徳　⑫芸術
⑬福沢諭吉　⑭社会契約　⑮内村鑑三
⑯二つのＪ　⑰内発的開化　⑱個人主義
⑲純粋経験　⑳間柄

Ⓑ **1**　①福沢諭吉　②内村鑑三　③夏目漱石
④西田幾多郎　⑤和辻哲郎
2　①ア　②ウ　③イ　④イ　⑤ウ　⑥ア

【解説】 **1** ①の福沢諭吉は，日本が近代化する上で，実学（実用的な西洋の学問）や独立自尊の精神を求めた。また新しい平等な社会をつくるために天賦人権論を説いた。②「二つのＪ」は，内村鑑三にとって命を捧げる対象である。③の夏目漱石は，明治以降の日本の近代化は外部からの圧力による展開（外発的開化）であると批判し，新たに自己本位の生き方を提唱した。④の西田幾多郎は，近代西洋哲学の伝統である主観（音を認識する私）と客観（音）を対立的にとらえる考え方を批判し，主客未分の状態である純粋経験という考え方を提唱した。⑤の和辻哲郎は，人間は他者とは異なる「個人」と同時に，他者とともに生きる間柄的存在であるとした。

2 地域や自然の特質から①はモンスーン型，②は砂漠型，③は牧場型と推測できる。④自然の恩恵に対する受容的態度と暴威に対する忍従的態度が育成される。よってイ。⑤自然に勝つための団結と戦闘的・対抗的態度が育成される。よってウ。⑥法則を見出しやすいことから，客観的・合理的精神，理性を重視する。よってア。

2 公共的な空間における人間としてのあり方・生き方

5 よく生きること（源流思想） ➲P.10・11

①フィロソフィア ②考える葦 ③実存主義 ④ホモ・サピエンス ⑤ロゴス ⑥自然哲学 ⑦タレス ⑧流転 ⑨ソクラテス ⑩善く生きる（よく生きる） ⑪無知の知 ⑫イデア ⑬エロス（エロース） ⑭正義 ⑮哲人政治 ⑯中庸 ⑰フィリア ⑱ヘレニズム ⑲エピクロス ⑳ストア ㉑諸子百家 ㉒孔子 ㉓仁 ㉔礼 ㉕老子 ㉖無為自然

Ⓑ **1** ①問答 ②イデア ③質料 ④現実
2 ①徳治 ②性善 ③性悪 ④知行合一

【解説】 **1** ソクラテスは人間が「善く生きる」には，まず「無知の知」の自覚が必要と考えた。彼は他者との対話（問答法）を通して相手に無知を自覚させ，真の知の探究に向かわせようとした。イデア（理想）を追求する愛がプラトンの主張する「エロス」である。理想主義的な立場であったプラトンに対し，現実主義的な立場をとったアリストテレスの思想は，「人間はポリス的（社会的，国家的）動物である」という言葉に表されている。

2 孔子が仁に基づく徳の習得・社会秩序の回復・君主の道を説いたのに対し，老子は無為自然を理想的な生き方とした。孔子，孟子，荀子の儒家の思想は儒学として発展し，後に朱子学や陽明学などが誕生した。

6 宗教と人間 ➲P.12・13

①教義 ②民族 ③世界 ④旧約 ⑤律法 ⑥選民 ⑦原罪 ⑧福音 ⑨アガペー ⑩隣人愛 ⑪信仰義認 ⑫三元徳 ⑬アッラー ⑭ムスリム ⑮六信五行 ⑯クルアーン ⑰預言者 ⑱断食 ⑲ブッダ ⑳縁起 ㉑煩悩 ㉒解脱 ㉓四諦 ㉔八正道 ㉕慈悲

Ⓑ **1** ①アガペー ②隣人愛 ③プロテスタント ④六信 ⑤アッラー ⑥スンニ ⑦縁起 ⑧慈悲 ⑨大乗
2 ①アガペー，C ②慈悲，A ⑤仁，B

【解説】 **1** 三大世界宗教について整理したい。イスラム教のスンニ派は多数派でアジア・アフリカ全体に分布がみられ，イスラム教徒全体の9割を占めている。シーア派は少数派で，イランなどを中心に分布している。ブッダが開いた仏教は時代を経て発展し，大乗仏教と上座部仏教が誕生する。大乗仏教は中国や日本に広がり，上座部仏教はミャンマーやタイなど東南アジアでさかんである。

2 キリスト教の愛である「アガペー」とは，神が無差別・平等にそそぐ愛である。仏教の愛である「慈悲」とは，生きとし生けるものすべてに対する慈しみとあわれみの心である。儒教の孔子の愛である「仁」とは，親子兄弟間に生じる自然発生的な親愛の情をすべての人間関係に同心円的に拡大した心情である。

7 人間の尊厳，近代科学の考え方

➡P.14・15

A ①ルネサンス ②人文主義 ③ダンテ ④マキャヴェリ ⑤トマス=モア ⑥コペルニクス ⑦ニュートン ⑧宗教改革 ⑨ルター ⑩聖書中心 ⑪カルヴァン ⑫プロテスタント ⑬モラリスト ⑭モンテーニュ ⑮パスカル ⑯知は力なり ⑰帰納 ⑱ロック ⑲ヒューム ⑳良識 ㉑演繹 ㉒われ思う，ゆえにわれあり ㉓要素還元 ㉔機械 ㉕スピノザ ㉖ライプニッツ

B **1** ①帰納法，ベーコン ②演繹法，デカルト
2 ①種族 ②洞窟 ③市場 ④劇場

【解説】 **1** ①観察や実験によって知り得た具体的事実から推論し，それらに共通する一般的法則を定立するという思考方法は，帰納法である。帰納法を唱えたのは，イギリス経験論のベーコン。②すべてを疑った上で公理を立て，それに具体的事実や生き方をあてはめ検証するという思考方法は，演繹法である。演繹法を唱えた人物は，大陸合理論のデカルト。

2 ベーコンが正しい自然認識を得るために排除すべきであるとしたイドラには①錯覚など人間に内在する種族のイドラ，②個人的性格や考え方による洞窟のイドラ，③言葉遣いやうわさによる市場のイドラ，④伝統や権威への盲従による劇場のイドラがある。

8 民主社会に生きる倫理

➡P.16・17

A ①カント ②善意志 ③人格 ④動機 ⑤仮言 ⑥定言 ⑦自律 ⑧目的 ⑨永久平和 ⑩国際法 ⑪ヘーゲル ⑫人倫 ⑬弁証 ⑭産業革命 ⑮アダム=スミス ⑯利潤（利益） ⑰共感 ⑱功利主義 ⑲幸福 ⑳ベンサム ㉑最大多数 ㉒人間 ㉓ロールズ ㉔セン ㉕帰結 ㉖義務論 ㉗帰結 ㉘知性 ㉙プラグマティズム ㉚パース ㉛道具

B **1** ①道徳 ②自律
2 ①道徳 ②法 ③家族 ④市民社会 ⑤国家

【解説】 **1** 人間の純粋な能力である理性が定めた無条件の命令を，道徳法則という。カントは，人間の本質を「自由」であるとした。しかし，その「自由」とは，単になんでもしてよいということではない。人間はほかの動物と異なり，欲望に流されることなく，理性の命ずる道徳的な命令に従うことで，欲望を抑えることができる。カントはこれを自律と呼び，ここに人間の真の自由があると考えた。

2 一つの見解（正）と反対の見解（反）を批判，吟味し，それを統合（止揚=アウフヘーベン）することによって，より高次元の真理に到達しようとする思考方法が弁証法である。ヘーゲルは「自由」などの倫理的，道徳的な問題も弁証法によって考えた。「人倫」は「法」と「道徳」を統合したものである。「法」は客観的ではあるが外面的であるのに対し，「道徳」は主観的であるが客観的に実現されていない。法と道徳を統合して実現する現実的な場を「人倫」とした。ヘーゲルは人倫を三つの段階で捉えた。「家族」は愛情で結ばれた共同体であるのに対し，「市民社会」は個人の独立した共同体であり，欲望の体系である。家族と市民社会を統合した「国家」を人倫の最高形態であるとした。

9 人間性の回復を求めて

➡P.18・19

A ①社会主義 ②マルクス ③唯物史観 ④実存 ⑤キルケゴール ⑥単独者 ⑦ヤスパース ⑧限界 ⑨超越者 ⑩ニーチェ ⑪ニヒリズム ⑫神 ⑬超人 ⑭ハイデガー（ハイデッガー） ⑮死 ⑯サルトル ⑰実存 ⑱自由 ⑲構造主義 ⑳レヴィ-ストロース ㉑フーコー ㉒フランクフルト ㉓道具 ㉔ハーバーマス ㉕対話 ㉖シュヴァイツァー ㉗ガンディー

B **1** ①キルケゴール ②ヤスパース ③ニーチェ ④ハイデガー ⑤サルトル
2 ①ヘーゲル ②社会 ③プラグマティズム ④構造

【解説】 **1** ①のキルケゴールは，現代人が絶望から飛躍するためには神の前に立つ単独者となることが必要であるとし，「宗教的実存」による主体性の回復を主張した。②のヤスパースは，人が限界状況に直面し，その限界の前にひれ伏すしかなくなったときこそ魂と魂の直接的な交わりが可能となり，限界の向こう側に超越者たる神の姿を見ることができる，すなわち「人は実存に目覚める」と主張した。③のニーチェは，キリスト教的道徳観を否定する積極的ニヒリズム（虚無主義）にたち，「力への意志」に基づく「超人」としての生き方を求めた。④のハイデガーは，人々は日常生活の中で存在への問いを忘れ，没個性的な世間の一員「ひと（ダス=マン）」になってしまっている。死へと常に関わる「死への存在」を自覚したとき，人は自分の生き方を確立できるとした。⑤のサルトルは，自由とは全人類に対して責任を果たす自由であると考え，「実存は本質に先立つ」=自分の本質は自らが責任をもって作り上

げるものであると主張した。

2 ①ヘーゲルは，カントの影響を受けたドイツの哲学者。精神が経験を積むことで対立を統一していく弁証法的な法則によって，市民社会は高められていくと説いた。キルケゴールは「本質と存在とは全く同じものである」として，主体的真理の探究を唱え、客観的真理の探究を唱えたヘーゲルを批判した。キルケゴールやニーチェを先駆とする，画一的な生き方から主体性の回復を目指す考えを実存主義という。②貧富の差などを生む資本主義を批判し，自由で平等な社会を実現するしくみとして社会主義が唱えられた。マルクスは観念論から唯物論への転化を図り，ヘーゲルを乗り越えようとした。③プラグマティズムは19～20世紀アメリカで生まれた，経験に基づく合理主義を重んじる思想。実用主義ともいい，知識が生活に役立つかどうかは実際に行動して確かめなければわからないとした。④すべての現象には，それに関連する社会や文化の普遍的な構造が含まれているとし，それを明らかにすることで現象を解明しようとする考えを構造主義という。

用語チェック ➡P.20～22

1 ❶マージナル・マン（境界人，周辺人） ❷モラトリアム ❸心理的離乳 ❹第二の誕生 ❺アイデンティティ ❻自己実現の欲求 ❼欲求不満（フラストレーション） ❽葛藤（コンフリクト） ❾防衛機制（防衛反応） ❿同一視 ⓫反動形成

2 ❶パーソナリティ（人格，個性） ❷シュプランガー ❸ユング ❹クレッチマー ❺道徳法則 ❻アーレント（ハンナ・アーレント） ❼生涯学習 ❽ダイバーシティ

3 ❶アニミズム ❷八百万の神 ❸清明心（清き明き心） ❹神仏習合 ❺罪（ツミ） ❻年中行事 ❼ハレ ❽聖徳太子 ❾最澄 ❿専修念仏 ⓫道元

4 ❶朱子学 ❷伊藤仁斎 ❸国学 ❹本居宣長 ❺外発的開化 ❻福沢諭吉 ❼内村鑑三 ❽和辻哲郎 ❾柳田国男

5 ❶フィロソフィア ❷パスカル ❸ソクラテス ❹徳（アレテー） ❺プラトン ❻アリストテレス ❼仁 ❽老子

6 ❶民族宗教 ❷隣人愛 ❸三元徳 ❹アガペー ❺アウグスティヌス ❻クルアーン（コーラン） ❼六信五行 ❽縁起の法（縁起説） ❾A諸行無常 B諸法無我 ❿慈悲 ⓫八正道

7 ❶ルネサンス ❷マキャヴェリ ❸宗教改革 ❹知は力なり ❺帰納法 ❻演繹法 ❼われ思う，ゆえにわれあり ❽要素還元主義

8 ❶目的の国（目的の王国） ❷定言命法 ❸弁証法 ❹アダム=スミス ❺J. S. ミル ❻ロールズ ❼プラグマティズム ❽帰結主義（帰結論）

9 ❶唯物史観 ❷実存主義 ❸キルケゴール ❹サルトル ❺レヴィ-ストロース ❻フランクフルト学派 ❼ハーバーマス

記述でチェック （例）できるだけ多くの人々にできるだけ多くの快楽をもたらすのが，最善の行為であるとする考え方。(44字)

実戦問題 ➡P.23～25

1 **問1** **1**モラトリアム **2**エリクソン

問2 (1)第二の誕生 (2)通過儀礼（イニシエーション） (3)欲求不満（フラストレーション） (4)④ (5)アイデンティティ (6)② (7)**番号**②

説明 （例）自分が何者であるかをつかみ，自分の能力を最大限に発揮しようとする欲求。

問3 ④

問4 モンスーン型

問5 ダイバーシティ

【解説】 **問1** **1** 経済用語の「債務の支払い猶予」を意味する語を，青年期に当てはめたものである。青年期は成人が負う責務を猶予されている期間であり，一人前になるための準備期間である。**2** エリクソンは人間の一生を8段階に分け，段階ごとに取り組む課題，課題達成により獲得する事柄などを分類した。乳児期（～1歳）→幼児期（1～2歳），児童期（2～6歳）→学童期（6～13歳くらい）→青年期（13～21歳くらい）→成人期→壮年期→老年期に分けられる。

問2 (1)18世紀フランスの思想家ルソーは，著書『エミール』の中で「私たちはいわば，この世に二度生まれるのだ。一度目は存在するために，二度目は生きるために。」と述べ，青年期を第二の誕生と表現し，肉体の誕生に対して精神の誕生と位置づけた。(2)通過儀礼（イニシエーション）。出生・結婚・成人など人生の節目のこと。(3)欲求不満（フラストレーション）に陥る。その解決策が，防衛機制（防衛反応）である。(4)④は，結果が不成功に終わってよかったと理由づけをする防衛機制である。①は適応できず状況から逃れる行動，②は抑圧された欲求とは逆の態度をとる行動，③は満たされない欲求を社会的価値の高い目標の実現に変化させる行動である。(5)自分自身・自分らしさは，個性であり，それを「アイデンティティ」と呼ぶ。青年期には「アイデンティティ」の確立が行われる。(6)22歳は大学を卒業し就職する時期，65歳は定年退職を迎える時期に当たることから考える。よって②が適当。①の余暇人は15歳以降，③の家庭人は20代後半以降，④市民は20歳頃以降に訪れる。(7)自らの才能を開発するなど最も高次元な欲求で，下層の4つの基本的欲求が満たされると現れる。所属と愛情の欲求はB，生理的欲求はAに入る。

問3 正解は④。アはイスラム教。「六信」，「五行」を守ること，唯一神（アッラー）への絶対帰依について書かれていることから判断する。インドネシアにはイスラム教徒（ムスリム）が多く存在している。イはキリスト教。「アガペー」（無差別・無償の愛），「隣人愛」から判断できる。フィリピンでは16世紀以降300年にわたるスペインの植民

地支配の影響により，現在では国民のおよそ９割がキリスト教徒である。ウは仏教。「他者によって生かされている自分」とあることから，縁起の法に述べられていること，「慈悲」から判断する。タイには仏教の寺院が多くある。

問４　日本を含めたアジアは「モンスーン型」である。中東は「砂漠型」，欧米は「牧場型」に分類される。

問５　企業においても，性別・民族・障がいの有無などにかかわらず，多様な人材を活用するダイバーシティ経営が進んでいる。

2　**問１**　①　**問２**　①　**問３**　(1)③　(2)②
問４　④　**問５**　①

【解説】　問１　正解①

①正しい。ソクラテスは自分が真・善・美について何も知らないということを自覚することから哲学がはじまるとして「無知の知」の大切さを述べている。②誤り。「人間は考える葦である」と述べたのはパスカルである。③誤り。観察や実験によって得られた科学的知識や事実から共通法則を見出す思考方法は帰納法である。弁証法はドイツ観念論のヘーゲルが主張した考え方で，一つの見解に対して反対の見解を検討し，両者を統合＝止揚して，より高次元の真理に至るという思考方法である。④誤り。“衰退”ではなく“発展”であれば正しい。

問２　正解①

古代ギリシャの哲学者プラトンの愛は「エロス」である。プラトンは理想主義者で，理想の姿すなわち真・善・美などに思いを寄せ，それを追求する心情を「エロス」とよんだ。よって①が正しい。ちなみに，アリストテレスの愛は「フィリア（友愛）」，キリスト教の愛は「アガペー」，仏教の愛は「慈悲」，儒教の孔子の愛は「仁」である。

問３　正解(1)③　(2)②

(1)Ａ徳川家康以降４人の将軍に仕えた儒学者である林羅山は，君臣上下の関係は自然の摂理のごとく道理として定められているという上下定分の理を唱えた。Ｂ日本陽明学の祖である中江藤樹の思想。礼を追求しそれに従い実践することを人倫という。陽明学は世相を批判する傾向があったため江戸幕府からは敬遠された。(2)国学とは，『古事記』，『日本書紀』などの日本の古典を研究することで，日本固有の精神を解明しようとした学問である。国学では，外来の儒教や仏教などを漢意として否定した。

問４　正解④

④正しい。儒教の孔子が重視した愛とは「仁」である。「仁」とは内面的徳性であり，親子間の自然発生的な愛を全ての人間関係に拡大した心情のことである。「仁」の心をもって権力者は統治を行うべきであり，それは「自分勝手な欲望」（私利私欲）を抑え，古くからの行動基準に従うことである。『論語』の「温故知新」という言葉がそれを示している。

問５　正解①

①正しい。孔子が仁・礼など為政者の倫理を述べたのに対し，老子はこざかしい人倫を求めず，自然に従った「無為自然」，「柔弱謙下」な生き方を「道」と考えた。

3　**問１**　②　**問２**　①　**問３**　ロールズ③
センＯ①

【解説】　問１　正解②

②不適当。カントの道徳は，結果ではなく，動機に求められる。①③適当。カントは普遍的な行為の規則＝道徳法則を尊重する善意志を最高善とした。④適当。意志の自律の主体である人間が，お互いを目的として尊重し合う社会がカントのいう「目的の国」である。

問２　正解①

①不適当。他人の行動に従ってしまう現代人の特徴を「外部（他人）指向型」と呼んだのは『孤独な群衆』を著したリースマンである。信念をもった近代人を「内部指向型」，制度や慣習に従う中世の人々を「伝統指向型」と呼んだ。②アドルノはナチスを支持するに至った一般大衆の心理的傾向が権威主義的パーソナリティにあることを指摘した。③実存主義にたつサルトルは，自由とは社会に責任を果たすという責任ある自由を意味すると考えた。責任は積極的な社会参加（アンガジュマン）によって自覚されるとして社会参加の重要性を唱えた。④自らがユダヤ人として迫害された経験をもつアーレントは，ナチズムなどの全体主義の問題に取り組んだ。人間の活動力を「労働」「仕事」「活動」の三つに分類し，言論と共同の行為による「活動」によって，多様性をもつ人間の自由は保障されるとした。⑤ハーバーマスは主著『コミュニケーション的行為の理論』で，コミュニケーションによる相互的理解の重要性を唱えた。

問３　正解　ロールズ③　セン①

①センの思想である。センは「潜在能力＝生き方の幅」であり，各人に等しく保障することを公正の基準とし，重要視した。②アダム=スミスに近い考え方である。③「公正としての正義」を説いたロールズの思想である。④アリストテレスの思想。人間を「ポリス的動物」としたアリストテレスによれば，人間が真に幸福に生きられるのは共同体（ポリス）で実現されるとした。⑤プラトンの思想である。

特別講座

複数資料読解問題①　思想・宗教

➡P.26・27

1　**問１**　①　**問２**　②　**問３**　②

【解説】　問１　正解①

メモに「デカルトは，……演繹法をとりました。」とあることから，**図１**が演繹法を表した図，「ベーコンは……帰納法を提唱しました。」とあることから，**図２**が帰納法を表した図であることがわかる。**図１**では，定められた一般的原理から，筋道を立てて論理的に具体的な事実を導き出す方式を示しているのに対し，**図2**では，観察や実験で得られた経験（事実）から，それらに共通する一般的，普遍的な法則を見出している方式を示していることから，①が正解となる。

問2　正解②

アは正しい。ヘーゲルの弁証法は，全ての存在や認識は，対立や矛盾を通してより高次なものへと展開していく一連の運動（思考方法）である。ヘーゲルは，真の実在は精神であり，その本質を「自由」と考えた。精神が様々な経験を積み，対立や統一を繰り返しながら（弁証法），自由を実現していく過程が人類の歴史であるとした。**イ**は誤り。**イ**止揚は，否定，保存，高めるという３つの意味をあわせ持つ言葉である。弁証法における止揚とは，対立・矛盾する二つのものを両方保存して新しい秩序に統合することである。

問3　正解②

問題の図では，３つの観察結果から，「人々の環境意識が高まっている」という法則を見出したことを示している。これは，帰納法の考え方である。

2　問1　④　　問2　③

【解説】　問1　正解④

世界宗教とは，民族や国家の枠を超え，世界で信仰されている宗教のことであり，キリスト教，イスラム教，仏教がこれにあてはまる。一方，民族宗教とは，特定の民族の中で信仰されている宗教であり，ほとんどの信者がインドにいるヒンドゥー教や，日本で信仰されている神道などがこれにあてはまる。

問2　正解③

③適当。**図2**から判断する。「宗教心は大切である」と回答した割合と，「宗教を信じる」と回答した割合の差が最も大きい世代が40歳代である。①**図2**から，「宗教心が大切だと感じている人が全体の６割以上」，「実際に宗教を信じている人は全体の３割程度」の部分は正しいと判断できる。しかし，「宗教心は大切である」と回答している人の割合は，30歳代が最も低い。②**図2**から，「実際に宗教を信じている人は全体の３割程度」いることは正しいと判断できる。また，**図3**から，「年に１回以上は墓参りをしている」と回答している人の割合は７割近くにのぼっていることが読み取れるが，実際に宗教を信じている人のうちの７割というわけではない。④「日頃，仏壇や神棚に花を供えたり手を合わせたりし，決まった日に神社仏閣などにお参りに行く」という行為が，実際に宗教を信じている人が行っていることかどうかは図からは読み取れない。

3　公共的な空間における基本原理と日本国憲法

10 民主政治の原理と法の支配 ➲P.28・29

A　①王権神授　②社会契約　③ホッブズ　④闘争　⑤ロック　⑥抵抗（革命）　⑦ルソー　⑧一般意志（意思）　⑨直接　⑩自然　⑪権利請願　⑫権利章典　⑬バージニア　⑭アメリカ独立　⑮権力分立　⑯モンテスキュー　⑰法の精神　⑱人　⑲法　⑳立憲　㉑自由　㉒夜警　㉓福祉　㉔社会　㉕世界人権　㉖国際人権規約　㉗難民　㉘女子　㉙障害者

B　**1**　①シ　②ス　③コ　④キ　⑤イ　⑥オ　⑦セ　⑧カ　⑨ア　⑩エ　⑪ク

2　①バージニア権利章典　②アメリカ独立宣言　③フランス人権宣言　④ワイマール憲法　⑤世界人権宣言　⑥国際人権規約

【解説】　1　ホッブズは，人間の自然状態を「万人の万人に対する闘争状態」ととらえた。生命を保全するためには強い国家権力が必要であり，人々は自らの自然権＝主権を国家に全面譲渡・放棄すべきであるとした。ロックは人間の自然状態を自由・平等・平和と捉え，例外的に生じる財産権侵害などを取り締まるために，国家に権力を委託・信託すべきであると考えた。主権はあくまでも国民にあり（国民主権），国民が国家に主権の執行を委託すべきであると考えるので間接民主制が基本の政治形態であるとする。ルソーは，人間の自然状態を自由・平等，平和であって「孤立的」であると捉えた。主権は個々の人民に存在する（人民主権）と考えるので，直接民主制を基本的な政治形態であるとした。

2　①バージニア権利章典（1776年）世界初の成文憲法，人権宣言の先駆。②アメリカ独立宣言（1776年）生命・自由・幸福追求を天から与えられた（天賦の）人権として捉えた。③フランス人権宣言（1789年）近代憲法の二要素である人権保障と権力分立を掲げている。④ワイマール憲法（1919年）人間たるに値する生活（生存権）を世界で初めて規定した。⑤世界人権宣言（1948年）F．ルーズベルトの四つの自由と自由権，社会権の規定を置き，人権は世界的に共有される価値となった。法的拘束力はない。⑥国際人権規約（1966年）世界人権宣言を条約化して法的拘束力を付与。社会権を規定したA規約，自由権・参政権を規定したB規約と両規約に関する選択議定書から成る。

▶▶▶時事正誤チェック　**正解［×］**　参政権は自然権の誤り。共同体を成立させるために，人間が生まれながらにもっている自然権を君主や議会に譲渡することを，社会契約という。

11 民主政治のあゆみ，世界の政治体制

➲P.30・31

Ⓐ ①民主政治　②直接民主制　③議会制民主主義　④多数決　⑤専制　⑥ロック　⑦議院内閣　⑧庶民　⑨不信任　⑩影の内閣　⑪モンテスキュー　⑫大統領　⑬4　⑭3　⑮間接　⑯拒否　⑰違憲審査　⑱行政　⑲権力集中　⑳共産　㉑開発独裁

Ⓑ ■1 ①キ　②カ　③イ　④ア　⑤イ　⑥ア　⑦ク　⑧オ　⑨エ　⑩ウ　⑪サ　⑫コ
■2 ①アメリカ　②イギリス　③中国

【解説】■1 イギリスでは議院内閣制が採用され，下院の多数党の党首が首相になる。内閣は下院の信任を失うと下院の解散か総辞職をし，議会に対して連帯責任を負う。議会は，貴族・僧侶からなる非民選の上院（貴族院）と民選の下院（庶民院）の二院制。アメリカの政治制度はモンテスキュー流の厳格な三権分立制に基づく大統領制。大統領は任期4年で3選が禁止され，間接選挙によって選ばれる。大統領は，軍の統帥権，議会への教書送付権，法案拒否権など強大な権限をもつ。議会は各州の代表2名の上院（元老院）と下院（代議院）の二院制。議会は大統領の法律責任を問うための弾劾決議権をもつ。中国では権力集中制が採られている。この制度では全人民を代表する合議体に権力を集中させており，社会主義体制を採る国家に見られる。

■2 ③中国は権力集中制が採られており，全国人民代表大会に全権力が集中している。

▶▶▶時事正誤チェック ①正解［○］　略称は全人代。中国は共産党の一党独裁であるが，憲法上は立法機関の全人代が国権の最高機関と位置づけられている。ただし会期は2週間程度と短い。
②正解［×］　アメリカ合衆国では厳格な三権分立制がとられており，アメリカ合衆国の大統領は連邦議会の解散権や，議会への法案提出権をもたない。

12 日本国憲法の成立と三大原理

➲P.32・33

Ⓐ ①大日本帝国　②欽定　③協賛　④統帥　⑤臣民の権利　⑥留保　⑦デモクラシー　⑧治安維持法　⑨ポツダム　⑩松本　⑪マッカーサー　⑫象徴　⑬国民主権　⑭国事行為　⑮主権　⑯基本的人権の尊重　⑰永久の権利　⑱公共の福祉　⑲9　⑳平和主義　㉑放棄　㉒戦力　㉓交戦権　㉔平和　㉕最高法規　㉖硬性憲法　㉗3分の2　㉘発議　㉙国民投票

Ⓑ ■1 ①天皇　②兵役　③臣民　④天皇　⑤民定　⑥国民　⑦象徴　⑧戦争放棄　⑨不可侵　⑩国権　⑪独立　⑫違憲法令
■2 ❶ A　国民主権　B　平和主義　C　基本的人権の尊重
❷ ①象徴　②最高機関　③選定・罷免　④戦争　⑤戦力　⑥交戦権　⑦不可侵　⑧幸福追求

【解説】■1 大日本帝国憲法（明治憲法）下では，立法・行政・司法の三権を天皇が掌握していた。帝国議会は天皇の立法権行使の協賛機関，国務各大臣は天皇の行政権行使の補弼機関，裁判所は天皇の名の下に裁判を行う機関にすぎなかった。これに対して日本国憲法では，天皇の地位は「日本国の象徴」とされ，「内閣の助言と承認」に基づいて，儀礼的・形式的行為である国事行為を行うことにとどまっている。明治憲法では，臣民の権利は天皇から恩恵的に与えられたものであり，法律によっていつでも制限できた。日本国憲法は，国民の権利の不可侵性を明記し，人権は「公共の福祉」を守る場合だけしか制限されないとして，法律による一般的制限を認めない。

■2 日本国憲法の三大原理は，A．国民主権，B．平和主義，C．基本的人権の尊重である。A．国民主権とは，国の政治の最終意思決定権は国民にあるということ。国民主権は前文，1条，15条などに規定がある。B．日本国憲法は，徹底した平和主義を採用し，9条で戦争放棄，戦力不保持，交戦権の否認の3つを規定している。2015年通常国会では安保法制関連法案が7月に衆議院を通過し，その内容の一部が憲法第9条に違反するのではないかとの指摘が憲法学者などから出された。C．憲法11条，97条は人権の永久不可侵性を規定し，自然法思想に立つ。第3章は人権を詳細に列挙して，個人の尊厳を実現。

▶▶▶時事正誤チェック ①正解［×］　第9条②に「陸海空軍その他の戦力は，これを保持しない。国の交戦権は，これを認めない。」とある。政府は，自衛隊については「自衛のための必要最小限度の実力」であって，第9条で禁じられている「戦力」ではないという見解をとっている。
②正解［×］　法改正については，衆議院，参議院それぞれにおいて総議員の3分の2以上の賛成で国会が発議し，その後国民投票で投票総数の2分の1（過半数）を超えた賛成が必要となる。

●国民投票法改正（2021年）のポイント
・駅や商業施設への「共通投票所」の導入
・期日前投票時間の弾力化（悪天候の場合など）
・投票所に同伴できる子供の対象年齢を，幼児から18歳未満に拡大
・洋上投票の対象を航海実習生らに拡大
・天災などで投票日を延期する「繰り延べ投票」の告示期限見直し
・投票人名簿の確認で個人情報保護に配慮（本人同意が必要）
・在外投票人名簿の登録制度の整備
・（附則）施行後3年をめどに，政党のスポットCMやネット広告，運動資金の規制について検討を加え，必要

な法制上の措置などを講じる。

チェック 外国人の人権

日本国憲法が定める基本的人権は，自然権的性質をもつ精神的自由などは外国人にも人として当然保障される。ただし，性質上，日本国民のみに限る人権は，外国人には当然に保障されるわけではない。例えば，選挙権，被選挙権などの参政権，入国（再入国の自由）などである。

チェック 憲法改正の流れ

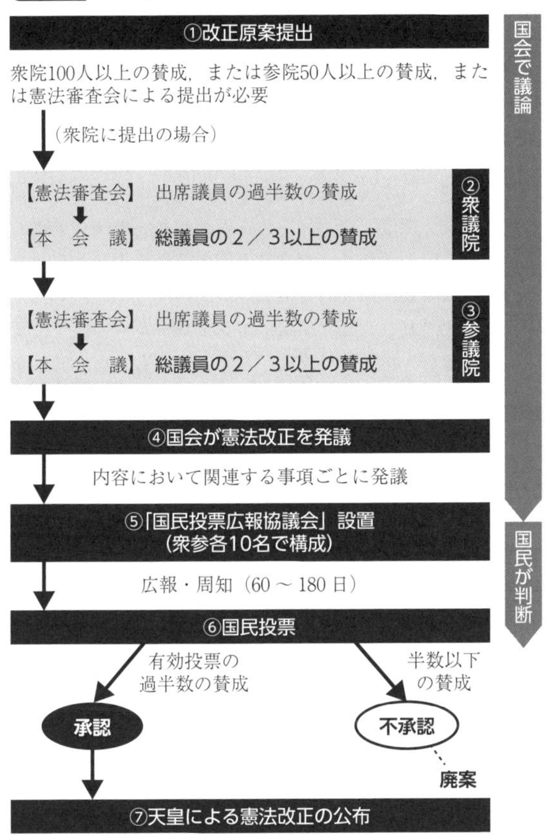

13 基本的人権の保障①（平等権・自由権）

➡P.34・35

A ①平等　②法の下　③人種　④性別　⑤両性　⑥同和　⑦アイヌ文化振興法　⑧アイヌ民族支援法　⑨障害者差別解消法　⑩外国人　⑪ポジティブ・アクション　⑫男女雇用機会均等法　⑬男女共同参画社会基本法　⑭国家　⑮思想　⑯表現　⑰検閲　⑱信教　⑲政教　⑳学問　㉑大学の自治　㉒人身　㉓罪刑法定　㉔令状　㉕一事不再理　㉖弁護人　㉗黙秘　㉘職業選択　㉙財産　㉚公共の福祉

B **1** ❶ ①14　②19　③21　④23　⑤17　❷ ⑥法の下　⑦宗教的活動　⑧学問　⑨職業選択　⑩財産権　⑪政教分離　❸ A　B　D　G　H　I　J　K　L

【解説】**1**　A，B，J，K，L．法の下の平等（憲法14条）が問題となった事例に，尊属殺人事件と議員定数不均衡訴訟，国籍法違憲訴訟，婚外子相続差別訴訟，女性の再婚禁止期間違憲訴訟がある。最高裁は尊属殺人事件と衆議院議員定数不均衡訴訟について違憲訴訟を下している。参議院議員定数不均衡訴訟については，最高裁は「違憲状態」判決を下している。国籍法違憲訴訟について最高裁は，婚姻の有無で国籍取得を区別するのは，遅くとも2003年当時には合理的な理由のない差別として憲法に反するとした。女性の再婚禁止期間違憲判決については，女性の再婚禁止期間を設けること自体が14条違憲だとしたのではなく，100日を超過する分が不合理であり，違憲だとした点に注意する。C．三菱樹脂事件で最高裁は，会社にも雇用の自由があり，特定の思想を有することを理由に採用を拒否しても違法ではないとした。D．愛媛靖国神社玉ぐし料支出訴訟で，最高裁は県が靖国神社に玉串料として公金を支出することは，政教分離の原則（20条，89条）に違反するとして違憲判決を下した。その後，空知太神社訴訟では，北海道砂川市が公有地を神社に無償で貸与したことが政教分離の原則に違反するとして違憲判決が下された(2010年)。また，2021年には沖縄県那覇市孔子廟訴訟でも同様の違憲判決が下された。E．デモ行進の許可制を定める東京都公安条例が表現の自由（21条）を不当に侵害しないか否かが争われた事件で，最高裁は不測の事態に備えるためにはやむをえないとして違憲とはいえないとした。F．東大ポポロ事件で最高裁は，一般論として憲法23条の学問の自由を認めるための制度として大学の自治が認められるとした。G．最高裁は，薬局の距離制限を定めた薬事法の規定は憲法22条の「職業選択の自由」を不当に侵害するとして違憲判決を下した。H．最高裁は，森林の分割制限を定めた森林法の規定が憲法29条の「財産権」を不当に侵害するとして違憲判決を下した。I．最高裁は，郵便局側の過失により生じた損害は賠償の責任があるとして，制限規定の一部を違憲とした。

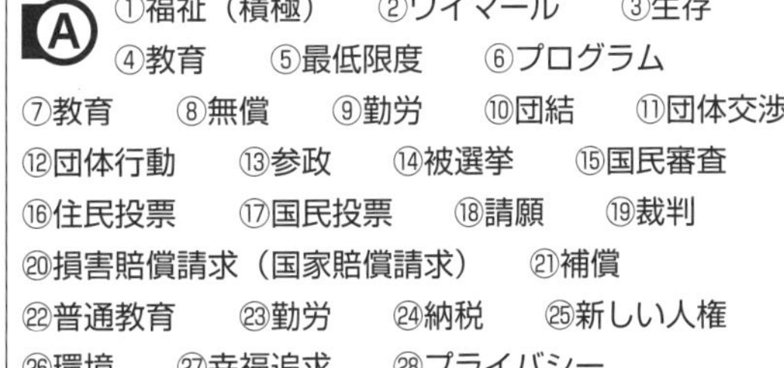
▶▶▶時事正誤チェック　正解［○］　積極的改善措置とは，ポジティブ・アクションのことを示し，政府の審議会において一定割合の女性委員を登用するなどの措置がとられている。積極的改善措置は女性だけでなく男性も対象としているが，現状では女性の活動の場が少ないことから女性を対象とするケースが多い。

14 基本的人権の保障②（社会権・新しい人権など）

➡P.36・37

A ①福祉（積極）　②ワイマール　③生存　④教育　⑤最低限度　⑥プログラム　⑦教育　⑧無償　⑨勤労　⑩団結　⑪団体交渉　⑫団体行動　⑬参政　⑭被選挙　⑮国民審査　⑯住民投票　⑰国民投票　⑱請願　⑲裁判　⑳損害賠償請求（国家賠償請求）　㉑補償　㉒普通教育　㉓勤労　㉔納税　㉕新しい人権　㉖環境　㉗幸福追求　㉘プライバシー

㉙個人情報保護　㉚肖像　㉛パブリシティ
㉜知る　㉝情報公開　㉞特定秘密　㉟アクセス
㊱自己決定

B　**1**　❶　①C　②A　③B　④D
❷　①B　②A　③B　④C

【解説】**1**　❶　①環境権。最低限度の生活（25条）に加え，より良い環境を享受する権利（「幸福追求権」13条）として登場した。②知る権利。当初は，情報を受け取る自由（知る自由）として登場したが，その後，主権者たる国民が積極的に行政情報を請求したり，自己に関する報道に反論したりする権利，すなわちアクセス権（情報源への接近権）に発展している。憲法上の根拠条文は，幸福追求権（13条），表現の自由（21条）の受け手の側面，国民主権（前文，1条，15条など）。③プライバシーの権利は，情報化の進行の中，自由権としての私生活をみだりに干渉されない権利として登場したが，社会権としての自己の情報を自らコントロールする権利に発展している。憲法上の根拠条文は，幸福追求権（13条），通信の秘密（21条2項），住居の不可侵・令状主義（35条）など。④自己決定権は，個人の生き方や生活について自由に決定できる権利であり，医療問題をはじめ，ライフスタイル，趣味などさまざまな分野で主張されている。憲法上の根拠条文は，幸福追求権（13条）など。

2　③プライバシーの権利を侵害するおそれがある，という問題点が指摘されている。

▶▶▶時事正誤チェック　①**正解［○］**　憲法21条2項では「検閲は、これをしてはならない。通信の秘密は、これを侵してはならない。」と定められている。
②**正解［×］**　いわゆるアクセス権は反論（記事無料掲載請求）権や意見表明権である。インターネット上で意見交換することは，憲法第21条1項が保障する表現の自由である。
発展　最近ではSNS上で他者を誹謗・中傷することが問題となっている。表現の自由は不可侵といえども，他者の人格権を不当に侵害することは憲法第12条が禁止する人権の濫用に該当し，「公共の福祉」に反することは言うまでもない。厳格な要件の下に悪質なSNS投稿などについては規制を行うことも検討されている。ただ注意しなければならないのは，表現の自由は民主主義を支える優越的な権利であることから，政治的意見表明を委縮させるような不明確な基準による法規制は慎まなければならないだろう。
③**正解［○］**　プロバイダ責任制限法（2001年制定）により定められている。近年，SNSによる誹謗中傷の被害件数が増加していることを受け，2022年には改正法が施行されている。改正前では，SNS事業者とプロバイダそれぞれに対し発信者情報の開示請求手続きを行う必要があったが，改正法では，それらが一括で手続きができるようになった。改正法には5年後の見直しを定めた規定も盛り込まれ，今後社会情勢や情報通信技術の変化に応じて改定されていくものと予想される。

15 平和主義と日本の安全保障 ➡P.38・39

A　①専守防衛　②個別的自衛　③集団的自衛
④文民統制　⑤シビリアン　⑥1
⑦もちこませず　⑧非核三原則　⑨武器輸出
⑩防衛装備移転　⑪警察予備隊　⑫保安隊
⑬自衛隊　⑭日米安全保障　⑮平和維持活動
⑯PKO　⑰ガイドライン　⑱武力攻撃事態
⑲国民保護　⑳国家安全保障　㉑思いやり
㉒戦力　㉓実力

B　**1**　①正義　②秩序　③国権　④戦争
⑤威嚇　⑥行使　⑦国際紛争　⑧放棄
⑨戦力　⑩交戦権
2　①非核三原則
②文民統制（シビリアン・コントロール）
③専守防衛　④集団的自衛権
3　①周辺事態　②重要影響事態　③武力攻撃事態
④PKO協力　⑤テロ対策特別措置　⑥国際平和支援

【解説】**1**　日本国憲法は戦前の軍国主義を反省し，他国に比類のない徹底した平和主義を採用した。憲法9条は，戦争放棄，戦力不保持，交戦権否認の三つを規定する。9条の条文は重要。暗記しておこう。

2　②文民統制（シビリアン・コントロール）とは，自衛隊の指揮監督，統括権は文民（非軍人）がもたなくてはならないとする原則。④政府は1972年以来，憲法9条で認められる自衛権の行使は，自国が攻撃された場合に反撃する個別的自衛権に限られ，集団的自衛権の行使は許されないとする立場を堅持してきた。しかし，2014年7月，安倍内閣は，憲法改正の手続きを断念し，国会審議を経ないまま，閣議決定だけで憲法解釈を変更し，限定的な集団的自衛権行使を容認した。安倍内閣の手法は立憲主義のルールを無視するものだとの批判が出されている。

3　日本が外国から攻められた時，同盟国のアメリカ軍と自衛隊がどのように対応するのかをまとめた文書をガイドラインという。もともと1978年に策定されたガイドラインでは，冷戦時代に旧ソ連の日本侵攻を想定してつくられたものだった。冷戦終結後，北朝鮮の核開発疑惑や朝鮮半島での戦争を想定して，1997年にガイドラインが改定されたが，しだいに日米の防衛協力が拡大解釈されるようになった。2015年の新ガイドラインでは，平時から緊急事態まで切れ目のない対応を目指して策定され，集団的自衛権の行使容認を含むものになった。

▶▶▶時事正誤チェック　**正解［○］**　日本政府の憲法第9条解釈では，自衛のための必要最小限度を超えるものを「戦力」としている。

用語チェック ➡P.40～42

10　❶王権神授説　❷社会契約説　❸ホッブズ，リバイアサン（リヴァイアサン）　❹ロック，統治二論（市民政府二論）　❺ルソー，社会契約論　❻権利章典　❼モンテスキュー，法の精神　❽アメリカ独立宣言　❾フランス人権宣言　❿ワイマール憲法　⓫法の支配　⓬立憲主義　⓭夜警国家　⓮福祉国家　⓯世界人権宣言　⓰国際人権規約　⓱人種差別撤廃条約　⓲女子差別撤廃条約（女性差別撤廃条約）

11　❶民主政治　❷直接民主制（直接民主主義）

❸議会制民主主義（間接民主制，代表民主制） ❹多数決の原理（多数決原理） ❺議院内閣制 ❻影の内閣（シャドー・キャビネット） ❼大統領制 ❽４年 ❾教書 ❿権力集中制（民主集中制） ⓫開発独裁 ⓬イスラム共和制

12 ❶欽定憲法 ❷天皇の協賛機関 ❸天皇の輔弼機関 ❹臣民の権利 ❺法律の留保 ❻大正デモクラシー ❼ポツダム宣言 ❽マッカーサー三原則 ❾国民主権 ❿象徴 ⓫国事行為 ⓬助言と承認 ⓭侵すことのできない永久の権利 ⓮公共の福祉 ⓯平和主義 ⓰最高法規 ⓱国民投票

13 ❶法の下の平等 ❷アイヌ民族支援法 ❸障害者差別解消法 ❹ポジティブ・アクション（アファーマティブ・アクション） ❺男女雇用機会均等法 ❻男女共同参画社会基本法 ❼精神の自由，人身（身体）の自由，経済の自由 ❽信教の自由 ❾政教分離の原則 ❿表現の自由 ⓫検閲の禁止 ⓬学問の自由 ⓭人身の自由（身体の自由） ⓮罪刑法定主義 ⓯令状主義

14 ❶生存権 ❷プログラム規定説 ❸国民審査 ❹住民投票 ❺損害（国家）賠償請求権 ❻勤労の義務 ❼知る権利 ❽情報公開法 ❾プライバシーの権利 ❿個人情報保護法 ⓫環境権 ⓬アクセス権 ⓭13条，幸福追求権

15 ❶日米安全保障条約 ❷文民統制（シビリアン・コントロール） ❸専守防衛 ❹もちこませず ❺防衛装備移転三原則 ❻ガイドライン ❼PKO協力法（国際平和維持活動協力法） ❽テロ対策特別措置法 ❾重要影響事態法 ❿集団的自衛権

記述でチェック （例）自国が攻撃を受けていなくても，密接な関係にある国が攻撃を受けた場合には共同して反撃する権利。（46字）

実戦問題 ➡P. 43～45

1 **問1** 恐怖

問2 A

問3 (1)シャドー・キャビネット（影の内閣） (2)大統領制

問4 (1)精神の自由／身体の自由／経済の自由 (2)政教分離の原則 (3)検閲の禁止 (4)法の下の平等 (5)プログラム規定 (6)義務教育

問5 （例）表現の自由という権利もプライバシーを侵害するような表現行為は許されないという制約をもつ。

【解説】 **問1** 「恐怖と欠乏からの解放」は，1941年にアメリカのF. ルーズベルト大統領とイギリスのチャーチル首相が発表した大西洋憲章にも記されている。

問2 ホッブズは著書『リバイアサン』において以下のように主張した。ア．人が理性的に保有する自然権として自己保存（生命）を重視した。人には生命を守る権利が当然与えられている。よって，アはC。イ．前国家的な自然状態については，性悪説の立場より「万人の万人に対する闘争状態である」と捉えた。よって，イはB。ウ．一方，「第一の自然法」としては，平和を獲得する希望がある限り，その実現に向けて努力するのが理性の戒律（理性の命令）であると考えた。したがって，ウはDである。エ．さらに「第二の自然法」が主張される。人々は理性の命令，すなわち自然法の命令に従って，自らの主権（自然権）を捨てることに合意・納得して満足すべきである。つまり自然権である主権を国家に対して全面的に譲渡・放棄する社会契約を結ぶべきであるとした。よって，エはAである。

問3 (1)シャドー・キャビネットは，政権を獲得した場合を想定して各大臣が政府に対する質疑を行う。(2)政府の長を議会でなく，国民が選挙によって直接チェックするしくみを大統領制という。アメリカ大統領選挙は間接選挙であるが，国民がコントロールするという政治理念に立っている。

問4 (1)精神の自由は，思想良心の自由・表現の自由・学問の自由・信教の自由など。経済の自由は，職業選択の自由，財産権など。人身の自由は身体の自由とも言う。(2)国家は宗教的活動を行うことができないという原則を政教分離の原則という（憲法20条）。国教の禁止である。(3)憲法21条の検閲の禁止。(4)法の下の平等はあらゆる政治的・経済的・社会的差別を禁止している。(5)プログラム規定とは，国の努力すべき政策・施策の目標を指示するものの，その具体的な内容については立法権・行政権の裁量に委ねるという性質をもつ規定。(6)憲法26条は，義務教育は無償だと規定して，教育の機会均等を保障している。

問5 報道の自由は，表現の自由（第21条）として保障されるが，他者の人権を侵害するような表現行為は許されない。

---

2 **問1** ① **問2** ⑤ **問3** ⑥ **問4** ③

【解説】 **問1** 正解①

「公共の福祉」は日本国憲法12条・13条・22条・29条の４か所に規定されており，人権の限界を示したものといえる。

①誤り。29条に「財産権は，これを侵してはならない。」とあるが，財産権は公共の福祉による制限を受けることがある。たとえば，道路・空港など公共の利益のために補償のもとに土地が収容されることがある。

問2 正解⑤

A－国際連合憲章。基本的人権の尊重を掲げ，国際協力によりこれを達成することをうたっている。

B－フランス人権宣言。第16条の規定。近代憲法の二要素として，人権保障と権力分立の二つを掲げている。

C－ワイマール憲法。人間たるに値する生活＝生存権を世界で初めて規定した（1919年）。

D－アメリカ独立宣言。ロックの影響を受けており，天賦人権，幸福追求権が明記されている。

問3 正解⑥

ア誤り。津地鎮祭訴訟の最高裁判決では，市が体育館の起工に際して神社神道固有の祭式にのっとり地鎮祭を行ったことは，20条３項で禁止されている宗教的活動にあたらないとされた。イ正しい。愛媛玉ぐし料訴訟の最高裁判決では，県が神社に対して公金から玉ぐし料を支出したことは，20条３項と，政教分離を定めた89条に違反するとされた。ウ正しい。空知太神社訴訟の最高裁判決では，市が神社に市有地を無償で使用させていたことは，20条１項が禁止する宗教団体に対する特権の付与にあたるとされた。

問４　正解③

③適当。最高裁は2015年に，離婚した場合，女性についてのみ再婚禁止期間（待婚期間，６か月）を定める民法の規定について，100日超過分については法の下の平等に違反するとして憲法第14条違憲判決を下した。女性については，前夫の子か新しい夫の子かを区別するために一定期間の再婚禁止期間を設けること自体は認めたものの，100日超過分は不当に長すぎることから，これを違憲と判断した。なお2022年12月の民法改正では，離婚後300日以内でも再婚後に生まれた場合，再婚夫の子とする例外規定が設けられた。これに伴い，女性に限り離婚から100日間再婚を禁止している規定が撤廃された（2024年施行予定）。①国籍法第３条は婚姻関係にない日本人の父と外国人の母の間に生まれた子どもについて，日本人の父が認知（自分の子どもと認める法律行為）を行ったとしても，日本国籍の取得を認めないと規定していた。最高裁は法の下の平等に違反するとして，憲法第14条違憲判決を下した。②最高裁は2015年，夫婦同姓を定める民法の規定については，憲法第14条には違反しないとして合憲判決を下している。結果として，選択的夫婦別姓は認めていない。また，2021年についても2015年と同じく「合憲」の判断を下している。④法律上の婚姻関係にある男女間の子どもである嫡出子（婚内子）に対して，婚姻関係にない男女間の子どもである非嫡出子（婚外子）の法定相続分をその２分の１とする民法の規定について，最高裁は法の下の平等に違反するとして憲法第14条違憲判決を下している。

3　問１　②　　問２　③　　問３　④　　問４　②

【解説】　問１　正解②

②正しい。憲法12条，13条では，「公共の福祉」による人権の制約を定めている。①誤り。生存権をめぐる裁判には「朝日訴訟」などが知られている。「朝日訴訟」の最高裁判所の判決では，「憲法25条１項はすべての国民が健康で文化的な最低限度の生活を営み得るように国政を運営すべきことを国の責務として宣言したにとどまり，直接個々の国民に具体的権利を賦与したものではない」とし，25条の法的権利性を否定している点でプログラム規定説を採用している。従って，「最高裁判所は，これを直接の根拠として，国民は国に社会保障給付を請求することができるとした」の部分が誤りである。③誤り。検閲の主体は行政権とされているが，裁判所は行政権ではなく司法権であるため，「裁判所による雑誌の発売前の差止め」は検閲にはあたらない。④誤り。在外投票制度は日本でも導入されており，「日本の国政選挙で実施されたことはなく，制度導入が求められている」が誤りである。

問２　正解③

③不適当。国や地方自治体，企業に，一定割合の障がい者雇用を原則として義務づけた法律は，障害者雇用促進法である。この法律は，障がい者の職業の安定を図ることを目的としている。

問３　正解④

④誤り。「検閲の禁止」（21条２項）は１項の「表現の自由」を保障するための制度化と理解されており，プライバシーの権利とは関連しない。①正しい。「黙秘権」（38条）はプライバシーの権利に関連する。②正しい。「通信の秘密」（21条２項）は，手紙や電話などのプライバシーを保護している。③正しい。「住居の不可侵」（35条）は，住居のプライバシーを保護している。

問４　正解②

②不適当。国民の知る権利は，情報を入手する自由であるから，その前提として，報道機関の報道の自由や取材の自由が保障されなければならない。①正しい。知る権利は情報の入手を公権力によって妨害されない権利であるから，知る自由を本質とする。③正しい。知る権利は請求権的性格をもっており，情報公開制度の根拠となっている。④正しい。知る権利は，情報の送り手の表現の自由（21条１項）を受け手の側面から規定したものである。なお，2013年12月，特定秘密保護法が制定され，国の安全保障に関する情報を漏えいした者に罰則が科されることになった。同法では，特定秘密を知ろうとする行為も処罰の対象となることから，マスコミの取材活動などの国民の「知る権利」が損なわれる可能性が指摘されている。

4　日本の政治機構と政治参加

16 立法権と国会

➲P.46・47

A ①議院内閣　②二院　③最高機関　④立法機関　⑤通常　⑥臨時　⑦特別　⑧緊急集会　⑨委員会　⑩本会議　⑪制定　⑫発議　⑬議決　⑭承認　⑮弾劾裁判所　⑯議員　⑰党首討論　⑱規則制定　⑲国政調査　⑳予算　㉑内閣不信任　㉒３分の２　㉓両院協議会

B **1** ❶ ①4　②25　③6　④30　❷憲法審査会　❸公聴会
2 ①委員会　②本会議　③両院協議会　④３分の２

【解説】 **1** ❶衆議院は定数465人（選挙区289人，比例区176人），任期は４年で解散がある。参議院は定数248人（選挙区148人，比例区100人），任期は６年で３年ごとに半数が改選される。解散はない。衆議院の定数については，一票の格差の違憲状態を解消して２倍以内に抑えるため，小選挙区定数を300から295に削減する「０増５減」法が2012年11月に成立したが，2012年12月の総選挙では区割りが決まらず，小選挙区300のままで実施された。2016年５月には衆議院の議員定数は10名減（小選挙区：295名→289名，比例代表180名→176名）の465名とする衆議院小選挙区「０増10減」法が成立し，2017年夏以降の衆議院選挙から適用されることになった。参議院の選挙区では，2016年７月の通常選挙から島根・鳥取，徳島・高知が合区された。また，参議院の定数については，2018年の法改正により定数が６増（選挙区２増，比例区４増）され，2019年夏の参議院通常選挙で242名から３増，2022年の通常選挙で３増され，定数を満たすことになる。選挙区間の一票の格差は３倍未満に収まるものの，比例区の定数４増加は「０増０減」法の便乗だとの批判が野党から出された。
❷憲法審査会は2007年８月から衆・参それぞれに設置された。憲法改正原案や日本国憲法に係る発議，国民投票法などを審査する機関である。
2 提出された法案は担当する委員会に付託される。委員会では法案の趣旨説明，質疑が行われ，法案によっては公聴会が開かれる。委員会で採択が行われたあと本会議で採択されて参議院に送付され，同じ手順がくり返される。両院での採択が一致しない場合には，再度衆議院に返付される。この場合，衆議院で出席議員の３分の２以上の多数で再可決されれば法律案は成立する。

▶▶▶時事正誤チェック 正解［×］　衆議院に先議権があるのは予算案であり，法律案は衆・参どちらが先議してもかまわない。ただし，衆・参の議決が食い違った場合，衆議院で出席議員の３分の２以上の数で再可決すれば，法律を成立させることができる。

17 行政権と内閣

➲P.48・49

A ①行政権　②文民　③国会議員　④国会　⑤天皇　⑥内閣総理大臣　⑦国会議員　⑧閣議　⑨国会　⑩議院内閣制　⑪内閣不信任　⑫10　⑬解散　⑭総辞職　⑮政令　⑯臨時国会　⑰最高裁判所長官　⑱助言　⑲行政委員会　⑳官僚制　㉑許認可　㉒天下り　㉓議員立法　㉔委任立法　㉕国政　㉖行政手続　㉗国家公務員倫理　㉘情報公開　㉙オンブズマン　㉚内閣府　㉛独立行政法人

B **1** ①内閣総理大臣　②内閣不信任　③解散　④連帯　⑤臨時国会　⑥緊急集会　⑦任命　⑧助言　⑨国会議員
2 ①内閣府　②総務省　③法務省　④財務省　⑤文部科学省　⑥厚生労働省　⑦農林水産省　⑧経済産業省　⑨国土交通省

【解説】 **1** 日本国憲法では，立法権（国会）と行政権（内閣）との関係では，議院内閣制を採用している。内閣総理大臣は国会議員の中から国会の議決で指名され，その他の国務大臣は内閣総理大臣によって任命される。そして，内閣は，国会に対して連帯して責任を負い，衆議院が内閣不信任決議を可決したときには，総辞職か衆議院を解散するかの選択をしなければならない。
2 中央省庁改革関連法により，2001年から従来の１府22省庁から１府12省庁体制に移行した。この省庁再編によって，内閣に内閣総理大臣を長とする内閣府が新設され，国政運営で内閣総理大臣のリーダーシップを高めることになった。内閣府は各省庁よりも一段と高い立場から政府内の政策の総合調整を行う。各省庁には国務大臣の政治的な政策判断を補佐するために副大臣及び大臣政務官を新設することになった。

▶▶▶時事正誤チェック 正解［×］　2014年５月に内閣人事局が内閣官房下に創設された。公務員の幹部人事を各省庁に委ねるのではなく，政治家主導で公正に行うことを目的とする。しかし，公務員の幹部（官僚）人事を政治家が握ったことから，官僚が政治家である与党幹部に対して忖度する要因になっているとの指摘もある。人事院は内閣から独立性を保障された行政委員会としてもともと存在しており，公務員の待遇や給与の査定を民間企業並みに公正に行う目的で創設されたものである。

18 司法権と裁判所

➲P.50・51

A ①司法　②最高裁判所　③家庭　④簡易　⑤三審制　⑥内乱　⑦公開　⑧独立　⑨身分保障　⑩心身　⑪弾劾裁判所　⑫国民審査　⑬憲法　⑭違憲審査権　⑮憲法の番人　⑯統治行為論　⑰被疑者　⑱検察官　⑲無罪　⑳一事不再理　㉑罪刑法定　㉒遡（遡）及処罰　㉓可視化　㉔公判前整理　㉕法科大学院

㉖裁判員　㉗法テラス　㉘刑事裁判

Ⓑ ❶ ①家庭　②簡易　③地方　④高等
⑤1　⑥14
❷ ①尊属殺（尊属殺人）　②薬事法（薬局）
③衆議院　④在外投票　⑤法の下の平等
⑥職業選択の自由　⑦財産権　⑧宗教的活動
⑨賠償　⑩国民主権

【解説】 ❶ 日本の裁判制度は，慎重な裁判を行い誤審を避けるため三審制が採られている（内乱罪は二審制）。

①一般の家庭事件や少年保護事件についての第一審は原則として家庭裁判所で行われる。②訴額140万円以下の民事事件や罰金以下の刑の刑事事件についての第一審は簡易裁判所で行われる。③通常，第一審は地方裁判所で行われる。ただし，内乱罪については第一審は高等裁判所となる。⑤⑥最高裁の裁判官は長官1名および判事14名で構成される。

❷ 最高裁によって，ある法律の規定が違憲だと判断された場合には，その規定はその事件に限り効力を否定され適用されない。ただし，法律の規定それ自体を改廃するのは国会の仕事であり，国会は違憲判決が出された場合には，これを尊重して法律を改廃する政治的責務を負うことになる。

19 地方自治のしくみと課題 ➡P.52・53

Ⓐ ①民主主義の学校　②権力分立　③条例
④団体自治　⑤住民自治　⑥イニシアティブ
⑦条例　⑧50分の1　⑨議会　⑩リコール
⑪3分の1　⑫選挙管理委員会　⑬住民投票
⑭首長　⑮二元代表制　⑯不信任決議（不信任議決）
⑰解散　⑱副知事　⑲機関委任事務　⑳自治事務
㉑法定受託事務　㉒市町村合併　㉓構造改革特区
㉔地方交付税　㉕国庫支出金　㉖三位一体
㉗自主　㉘依存　㉙シビル・ミニマム　㉚住民

Ⓑ ❶ ①法定受託　②不信任　③解散
④解散　⑤解職　⑥首長　⑦監査
⑧解職　⑨条例
❷ ①地方税　②地方交付税　③国庫支出金
④公債費

【解説】 ❶ 地方公共団体には，執行機関としての首長と，議決機関としての議会がおかれている。これらはいずれも住民の直接選挙によって選出される。首長と議会の関係は，それぞれの独自性を尊重しながらも抑制と均衡の下に成り立っている。首長は議会の議決した条例や予算についての拒否権をもっている。議会は首長に対して②不信任決議権をもっており，これに対して首長は，議会の③解散権をもっている。住民の権利としては，④議会の解散請求権，⑤⑥首長や議員などの解職請求権，⑨条例の制定・改廃請求権など各種の直接請求権がある。

❷ 地方の財源のうち，使い道が自由な一般財源の1位は自主財源である①「地方税」収入であり，2位が国からの依存財源である②「地方交付税」である。使い道が限られている特定財源としては国からの依存財源である③「国庫支出金」がある。地方公共団体の借入金である「地方債」も使途が公営事業に限られている。④「公債費」は地方債の償還費，つまり借金の返済だ。

▶▶▶時事正誤チェック ①正解［×］ 近年，地方公共団体の重要な課題（原発建設，合併，米軍基地等）について，条例を制定し住民投票を実施する例が増えている。また，住民投票の資格は条例の規定によるので，未成年者や永住外国人に投票資格を認める例もある。これら諮問的住民投票（議会や首長などが住民の多数意見を知るために行われるもの）には法的拘束力はない。なお，2015年に大阪市で行われた大阪都構想（大阪市を廃止して5つの特別区へ再編する構想）の是非を問う住民投票は，大都市地域特別区設置法に基づいて行われたもので，法的拘束力をもつものであった（結果は僅差ながらも否決）。
②正解［○］ ふるさと納税は財源に苦しむ地方に財源を配分し，地方創生の原資を捻出する効果がある。とくに天災の被害地域への寄付をふるさと納税を利用して行うことも可能であり注目を浴びた。しかし，近年，高額返礼品目当てにふるさと納税が行われ，都市部の地方自治体の税収を圧迫していることが問題となり，政府は高額返礼品を規制する方針を示した。2019年に地方税法が改正され，返礼率を納税額の3割までとすること，返礼品は地場産品とすることが定められた。
③正解［×］ 2004年から2006年にかけて「小さな政府」の考えのもと行われた「三位一体の改革」では，①国税である所得税を減らし，地方税である住民税を増やすことで税財源を国から地方公共団体に移譲する，②国庫支出金（国から使途を特定して交付される，いわゆる補助金）の廃止・縮減，③地方交付税の削減・見直し，の三つの改革を同時に行った。地方財源の自立を目指した「三位一体の改革」だったが，権限や税財源の地方への移譲が進まず，地方交付税の削減によって自主財源の潤沢な自治体とそうでない自治体との間で格差が拡大した。特に小規模な自治体では深刻な影響を受け，実際に水道料金やごみ処理手数料など公共サービスにおいて住民負担が増加した自治体もあった。

20 選挙と政党 ➡P.54・55

Ⓐ ①普通　②平等　③18　④小選挙区
⑤二大政党　⑥死票　⑦大選挙区　⑧多党
⑨比例代表　⑩小選挙区比例代表並立　⑪289
⑫176　⑬拘束名簿　⑭非拘束名簿　⑮一票
⑯違憲　⑰公職選挙　⑱戸別訪問　⑲金権
⑳投票率　㉑期日前　㉒与党　㉓野党　㉔55
㉕政権交代　㉖政治資金　㉗政治資金規正法
㉘政党交付金

Ⓑ ❶ ①小選挙区　②死票　③ゲリマンダー
④大選挙区　⑤小党分立　⑥比例代表
❷ ❶ ア 日本社会（社会）　イ 自由民主（自民）
ウ 民主　エ 55年
❷宮沢喜一　❸無党派層

【解説】 ❶ 小選挙区制は，1選挙区から1名選出される選挙区制度である。得票数が1位にならないと当選できないので，支持基盤の大きい大政党に有利である。一方，大選挙区制では，1選挙区から複数名が選出される。定数が多いと小政党の候補者も下位でも当選するチャンスがある。比例代表制は，各政党の得票率に比例させて議席を配分する選挙制度。一票の格差や死票がほとんどなくなるというメリットが大きい。②死票とは議席に生かされない票のこと。

2 1955年，保守系の自由党と日本民主党が合同して自由民主党が成立して以来の自由民主党の長期安定政権を55年体制と呼ぶ。1993年に宮沢内閣が不信任され，自民党は一度政権を失ったが，1996年以降再び自民党首班内閣が続いた（～2009年８月）。

▶▶▶時事正誤チェック ①**正解［〇］** 2013年の公職選挙法改正により，候補者，政党，一般市民のインターネットによる選挙運動が解禁された。ただし，一般市民についてはウェブサイトによる選挙運動は可能であるが，電子メールを用いた選挙運動は禁止されている。
②**正解［〇］** 公職選挙法のいわゆる「連座制」。公職選挙法違反で，総括主宰者や出納責任者，地域主宰者が罰金刑以上になった場合や，候補者の親族，秘書，組織的選挙運動責任者が禁固刑以上になった場合，当選は無効になり，かつ，同選挙区では５年間立候補ができなくなる。

21 政党政治と圧力団体，世論 ➲P.56・57

A ①世論 ②無党派 ③マスメディア ④マスコミュニケーション ⑤商業 ⑥アナウンスメント ⑦世論調査 ⑧世論操作 ⑨第四の権力 ⑩伝統 ⑪素朴 ⑫屈折（現代） ⑬SNS ⑭フェイクニュース ⑮メディア・リテラシー ⑯圧力団体 ⑰族議員 ⑱情報公開 ⑲オンブズマン ⑳国政調査 ㉑行政手続 ㉒NPO ㉓特定非営利活動

B **1** ①政党 ②圧力団体 ③マスメディア ④世論 ⑤請願
2 ①カ ②エ ③ア ④オ ⑤ウ ⑥イ

【解説】 **1** 国民の意思がどのようなプロセスによって政治に反映するかを示すフローチャートである。②「圧力団体」は代議制の補完機能をもつ。③「マスメディア」は第四の権力とも呼ばれている。④「世論」を政治に反映させる手段には選挙のほか，⑤「請願」や陳情，デモ行進，住民・市民運動などがある。

2 政官財のトライアングル（鉄の三角形ともいう）構造が，政治腐敗の原因だといわれている。

▶▶▶時事正誤チェック ①**正解［〇］** ソーシャルメディアは双方向の情報の送受信により，社会に影響をおよぼすようなメディアとしての機能を持つサービスである。個人同士のつながりを深めるための会員制（登録制）サービスであるSNS（ソーシャル・ネットワーキング・サービス）にも，ソーシャルメディアとしての機能を持つものが増えている。
②**正解［×］** デジタル・デバイドではなく情報リテラシーである。デジタル・デバイドは情報通信技術（ICT）を利用できる者と利用できない者との間の情報格差のことである。
③**正解［×］** 国家公務員倫理法（1999年成立）は2000年に施行されたが，公務員が退職後に民間企業の役員などに就職する天下りは後を絶たない。

用語チェック ➲P.58－60

16 ❶議院内閣制 ❷二院制 ❸最高機関 ❹衆議院 ❺参議院 ❻不逮捕特権 ❼免責特権 ❽通常国会（常会） ❾臨時国会（臨時会） ❿特別国会（特別会） ⓫参議院の緊急集会 ⓬委員会制度 ⓭本会議 ⓮常任委員会 ⓯公聴会 ⓰党首討論制 ⓱弾劾裁判所 ⓲国政調査権 ⓳３分の２以上 ⓴両院協議会 ㉑衆議院 ㉒内閣不信任決議権 ㉓議員立法 ㉔党議拘束

17 ❶国務大臣 ❷閣議 ❸副大臣，大臣政務官（政務官） ❹助言と承認 ❺締結権 ❻政令 ❼内閣総辞職，衆議院の解散 ❽委任立法 ❾官僚制（ビューロクラシー，官僚支配） ❿規制緩和 ⓫内閣人事局 ⓬行政改革 ⓭天下り ⓮内閣府

18 ❶特別裁判所 ❷最高裁判所 ❸高等裁判所 ❹地方裁判所 ❺簡易裁判所 ❻家庭裁判所 ❼三審制 ❽司法権の独立 ❾民事訴訟 ❿刑事訴訟 ⓫行政訴訟 ⓬弾劾裁判 ⓭国民審査 ⓮違憲審査権 ⓯憲法の番人 ⓰統治行為論 ⓱再審 ⓲冤罪 ⓳検察審査会 ⓴陪審制 ㉑裁判員制度 ㉒知的財産高等裁判所

19 ❶地方自治は民主主義の学校 ❷条例 ❸地方自治の本旨 ❹団体自治 ❺住民自治 ❻直接請求 ❼イニシアティブ ❽リコール ❾住民投票（レファレンダム） ❿議会の解散権 ⓫不信任決議権（不信任議決権） ⓬自治事務 ⓭法定受託事務 ⓮地方交付税交付金 ⓯国庫支出金 ⓰地方分権一括法 ⓱構造改革特区

20 ❶普通選挙制度 ❷秘密選挙 ❸小選挙区制 ❹比例代表制 ❺小選挙区比例代表並立制 ❻死票 ❼重複立候補制 ❽戸別訪問 ❾公職選挙法 ❿在外投票制度（在外選挙制） ⓫政党交付金 ⓬与党 ⓭野党 ⓮55年体制 ⓯連立政権 ⓰政党助成法

21 ❶世論 ❷政治的無関心 ❸アナウンスメント効果 ❹SNS ❺メディア・リテラシー ❻圧力団体（利益集団） ❼族議員 ❽オンブズマン ❾行政手続法 ❿NPO（非営利組織）

記述でチェック （例）選挙区ごとに１名しか当選しないため，多くの死票が発生し，民意がきめ細かく反映されない。（43字）

実戦問題 ➲P.61－63

1 問1 1公約 2世論 3無党派
問2 与党
問3 ③
問4 ①
問5 ②
問6 (1)団体自治／住民自治 (2)④ (3)機関委任事務
(4)（例）平成の大合併が進められたことによって，住民の声が地方行政に届きにくくなり，サービスの低下が見られ

た地域があった。

【解説】 問1 1 政党ごとに税制・感染症対策・エネルギー政策などに関する公約を箇条書きでまとめているため，有権者の投票の重要な基準となる。2 世論調査は有権者の投票に影響を与えるが，逆に選挙結果で実際の世論が明らかにされるともいえる。3 支持政党のない無党派層が大きな割合を占めること，自由民主党以外の政党の支持が拡大しないことが，政権交代の少なさに影響をおよぼしている。

問2 議院内閣制においては，内閣は与党の支持が得られるため，政治が停滞することが少ない。

問3 2007年に実施された参議院選挙において自由民主党が大敗し，ともに連立政権を構成する公明党と合わせても参議院の過半数を大きく下回る一方，民主党が躍進し，他の野党と合わせて過半数を占めた。この結果，衆議院の多数派と参議院の多数派が異なる「ねじれ国会」の状況となった。以後，衆議院と参議院の意見を調整するための両院協議会がたびたび開かれた。

問4 「内閣は，行政権の行使について，国会に対し連帯して責任を負ふ（日本国憲法第66条3項）」こととされる。内閣は国会に対して責任を負う。

問5 ①再審請求の回数に対する制限はない。③民事裁判における簡易裁判所からの控訴のみが地方裁判所に対して行われる。それ以外は高等裁判所に対して控訴される。④有罪の判決が確定した人が再審で無罪になった場合に，国に補償を求めることができる。

問6 ⑴地方公共団体が国から独立した行政を行うことを団体自治，その内容を住民が決定することを住民自治という。⑵三割自治とは，「歳入合計に対する地方税の割合が3割程度であること」という意味を含めた表現であるが，実際の地方税の割合はもっと高い。①は首長と地方議会議員がともに住民の直接選挙で選ばれる制度である。②は2000年代に進められた税源移譲などの「三位一体の改革」である。③は国から地方に権限や財源を移すこと。⑶機関委任事務は廃止され，現在は自治事務と法定受託事務に区分された。⑷資料から，市の数が増え，町村の数が減っていることが読み取れる。このことから，市町村合併が行われたことがわかる。地方自治体（市町村）を合併させることは人件費などの地方行政コストを削減させて，国の補助金を削減するという財政再建の一つであるが，住民サービスの面でサービス低下が見られた地域があるなど問題点もあった。

---

2 問1 ④　問2 ③　問3 ④，⑤　問4 ②　問5 ②

【解説】 問1 正解④

④不適当。天皇の国事行為に助言と承認を行うのは国会ではなく，内閣である。他は正しい。①不逮捕特権，②免責特権，③国会内に衆・参各7名の国会議員で構成される弾劾裁判所が設置されている。

問2 正解③

③誤り。法律案の議決に対する衆議院の優越には，2パターンがある。1つは参議院が衆議院と異なった議決をして，衆議院が出席議員の3分の2以上の多数で再可決した場合。もう1つは，参議院が衆議院の可決した法律案を受け取った後60日以内に議決せず，衆議院が出席議員の3分の2以上の多数で再可決した場合である。

問3 正解④，⑤

④誤り。弾劾裁判所の裁判員は，内閣総理大臣ではなく衆・参各院で任命される。立法府である国会が設置する弾劾裁判所に行政府の長，内閣総理大臣が関与するのは権力の分立の点からみてもおかしい。⑤誤り。衆議院の優越がある。両院協議会を開いても一致しないときは，衆議院の指名が国会の指名となる。①正しい。外交関係処理，条約締結は内閣の職務である。②正しい。内閣総理大臣は国務大臣の任免権をもつ。③正しい。衆議院で内閣不信任の決議が可決された時，内閣は，対抗措置として10日以内に衆議院の解散を行うことができる（憲法69条）。

問4 正解②

②誤り。わが国の違憲審査制は，具体的紛争解決の前提として適用法令の違憲審査を行うものである。抽象的で事件性がないのに，違憲審査を行うことはできない。①正しい。三審制が採られており，判決に不服申立てをすれば，計3回まで審判を受けるチャンスが保障される。③正しい。裁判員制度は，2009年5月に施行された。④正しい。国民審査が最高裁判所の長官（1人）およびその他の裁判官（14人）を対象に行われている。⑤正しい。有罪の確定判決後，新証拠が発見されて，有罪の確定判決が疑わしくなった場合，再審が認められる。「疑わしきは被告人の利益に」の刑事司法原則を再審決定に適用したものである。注意すべきことは，再審は無罪方向のみ認められ，有罪にする再審は一事不再理により認められない。

問5 正解②

②不適当。憲法第39条は行為後に制定された刑罰法規によって法規制定以前の行為を遡って処罰することはできないとする遡及処罰の禁止を明記している。①適当。憲法第31条の罪刑法定主義の規定。③適当。憲法第37条3項は，刑事被告人について国選弁護人が明記されているが，2004年の刑事訴訟法改正で一定の重大犯罪について被疑者国選弁護制度が導入された。④適当。検察官の不起訴処分の妥当性をチェックする制度として検察審査会が設けられている。「起訴相当」とする起訴勧告が出せるが，2回「起訴相当」の判断が示されると強制起訴となる。

---

3 問1 ⑤　問2 ③　問3 ②　問4 ③

【解説】 問1 正解⑤

署名が有権者の3分の1以上必要なものは，リコール（解職請求）である。首長に求め，地方議会でリコールを決定するのは，首長によって任命される主要公務員であるから，Aはウ。署名が有権者の50分の１以上で足りるのはイニシアティブ（住民発案）であるから，条例制定改廃請求や監査請求。よってBはア。選挙管理委員会に求め，住民投票の過半数の賛成で決定するのは選挙で選ばれた首長や地方議員のリコールであるからCはイである。

問２　正解③

③適当。地方交付税は地方議会で使途を決定できる一般財源。一方，国庫支出金は国から使途を特定されている特定財源である。①2007年３月，北海道夕張市の財政が破綻し，財政再建団体（後に財政再生団体）となった。②ふるさと納税の額に応じて控除が受けられるのは，所得税や住民税。④地方公共団体の財政状況によっては許可制だが，地方債の起債に原則として必要なのは，議会の議決と総務大臣及び知事との協議。

問３　正解②

②不適当。小選挙区では，１名しか当選できないため，落選者に投票された死票は増加する。①正しい。小選挙区制では，支持基盤が広い大政党に有利で，単独過半数をとりやすい。よって，政権が安定する。③正しい。比例代表制では，得票率に応じて議席が各政党に配分されるので，国会が世論の縮図となりやすく，公平である。④適当。比例代表制は少数党も議席を獲得できるが，小党分立となるので政局不安定となる可能性がある。

問４　正解③

③適当。委任立法のうち，特に政令や省令を制定することを行政立法という。①不適当。行政裁判所は，大日本帝国憲法のもとで存在していたが，現在は廃止されている。②不適当。国家公務員の職業倫理強化を目的として定められたのは，国家公務員倫理法である。行政手続法は，行政運営の公正，透明性の確保を目的として定められた。④不適当。国会審議活性化法により，副大臣と大臣政務官が設置された。

特別講座

複数資料読解問題②　憲法・政治

➡P.64・65

1　問１　⑥　　問２　⑤

【解説】　問１　正解⑥

津地鎮祭訴訟の最高裁判決では，地鎮祭は世俗的な行事で，神道を援助したり他の宗教を圧迫するようなものではないので合憲であるとした（1977年）。その一方，愛媛玉ぐし料訴訟では，県による靖国神社などに対する公金支出はその目的と効果からみて違憲であるとした（1997年）。

問２　正解⑤

ａ．公共の福祉によって居住・移転の自由が制限された事例である。ｃ．公共の福祉によって財産権が制限された事例である。土地収用法により，道路・空港など公共の利益のため，正当な補償のもと土地が収用されることがある。

2　問１　①　　問２　②

【解説】　問１　正解①

図１と**図２**のときの国会は，衆議院の第一党が自由民主党，参議院の第一党が民主党という「ねじれ国会」の状態であった。内閣総理大臣の指名，予算，法律案などは，衆議院の優越が認められる。

問２　正解②

②適当。「裁判員に選ばれる前の気持ち」では「特に考えていなかった」人のうちの95％以上が，「裁判員に参加した感想」として「非常によい経験」または「よい経験と感じ」ていることが読み取れる。①不適当。裁判員を「やりたくなかった」と感じていた人のうちの43.5％が，裁判員に参加して「非常によい体験と感じ」ていることが読み取れる。③「裁判員に選ばれる前の気持ち」別で見たとき，どの項目においても裁判員に参加して，「よい経験と感じた」人の方が「よい経験とは感じなかった」人よりも多い。④このアンケートの全体の総数に対し，裁判員を「積極的にやってみたい」人が13.7％，「やってみたい」人が25.7％である。このことから，裁判員をやってみたい，積極的にやってみたいと感じていた人は39.4％で，半分以下であることがわかる。

5 経済のしくみ

22 経済社会の変容

➡P.66・67

Ⓐ ①産業革命 ②生産手段 ③利潤 ④自由競争 ⑤自由放任 ⑥見えざる手 ⑦小さな ⑧アダム=スミス ⑨独占 ⑩世界恐慌 ⑪ニューディール ⑫有効需要 ⑬修正資本 ⑭大きな ⑮ケインズ ⑯混合経済 ⑰新自由 ⑱フリードマン ⑲マルクス ⑳私有 ㉑計画経済

Ⓑ **1** ①産業革命 ②工場制機械 ③小さな政府 ④混合 ⑤ケインズ ⑥マネタリズム
2 ①資本 ②修正資本 ③社会 ④競争

【解説】 **1** 資本主義経済は，産業革命を経て19世紀半ばのイギリスで確立した。19世紀の資本主義は産業資本主義と呼ばれ，自由競争が支配的であった。その後19世紀末の重工業の発達は，独占資本主義とよばれる状況を生み出した。1929年に始まる世界恐慌は，政府が経済へ積極的に介入するきっかけとなり，修正資本主義（混合経済）と呼ばれる現代の資本主義の特徴ができあがっていった。

2 資本主義経済は，だれもが自由に生産・販売・消費が可能な経済であり，現在，多くの国に広まっている。一方，社会主義経済はロシア革命後のソ連で生まれた経済であり，生産手段の私的所有が認められない。東欧諸国や中国などで取り入れられたが，現在，社会主義経済の国は少ない。

▶▶▶時事正誤チェック 正解［×］ 規制緩和は政府の経済への介入を排除する政策なので誤り。ケインズは市場の自動調整機能により完全雇用は実現しないと考え，政府の介入による有効需要の創出を唱えた。

23 企業のはたらき

➡P.68・69

Ⓐ ①分業 ②交換 ③財 ④サービス ⑤希少性 ⑥機会費用 ⑦トレードオフ ⑧効率 ⑨公平 ⑩企業 ⑪家計 ⑫政府 ⑬金融機関 ⑭利子 ⑮有限 ⑯合同 ⑰株式 ⑱株主 ⑲自己 ⑳他人 ㉑有限責任 ㉒株主総会 ㉓取締役 ㉔所有（資本）と経営 ㉕コーポレート・ガバナンス ㉖ステークホルダー ㉗M＆A ㉘持株会社 ㉙コングロマリット ㉚多国籍企業 ㉛CSR ㉜メセナ ㉝フィランソロピー

Ⓑ **1** ①政府 ②企業 ③家計 ④補助金 ⑤社会保障給付 ⑥財・サービス
2 ①公企業 ②法人企業 ③会社企業 ④株式会社 ⑤合同会社

【解説】 **1** 経済の三主体は①政府，②企業，③家計である。政府から企業へ提供されるものは④補助金など，政府から家計に提供されるものは⑤社会保障給付など，企業から家計に提供されるものは⑥財・サービスなどである。

2 個人企業とは，農家や個人商店などのように，個人が自分の資金で設立して生産活動を行う企業。②法人企業とは，原則として複数の人々が出資して設立される会社による企業形態。③会社企業の中核は④株式会社。2005年の会社法の制定で，有限責任社員からなる人的会社として⑤合同会社が新設された。なお，電電公社，専売公社，国鉄などの旧三公社（国が経営する会社）は1980年代に民営化された。また，2003年4月には郵政事業庁が管轄してきた郵政三事業が公社化して，日本郵政公社が発足したが，郵政民営化法により，2007年10月に民営化された。

▶▶▶時事正誤チェック 正解［×］ ディスクロージャーではなく，コーポレート・ガバナンス（企業統治）である。株主や取引先などの利害関係者（ステークホルダー）の利益を守るために，社会の外から企業活動の在り方を監視するしくみであり，株主総会や監査などがある。なお，ディスクロージャーとは，投資判断に必要な経営状況や財務状況などを，企業が情報公開することであり，経営者の企業倫理確立のためにも拡充が求められている。

24 市場のはたらき

➡P.70・71

Ⓐ ①②需要／供給 ③均衡 ④自動調節（自動調整） ⑤アダム=スミス ⑥見えざる手 ⑦下落 ⑧上昇 ⑨市場の失敗 ⑩公共財 ⑪外部不（負）経済 ⑫非対称 ⑬寡占 ⑭プライス・リーダー(プライス・メーカー) ⑮管理 ⑯下方硬直 ⑰非価格競争 ⑱独占禁止 ⑲公正取引委員会 ⑳カルテル ㉑トラスト ㉒コンツェルン ㉓談合

Ⓑ **1** ①ウ ②エ ③キ ④ケ ⑤オ ⑥イ ⑦カ ⑧ク ⑨コ ⑩セ
2 ①環境税・排出税 ②排出権
3 ①トラスト ②コンツェルン ③カルテル

【解説】 **1** 価格が高い（P_1）とき，需要量（買い手）は少ない（Q_2）が供給量（売り手）は多く（Q_3），Q_3-Q_2の超過供給（売れ残り）が生じる。このため供給者は商品を売りさばこうとするので，価格は下がる。逆に，価格が安い（P_2）とき，需要量（買い手）は多い（Q_4）が供給量（売り手）は少なく（Q_1），Q_4-Q_1の超過需要（品不足）が生じる。すると，買い手は争って商品を買い取ろうとするので価格は上昇する。こうした競争の結果，需要と供給が一致する価格（P_0）に落ち着くことになる。これが均衡価格で，このとき，資源の最適配分が実現される。

2 ①化石燃料やエネルギーの消費に応じて課税される。日本では化石燃料の使用による二酸化炭素の排出量1tに対して289円が課税されている。②二酸化炭素など温室効果ガスの排出を抑えるために，企業などにあらかじめ排出する権利（量）を割り当て，その量をこえて排出した企業とそれを下回った企業との間で，排出する権利を売り買いする制度。排出権取引は国どうしでも行われている。

3 ①同種産業部門の複数の企業が合併して新しい1つの巨大企業となる結合形態はトラスト（企業合同）。②異種産業部門の複数企業が独立性を保ったまま，株式保有や融資関係を通じてピラミッド型に結合して，支配従属関係をつくる形態はコンツェルン（企業連携）。③同種産業部門の複数の企業が，独立性を保ったまま協定を結ぶ結合形態はカルテル（企業連合）。

チェック 市場の失敗のケース

①競争市場が成立しない

●独占・寡占

一部の大企業が価格支配力をもち，管理価格が形成される。乗用車など。

●自然独占

電力やガスなど公共性が強い産業では，安定供給のため政府との契約により供給独占が認められていた。価格は公共料金として一定の規制が加えられるため，価格メカニズムは作用しない。ただし，2016年4月から電力小売りは全面自由化。

②市場外の第三者に影響を及ぼす

●外部経済

ある経済活動が市場を通さず，市場外第三者である他の経済主体に有利な影響をもたらす。駅周辺が発展して利便性が高まるケースや，養蜂業者と花を栽培する農家の関係など。

●外部不経済

ある経済が市場外の第三者に悪影響をもたらす。公害など。

③市場では供給しにくい

●公共財

費用を払わない人も排除できず（非排除性），多くの人が同時に利用できる（非競合性）→市場が成立せず，民間の供給は期待できないため，公費負担で供給。

④情報の非対称性

商品について売り手と買い手の間に大きな情報格差による不公平が生じ，情報の安全性が失われている。

⑤その他

景気変動が避けられない。所得の不平等の発生など。

25 国民所得と景気変動 ➲P.72・73

A ①ストック　②フロー　③国富　④国民総生産　⑤国民総所得　⑥国内総生産　⑦国民純生産　⑧国民所得　⑨間接税　⑩補助金　⑪三面等価　⑫生産　⑬分配　⑭支出　⑮経済成長　⑯名目経済成長率　⑰実質経済成長率　⑱好況　⑲不況　⑳上昇　㉑下落　㉒消費者物価　㉓企業物価　㉔インフレーション（インフレ）　㉕デフレーション（デフレ）　㉖デフレスパイラル　㉗スタグフレーション　㉘技術革新　㉙特許

B **1** ①国内総生産　②国民総生産　③中間生産物　④GNI　⑤固定資本減耗（減価償却費）　⑥間接税　⑦補助金　⑧三面等価

2 ①回復　②好況　③後退　④不況　A不況　B回復　C好況

3 ①技術革新　②ジュグラー　③在庫　④クズネッツ

【解説】 **1** 国民総生産（GNP）＝総生産額－中間生産物。GNIは，GNPを分配面からみたもので等価。

国民純生産（NNP）＝GNP－固定資本減耗（減価償却費）。

国民所得（NI）＝NNP－間接税＋政府補助金。

国民所得は1年間の市場取引総額を生産面・分配面・支出面の3つの側面からとらえられるが，同じものを3つの側面から見たものにすぎないから三者の価格は等しくなる（三面等価の原則）。

2 景気変動の4つの局面は好況→後退→不況→回復。好況期には物価の上昇，生産の拡大，在庫の減少，失業者の減少，不況期には物価下落，生産の縮小，在庫の増加，失業者の増加がおこる。

3 企業の在庫投資を要因とするキチンの波は約40か月を周期とする。設備投資を要因とするジュグラーの波は7～10年を周期とする。建設投資を原因とするクズネッツの波は15～25年を周期とする。技術革新を原因とするコンドラチェフの波は約50～60年を周期とする。実際の景気変動は，これらの波が複合して進行する。

26 金融のしくみとはたらき ➲P.74・75

A ①価値尺度　②交換手段（決済手段）　③価値貯蔵　④現金　⑤預金　⑥金本位　⑦管理通貨　⑧金融　⑨直接　⑩間接　⑪信用創造　⑫日本銀行　⑬発券　⑭銀行　⑮政府　⑯公開市場　⑰売り　⑱買い　⑲預金準備率（支払い準備率）　⑳上げ　㉑下げ　㉒量的緩和　㉓インフレターゲット　㉔金融ビッグバン　㉕為替　㉖メガバンク　㉗不良債権　㉘BIS　㉙貸し渋り　㉚ペイオフ

B **1** ①日本銀行　②家計　③銀行　④貸付け　⑤預金　⑥預金　⑦貸付け　⑧預金

2 ①買う　②低下　③増える　④売る　⑤上昇　⑥減る

3 ①金利　②業務　③保険　④持株会社

【解説】 **1** 政府の資金の出し入れをする金庫番の役割を果たし（「政府の銀行」），金融政策の主体となるのが日本銀行。日本銀行は「銀行の銀行」の機能ももち，一般の銀行との間で，資金の貸付け，預金などの取引を行い，民間（家計，企業）との取引は行わない。

2 好況時（景気過熱時）には市場の通貨量を減らし，不況時（景気後退時）には市場の通貨量を増やす政策が採られる。よって好況時には，日銀は市中金融機関に国債などを売り，貸出利率の引き上げに誘導する。景気後退時にはその逆を行う。

3 金融の自由化の内容は金利の自由化と金融業務の自由化。後者については，1999年から日本版金融ビッグバンが進められている。銀行・証券・信託・保険などの業務分野の相互乗り入れを認めるとともに，独占禁止法が改正され，金融持株会社が認められた。また，外国為替及び外国貿易法によって，円ドル交換などの外貨交換業務の自由化が認められた。これによって，外貨交換を行う一般商店では，ドルなどの外貨で直接買い物できるようになった。

27 財政のしくみとはたらき ➲P.76・77

A ①歳入 ②資源配分 ③所得再分配 ④累進課税 ⑤社会保障
⑥経済安定（景気安定，景気調整）
⑦ビルトイン・スタビライザー
⑧フィスカル・ポリシー ⑨増や ⑩減ら ⑪減
⑫増 ⑬ポリシー・ミックス ⑭一般会計
⑮国債 ⑯租税法律 ⑰国税 ⑱直接 ⑲所得
⑳間接 ㉑消費 ㉒直間比率 ㉓直接 ㉔逆進
㉕建設 ㉖赤字 ㉗石油危機 ㉘市中消化
㉙インフレ ㉚硬直 ㉛プライマリー・バランス

B **1** ①社会保障 ②国債 ③地方交付税 ④租税 ⑤公債
2 ❶ ①増加 ②増加 ③減少 ④減少
⑤減少 ⑥減少 ⑦減少 ⑧減少 ⑨増加
⑩増加 ⑪増加 ⑫増加
❷ ①増 ②減らす ③減 ④増やす

【解説】 **1** 国の歳出の３本柱は，社会保障関係費，国債費，地方交付税交付金。歳入の２本柱は租税（うち１位は消費税）と公債金（国債）。なお2023年度当初予算は防衛力強化方針により，防衛費が急増し，公共事業費，文教及び科学振興費を上回り，社会保障費に次ぐ２番目の規模に達した。さらに，防衛費の財源の一部を建設国債から充てるとし，戦後の国債発行における方針を転換することとなった。

2 ❶ビルトイン・スタビライザーとは，あらかじめ財政制度に累進課税制度と社会保障制度を組み込んでおけば，景気に対応して自動的に景気を調整する機能のこと。

❷これに対して裁量的財政政策とは，景気に対応して徴税・財政支出を増減させる政策。政府は，景気過熱時には流通通貨量を減らし景気を抑えるために増税を行ったり，公共事業などの財政支出を削減したりする。逆に景気停滞時には流通通貨量を増やし，景気を回復させるために減税し，公共事業などの財政支出を拡大する。

特別講座 経済特別講座①

市場における価格メカニズム ➲P.78・79

【練習問題】 **1** (1) ①Q_4 ②Q_1 ③需要 ④上昇
(2) ⑤Q_3 ⑥Q_2 ⑦供給 ⑧下落
(3) ⑨均衡 ⑩P_0 ⑪Q_0 ⑫Q_0 ⑬最適配分
【練習問題】 **2** (1) ①減少 ②上げ ③減少（低下）
(2) ④増加 ⑤下げ ⑥増加（上昇）
【練習問題】 **3** (1) ①上昇 ②上昇 ③上げ ④上げ
(2) ⑤下落 ⑥下落 ⑦下げ ⑧下げ

特別講座 経済特別講座②

広義の国民所得 ➲P.80・81

【練習問題】 ④

【解説】 Aの国民純生産（NNP）は，Bの国民総生産（GNP）から固定資本減耗を引いた分。国民総生産は国内総生産（GDP）に海外からの純所得を加えたものなので，500＋20により520。よってBはウの520。国民純生産は520－100により420となる。よってAはイの420。Cの国民所得（NI）は国民純生産から「間接税－補助金」を差し引いたもの。420－40により380となる。よってCはアの380。

用語チェック ➲P.82－84

22 ❶産業革命 ❷資本主義経済 ❸市場経済 ❹アダム＝スミス ❺ケインズ ❻ニューディール政策 ❼混合経済 ❽マネタリズム ❾マルクス ❿夜警国家（消極国家） ⓫計画経済

23 ❶財 ❷サービス ❸希少性 ❹機会費用 ❺トレードオフ ❻家計 ❼政府 ❽株式会社 ❾株主総会 ❿合同会社 ⓫所有（資本）と経営の分離 ⓬配当 ⓭コーポレート・ガバナンス ⓮M＆A ⓯コンプライアンス（法令遵守） ⓰コングロマリット（複合企業） ⓱多国籍企業 ⓲CSR ⓳メセナ

24 ❶均衡価格 ❷価格の自動調節機能（市場の自動調整作用） ❸市場の失敗 ❹外部不（負）経済 ❺情報の非対称性 ❻管理価格 ❼プライス・リーダー（プライス・メーカー） ❽価格の下方硬直性 ❾非価格競争 ❿独占禁止法 ⓫スケールメリット（規模の利益，規模の経済性） ⓬カルテル ⓭トラスト ⓮コンツェルン

25 ❶ストック ❷フロー ❸GNP（国民総生産） ❹GDP（国内総生産） ❺NNP（国民純生産） ❻NI

(国民所得) ❼三面等価の原則 ❽実質経済成長率 ❾景気循環(景気変動) ❿コンドラチェフの波 ⓫ジュグラーの波 ⓬キチンの波 ⓭恐慌 ⓮好況 ⓯物価 ⓰消費者物価指数 ⓱企業物価指数 ⓲インフレーション ⓳クリーピング・インフレ ⓴デフレーション ㉑スタグフレーション ㉒デフレスパイラル ㉓技術革新(イノベーション)

26 ❶管理通貨制度 ❷マネーストック ❸直接金融 ❹間接金融 ❺信用創造 ❻発券銀行 ❼公開市場操作 ❽買い操作(買いオペレーション) ❾量的金融政策 ❿質的金融政策 ⓫金利の自由化 ⓬預金保険制度 ⓭フィンテック ⓮ペイオフ

27 ❶財政 ❷資源配分機能 ❸所得再分配機能 ❹フィスカル・ポリシー(裁量的財政政策) ❺ビルトイン・スタビライザー ❻租税法律主義 ❼財政投融資 ❽一般会計予算 ❾直接税 ❿間接税 ⓫消費税 ⓬建設国債 ⓭財政硬直化

記述でチェック (例)所得格差を緩和するため,所得の高い人ほど高い税率を適用する制度。(32字)

実戦問題

➲P.85−87

1 **問1** 1有効需要 2規制

問2 ②

問3 マルクス

問4 ④

問5 ①・③

問6 ②・⑤

問7 ②・④・⑥

問8 ②・④

問9 (例)将来の世代に負担を先送りすること

【解説】 **問1** 1 ケインズは,「有効需要」の創出を主張した。有効需要とは,購買力を伴った実質的な財への需要である。2 公共性や安全性の確保,また需要を調整するために加えられていた,価格・参入・輸入などに対する制限を緩める政策を,規制緩和という。日米構造協議によるアメリカからの要請などを経て1980年代末から開始され,2000年代に急速に推進された。

問2 計画経済は,社会主義国において政府が財やサービスの生産,所得の分配など経済活動全般を管理するしくみである。

問3 マルクスはドイツの経済学者で,資本主義の矛盾を解決して平等な社会を実現するため社会主義の思想を体系化した。理論の提唱だけでなく,労働者の国際組織である第一インターナショナルの中心としても活動した。

問4 混合経済とは修正資本主義ともいい,公共投資などの公共部門が,より大きな役割をもつようになった経済体制のこと。①はレヴィ-ストロースらの唱えた,社会の根底にある目に見えない構造を分析し明らかにしようとする思想。②は国内の治安維持など最小限の役割に限定した国家。③は自由競争を重視して,政府による規制を最小化する考え方。

問5 不況対策としては,有効需要を拡大すればよい。よって,①減税を行い,国民の手持ち資金を増やすことが必要。③公共投資を拡大して,財政支出を拡大するスペンディング・ポリシーを行うことが必要。

問6 需要曲線が右へ動いているということは,需要の増加を示す。②商品の人気の上昇は,消費者の需要の増加を意味する。⑤消費者の所得の増加により購買力が高まり,需要増につながる。

問7 不況対策は以下のとおり。②市中銀行に対する貸出利子率の引き下げ。銀行の貸出金利を引き下げて借りやすい状況をつくる。結果的に通貨供給量を増加させる。④公開市場操作として買いオペレーションを行う。日銀が市中銀行から有価証券を買い取れば,その代金が市中銀行に渡り,手持ちの資金が増える。⑥預金準備率の引き下げ。市中銀行が保有する預金のうち日銀に強制的に預け入れさせる比率を預金準備率という。これを引き下げれば,市中銀行の手持ち資金は増えることになる。

問8 ビルトイン・スタビライザー(自動安定化装置)は,経済の状態に応じて自動的に景気が調整されるしくみのこと。①・③・⑤はフィスカル・ポリシーに当たる。

問9 日本の財政状況を家計にたとえると,毎年借金をして給料収入を上回る生活費を支出している状態である。公債金の返済には,将来世代の税収などがあてられることになる。

2 **問1** ④ **問2** ① **問3** ① **問4** ②

【解説】 **問1** **正解④**

一般の企業では貸借対照表で預金は「資産」として取り扱われるが,銀行では預金は預金者へいずれ返されるので「負債」となる。図2では,「新規の預金」20をもとに「新規の貸出」20が行われ,負債・純資産も20増加する結果となっている。

問2 **正解①**

①適当。1994年に流動性預金(出入自由な預金)の金利自由化が実現して,金利の自由化は完了した。②誤り。日本版金融ビッグバンによって業務区分は撤廃され,自由競争が実現している。③誤り。預金の保護上限を元本1,000万円とその利子で遮断するペイオフ解禁が検討され,2005年の4月に解禁された。ただし,当座預金は対象外。その他,金利ゼロの普通預金を創設し,全額保護とする。④誤り。1998年に破綻した日本長期信用銀行や日本債券信用銀行などは,一時国営化された。

問3 **正解①**

これまでに蓄積された実物資産(土地・建物・道路・上下水道など)と,対外純資産のある時点での蓄積量がストックである。②国民所得(NI)は国民純生産(NNP)から「間接税−補助金」を差し引いたものである。③国内純生産(NDP)から環境破壊による損失分を差し引いたものがグリーンGDPである。④物価変動の影響を除いた国内総生産の変化率は，実質経済成長率である。

問4　正解②

②適当。雇用労働者，自営業者など職種にかかわりなく，収入に応じた公平な課税を行うことは水平的公平を実現することに役立っている。消費税は一律の課税であることから，水平的公平を図ることができる。一方，所得税は，クロヨンの問題があり，職種によって所得捕捉率の不平等が生じるので水平的公平を失することになりやすい。①消費税は逆進的効果があり，低所得者ほど所得に占める消費税負担割合が大きくなる傾向がある。③財政投融資は，政府金融機関を通じて中小企業に融資されることがある。④不況対策として財政支出を拡大することは緊縮財政（黒字財政）ではなく積極財政（赤字財政）である。

3　問1　③　　問2　①　　問3　③　　問4　④
問5　①

【解説】　問1　正解③

③適当。感染症対策として外出を控えるようになった人々が，家で仕事や娯楽をして過ごすための消費行動により発生したニーズを「巣ごもり需要」と呼んだ。①不適当。リストラクチャリングではなくコーポレート・ガバナンス（企業統治）。②不適当。企業の利潤のうち，株主への配当などの形で分配された残りが，企業の資本として蓄えられたものを内部留保という。株主への分配率が上昇すると内部留保は減少する。④不適当。会社法の制定は2000年代。株式会社を設立する際の資本金の下限が廃止されたほか，合同会社の設立が可能になった。

問2　正解①

①適当。市場の失敗の例。例えば公害発生企業に罰金を科すことは公害防止に有効である。よって正しい。②誤り。独占禁止法の目的は，原則的には企業間の競争を促進させること。③誤り。政府による株式市場への介入はなされないのが原則。ただし，最近では日銀が銀行保有株を買いオペレーションの対象としているが，これはデフレ対策などのため例外的に実施されたもの。④誤り。インフレになれば，通貨価値は下落，購買力は減少する。

問3　正解③

経済成長率は対前年のGNP（GDP）の伸び率のこと。③適当。経済成長率がマイナスということはGNPが前年より減少したことを示す。よって③が正しい。経済成長率は，年度末の国民総資産総額である国富とは計算上の関係はないから，②④は誤り。①の場合，例えば前年が10%，今年が５％の名目成長率としたとき，成長率そのものは減少しているが，GNPの値は増えるから必ず減少するというのは誤り。

問4　正解④

一度定めると，あとは自動的に景気を調整する働きをもつ制度を，景気の自動安定化装置（ビルトイン・スタビライザー）という。失業給付や公的扶助もこれに当たる。①コンドラチェフの波ではなくキチンの波である。②ジュグラーの波ではなくクズネッツの波である。③景気が悪いときに行われる裁量的財政政策としては，政府支出が増やされる。

問5　正解①

①正しい。②市場の寡占化が進むと，大企業では価格競争をやめ，デザインや広告などの差別化でシェア拡大をめざす非価格競争が激しくなる。③「トラスト」ではなく「カルテル」である。④規模が大きいほど利潤が増大する規模の利益（スケール・メリット）がはたらく市場では寡占市場が進行するのが一般的である。

6　変化する日本経済，豊かな生活の実現

28 戦後の日本経済

➡P.88・89

①傾斜生産　②経済安定９原則
③ドッジ・ライン　④360　⑤シャウプ
⑥特需（特需景気）　⑦高度経済成長　⑧１
⑨２　⑩３　⑪石油危機　⑫狂乱
⑬スタグフレーション　⑭貿易摩擦（経済摩擦）
⑮プラザ　⑯円高　⑰バブル　⑱空洞化
⑲不良債権　⑳失われた　㉑デフレーション
㉒デフレスパイラル　㉓構造改革
㉔三位一体の改革　㉕アベノミクス

Ⓑ **1**　①神武　②岩戸　③オリンピック
④いざなぎ　⑤第一次石油　⑥第二次石油
2　①円高　②金利　③資産　④バブル
⑤輸出

【解説】 **1**　高度経済成長期の大型景気は，古い順から神武景気→岩戸景気→オリンピック景気→いざなぎ景気。これら高度経済成長を達成した原因としては，(i)国民の高い貯蓄性向により銀行に豊富な資金が存在したため，間接金融方式に基づく民間設備投資が活発であったこと，(ii)政府の公共投資によって産業関連社会資本が整備されたこと，(iii)１ドル＝360円の外国為替レートが輸出を有利にしたこと，などがある。

1970年代は，２度の石油危機に見舞われ，第一次石油危機後の1974年に，日本は戦後初のマイナス成長を記録した。

チェック 戦後の主な景気一覧（2023年７月現在）

主な好景気	期間（長さ）	年平均成長率
神武景気	1954年12月～57年６月（31か月）	算出不能
岩戸景気	1958年７月～61年12月（42か月）	11.3%
いざなぎ景気	1965年11月～70年７月（57か月）	11.5%
バブル景気	1986年12月～91年２月（51か月）	5.3%
回復感なき景気	1993年11月～97年５月（43か月）	2.2%
いざなみ景気	2002年２月～08年２月（73か月）	1.6%

2　日米貿易摩擦解決のために，Ｇ５が円高・ドル安に誘導することを決定したのが1985年のプラザ合意。ドル売り・円買いの協調介入が行われた。これによって日本の輸出産業が大きな打撃を受け，一時的に不況となった。一方，円高の進行による輸入原材料の値下がりで生じた円高差益を蓄積した輸入関連産業には，金あまり現象が生じた。このことが，円高不況対策として超低金利政策が採られたことと相まって，土地・株などへの投資を拡大させる要因となり，地価高騰・株の値上がりなどの資産（ストック）インフレを発生させた。こうして，資本利得（キャピタル・ゲイン）を得た人々は心理的に消費を拡大させた（資産効果）。これに対してバブル崩壊後は，土地・株の値下がり，すなわち資産（ストック）デフレが発生したために消費が停滞するという逆資産効果があらわれた。

2012年12月に民主党政権が倒れ，同月に第２次安倍内閣（自民党・公明党連立内閣）が誕生すると，アベノミクス“三本の矢”を掲げて景気を回復基調に戻すことに成功した。2012年12月～18年10月（71か月）までの景気拡大は，いざなみ景気（2002年２月～08年２月までの73か月）に次ぐ，戦後２番目の長期景気となった。しかし，2020年に入ると新型コロナウイルスの感染が世界的に拡大し，日本経済も深刻なダメージを受けた。

▶▶▶時事正誤チェック　①正解［×］　バブル崩壊後の1990年代は「失われた10年」とよばれるように不況が続き，特に97・98年は金融不況下にあった。不況対策として金利引き下げなどの金融緩和が行われた。よって金融引き締めは誤り。
②正解［〇］　2003年４月から小泉内閣の下，複数の構造改革特区が設置された。一部地域で規制緩和を認めるもので教育特区では社会人等の教員への採用，英語での授業の実施，小中高一貫教育など多様な教育カリキュラムを認める特区などがある。教育以外にも福祉特区，農業活性化特区などがある。

29 中小企業，農業問題

➡P.90・91

Ⓐ ①３　②300　③5000　④二重構造
⑤下請け　⑥系列　⑦円高　⑧ベンチャー
⑨ニッチ　⑩地場　⑪農業基本　⑫食糧管理
⑬生産者　⑭消費者　⑮減反　⑯牛肉
⑰オレンジ　⑱ウルグアイ・ラウンド
⑲ミニマム・アクセス　⑳自由　㉑新食糧
㉒食料・農業・農村基本　㉓食料安全保障
㉔耕作放棄地　㉕戸別所得補償　㉖６次産業

Ⓑ **1**　A
2　①急増　②急増　③急減　④急減
3　①米　②豆類　③果実　④鶏卵
4　①農地　②減反

【解説】 **1**　日本では中小企業の近代化が遅れ，大企業と比べて資本装備率（≒設備投資率）・生産性・資金などの面で大きな格差がある。資本装備率の低さが生産性の低さを招き，賃金の格差となっている。

2　親企業から仕事を委託された企業を下請け企業という。グラフから，下請け企業は親企業よりも景気変動の影響が大きいことがわかる。①・②好況時には，親企業からの注文が増え，下請け企業では時間外労働が増え，労働者の所得も増加する。③・④不況時にはその逆となる。ただし，好況時の恩恵は不況時の不利益よりも少なく，下請け企業は「景気の調整弁」にされているという問題点も指摘される。

3　日本の食料自給率のうちほぼ100%を維持してきたのが①米。次いで自給率が高いものは④鶏卵で約95%を自給している。逆に自給率が極めて低いのが大豆などの②豆類

や小麦。残った③が果実。

4 ①2009年の農地法の改正では，株式会社が農業に参入することを認め，農地の貸借規制も緩和された。②減反は米の生産上限を示し，作付けを制限する政策。50年近く続けられてきたが，高齢化により生産者が減少し増産による米余りの心配がなくなったこと，補助金により農家の生活が安定し，米の市場競争力が弱まったことなどから，2018年に減反は廃止され，農家が自ら需要に応じた生産に取り組むこととなった。

30 公害と環境保全，消費者問題

➡P.92・93

A ①大気　②水質　③産業　④水俣　⑤新潟水俣　⑥イタイイタイ　⑦四日市ぜんそく　⑧公害対策基本　⑨環境基本　⑩環境庁　⑪公害健康被害補償　⑫汚染者負担　⑬無過失責任　⑭濃度　⑮総量　⑯環境影響評価　⑰循環型社会形成推進基本　⑱債務　⑲債権　⑳契約自由　㉑消費者契約　㉒非対称　㉓依存　㉔消費者基本　㉕クーリング・オフ　㉖製造物責任　㉗消費者庁

B **1** ①新潟水俣病　②阿賀野　③水銀　④四日市ぜんそく　⑤三重　⑥イタイイタイ病　⑦神通　⑧カドミウム　⑨水俣病　⑩水俣

2 ①アポイントメントセールス　②キャッチセールス　③催眠商法　④デート商法

【解説】 **1** 四大公害訴訟は高度経済成長期の後半に相次いで提訴された。四大公害とは新潟水俣病，四日市ぜんそく，イタイイタイ病，水俣病のことである。発生場所と原因物質は以下のとおり。

四大公害訴訟	発生場所	原因物質
水俣病	水俣湾	有機水銀
新潟水俣病	阿賀野川	有機水銀
イタイイタイ病	神通川	カドミウム
四日市ぜんそく	四日市市	亜硫酸ガス

四大公害訴訟は，いずれも原告（被害者）側が全面または一部勝訴し，被告である企業の損害賠償責任を認めている。

2 近年の主な悪質商法に関する問題。特にネットを利用したマルチ商法が急増しており，その対策が急務となっている。

▶▶▶時事正誤チェック ①**正解［○］** 水銀による健康被害や環境への悪影響を防ぐ目的で採択されたのが水俣条約である。四大公害病の一つである水俣病は有機水銀による水質汚濁が原因であったが，2013年，熊本県で開かれた国連の会議で採択された。
②**正解［○］** 食品表示や産地偽装問題が続発したことから，安全性を確保するための施策を，実施する国や地方自治体，食品関連事業者の責務を定めた食品安全基本法が制定された（2003年）。

31 労働者の権利

➡P.94・95

A ①契約自由　②労働契約　③労働問題　④資本主義　⑤ラッダイト　⑥労働組合　⑦国際労働機関　⑧団結　⑨団体行動　⑩争議　⑪労働基準　⑫最低賃金　⑬男女同一賃金　⑭無効　⑮8　⑯40　⑰変形労働時間　⑱フレックス・タイム　⑲裁量　⑳有給休暇　㉑20　㉒時間外　㉓深夜業　㉔団結　㉕労使対等　㉖ストライキ　㉗不当労働　㉘労働委員　㉙斡旋　㉚調停　㉛仲裁　㉜10　㉝緊急調整　㉞争議　㉟労働審判

B **1** ①勤労権　②団結権　③団体行動権（争議権）　④労働基準　⑤労働組合

2 ①30　②1　③40　④8　⑤10　⑥20　⑦6　⑧8

【解説】 **1** 労働基本権は，①勤労権（憲法27条）と労働三権，すなわち②団結権，団体交渉権，③団体行動権（争議権）（憲法28条）。これら労働基本権を具体的に生かし，健全な労働関係を保つために労働三法（④労働基準法，⑤労働組合法，労働関係調整法）が制定されている。労働条件の最低基準を定めたものが労働基準法，労働組合活動の権利や不当労働行為を禁止したものが労働組合法，労働争議の予防・解決を目的としたものが労働関係調整法である。

2 労働基準法20条は解雇ルールを定めているが，解雇には正当な解雇事由が必要である。24条は賃金支払５原則を定めている。32条は法定労働時間を１日８時間，週40時間と定めているが，1987年の法改正前は１日８時間，週48時間であった。変形労働時間制導入や年次有給休暇付与日数の増加は，いずれも労働時間短縮を狙った改正であった。

▶▶▶時事正誤チェック ①**正解［○］** 従来，ホワイトカラー・エグゼンプションとよばれ，年収に残業代を込みにする制度の導入が経営者団体から主張されていたが，労働組合から強い反対があり，成立が見送られてきた。2018年の国会で一定の年間休日を与えることを条件に「高度プロフェッショナル制度」という名称で導入を決定し，2019年から適用されることになった。同法は，働き方改革関連法に位置づけられている。勤務終了から次の勤務開始までの間，一定の間隔を確保する「勤務間インターバル制度」については，ワーク・ライフ・バランスを図る手段として期待されている。
②**正解［○］** ①と同じく2018年成立の働き方改革関連法により，時間外労働に罰則付き上限規制が導入され，時間外労働の上限は，原則月45時間，年360時間までとなった。臨時的な事情（繁忙期など）の場合は，年720時間，単月100時間未満（休日労働含む），複数月平均80時間（休日労働含む）を限度とする必要がある。
③**正解［×］** パートタイム労働法では，短時間労働者の雇用拡大促進は定めていない。2008年に施行された改正パートタイム労働法では，正社員への切り替え促進が推進されている。
④**正解［×］** 2003年の労働者派遣法の改正によって，それまで禁止されていた製造業への派遣が解禁された。

32 現代の雇用・労働問題 ➲P.96・97

A ①終身雇用 ②年功序列 ③企業別
④バブル ⑤年俸 ⑥リストラ
⑦正規雇用 ⑧非正規雇用 ⑨ワーキング・プア
⑩パートタイム労働 ⑪派遣労働 ⑫労働者派遣
⑬労働契約 ⑭サービス残業 ⑮年次有給休暇
⑯過労 ⑰労働災害 ⑱ワーク・ライフ・バランス
⑲フレックス・タイム ⑳裁量労働
㉑ワークシェアリング ㉒働き方改革 ㉓少子高齢
㉔特定技能 ㉕非正規雇用 ㉖男女雇用機会均等
㉗セクハラ ㉘育児・介護休業 ㉙障害者雇用促進

B **1** ❶ M字型雇用
❷ A (例)結婚・出産による退職者が多いこと
B (例)子育てが終わって，パートなどの仕事に復帰すること
2 ①終身雇用 ②年功序列 ③企業別
④パート ⑤派遣労働 ⑥成果

【解説】 **1** わが国における女性の年代別労働力率の曲線はM字カーブになっている。高校・大学を卒業して労働供給量は増加するが，30～39歳位にかけて労働供給量は減少する。これは子育てのために仕事をやめるケースが多いからである。しかし，子育てが終わった30代後半から再びパートタイマーなどへの労働供給量が増加する。しかし近年は，M字のへこみが少なくなってきている。理由として，不況下で結婚退職しない女性が増えたこと，育児・介護休業法により出産による離職が減ったこと，不況で中高年女性のパートタイム労働が増えたこと，がある。

2 日本の高度成長を支えてきた雇用慣行は，「終身雇用制」・「年功序列型賃金制」・「企業別労働組合」であった。それが1990年代の平成不況以降，企業のリストラが相次いで失業者が増加する中，雇用形態も多様化し，これまでの雇用慣行は崩壊しつつある。例えば，中途採用・転職の増加，パートタイマーや派遣労働者など非正規雇用の増加，成果主義の導入，といった傾向が目立っている。

▶▶▶時事正誤チェック **①正解［×］** 1997年の労働基準法改正（1999年施行）で，一般の女性労働者についても深夜業を解禁した。また，男女雇用機会均等法を同時改正して，雇用上の女子差別を事業主の努力義務規定から差別禁止規定（罰則規定なし）に高めた。
②正解［×］ 非正規雇用者数は，雇用者全体の約３分の１に達している。女性は約５割，男性は約２割が非正規雇用者となっており，格差社会を生み出す温床になっている。
③正解［×］ 労働者派遣法は，改正によって対象職種が拡大されている。
④正解［×］ ワークシェアリングとは，雇用をつくり出すために，労働時間の短縮などによって多くの人で仕事を分けあうことであり，雇用される労働者の人数を削減するためのしくみではない。
⑤正解［×］ 育児・介護休業法では，男女とも短時間勤務や残業免除の請求を，制限なくできる。

時事チェック 育児・介護休業法改正（2021年成立）
改正により，男性（夫）も子供が生まれてから８週間以内に最大４週間の休みを取得することができる出生時育児休業（男性版産休）が新設されたことに加え，これまで原則１回であった育児休業を２回に分けて取得できるようになった。また，パートタイマーや契約社員などの非正規労働者についても，育児休業の取得要件が緩和された。

33 社会保障の役割 ➲P.98・99

A ①生存権 ②ナショナル・ミニマム ③救貧
④ビスマルク ⑤アメとムチの政策
⑥世界恐慌 ⑦ニューディール ⑧社会保障
⑨ベバリッジ ⑩ゆりかごから墓場まで
⑪フィラデルフィア ⑫北欧 ⑬公費
⑭イギリス ⑮大陸 ⑯保険料 ⑰所得比例
⑱ドイツ ⑲小さな ⑳自助 ㉑社会保険
㉒公的扶助 ㉓社会福祉 ㉔公衆衛生 ㉕保険料
㉖公費 ㉗公費 ㉘保健所

B **1** ①個人 ②扶助 ③社会 ④保険
⑤ビスマルク ⑥生存権 ⑦ベバリッジ
⑧フィラデルフィア ⑨社会保険
2 ①フランス ②日本 ③スウェーデン

【解説】 **1** 国家による世界初の保険制度は，労働運動・社会主義運動が激化した19世紀後半，ドイツのビスマルクが制定した疾病保険制度である。世界恐慌後の1930年代，アメリカはニューディール政策の一環として社会保障法（1935年）を制定した。42年にはイギリスでベバリッジ報告が出され，「ゆりかごから墓場まで」という社会保障制度のスローガンが示された。戦後，日本では憲法で生存権が明記され，社会保険・公的扶助・社会福祉・公衆衛生の４分野の社会保障制度が確立した。

2 社会保障の財源構成のうち，日本，ドイツ，アメリカは，国，事業主，被保険者の拠出割合がほぼ三者均等。フランスは社会保険中心で，社会保障財源は事業主負担が中心である。スウェーデン，イギリスは公費（国）が多く，福祉先進国の形態となっている。

▶▶▶時事正誤チェック **①正解［×］** 労働者災害補償保険（労災保険）の保険料負担は，原則，事業主のみである。政府ではないし，労働者本人の負担もない。
②正解［×］ 介護保険は40歳以上の国民が保険料支払義務を負うが，財源は本人保険料で50%，公費で50%を調達することから，誤りである。公費50%については，25%が国，25%が地方（都道府県が12.5%，市町村が12.5%）となっている。

34 社会保障と社会福祉の課題
➲P.100・101

①生存権 ②国民皆保険・国民皆年金
③福祉元年 ④高齢化社会 ⑤高齢社会
⑥超高齢社会 ⑦合計特殊出生 ⑧人口減少
⑨積立 ⑩賦課 ⑪世代 ⑫75
⑬後期高齢者医療 ⑭国民年金 ⑮厚生年金
⑯基礎年金 ⑰介護保険 ⑱3

⑲ノーマライゼーション　⑳バリアフリー
㉑相対的貧困　㉒生活保護
㉓ベーシック・インカム

B
1 ア1980年　イ2020年　ウ1950年
2 ①国民　②厚生

【解説】 **1** 人口ピラミッドは，多産多死の**ウ**「ピラミッド型（富士山型）」から，**ア**「つりがね型」を経て，少産少死の**イ**「つぼ型」へと移行する。「ピラミッド型（富士山型）」の人口ピラミッドを示す国には発展途上国が多く，「つぼ型」の人口ピラミッドを示す国には日本やドイツなど先進国に多い。

2 1985年の国民年金法の改正によって，基本的に20歳以上60歳未満の国内に居住するすべての人が加入する基礎年金制度が導入された。国からの補助金はここに集中し，全国民に平等に給付する。ただし，民間の会社員には厚生年金，公務員等には共済年金が上乗せ給付された（二階建て年金制度）。自営業者にも1991年より二階建て部分にあたる国民年金基金（任意加入）が創設された。なお，2012年の被用者年金一元化法により，2015年10月から共済年金は厚生年金に統一された。

▶▶▶時事正誤チェック ①**正解［×］** 積立方式とは，自ら支払った保険料で自分の年金が給付される方式である。それに対して，賦課方式は現役の勤労世代が支払った年金保険料で今の高齢者の年金をまかなうという世代間所得配分方式である。現行の制度は賦課方式を基本としながら，２分の１は国庫負担としているので，修正賦課方式と呼ばれている。
②**正解［×］** 後期高齢者医療制度は，75歳以上の国民などが加入する医療制度である。主に高齢者で要介護・要支援者向けの保険は，介護保険である。
③**正解［×］** マクロ経済スライドは，一定額の保険料を設定するのではなく，変化する経済状況に合わせて年金の給付水準を自動的に調節するしくみである。少子高齢化による影響を年金額に反映する一方，現役世代の負担が重くなりすぎないよう保険料の上限を設定している。
④**正解［×］** ジニ係数は，世帯所得の不平等を測る指標で，０（ゼロ）が完全平等で１が完全不平等を示している。日本は1980年の当初所得ジニ係数が0.35程度で，所得格差は小さかったが，80年代後半のバブル景気や2000年代前半の小泉政権の下，格差は拡大したので，ジニ係数は上昇したと推測する。よって誤り。
⑤**正解［○］** 賦課方式の説明。賦課方式はその年に納められた保険料で，その年の高齢者への年金給付を行うもので，インフレなどによる目減りの心配がない一方で，老齢人口の増大で若年層の負担が増大するという短所がある。
⑥**正解［×］** 積立方式で年金受給額が実質的に減少するのは，物価が上昇し，貨幣価値が下がるインフレーションのとき。例えば，3000円で米10キロが買えた現役時代から受給世代になって貨幣価値が下がり，同じ3000円でも米は７キロしか買えなくなった場合，受給世代の生活の水準を維持することが難しくなると考えられる。

積立方式		賦課方式
将来の年金受給のために，加入者が自分の分を積み立てていく方式	しくみ	支給する年金は，その時々の現役世代の保険料で賄う方式
世代間の不公平がない	長所	物価変動に影響されない
インフレになると受取額が目減りする	短所	世代間の不公平が生じる

用語チェック ➲P.102－104

28 ❶傾斜生産方式　❷復興金融金庫　❸経済安定９原則　❹ドッジ・ライン　❺シャウプ勧告　❻特需（特需景気）　❼高度経済成長　❽所得倍増計画　❾いざなぎ景気　❿産業構造の高度化　⓫ペティ・クラークの法則　⓬（第１次）石油危機（オイル・ショック）　⓭スタグフレーション　⓮プラザ合意　⓯産業の空洞化　⓰バブル景気（バブル経済）　⓱不良債権　⓲デフレスパイラル
29 ❶二重構造　❷中小企業基本法　❸系列会社　❹下請け　❺ベンチャー企業　❻農業基本法　❼食糧管理制度　❽減反　❾ミニマム・アクセス　❿食料・農業・農村基本法（新農業基本法）　⓫食料自給率
30 ❶外部不（負）経済　❷環境基本法　❸環境影響評価（環境アセスメント）　❹汚染者負担の原則（PPP）　❺総量規制　❻濃度規制　❼環境省　❽リサイクル　❾リデュース　❿消費者主権　⓫安全の権利，選ぶ権利　⓬消費者庁　⓭消費者基本法　⓮国民生活センター　⓯消費生活センター　⓰クーリング・オフ制度　⓱製造物責任法（PL法）　⓲消費者契約法
31 ❶国際労働機関（ILO）　❷団結権／団体交渉権／団体行動権（争議権）　❸労働基準法　❹労働組合法　❺労働関係調整法　❻労働基準監督署　❼40時間　❽不当労働行為　❾フレックス・タイム制　❿労働委員会　⓫斡旋／調停／仲裁
32 ❶ワーク・ライフ・バランス　❷ワークシェアリング　❸働き方改革関連法　❹男女雇用機会均等法　❺育児・介護休業法　❻障害者雇用促進法　❼終身雇用制　❽職務給　❾非正規雇用者
33 ❶エリザベス救貧法　❷ビスマルク　❸ニューディール政策　❹社会保障法（連邦社会保障法）　❺ベバリッジ報告　❻ゆりかごから墓場まで　❼社会保険　❽公的扶助　❾社会福祉　❿公衆衛生　⓫生活保護法　⓬介護保険制度　⓭後期高齢者医療制度
34 ❶高齢社会　❷合計特殊出生率　❸国民皆保険・国民皆年金　❹積立方式　❺賦課方式　❻セーフティ・ネット

記述でチェック（例）少子高齢化によって世代間の不公平が生じる。(21字)

実戦問題 ➲P.105－107

1 **問1**　１環境庁　２総量規制　３環境基本法　４環境影響評価（環境アセスメント）
問2　(1)PPP　(2)OECD（経済協力開発機構）
問3　環境権
問4　(1)新潟水俣病／イタイイタイ病／四日市ぜんそく／水俣病
(2)無過失責任の原則　(3)容器包装リサイクル法　(4)③
(5)③

問5 （例）満40歳以上の人が保険料を支払い，必要になったときに介護サービスを受けられる介護保険制度。

【解説】 問1 1 高度成長期に四大公害病が発生し，公害が社会問題化したことから，1971年にようやく，環境庁（現環境省）が設置された。**2** 濃度規制だと，濃度を薄めて排出すれば規制クリアが可能である。このため，地域ごとに排出量を決めて，企業の排出量を割り当てる総量規制が加えられることになった。**3** 1992年の地球サミットで，各国に環境法の制定が勧告されたのを受けて，翌年，公害対策基本法を発展させて，環境基本法（いわゆる環境憲法）が制定された。

問2 (1)PPP＝Polluter Pays Principle　日本では1970年に公害防止事業費事業者負担法で導入された。(2)OECD＝経済協力開発機構はいわゆる先進国クラブで，1972年のOECD環境委員会でPPPが国際ルール化した。

問3 環境基本法の問題点は，「環境権」が明記されていない点にある。

問4 (1)水俣病・新潟水俣病の原因物質は有機水銀。イタイイタイ病の原因物質はカドミウム。四日市ぜんそくの原因は大気汚染である。(2)大気汚染防止法や水質汚濁防止法に無過失責任の規定が盛り込まれている。(3)容器包装リサイクル法は，当初はビン・ペットボトルを対象としたが，2000年の改正で紙・プラスチック容器も追加された。(4)ダイオキシンは廃棄物の焼却，パルプの漂白の際に発生し，以前は農薬にも含まれていた。土壌や水に長期間残留する。現在はダイオキシン類特別対策措置法などにより排出が規制されている。(5)正解は③。循環型社会形成推進基本法（2001年完全施行）によって循環型社会形成のための優先順位が示されている。1番目にリデュース（廃棄物の発生抑制＝減らすこと），2番目にリユース（再利用），3番目にマテリアルリサイクル（材料の再生利用），4番目にサーマルリサイクル（廃棄物焼却の際に発生する熱エネルギーを回収して利用する熱回収），5番目に最終的に適正処分を行うことになる。

問5 介護保険制度は，1999年に成立した介護保険法に基づいて導入された。満40歳以上の人に加入義務があり，介護が必要になったときに自宅や施設でサービスを受けることができる。この制度が導入されてから，在宅サービスが拡大した。

---

2 **問1** ①
問2 ③
問3 ア③　イ①　ウ②　エ④
問4 ③

【解説】 問1 正解①

①が正解。1960年代は高度経済成長期であり，年平均10％程度の高い実質GDP成長率を示していたことから，④と判断する。1970年代は1973年の第1次石油危機の翌74年，実質マイナス成長を記録したことから②と判断する。高度成長から低成長の時代に転換していく時代である。1980年代前半は，世界同時不況に苦しみ，1985年のプラザ合意で円高に誘導されたことから翌86年は円高不況に陥る。しかし，1986年後半から91年初めにかけてバブル景気となる。ただしバブル期の年平均実質成長率は５％程度であることから①と判断する。1990年代は，91～93年がバブル崩壊に伴うバブル不況に陥り，90年代を通して「失われた10年」と呼ばれる景気停滞に見舞われたことから③と判断する。98年は前年の97年に消費税率が３％から５％に引き上げられた影響で不況に陥り，金融破綻も相次いだことから，金融再生関連法による公的資金投入が行われた年でもある。2000年代は，2001年にアメリカが同時多発テロに見舞われた影響で，日本経済も影響を受けた。また，2008年にはリーマン・ショックが起こり，経済成長率は翌2009年にかけて大幅にマイナスとなったことから⑤と判断する。

問2 正解③

③適当。1955～70年の高度経済成長期には第１次産業（農林水産業）から第２次産業（鉱工業）へ，さらには第３次産業（商業・サービス業）への産業構造の高度化・転換が進んだ。その結果，農村部に存在した相対的過剰人口が都市部に移動し，過密・過疎の問題も起こり始めた。①誤り。1950～53年の朝鮮戦争時は，第１次産業の就労人口の方が第２次産業の就労人口より多かった。②誤り。1985年９月のプラザ合意による円高の進行を背景に，日本の製造業（第２次産業）が北米向けの対外直接投資を拡大させた。少なくとも第１次産業の対外直接投資が増加したわけではない。④誤り。経済のソフト化は，1980年代以降進み，90年代にはＩＴ化も加速する。すると第３次産業の就業者は増加していく。

問3 正解ア③　イ①　ウ②　エ④

ア．農地改革が実施されてまもない時期である点に注目する。農地法は農地改革の成果を守り，寄生地主制の復活を防止することを大きな目的としていた。**イ**．高度経済成長の最中である点に注目する。工業化にともない，農業従事者の所得は他産業従事者に比べて低くなり，農業部門から他産業部門への労働力の移動も進んだ。**ウ**．食料生産だけでなく，水田が雨水を貯留して洪水を防ぐ，生物多様性を保全するなどの働きが，「農業の多面的機能」と表現された。**エ**．農業経営の規模拡大のため，農地法が改正され，法人でも一定の要件を満たせば，「農業生産法人」として農地を所有して農業に参入することが可能になった。

問4 正解③

③正しい。1997年にヘッジファンドなどによるタイ通貨バーツに対する投機的な売りを始まりとして，アジア各国に拡大した各国通貨の暴落と経済危機をアジア通貨危機という。①誤り。1980年代後半の円高に対しては低金利政策が実施され，それが不動産や株式に対する投機を促進しバブル景気を生んだ。②誤り。1971年，アメリカのニクソン大統領が金とドルの交換の一時停止などを含む新しい経済政策を発表したことがきっかけで，ブレトンウッズ体制が崩壊した。④誤り。サブプライムローンは，信用力の低い

低所得者向けの住宅ローンだった。

3 問1 ② 問2 ② 問3 ③ 問4 ⑧
問5 ①

【解説】 問1 正解②

②正しい。内閣総理大臣が適格と認定した消費者団体が，悪徳商法などの被害者に代わって悪徳商法を行う事業者に対して差し止め請求や被害回復の訴訟を行う制度である。消費者契約法に基づき，2007年にスタートした。①誤り。欠陥商品について製造者（メーカー）の無過失賠償責任を認めたのは，製造物責任法（PL法）である（1994年制定)。③誤り。2009年，消費者庁が創設され，各省庁が担当していた消費者行政を一元化した。④誤り。売買契約が完了した以上，欠陥のない商品を好みの商品に交換する権利は存在しない。

問2 正解②

②誤り。不法就労者にも人道上，労働基準法の適用がある。①正しい。フルタイム労働をしても生活保護世帯の所得にも満たない人々をワーキング・プアと呼ぶ。格差社会のあらわれといえる。③正しい。過労死も過労自殺も労災認定された例がある。④正しい。最近では非正規労働者に対する地位改善を求める労働組合も存在している。

問3 正解③

③適当。2019年施行の働き方改革関連法により，原則，月45時間・年360時間が時間外労働の上限として設定された。①不適当。欧米では産業別労働組合が主流であるが，日本では企業単位で労働組合が組織される企業別労働組合が主な労働組合の形態となった。②不適当。ジニ係数は所得格差を示す指標。再分配前の当初所得に関するジニ係数は，1980年代から2010年代にかけて上昇した。再分配後のジニ係数は横ばいで推移している。④不適当。近年の非正規雇用者数の割合は30％台後半で推移している。

問4 正解⑧

⑧適当。アは公的年金の財源をすべて税金で賄うとする，いわゆる全額税負担方式の説明。イは，受給世代に支払われる年金給付費は，そのときの現役世代が負担する保険料で賄われるとした賦課方式の説明。ウは，自分自身が現役世代に積み立てた保険料利息を加えた額を，受給世代になったときに受け取るとする積立方式の説明。積立方式は貯蓄と同様のしくみである。Xは賦課方式の説明。賦課方式ではインフレーションなどの物価変動による影響を受けにくい一方，少子高齢化が進むと十分な年金給付が行えなくなるなどの心配がある。Yは積立方式の説明。給付額は人口構成に関係なく安定する一方，インフレなど物価変動の影響を受けやすいというデメリットがある。Zは税方式の説明。よってウとYを選択する⑧が適当。

問5 正解①

①不適当。多産多死型の特徴は「富士山型」の人口ピラミッドに現れ，発展途上国によくみられる。経済の成長にともなって出生率・死亡率がともに低下していくと，人口ピラミッドは「つぼ型」へ変化する。②③④は適当である。

特別講座

複数資料読解問題③ 国内経済，労働

➲P.108・109

1 問1 ② 問2 c④ d③

【解説】 問1 正解②

ある商品の国内総生産に占める特定企業の生産割合を生産集中度といい，**図1**は主な商品の生産について，集中の程度を表したものである。電子辞書は，上位1社で60％近くを占め，上位3社がほぼ全ての生産を行っていることがわかる。一方，パソコンは比較的多くの企業が生産していることがわかる。

問2 正解c④ d③

企業Aと企業Bの利益の合計が最も多くなるのは，企業Aも企業Bも「協力的」な行動をとった場合（10＋10＝20）である。よってcには④があてはまる。企業A，企業Bの一方が「協力的」，他方が「攻撃的」な行動をとった場合，合計値はそれぞれ15であるが，どちらかの企業の利益がゼロとなる。つまり一方が利益を得られるが，他方が利益を得ることができないため，「最悪の結果」であると考えられる。企業Aも企業Bも「攻撃的」な行動をとった場合，企業Aと企業Bの利益の合計は企業Aも企業Bも「協力的」な行動をとった場合よりも小さくなる（2＋2＝4）。よってdには③があてはまる。

2 問1 ② 問2 ③

【解説】 問1 正解②

女性労働者はこれまで，20代前半で一旦就職し，20代後半～30代に結婚・出産にともなって離職し，その後子どもの成長に合わせてパートタイマーとして職場復帰する，という傾向が顕著で，年齢階級別労働力比率のグラフの形から「M字型雇用」と呼ばれている。よってB～Dは女性のグラフであると分かる。しかし，育児・介護休業法の整備が進むなど，出産・育児を理由に離職する率が低下してきたこともあり，20代後半～30代女性の労働力比率は年々上昇傾向にある。よってBが2019年の女性のグラフである。

問2 正解③

資料1（育児・介護休業法）が整備されたことで，**資料3**（M字型雇用の改善）につながるという主張の根拠につなげるにはどの資料が適当か考える。この場合，育児や介護について関連の低い資料はあてはまらない。結婚や出産，育児を理由に離職する女性が減少傾向にあることを示す③が適当である。

7 国際政治のしくみと動向

35 国際社会の成り立ち ➡P.110・111

Ⓐ ①②③主権／国民／領域 ④主権 ⑤主権平等 ⑥三十年 ⑦ウェストファリア ⑧国際法 ⑨条約 ⑩国際慣習法 ⑪グロティウス（グロチウス） ⑫戦争と平和の法 ⑬国際司法裁判所 ⑭付託 ⑮国際刑事裁判所 ⑯ジェノサイド ⑰個人 ⑱サミット ⑲勢力均衡 ⑳軍拡 ㉑集団安全保障 ㉒ロシア ㉓排他的経済水域 ㉔韓国 ㉕中国

Ⓑ **1** ①勢力均衡 ②集団安全保障
機構名・国際連盟
2 ①領空 ②領海 ③排他的経済水域 ④公海 ⑤200 ⑥12
3 ①国家 ②個人 ③批准国 ④議会 ⑤政府 ⑥国際司法裁判所 ⑦国連安全保障理事会

【解説】 **1** 第一次世界大戦前は三国同盟，三国協商のように力のバランスによって戦争を防止する①勢力均衡方式が採られていた。これに対して第一次世界大戦後は，加盟１か国への攻撃に対して同盟国が集団で制裁を加えるという②集団安全保障方式が採られている。集団安全保障のしくみは，第一次世界大戦後，国際連盟として実現された。
2 国家の領域は，①領空，②領海，領土。国家主権は領土だけでなく領海（⑥12海里）や領空にも及ぶ。ちなみに③排他的経済水域（⑤200海里まで）は漁業と海底鉱物資源などに対する権利の及ぶ範囲。
3 国際社会では，国内とは違い，統一された政府がなく，それぞれの国家の価値観が異なるため，統一的価値体系をつくるのが難しい。そのため，国際法は，法としての実質的な強制力が弱い。

▶▶▶時事正誤チェック **①正解［×］** 国家間トラブルを解決する国連の主要機関は国際司法裁判所であり，当事国間の同意に基づいて提訴・訴訟が開始される。わが国も2014年３月，初めて当事国となった。事案は南極における調査捕鯨訴訟で，日本が発給している捕鯨調査に関する特別許可書は国際捕鯨取締条約第８条１の規定の範囲には収まらないという判決が下された。国際刑事裁判所（ICC）は，国連人道違反を行った個人を裁く裁判所である。なお2023年には，ICCによってロシアのプーチン大統領に逮捕状が出された。ロシアは非加盟国のためICCによる逮捕実現は現時点で困難であるが，加盟国には入国時に身柄拘束の義務が生じる。
②正解［○］ G20は，2008年のリーマン・ショック対策の協調を図るため，Ｇ７にロシアや新興国，EUを加えて開かれた金融サミットである。

36 国際連合の役割と課題 ➡P.112・113

Ⓐ ①ウィルソン ②国際連盟 ③全会一致 ④第二次世界大戦 ⑤大国一致 ⑥スイス ⑦総会 ⑧安全保障理事会 ⑨経済社会理事会 ⑩国際司法裁判所 ⑪常任理事国 ⑫非常任理事国 ⑬拒否権 ⑭専門機関 ⑮国際労働機関 ⑯国連教育科学文化機関 ⑰国際通貨基金 ⑱国際復興開発銀行 ⑲拒否権 ⑳緊急特別 ㉑平和のための結集 ㉒国連軍 ㉓平和維持 ㉔PKO ㉕拒否権 ㉖国連分担 ㉗UNDP ㉘持続可能

Ⓑ **1** ①アメリカ ②全会一致 ③ニューヨーク ④経済社会理事会 ⑤多数決 ⑥拒否
2 ❶ ①事務局 ②安全保障理事会 ③経済社会理事会 ④国際司法裁判所
❷ A㈡ B㈠
3 ①軍事的強制力 ②安全保障理事会 ③原則として無制限 ④安全保障理事会・総会 ⑤軽武装 ⑥自衛の場合に限定

【解説】 **1** 国際連盟の欠点は，①米国不参加や日・独・伊の脱退など大国の不参加，総会・理事会で②全会一致制が採られていたこと，制裁の方法として経済制裁が中心であったことがある。これに対して，国際連合は，大国を含む世界のほとんどの国家が加盟しており（2023年７月現在193か国），表決は⑤多数決制（ただし，総会で重要事項の議決には３分の２以上の賛成，安保理では５大国を含む９か国以上の賛成が必要）が採られている。また，国際連合では経済的制裁のほかに軍事的な強制措置（国連軍の派遣）が予定されている。
2 ❶ 国連の主要機関は総会，①事務局，②安全保障理事会，③経済社会理事会，信託統治理事会，④国際司法裁判所の６つ。①事務総長は国連運営上のすべての任務を負う。任期は５年。②平和・安全問題の第一次責任を負う。拒否権をもつ５常任理事国（米・ロ・英・仏・中）と任期２年の10非常任理事国の計15か国で構成される。③任期３年の54理事国で構成。非政治分野の問題に関する討議・勧告を行う。専門機関は，経済社会理事会を通じて国連と提携している。④国際法を基準に国際紛争を強制力ある判決によって解決することを目的としている。裁判官15名で構成される。裁判開始には紛争当事国双方の付託が必要。
❷ ㈡UNESCO—教育・科学・文化の交流により世界平和と安全に貢献する。
㈢WHO—健康の維持・保健防疫などの研究を行う。
㈤UNICEF—開発途上国の児童福祉に貢献する。
㈥UNHCR—難民の救済や保護を行う。
3 加盟国間の価値観の違いなどから，国際紛争の解決の際，安全保障理事会が機能しなくなることが多かった。そのため，国連憲章に規定のないPKOが武力衝突防止を目的に活動を広げるようになった。

▶▶▶時事正誤チェック **①正解［○］** 1991年の湾岸戦争の際，わが国は戦争自体への人的貢献が行えず，ペルシャ湾に掃海艇を派遣するにとどまった。翌92年，国連PKOへの自衛隊派遣の道を開くPKO協力法が成立した。
②正解［○］ 1990年にイラクがクウェートに侵攻したこと

を受けて，安全保障理事会が武力行使を容認する形でアメリカ軍を中心とした多国籍軍がイラクを攻撃した。この多国籍軍とイラク軍との戦いが湾岸戦争である。なお，2003年のアメリカ・イギリス軍らによるイラクへの攻撃は，安保理決議のないまま行われた。

37 戦後の国際政治の展開 ➡P.114・115

A ①東　②西　③冷戦　④チャーチル　⑤鉄のカーテン　⑥トルーマン　⑦コミンフォルム　⑧北大西洋条約　⑨ワルシャワ条約　⑩朝鮮　⑪ベトナム　⑫代理　⑬ジュネーブ　⑭デタント　⑮平和共存　⑯キューバ危機　⑰第三　⑱植民地　⑲非同盟　⑳アジア・アフリカ　㉑アフガニスタン　㉒ゴルバチョフ　㉓マルタ　㉔ブッシュ　㉕冷戦終結　㉖民族　㉗ユニラテラリズム　㉘イラク

B **1** ①鉄のカーテン　②トルーマン・ドクトリン　③コミンフォルム　④マーシャル・プラン　⑤経済相互援助会議　⑥北大西洋条約機構　⑦ワルシャワ条約機構　⑧ベルリン　⑨朝鮮　⑩平和五原則　⑪アジア・アフリカ（A・A，バンドン）　⑫非同盟諸国首脳　⑬キューバ　⑭ベトナム　⑮石油危機　⑯マルタ

【解説】 **1** 1946年，英国首相チャーチルの①「鉄のカーテン」演説を機に，アメリカを中心とした西側陣営は以下のような対ソ連・反共産ブロックを形成していった。

西側（資本主義）		東側（社会主義）
②トルーマン・ドクトリン（1947）	政治	③コミンフォルム（1947～56）
④マーシャル・プラン（1947）	経済	⑤経済相互援助会議（COMECON）（1949～91）
⑥北大西洋条約機構（NATO）（1949～）	軍事	⑦ワルシャワ条約機構（WTO）（1955～91）

NATOは西側の軍事機構であったが，その後1999年に旧東欧3か国（ポーランド，チェコ，ハンガリー）が加盟，2004年には中・東欧などの7か国が加盟し，東西対立の枠を超えた地域的集団安全保障体制に変化している。

東西対立は，⑧ベルリン封鎖危機（1948～49年），⑨朝鮮戦争（1950～53年），⑬キューバ危機（1962年），⑭ベトナム戦争（1965～75年）などの地域紛争にもあらわれている。

1989年の米ソ首脳会談（⑯マルタ会談）で「冷戦終結」が宣言されたことによって冷戦は終焉し，国際関係は東西冷戦からポスト冷戦へと変化した。この変化を，「ヤルタからマルタ」へと表現する。

非同盟・中立主義を掲げた第三世界は，反植民地主義・平和共存を唱える平和勢力であった。これらの国が1955年インドネシアのバンドンで会議を開き（⑪アジア・アフリカ会議，バンドン会議），平和10原則を発表。1961年にはユーゴスラビアのベオグラードで⑫非同盟諸国首脳会議が開かれた。一方，1960年にはアフリカの新興独立国16か国が国連一斉加盟を果たし，国連における平和の主張に大きな影響を与えた。1960年をアフリカの年という。

▶▶▶時事正誤チェック **正解［○］** 1989年に米ソ冷戦終結宣言が出され，1991年には東側社会主義陣営の軍事機構であるワルシャワ条約機構は解体した。その結果，ワルシャワ条約機構に加盟していた東欧諸国は1999年以来，西側（資本主義陣営）の軍事機構である北大西洋条約機構（NATO）に相次いで加盟し，NATOの東方拡大が進んでいる。2020年3月には北マケドニア（旧マケドニア）が加盟し，30か国体制になった。さらに2022年のロシアによるウクライナ侵攻を契機に北欧諸国のNATO加盟の動きが活発化され，2023年にはフィンランドの加盟が承認された。2023年7月現在，加盟国は31か国である。

38 核兵器と軍縮 ➡P.116・117

A ①管理　②軍縮　③軍縮委員会　④軍縮会議　⑤軍縮特別　⑥部分的核実験禁止　⑦核拡散防止　⑧戦略兵器制限　⑨SALT　⑩アフガニスタン　⑪戦略兵器削減　⑫START　⑬中距離核戦力全廃　⑭包括的核実験禁止　⑮戦略攻撃兵器削減（戦略攻撃能力削減）　⑯信頼　⑰第五福竜丸　⑱パグウォッシュ　⑲対人地雷　⑳クラスター爆弾　㉑核兵器禁止　㉒NATO　㉓非核　㉔死　㉕軍産複合　㉖武器貿易

B **1** ❶ ①I　②B　③G　④H　⑤A　⑥C　⑦D　⑧F　⑨J　⑩E　❷国際原子力機関（IAEA）　❸インド／パキスタン　❹北朝鮮

【解説】 **1** ❶ ①キューバ危機（1962年）をきっかけとして，翌年に米・英・ソでI部分的核実験禁止条約が締結された。②非核保有国の核開発と取得保有を禁止したB核拡散防止条約。仏・中は1992年に加盟。③④米ソ間での長距離核兵器の上限を制限したSALTⅠ，Ⅱ。HのSALTⅡは1979年のソ連のアフガニスタン侵攻により，アメリカが批准を拒否した。⑤初の核兵器削減条約であるA中距離核戦力全廃条約は，米ソ間の冷戦終焉に向けての大きな成果となった。しかし，アメリカのトランプ大統領が離脱を表明し，それに続きロシアのプーチン大統領も履行停止を表明した（2019年）。同年8月に同条約は失効するに至った。⑥⑦はC，D。米ソ間の戦略兵器削減交渉STARTⅠ（1991年調印）は長距離・大型核である戦略兵器を約3割削減する米ソ間の条約で，94年に米ロ間で発効した。1993年には，さらに3分の1に削減するSTARTⅡが米ロ間で調印されたが未発効。⑧F包括的核実験禁止条約は，地下実験も含めた全面的な核爆発実験を禁止した条約。インド・パキスタンなどの核保有国の一部が未加入のため未発効である。また，ブッシュ政権下でアメリカも加入拒否を表明した（2001年）ことから，現在も発効のめどは立っていない。⑨J米ロ戦略攻撃兵器削減条約（SORT）はモスクワ条約と呼ばれ，両国それぞれが1,700～2,200発に削減

することを決定した。⑩E新戦略核兵器削減条約（新START）は，STARTⅠの後継条約として締結された。2010年に調印され，2011年に10年間の時限条約として発効した。期限切れを迎える2021年，アメリカのバイデン大統領とロシアのプーチン大統領は５年間の延長を決定した。

▶▶▶時事正誤チェック　**①正解［○］**　1996年に採択された包括的核実験禁止条約（CTBT）は，地下も含めた臨界核実験を全面禁止しているが，臨界前核実験（コンピューターシミュレーション実験）は禁止していない点に問題がある。なお，CTBTの発効の目途は立っていない（2023年７月現在）。
②正解［×］　国連では軍縮特別総会が1978・82・88年に開かれている。第三世界が中心となって開催を求めるとともに，平和を求める非政府組織（NGO）のオブザーバー参加を認めた特別総会として注目される。現実にもNGOが平和に果たす役割は大きく，「核兵器廃絶国際キャンペーン（ICAN）」は，2017年の核兵器禁止条約採択の原動力になり，同年のノーベル平和賞を受賞している。
③正解［×］　核兵器禁止条約は2017年に国連で採択され，2021年に発効した。しかし，唯一の核被爆国であるにもかかわらず，アメリカの核の傘の下に守られている日本は，この条約を批准していない。

39 民族問題と紛争　➡P.118・119

A　①民族　②人種　③アパルトヘイト　④公民権法　⑤多民族　⑥先住　⑦民族　⑧植民地　⑨領土　⑩ナショナリズム　⑪ユーゴスラビア　⑫セルビア　⑬民族浄化　⑭ユダヤ　⑮イスラエル　⑯アラブ　⑰パレスチナ　⑱テロ　⑲難民　⑳国内避難　㉑難民の地位に関する　㉒ノン・ルフールマン　㉓国連難民高等弁務官

B　**1**　A⑦　B⑥　C⑩　D⑤　E③　F⑫　G⑭　H④　I⑮　J⑯

【解説】　**1**　A．⑦インドとパキスタンの国境線に位置するカシミール地区の領有権争いである。パキスタンへの併合を求めるイスラム教系住民とインド残留を求めるヒンドゥー教系住民の対立とあいまって紛争が激化している。

B．⑥ロシア連邦内のチェチェン共和国は独立運動を起こしているが，石油資源をもち，欧州へのパイプラインも通過していることからロシア連邦側も独立阻止の軍事介入を行っている。

C．⑩東ティモールでは，インドネシアからの独立運動が激化し，1999年の住民投票で独立が決定して2002年に正式に独立を達成した。

D．⑤ユーゴスラビア連邦は内戦の結果，解体して５つの国家に分離した。2003年には新ユーゴスラビア連邦が国名を変更して，セルビア＝モンテネグロとなった（2006年にセルビア＝モンテネグロは分離）。

E．③ユダヤ人（イスラエル）とアラブ人（パレスチナ，中東諸国）の対立が４回の中東戦争を引き起こしてしまった。イスラエルとパレスチナの中東和平ロードマップが2003年に作成されたが，その実現は厳しい状況にある。

F．⑫2014年，旧ソ連邦を構成したウクライナでは親ロシア派のヤヌコーヴィチ政権が倒れ，親欧米派のポロシェンコ大統領が選出された。このような状況下で，親ロシア派勢力は反政府の武力闘争を強めていった。同年３月にはウクライナ内のクリミア半島を住民投票によってロシアが一方的に併合した。ＥＵ，アメリカは住民投票自体に公平さがなく，無効であるとしてロシアに対する経済制裁を実施している。

G．⑭2010年12月，北アフリカのチュニジアで独裁政権であったベン＝アリー大統領を追放する民主化運動が起こり，これに続いてリビアではカダフィ大佐，エジプトではムバラク大統領を失脚させる民主化運動が拡大した。この一連の動きをアラブの春（中東の春）と呼んでいる。この影響で，シリアでもアサド独裁政権に対する反政府勢力の武装蜂起がおこり，内戦に発展した。2020年３月に，アサド政権を支援するロシアと，反政府勢力を支援するトルコの間で停戦合意が成立した。

H．④トルコ，イラク，イラン，シリアの国境山岳地帯に居住するクルド人が，分離・独立，自治獲得を目指して各地で政府と対立している。クルド人の大多数はイスラム教のスンナ派を信仰しており，「国家をもたない最大の民族」といわれている。

I．⑮もともと多数派のフツ族と少数派のツチ族が共存していたルワンダで，第一次世界大戦後にベルギーが植民地支配を行った際，ツチ族を優遇する政策をとったことから民族紛争が勃発した。

J．⑯2003年にスーダン西部のダルフール地方で始まった，ザガワ族，フル族などと，政府が支援するアラブ系のイスラム勢力の対立。民族浄化も発生し，犠牲者，難民が多数にのぼった。

▶▶▶時事正誤チェック　**①正解［×］**　ISIL（イスラム国，ISとも）は，イラクのマリキ政権（フセイン政権崩壊後に認められたイスラム教シーア派政権）に反対するイスラム教スンニ派を中心とする過激派集団が母体である。2017年10月，フランス・アメリカなど主要諸国によるISIL攻撃やシリア民主軍による掃討作戦が功を奏し，ISILが首都と自称するシリアのラッカが陥落し，ISILの支配力は大幅に弱体化している。
②正解［○］　難民の地位に関する条約は1951年に国連で採択され54年に発効した。政治難民・戦争難民が入国した場合，受け入れ国はその人々を保護する義務があるが，難民はあくまで国境を越えてきた人々である。シリア内戦が激化する中，国境を越えることなく国内で逃げている人々が大量に存在するが，この人々はいわゆる国内避難民であり，難民条約の保護対象とはならない。
③正解［×］　パレスチナは国連に正式加盟は認められていないが，オブザーバー参加が認められている。国連加盟には安全保障理事会の５大国一致の勧告が必要であるが，ユダヤ人国家イスラエルと対立しているアラブ人のパレスチナについては，アメリカの加盟同意は得られにくい状況にある。

用語チェック　➡P.120－122

35　❶国民／領域／主権　❷主権国家　❸ウェストファリア条約　❹国際法　❺条約　❻国際慣習法　❼グロティウス（グロチウス）　❽戦争と平和の法　❾北方領土　❿竹島　⓫尖閣諸島　⓬領海　⓭排他的経済水域　⓮公海自由の原則　⓯内政不干渉の原則　⓰国際司法裁判所（ICJ）　⓱国際刑事裁判所

(ICC)　⑱主要国首脳会議（サミット）　⑲勢力均衡（方式）　⑳集団安全保障（方式）

36 ❶国際連合憲章（国連憲章）　❷総会　❸安全保障理事会　❹経済社会理事会　❺事務局　❻事務総長　❼中国　❽10か国　❾大国一致の原則　❿多数決制　⓫拒否権　⓬緊急特別総会　⓭多国籍軍　⓮ユネスコ（UNESCO，国連教育科学文化機関）　⓯人権理事会　⓰平和のための結集決議　⓱国連軍　⓲PKO（平和維持活動）　⓳停戦監視団　⓴ソマリア　㉑分担金

37 ❶冷戦（冷たい戦争）　❷チャーチル　❸トルーマン・ドクトリン　❹マーシャル・プラン　❺NATO（北大西洋条約機構）　❻コミンフォルム　❼COMECON（コメコン，経済相互援助会議）　❽WTO（ワルシャワ条約機構，WPO）　❾朝鮮戦争　❿キューバ危機　⓫ベトナム戦争　⓬代理戦争　⓭ケネディ　⓮フルシチョフ　⓯デタント（緊張緩和）　⓰多極化　⓱第三世界　⓲非同盟・中立主義（非同盟中立）　⓳アジア・アフリカ会議（バンドン会議，A・A会議）　⓴平和10原則　㉑1960年　㉒マルタ会談　㉓ゴルバチョフ

38 ❶軍備管理　❷軍縮　❸パグウォッシュ会議　❹国連軍縮委員会（UNDC）　❺PTBT（部分的核実験禁止条約）　❻NPT（核拡散防止条約）　❼SALT（戦略兵器制限交渉）　❽START（戦略兵器削減交渉）　❾CTBT（包括的核実験禁止条約）　❿INF全廃条約（中距離核戦力全廃条約）　⓫IAEA（国際原子力機関）　⓬通常兵器　⓭対人地雷全面禁止条約　⓮信頼醸成措置（CBM）

39 ❶民族自決　❷先住民族　❸国連難民高等弁務官事務所（UNHCR）　❹イスラエル　❺パレスチナ人　❻PLO（パレスチナ解放機構）　❼カシミール地方　❽湾岸戦争　❾クルド人　❿東ティモール　⓫難民条約　⓬国内避難民　⓭人間の安全保障

記述でチェック（例）ワルシャワ条約機構の解体後，旧東側諸国の多くがアメリカとの同盟をめざしてNATOに加盟したから。(48字)

実戦問題 ➡P.123−125

1 問1　1 PKO　2 CTBT　3 核兵器禁止条約
問2　A勢力均衡　B集団安全保障
問3　(1)安全保障理事会
(2)アメリカ／イギリス／フランス　(3)拒否権
(4)緊急特別総会　(5)国際司法裁判所（ICJ）
(6)国際刑事裁判所（ICC）
問4　(1)ワルシャワ条約機構（WTO，WPO）
(2)キューバ危機
問5　(1)宇宙空間／大気圏／水中
(2)核拡散防止条約（核不拡散条約，NPT）
(3)（例）（相手国がどちらの選択をするかがわからない状況では，）自国が軍縮を選んだとしても相手国が軍拡を選んだ場合には，相手国が軍事的優位に立つことになるから，その状況を避けるために，両国とも軍拡を選ぶことになるから。

【解説】 問1　1　Peacekeeping Operationsの略称である。2　CTBT（包括的核実験禁止条約）は，発効の条件である，アメリカ，ロシア，インド，パキスタンなど44か国の批准が前提となっているが，アメリカなど未批准の国があり，発効の目途は立っていない。3　この条約の採択まで，核兵器は条約で禁止されていない唯一の大量破壊兵器であった。核兵器の開発をはじめ製造，保有，使用，使用の威嚇に至るすべての行為が禁止される。
問2　A．勢力均衡方式は，バランス・オブ・パワーともいう。B．集団安全保障方式の具体例は，国際連盟，国際連合。
問3　(1)安全保障理事会は少数メンバー（5常任理事国と10非常任理事国の計15か国）で迅速な対応を図っている。(3)実質決定事項は15か国中5常任理事国を含む9理事国が賛成しなければならない。つまり，5大国一致の原則がある。5常任理事国のうち1か国でも反対すると議決は成立しないので，5大国には拒否権が与えられていることになる。(5)国際司法裁判所は，紛争当事国双方の付託があった場合裁判を行う。(6)ICCと略す。ジェノサイドや，拷問・虐殺を行うなど，戦争犯罪を犯した個人の責任を裁く常設の国際法廷である。
問4　(1)東のWTOと西のNATOの軍事対立が東西冷戦構造の基本対立となっていた。WTOは1991年に解体。(2)このキューバ危機以降，話し合い外交が進展し，雪解けに向かった。
問5　(1)宇宙空間・大気圏・水中は禁止されたが，地下核実験はその対象から除かれていた。(2)NPTと略す。核不拡散条約ともいう。1995年に永久条約化が決定した。(3)核軍縮が進みにくい理由を説明した「安全保障のジレンマ」である。A国もB国も協調の場合，両国がともに軍縮を選べば平和へ至る。A国・B国いずれかが非協調の場合は，相手国の意図が読めず，自国が軍縮を選んだとしても相手国が軍拡を選べば相手国が軍事的優位に立ってしまう。

---

2 問1　④　問2　B，C　問3　②
問4　③，⑤

【解説】 問1　正解④
④不適当。条約が採択された場合，必ず自国での批准のための手続きが必要である。日本の場合は，国会での承認が必要となる。①適当。法には，文章化させた成文法と，文章化されていない不文法がある。国家間に一定の行為が繰り返し行われ，その慣行が国際社会の法的義務という認識が形成されている。②適当。国家間で合意された規範はまとめて条約とよばれるが，条約には，憲章・協定・規約など様々なものがふくまれる。③適当。国際司法裁判所は，当事国間の同意がなければ訴訟を始めることができ

ず，有効性が疑問視されている。

問2　正解B，C

国連の安全保障理事会における表決について，手続事項は常任理事国に拒否権はなく，15理事国のうち９理事国以上の賛成で成立する。実質事項は５常任理事国すべての同意投票を含む９理事国以上の賛成が必要である。したがって，Aはイギリスの反対で成立せず，BとCは成立する。

問3　正解②

②正しい。国連憲章に違反する行為である。C国とD国は同盟関係にあるので，A国がC国を攻撃した場合，C国の同盟国D国がA国を攻撃することは国連憲章第51条の集団的自衛権の行使として認められる。しかし，B国はA国の同盟国ではあるが侵略行為を行っていないので，B国に対する反撃は国連憲章に違反し，許されない。①個別的自衛権の行使である。③国連による制裁措置であり，国連加盟国であるE国は，まず外交断絶や経済制裁などの非軍事的措置を採ることができる（国連憲章第41条）。④国連の安全保障理事会決議で多国籍軍派遣を決定されているので，国連加盟国であるF国は多国籍軍に参加してA国を攻撃することができる。

問4　正解③，⑤

③誤り。安全保障理事会の５常任理事国が拒否権を放棄するという動きはない。むしろ，日本やドイツが常任理事国入り（拒否権の入手）を狙っている。⑤誤り。大規模テロであれば，テロ集団やテロ支援国家に対する制裁は自衛戦争と認められるであろうが，あらゆるテロに対して勝手に制裁してよいという国際ルールは確立していない。①正しい。国連難民高等弁務官事務所による難民救済は活発化している。②正しい。イラクのクウェート侵攻に対して多国籍軍が結成・派遣された。④正しい。日本，ドイツの常任理事国入り問題などがある。

3　問1　④　　**問2**　④　　**問3**　②　　**問4**　②
問5　④

【解説】　問1　正解④

④誤り。新たなNATO加盟国は，ポーランド・ルーマニアなどの東ヨーロッパの国々，旧ソ連のリトアニア・ラトビアなどである。2022年にはロシアのウクライナ侵攻を受けて，フィンランドとスウェーデンが新たに加盟を申請した。①正しい。フランスは1966年にNATOの軍事機構から離脱したが，2009年に復帰した。②正しい。NATO加盟国の領土及び国民の脅威となる域外の危機に対しては，その防止に関与するとされる。ボスニア・ヘルツェゴビナ，コソボ紛争でNATOの作戦が実施された。

問2　正解④

A，ソ連のアフガニスタン侵攻は1979年。これをきっかけに米ソ間の緊張が再び高まった（新冷戦）。B，キューバ危機は1962年。核戦争一歩手前までいったが，翌年のホットライン設置により話し合い外交が加速した。C，ジュネーブ４巨頭会談は1955年。国際問題の平和的解決が確認され，これを契機に「緊張緩和」へと進んだ。D，欧州全体の安全保障を討議する会議であるCSCE（欧州安全保障協力会議）の発足は1975年。ソ連を含む欧州諸国のほとんどの国とアメリカ，カナダが参加し，「緊張緩和」がさらに進んだ。よって古い順に並べると，C（ジュネーブ４巨頭会談）→B（キューバ危機）→D（CSCE発足）→A（ソ連のアフガニスタン侵攻）となり，④が正解である。

問3　正解②

②誤り。先住民族の権利に関する国際連合宣言が2007年に採択されている。①公民権法は1964年にアメリカで成立した法律で，公教育における人種差別の排除，黒人選挙権の保障などが掲げられた。③正しい。アパルトヘイトは南アフリカ共和国で20世紀初めから後半まで黒人を差別する政策。1991年にアパルトヘイト関連法はすべて廃止され，1994年に初の黒人大統領となるマンデラ大統領が就任した。④正しい。ルフールマンはフランス語で「送還」を意味する。ノン・ルフールマン原則は難民の地位に関する条約だけでなく，拷問等禁止条約などの人権条約でも定められている。

問4　正解②

アはコソボ紛争（1990年代に激化）。旧ユーゴスラビア連邦が崩壊し，新ユーゴスラビア連邦（セルビア・モンテネグロ）のセルビア共和国内のコソボ自治州で起こっていた独立運動。新ユーゴスラビア連邦解体後のセルビア国内でも続いた。セルビア国の多数派はセルビア人であるのに対して，コソボ自治州はアルバニア人が多数派であることから民族対立が紛争の最大の原因となっている。汎セルビア主義によるエスニック・クレンジング（民族浄化）が行われ，アルバニア人が虐殺される事態に発展した。イはチェチェン紛争。ロシア連邦内のチェチェン共和国のロシアからの独立運動。ロシア連邦はキリスト教のロシア正教であるのに対して，チェチェン共和国はイスラム教であることから宗教対立が紛争の背景にある。チェチェンの武装勢力はロシアに対してテロを行う一方，ロシアはチェチェン共和国に対して独立阻止の軍事介入を実施している。ウはパレスチナ問題。1948年に国連決議によりユダヤ人国家イスラエルが建国されたため，アラブ人であるパレスチナ人が難民化した。以後，パレスチナとイスラエルの紛争が続いている。この戦いを中東戦争とよび，過去４回（1948年，56年，67年，73年）発生している。

問5　正解④

④正しい。東南アジア非核地帯条約（バンコク条約）が1995年に調印され，97年に発効している。①生物兵器禁止条約は1971年に採択されている（1975年発効）。②対人地雷禁止条約（オタワ条約）は1997年に締結（1999年発効）。日本も批准している。③全欧安全保障協力会議（CSCE）ではなくパグウォッシュ会議である。CSCEは冷戦下の1975年に，ほぼすべての欧州諸国が参加してヨーロッパ全体の安全保障を討議した国際会議である。1995年に常設的なOSCE(欧州安全保障協力機構）に改称された。

8 国際経済のしくみと動向，日本の役割

40 国際分業と貿易

➡P.126・127

Ⓐ ①リカード ②比較生産費 ③自由 ④比較優位 ⑤特化 ⑥リスト ⑦保護 ⑧水平的分業 ⑨垂直的分業 ⑩多国籍企業 ⑪国際分業 ⑫労働力 ⑬タックス・ヘイブン ⑭自由貿易 ⑮国家（政府） ⑯アダム=スミス ⑰保護貿易 ⑱リスト ⑲幼稚 ⑳輸入数量 ㉑関税

Ⓑ **1** ④
2 ①GATT ②IMF ③OECD ④繊維 ⑤自動車 ⑥日米構造協議 ⑦日米包括経済協議

【解説】 **1** ④ 表と条件は，リカードの比較生産費説に基づいて考察されている。①，②は各国内の製品の価格についての説明のみのため，設問にある「貿易が起こることの説明」としては適当でない。③はA国から見て，労働量120の価値の繊維製品1トンの対価として，1万個あたり労働量80の価値の半導体の8,000個分，つまり労働量64の価値しか受け取っていないため，不利益が生じている。よって誤り。④の場合，B国にとって繊維製品1トンは労働量200の価値。また，1万個あたり労働量250の半導体8,000個分は労働量200の価値である。したがって，A国から半導体を8,000個よりも多く輸入すると，B国にとって常に利益が生まれるといえる。よって④が適当。

2 第二次世界大戦後，IMF-GATT体制のもとで自由貿易が拡大・発展した。

日本は1960年代から貿易の自由化を進め，繊維製品や鉄鋼，カラーテレビといった重化学工業の製品の輸出が急増した。1980年代に入ると自動車・半導体などの輸出が大幅に拡大し，アメリカとの間で貿易摩擦問題が深刻化した。1989年から始まった日米構造協議では，日本の経済構造の根本的改革が要求され，以後，規制緩和・市場開放が進められた。

▶▶▶時事正誤チェック 正解［×］「垂直的分業」ではなく，「水平的分業」である。1990年代以降，海外から工業製品（部品・繊維品など）を輸入し，海外へ工業製品（加工組立品など）を輸出する「水平的分業」の貿易構造となっている。

41 外国為替のしくみと国際収支

➡P.128・129

Ⓐ ①為替 ②為替手形 ③外国為替手形 ④レート ⑤外国為替市場 ⑥変動為替相場 ⑦高 ⑧安 ⑨赤 ⑩輸入 ⑪為替介入 ⑫高 ⑬100 ⑭下がり ⑮増加 ⑯200 ⑰100 ⑱2 ⑲上がり ⑳減少 ㉑増加 ㉒増加 ㉓赤字 ㉔安 ㉕安 ㉖高 ㉗国際収支 ㉘黒字 ㉙赤字 ㉚経常 ㉛金融 ㉜資本移転等 ㉝貿易 ㉞サービス ㉟第一次所得 ㊱第二次所得 ㊲直接 ㊳証券 ㊴貿易 ㊵黒字 ㊶赤字 ㊷サービス ㊸第二次所得 ㊹金融

Ⓑ **1** ❶ ①経常 ②貿易・サービス ③第二次所得 ④金融
❷ A(オ) B(ウ) C(イ)

【解説】 **1** ❶ 経常収支は貿易収支（輸出－輸入），サービス収支，第一次所得収支，第二次所得収支の合計。金融収支は投資行為である直接投資・証券投資・金融派生商品・その他投資と外貨準備の合計。日本の国際収支は，伝統的に，貿易収支と第一次所得収支の大幅な黒字であったが，東日本大震災の影響で，2011年，日本の貿易収支は48年ぶりに赤字となり，2014年まで拡大した。原油の値下がりにより2016年には黒字化されたが，2022年は資源価格の高騰や円安の影響により過去最大の赤字拡大となった。金融収支は，資金を海外に投資（流出）することで海外資産が増えるので黒字（プラス）で示すのが特徴となっており，貿易などで稼いだお金を資本輸出というかたちで海外に投資してきた。

❷ A．中国への日本企業の進出はわが国にとって金融収支（直接投資）にカウントされる。この場合，海外資産が増えているので黒字（プラス）となる。よって(オ)。わが国は，1970年代前半から海外直接投資が拡大した。さらに1980年代後半から円高を背景に貿易摩擦を回避するための海外直接投資が急増した。B．日本企業の海外投資に対する収益であり，第一次所得収支に該当する。よって(ウ)。C．外国人が日本に来て使ったお金は，わが国のサービス収支の黒字（プラス）となる。よって(イ)。

42 戦後国際経済の枠組みと変化

➡P.130・131

Ⓐ ①ブロック ②自由貿易 ③ブレトンウッズ（ブレトン・ウッズ） ④GATT ⑤IMF ⑥IBRD ⑦基軸 ⑧固定 ⑨金 ⑩自由 ⑪無差別 ⑫多角 ⑬数量制限 ⑭関税 ⑮最恵国 ⑯ラウンド ⑰東京 ⑱非関税 ⑲ウルグアイ ⑳サービス ㉑知的所有権（知的財産権） ㉒農産物 ㉓WTO ㉔セーフガード ㉕赤字 ㉖ドル ㉗SDR ㉘ニクソン ㉙変動 ㉚スミソニアン ㉛グローバル・スタンダード ㉜アジア通貨 ㉝世界金融

Ⓑ **1** ①自由 ②無差別 ③多角 ④ウルグアイ ⑤特恵関税 ⑥セーフガード（緊急輸入制限，輸入制限措置）

2 ①ブレトンウッズ（ブレトン・ウッズ）
②スミソニアン　③キングストン　④ニクソン
⑤プラザ　⑥ルーブル　⑦サブプライムローン
⑧東日本大震災　⑨デフォルト　⑩欧州財政危機

【解説】 **1** GATTの三原則は，①自由・②無差別・③多角。GATTは④ウルグアイ・ラウンドでの決定で常設された多国間通商紛争処理システムであるWTO（世界貿易機関）に発展的に吸収されている。GATT（WTO）三原則の例外は，先進国の発展途上国に対する関税上の優遇措置である⑤特恵関税，自国経済を保護する緊急の必要がある場合に認められる⑥セーフガード，農産物などを事実上WTOの枠外に置いて輸入制限を行う残存輸入制限などがある。

2 旧IMF体制（①ブレトンウッズ体制）は，金ドル本位制ともいわれるように，金に交換しうる外貨（ドル）を基準に，各国通貨の価値を定める制度。金１オンス（約31g）＝35ドルという金公定価格を設定してドルを基軸通貨とし，１ドル＝360円という固定為替相場制を採用した。しかし，1950年代後半以降，アメリカ経済の信用は失われはじめ，それがドル不安を招き，ドルを金に交換するゴールドラッシュが発生した（1960・1967～68）。そのため，1971年８月，ニクソン大統領（米）は，ドルと金の交換を停止した（④ニクソン声明）。これによって（旧）IMF体制（固定為替相場制）は，事実上崩壊した。1971年12月，②スミソニアン協定により，ドル切下げによる固定為替相場制復帰が図られたが，73年には各国は変動為替相場制に移行した。変動為替相場制への移行は1976年の③キングストン合意で追認された。これが現在のIMF体制（キングストン体制）である。事実上は，⑤プラザ合意，⑥ルーブル合意のようにＧ５・Ｇ７の話し合いによる協調介入でレート誘導を行っていることから，俗に管理フロート制とも呼ばれる。⑦⑧⑨サブプライムローン問題は2007年から表面化し，2008年９月にリーマンブラザーズが経営破綻に陥り，世界的金融危機が起こった。また，2011年３月の東日本大震災に乗じた投機や，アメリカ国債に対するデフォルトの不安などから，円高傾向が続いたため，2012年12月に発足した安倍内閣は大胆な金融緩和で円高是正の政策を実施した。

43 地域的経済統合

➡P.132・133

A ①IMF-GATT　②関税　③地域　④EU
⑤関税　⑥ECSC　⑦EEC　⑧EURATOM
⑨EC　⑩関税　⑪市場　⑫マーストリヒト
⑬EU　⑭EURO　⑮イギリス　⑯EFTA
⑰カナダ　⑱NAFTA　⑲ブラジル
⑳MERCOSUR　㉑ASEAN　㉒APEC　㉓TPP
㉔RCEP　㉕BRICS　㉖中国　㉗AIIB　㉘FTA
㉙経済連携協定

B **1** ①EU　②APEC　③USMCA
④MERCOSUR
2 ①EU　②USMCA　③日本　④ASEAN

EU加盟国一覧（27か国）　2023年７月現在

ドイツ・フランス・イタリア・オランダ・ベルギー・ルクセンブルク・デンマーク・**ポルトガル・アイルランド・ギリシャ・スペイン・オーストリア・フィンランド**・スウェーデン・ハンガリー・チェコ・**スロバキア**・ポーランド・**エストニア・ラトビア・リトアニア・スロベニア・キプロス・マルタ**・ブルガリア・ルーマニア・**クロアチア**　★**太字**はユーロ導入国

※イギリスは，2016年６月に国民投票でEU離脱が過半数を占めたものの，イギリス議会の承認が難航し，2020年１月末に正式に離脱した。2023年７月にはCPTPP（TPP11）加入のための議定書への署名に至っている。

日本の経済連携協定（EPA）締結状況　2023年７月現在

【発効済】 シンガポール，メキシコ，マレーシア，チリ，インドネシア，タイ，ブルネイ，フィリピン，ASEAN，スイス，ベトナム，インド，ペルー，オーストラリア，モンゴル，CPTPP，EU，イギリス，RCEP

※アメリカとは2020年１月に日米貿易協定，日米デジタル貿易協定を発効。これは事実上のFTAと指摘されている。

【解説】 **1** ①EUは域内の市場統合，通貨統合を完了し，経済政策統合の後には外交・政治統合をめざす。2004年に東欧諸国10か国が加盟して25か国，2007年にブルガリア，ルーマニア，2013年にクロアチアが加盟して28か国となった。2023年７月現在27か国である。2016年６月，イギリスが国民投票によりEU離脱を決定。2020年１月末に正式に離脱を実現した。②APECは，当初アジア太平洋地域の経済協力のみを目指したが，1994年のボゴール宣言で先進国は2010年までに，途上国は2020年までに域内貿易・投資の自由化を行うことを目標として定めた。③USMCAはアメリカ，メキシコ，カナダの３か国で2020年７月に発効した貿易協定である。④MERCOSURは，ブラジル，アルゼンチン，ウルグアイ，パラグアイの中南米４か国で発足した共同市場。

2 日本は人口をみると③とわかる。人口の割にGDPが大きい。①EU。ヨーロッパの主要国を含む多数の国で構成されるため，貿易額は非常に大きい。②GDPの大きさ，輸入超過ということからUSMCAであると推測する。④ASEANは東南アジア地域10か国で構成されるため，人口は多いが，その割にGDPや貿易額は小さい。

▶▶▶時事正誤チェック ①**正解［○］** 経済連携協定（EPA）は自由貿易協定（FTA）を中核に資本移動・労働力移動の自由化などを含めた協定である。2008年に発効した日本・フィリピン経済連携協定では，わが国の資格試験に合格した介護福祉士や看護師の受け入れなども含まれている。
②**正解［×］** 1995年にWTO（世界貿易機関）が発足したが，ドーハ・ラウンド（2001〜）は交渉決裂が重なり停止状態である。一方，経済連携協定（EPA）・自由貿易協定（FTA）を２国間ないし地域間で結び貿易自由化を目指す動きが活発化している。

44 南北問題と日本の役割 ➲P.134・135

A ①南北問題　②一次産品　③モノカルチャー　④垂直　⑤水平　⑥交易　⑦石油危機　⑧南南問題　⑨NIES（NIEs）　⑩輸出志向　⑪デフォルト　⑫リスケジューリング　⑬LDC　⑭FAO　⑮WFP　⑯UNCTAD　⑰プレビッシュ　⑱特恵関税　⑲OECD　⑳DAC　㉑UNDP　㉒人間開発指数　㉓資源ナショナリズム　㉔NIEO　㉕ミレニアム開発目標　㉖持続可能な開発目標　㉗マイクロクレジット　㉘フェアトレード　㉙ODA　㉚贈与　㉛NGO　㉜開発協力大綱

B **1** ①援助　②貿易　③1　④0.7　⑤新国際経済秩序　⑥失われた
2 問題点（例）・贈与の比率が低いこと。
・実績額が対GNI目標値の0.7%に達していないこと。

【解説】**1** 1964年に設置された国連貿易開発会議で出されたプレビッシュ報告では，ひもつき援助ではなく貿易を拡大するというスローガン（「援助より貿易を」）とともに，援助目標を先進国の国民所得（後にGNP）の１％に設定した。その後スローガンは「援助も貿易も」となり，１％援助の内訳として，援助条件のゆるやかな政府開発援助（ODA）をGNPの0.7%にする目標が掲げられた。
2 わが国は他のDAC諸国の平均と比較すると贈与比率が低く，平均に達していない。またDAC加盟国のODAの実績を見ると，わが国はODA額ではアメリカなどとともに上位であるが，ODA目標のGNI（GNP）比0.7%にはほど遠い。なお，GNI（国民総所得）はGNPを分配面からみたもので等価である。

▶▶▶時事正誤チェック ①**正解［×］** 2015年２月の「開発協力大綱」では，従来のODA大綱と同じく途上国のインフラ整備，貧困解消目的の支援を認める一方，日本の安全保障・経済上の「国益」につながる支援を重視すること，他国軍に対しても軍事目的以外の民生目的・災害救助の支援を認めることなどを表明した。
②**正解［○］** 貧困層に対して小口（マイクロ）の融資（ファイナンス）を行うことをマイクロファイナンスという。バングラデシュでムハマド・ユヌスが創設したグラミン銀行が有名で，2006年にノーベル平和賞を受賞した。グラミン銀行のマイクロファイナンスのように，福祉や教育，環境，貧困など社会的課題を解決する一方で，企業としての収益活動も兼ね備えた事業や組織を「社会的企業（ソーシャルビジネス）」という。

特別講座　経済特別講座③
国際収支 ➲P.136・137

【練習問題】①×　②○　③○　④○　⑤×

【解説】①誤り。輸出の対価を受け取るので，貿易収支はプラスとなる。②正しい。観光客が日本で支払ったお金は，日本のサービス収支の受け取りである。③正しい。特許使用料はサービス収支に含まれる。④正しい。新統計では，日本人が海外に保有する金融資産が増えるのでプラスとなる点に注意せよ。旧統計では海外への投資は，お金が出ていくことなので，資本収支（投資収支）のマイナスとなったが，2014年からの新統計では符号が逆になった（新統計の金融収支では，海外純資産（資産－負債）の増加はプラスとカウントする）。⑤誤り。お金が出ていくので，マイナスである。

特別講座　経済特別講座④
円高・円安 ➲P.138・139

【練習問題】**1** ①円高　②円安　③円高　④円安　⑤円安　⑥円安　⑦円高
パターン3 ①円高　②売り　③買い　④円安　⑤売り　⑥買い
【練習問題】**2** ③，⑥

【解説】【練習問題】**1** ①貿易黒字拡大分，ドル売り・円買いが増加する。よって円高。②海外旅行のため，円からドルへ換金が増大。よってドル高＝円安。③日本での投資のため，円の需要が増大。よって円高。④海外での投資のため，円を売ってドルを買う動きが増大。円安。⑤アメリカ国内での株購入のため，ドルの需要が増大。円安。⑥金利の差をねらって，アメリカドルの需要が増大。円安。⑦アメリカで日本の安い製品を輸入する動きが拡大し，円の需要が増大。円高。
【練習問題】**2** ①誤り。円高になると，外国企業が日本企業を買収する際の買収金額が高くなるため，むしろ減少する。②誤り。円高になると，日本企業が国内で生産する商品のドル建て金額が高くなるため，国際競争力は落ち輸出が減少する。③正しい。このため円高時は日本企業による海外資産の買収が増加する。④誤り。円高になると，輸入品の価格は下落する。⑤誤り。円安＝ドル高なので日本企業がアメリカに進出するには多くの円が必要となり，海外企業進出に要する円の投資コストは値上がりする。よって，製造工場を国外に移す動機は弱まるであろう。⑥正しい。円安により輸入原料に支払う円は増加する。すなわち，輸入原材料が値上がりすることから，日本の生産者にとってコスト高となる。

用語チェック ➲P.140−142

40 ❶水平貿易　❷垂直貿易　❸リカード　❹比較生産費説　❺自由貿易　❻特化　❼保護貿易　❽リスト　❾関税　❿非関税障壁
41 ❶為替　❷外国為替　❸円安・ドル高　❹15,000ドル　❺円高　❻円安　❼金・ドル本位制　❽固定為替相場制（固定相場制）　❾変動為替相場制（変動相場制）　❿日米構造協議　⓫不利になる　⓬赤字となる傾向　⓭国際収支　⓮貿易収支

⑮サービス収支　⑯第一次所得収支　⑰第二次所得収支　⑱経常収支　⑲金融収支

42 ❶ブロック経済　❷GATT（関税と貿易に関する一般協定，関税および貿易に関する一般協定）　❸自由（自由貿易）　❹無差別（最恵国待遇）　❺多角　❻IMF（国際通貨基金）　❼IBRD（国際復興開発銀行）　❽ブレトンウッズ協定（ブレトン・ウッズ協定）　❾基軸通貨　❿多角的貿易交渉（ラウンド）　⓫東京ラウンド　⓬ウルグアイ・ラウンド　⓭米　⓮WTO（世界貿易機関）　⓯セーフガード（緊急輸入制限，輸出制限措置）　⓰ニクソン・ショック　⓱特別引出権（SDR）　⓲スミソニアン協定　⓳アジア通貨危機　⓴世界金融危機

43 ❶ECSC（欧州石炭鉄鋼共同体）　❷EEC（欧州経済共同体）　❸EURATOM（欧州原子力共同体）　❹EC（欧州共同体）　❺関税同盟　❻マーストリヒト条約　❼EU（欧州連合）　❽ユーロ（EURO）　❾USMCA（米国・メキシコ・カナダ協定）　❿MERCOSUR（南米南部共同市場，南米共同市場）　⓫ASEAN（東南アジア諸国連合）　⓬APEC（アジア太平洋経済協力）　⓭経済連携協定（EPA）　⓮TPP（環太平洋パートナーシップ，環太平洋経済連携協定）　⓯RCEP（地域的な包括的経済連携協定）

44 ❶南北問題　❷絶対的貧困層　❸モノカルチャー経済　❹交易条件　❺UNCTAD（国連貿易開発会議）　❻資源ナショナリズム　❼NIEO（新国際経済秩序）　❽ODA（政府開発援助）　❾OECD（経済協力開発機構）　❿DAC（開発援助委員会）　⓫南南問題　⓬累積債務問題　⓭青年海外協力隊　⓮LDC（後発発展途上国）　⓯NIES（NIEs，新興工業経済地域）　⓰持続可能な開発目標（SDGs）

記述でチェック（例）先進国が工業製品を，発展途上国が一次産品を輸出する垂直的分業が固定化され，一次産品の価格が下落して交易条件が悪化したため。(61字)

実戦問題

➡P.143−145

1 **問1**　1グローバル　2自由

問2　考え方　比較生産費説　経済学者名　リカード

問3　A関税　B非関税

問4　(1)Aサービス　Bマイナス　(2)C金融　Dプラス　(3)E第一次所得　Fプラス　(4)G第二次所得　Hマイナス

問5　(1)円高　(2)円安　(3)円安

問6　(1)IMF（国際通貨基金）　(2)A固定為替相場　B変動為替相場

問7　（例）全ての加盟国に対して関税を等しく適用するWTOの多国間交渉が，先進国と途上国の間でまとまらなくなっているため。

【解説】 **問1**　1　航空・海上輸送，情報通信網の拡大とともに，ヒト・モノ・カネ・サービス・情報が国境を越えて活発に移動していくようになったこと。2　自由貿易の原理は，世界全体の利益につながるものとして期待されたが，発展途上国などからは反発も生まれている。

問2　リカードは比較生産費説によって，自由貿易論を基礎づけた。

問3　A．関税障壁とは，保護関税を輸入品に課すことをいう。B．非関税障壁は，関税以外の壁を作ること。つまり，輸入数量制限，輸入課徴金のほか，検疫強化などの輸入手続煩雑化がある。

問4　(1)日本から海外旅行に行けばお金が海外に流出するので，サービス収支のマイナス要因となる。(2)日本企業の海外進出は，現地で工場を建てたり雇用をしたりして，資金が日本から流出することから，旧統計では投資収支のマイナス要因であったが，2014年からの新統計では，海外に保有する資産が増えるので金融収支のプラスと表記されることになった。(3)日本人が海外から利子・配当を受け取ると，お金が日本に流入するので，第一次所得収支（旧統計の所得収支）のプラス要因となる。(4)発展途上国への資金や消費財の援助は，お金が日本から流出するので第二次所得収支（旧統計の経常移転収支）のマイナス要因となる。

問5　(1)日本の輸出が増えれば輸入国では日本への支払いのための円が必要となり，ドルを売り円を買う。よって円は高くなる。(2)日本からの海外投資が増えれば，日本企業はドルが必要となり，円を売り，ドルを買う。よって円安となる。(3)アメリカの金利が高くなると，日本の銀行からアメリカの銀行へ預金しようとして，円を売ってドルが買われる。よって円安となる。

問6　(1)IMFは，円・ドル交換などの為替の自由化と安定化を図り，自由貿易を支払い面から支えてきた。

(2)

～71. 8	固定為替相場制（ブレトンウッズ体制）
1971. 8～71. 12	一時変動為替相場制
1971. 12～73	再び固定為替相場制
1973年以降	各国が相次いで変動為替相場制に移行

問7　2001年に始まったドーハ・ラウンドは，現在160近くの国が加入していることから，関税上限設定や高率関税品の関税大幅引き下げや環境と貿易の共生ルールなどで対立が発生し，交渉が行き詰まり，合意に達していない。

2 **問1**　③　**問2**　①　**問3**　④　**問4**　①　**問5**　④

【解説】 **問1**　正解③

③正しい。資本の自由化により，大量の資金が各国の株式や為替へ投資されて，株価や為替レートが短期的に大幅に変動するおそれがある。1997年のアジア通貨危機もヘッジファンドによる投機によって起きたと言われている。①誤り。サービス貿易の国際ルール化は，OECDでなくGATT（現在のWTO）のウルグアイ・ラウンド（1986～94年）で話し合われた。②誤り。投資先の国ではなく，投資を行う国の国内産業を空洞化させるおそれがある。④誤

り。EPA締結国間で貿易及び資本・労働力移動の自由化を促進することを目指している。域外からの輸入制限や投資制限が目的ではない。

問2　正解①

①正しい。日本で考えれば，自国通貨すなわち円高を是正するためには，日銀が外国為替市場で円売り・ドル買いの介入を行うことから，日銀が保有するドルの量が増加し，外貨準備は増加する。②誤り。円高＝ドル安であるから，日本からの輸出品はアメリカではドル支払いで値上りする。よって，輸出に不利となる。輸出を促進する要因とはならない。③誤り。日本の貿易収支黒字は円高要因である。日本にドルで支払いがあるケースで考えれば，ドルが円に交換されることになるのでドル売り・円買いが行われ，円高となる。④誤り。日本への資本流入が資本流出を上回る場合，ドルが日本に流入し，円で投資されるため，ドル売り・円買いが行われる。よって円高要因となる。

問3　正解④

④誤り。1973年に変動為替相場制に移行した後，１ドル＝360円時代と比べると日本経済の実勢を反映して円高が進行したが，輸出は増大し，経常収支の黒字は拡大していった。①正しい。変動為替相場制は，外国為替市場における各国通貨の需要・供給関係によってレート（交換比率）が決まるので経済力の変化がレートに反映しやすいが，投機的な通貨の売買によってレートが不安定になりやすい。②正しい。変動為替相場制の下でも各国政府はレート調整のため，しばしば為替介入を行う。③正しい。1949年から1971年のニクソン声明まで１ドル＝360円の固定為替相場制が続いた。ニクソン声明後一時変動為替相場制へ移行するが，すぐにスミソニアン合意によって１ドル＝308円の固定為替相場制に復帰した。スミソニアン合意以前の固定為替相場制は360円である。

問4　正解①

①不適当。日本政府は原則として数値目標設定や輸入企業に対する補助金政策は行っていない。②正しい。プラザ合意の後，協調介入が行われ，円高・ドル安の方向に進んだ。③正しい。先進国は協調して為替相場に介入し，ドル高の是正を図った。④正しい。日米間の貿易不均衡是正のため，円高・ドル安を誘導したのである。

問5　正解④

④正しい。2016年６月イギリスの国民投票でEUからの離脱が決定すると，世界経済が混乱し，世界的不況に陥るとの懸念から世界全体の株価は下落傾向を示し，日本の株価も一時的に急落した。①誤り。わが国が戦後初めて実質マイナス成長を記録したのは第１次石油危機後の1974年である。②誤り。開発途上国の一部に累積債務が発生した原因は途上国が輸出する一次産品が安く買いたたかれたためである。③誤り。アジア通貨危機は1997年７月のタイの通貨バーツの暴落がきっかけである。

チェック　**アジア通貨危機**（1997年）

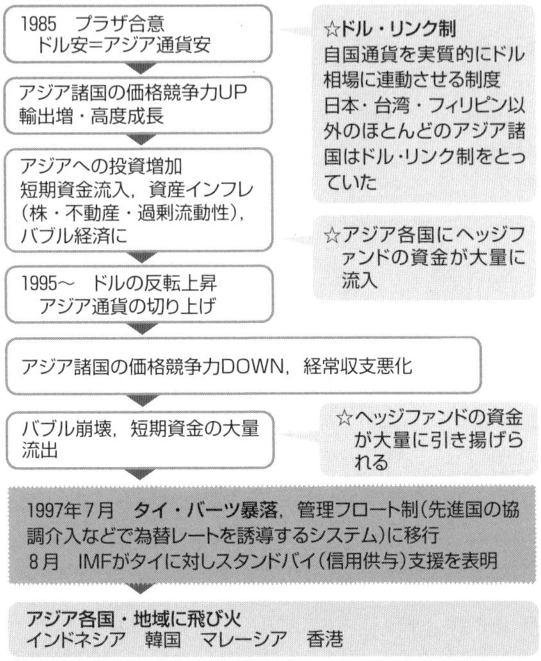

1985　プラザ合意
ドル安＝アジア通貨安
↓
アジア諸国の価格競争力UP
輸出増・高度成長
↓
アジアへの投資増加
短期資金流入，資産インフレ
（株・不動産・過剰流動性），
バブル経済に
↓
1995～　ドルの反転上昇
アジア通貨の切り上げ
↓
アジア諸国の価格競争力DOWN，経常収支悪化
↓
バブル崩壊，短期資金の大量流出
↓
1997年７月　**タイ・バーツ暴落**，管理フロート制（先進国の協調介入などで為替レートを誘導するシステム）に移行
８月　IMFがタイに対しスタンドバイ（信用供与）支援を表明
↓
アジア各国・地域に飛び火
インドネシア　韓国　マレーシア　香港

☆**ドル・リンク制**
自国通貨を実質的にドル相場に連動させる制度
日本・台湾・フィリピン以外のほとんどのアジア諸国はドル・リンク制をとっていた

☆アジア各国にヘッジファンドの資金が大量に流入

☆ヘッジファンドの資金が大量に引き揚げられる

3　**問1**　⑤　**問2**　④　**問3**　②　**問4**　②

【解説】　問1　正解⑤

ア　CO_2排出量世界１位は中国。2016年のGDPが2000年水準の９倍と記載があることから，Ａは中国と判断する。

イ　2012年にWTO加盟はロシア。GDPが2000年水準の約８倍になった後，2016年は５倍未満になったと記載があることから，Ｂはロシアと判断する。

ウ　国連環境開発会議，いわゆる地球サミットを1992年に開催したのはブラジル。2001～03年は2000年水準より下回っていることから，Ｃはブラジルと判断する。

以上から⑤が正解である。

問2　正解④

④正しい。日本はODAの金額でみると1991年から2000年まで，複数の年で世界１位（2000年は約135億ドル）であった。しかし，小泉内閣のODA削減方針により，2001年には約98億ドルに減少し，アメリカに次いで世界２位となり，2007年日本のODA総額は仏，独に抜かれ世界５位となった。①ODAには二国間援助のみならず，国際機関を通じた多国間援助もあり，日本は両方実施している。②ODAには，無償の援助（贈与）以外に低利子の融資（円での貸し付け＝円借款）も含まれる。③ODA支出額の対GNI比は0.3％程度にとどまっており，国際目標の0.7％は達成していない。

問3　正解②

②正しい。関税以外の手段により貿易を制限することを非関税障壁といい，輸入品の検査の厳格化，排出ガス規制，国産品の優遇などの手段がある。①誤り。垂直貿易が正しい。水平貿易は先進国どうしの工業製品の貿易。③誤

り。日本の貿易収支が黒字となると，外貨を円に交換する需要が高くなるため，円は高くなる。④誤り。1993年のウルグアイ・ラウンドでコメ（米）の部分開放が合意された。

問4　正解②

②不適当。ASEAN域内での関税撤廃を目指した組織は，ASEAN自由貿易地域（AFTA）である。ASEAN地域フォーラム（ARF）は安全保障問題に関する対話と協力を目的としている。①適当。欧州中央銀行（ECB）はユーロ紙幣発行を認可する独占的な権限をもち，ユーロ圏における統一的な金融政策を担っている。③適当。TPPはオバマ政権の下で手続きが進められていたが，トランプ政権の下，保護主義政策への転換が行われ交渉を離脱した。続くバイデン政権ではTPPに代わる経済圏として「インド太平洋経済枠組み（IPEF）」の設立が表明された。④適当。関税同盟は，域内における関税などの通商上の制限をすべての貿易において取り除くという点ではFTA（自由貿易協定）と共通しているが，参加国が対外的に共通関税を設定する点がFTAとは異なる。

特別講座

複数資料読解問題④　国際経済・国際政治

➡P.146・147

1　問1　④　　問2　①　　問3　d②　　e④

【解説】　問1　正解④

図1について，A国は，テレビ，小麦ともB国より少ない費用で生産が可能な状態を表している。これを絶対優位という。また，A国は，テレビの生産の方が得意（比較優位）であり，B国は，小麦の生産の方が得意である。このことから，A国では小麦の生産の費用をテレビの生産費用にまわし，B国ではテレビの生産費用を小麦の生産費用にまわす（特化）と，両国が生産する合計はテレビも小麦も増えることになる。

問2　正解①

保護貿易では，自国の産業を守るために，輸入品に関税をかけたり，輸入量を減らしたりする。そうすると，安くて高品質の製品が輸入されなくなる。

問3　正解　d②　　e④

図3について，自由貿易が行われた場合，国際価格が安いため需要量が増え（C→A），国内の供給量が減る（C→E）。したがって，輸入量はA－Eとなる。関税がかけられた場合，自由貿易が行われていたときよりも需要量が減り（A→B），供給量が増える（E→D）ので，輸入量はB－Dとなる。

2　問1　①　　問2　③

【解説】　問1　正解①

安全保障理事会の5つの常任理事国（アメリカ合衆国，ロシア連邦，イギリス，フランス，中華人民共和国）には拒否権が認められており，1国でも反対すると採択できない（大国一致の原則)。ただし，常任理事国が棄権した場合は，拒否権の効果はない。

問2　正解③

③正しい。**資料3**から，「賛成」「どちらかといえば賛成」と答えた人の割合は，88.1%と約9割であることがわかる。また，**資料4**から，そのうちの25.3%が「非核保有国で平和主義を理念としている日本が加わることが世界の平和に役立つ」としている。①誤り。**資料3**から，「賛成」「どちらかといえば賛成」の割合は，60～69歳（91.0%）についで40～49歳（90.4%）が高い。②誤り。**資料3**から，「反対」「どちらかといえば反対」の割合は，60歳以上の世代でも1割に満たない。④誤り。**資料4**から，「反対」「どちらかといえば反対」と答えた理由について，「国連に対し，これまで以上の財政的負担を負わなければならなくなる」が23.5%あることから，「反対」「どちらかといえば反対」と答えた人の半数が財政的負担を理由にしているとはいえない。

9 私たちの課題

45 地球環境問題

➡P.148・149

A ①化石燃料 ②温室効果 ③地球温暖化 ④フロン ⑤オゾン層 ⑥モントリオール ⑦気候変動枠組み ⑧京都議定書 ⑨パリ協定 ⑩2 ⑪窒素酸化物 ⑫酸性雨 ⑬森林 ⑭持続可能 ⑮砂漠化 ⑯砂漠化対処 ⑰国連海洋法 ⑱マイクロプラスチック ⑲ラムサール ⑳かけがえのない地球 ㉑国連人間環境 ㉒国連環境計画 ㉓国連環境開発 ㉔持続可能な開発

B **1** ①オゾン層の破壊 ②地球温暖化 ③酸性雨 ④森林の減少 ⑤砂漠化
2 ①人間環境 ②かけがえのない ③オゾン層 ④モントリオール ⑤環境開発 ⑥リオ ⑦持続可能 ⑧気候変動枠組み ⑨アメリカ ⑩ロシア

【解説】 **1** ①フロンは，オゾン層破壊の原因物質。②二酸化炭素やフロンなどは地球温暖化の原因物質。③硫黄酸化物と窒素酸化物は酸性雨の原因物質。④森林の減少の原因は，木材の生産や焼畑耕作・過放牧などである。特に減少の著しい熱帯林は，生物種の宝庫といわれており，破壊にともなって貴重な野生生物種が失われている。⑤過放牧や過耕作によって砂漠化が進んでいる。

2 ①国連人間環境会議の開催日となった6月5日は，「環境の日」として記念日になっている。④フロンガスはオゾン層を破壊するだけではなく，強い温室効果をもっており，中には二酸化炭素の1万倍もの温室効果を有するものもある。⑤国連環境開発会議以後，10年ごとに地球環境問題に関する国際会議が開かれており，最近では2012年にリオデジャネイロで開かれている。

▶▶▶時事正誤チェック 正解［○］ IPCCは，気候変動に関する政府間パネルの略称であり，国連環境計画と世界気象機関の呼びかけで設立された。

46 資源・エネルギー問題

➡P.150・151

A ①一次 ②二次 ③産業 ④エネルギー ⑤高度経済成長 ⑥石油危機 ⑦枯渇性 ⑧可採 ⑨レアメタル ⑩シェール ⑪恒久主権 ⑫資源ナショナリズム ⑬OPEC ⑭国連資源特別総会 ⑮新国際経済秩序 ⑯原油 ⑰ウラン ⑱原子力 ⑲放射性 ⑳東京電力福島 ㉑再生可能 ㉒固定価格買取 ㉓スマートグリッド ㉔コージェネレーション（コジェネレーション）

B **1** ①石炭 ②石油 ③天然ガス ④水力
2 ①アメリカ ②ドイツ ③フランス
3 ①需要 ②サブプライムローン ③ヘッジファンド

【解説】 **1** 1960年代にエネルギー革命が進み，石炭から石油へと転換が起こった。よって1960年と1970年を比較して，①が石炭，②が石油であると判断できる。1970年代，石油危機により脱石油化が進み，代わって原子力や天然ガスが増加した。よって③は天然ガスと判断できる。1960年から減少傾向にある④は水力。日本では，水力発電の開発は建設コストが高いうえに適地が少なくなり，限界に近づいている。

2 2010年時点では，わが国の原子力発電量は，アメリカ，フランスに次いで世界第3位で，総発電量の約25%を占めていたが，2011年以降は東京電力福島第一原発事故の影響で発電量は激減した。発電量比率でみるとアメリカは約19%，ドイツは約11%，フランスは約67%と，フランスの原子力発電依存度は極めて高い。

3 ①中国やインドといった人口の多い国で経済が発展すると，世界規模で原油の需要量が増える。これが，原油価格の上昇につながっている。②サブプライムローン問題によって株安とドル安が進むと，ドル資産の運用が停滞し，余剰資金が原油の市場へ流出した結果，原油価格が上昇した。③価格変動を利用して利益を上げようとするヘッジファンドにより，原油価格は乱高下している。

▶▶▶時事正誤チェック 正解［×］ 地下数千メートルに堆積する頁岩層（シェール層）から採掘される天然ガスのことをシェールガスという。これまで困難とされてきたシェールガスの採掘・増産が技術革新により可能となったことで，エネルギー環境に大きな影響を与えた（シェール革命。シェールガス革命とも）。なお，バイオマスは動植物などの生物資源によって生み出されるエネルギー源のことで，廃棄物系バイオマス（家畜排せつ物や食品廃棄物など），未利用バイオマス（間伐材，木くずなど），資源作物（さとうきび，とうもろこしなどを利用したバイオエタノールなど）がある。

47 科学技術の発達と生命倫理

➡P.152・153

A ①バイオテクノロジー ②バイオエシックス ③尊厳死 ④安楽死 ⑤QOL ⑥幸福追求 ⑦ホスピス ⑧インフォームド=コンセント ⑨出生前 ⑩人工 ⑪代理 ⑫性と生殖 ⑬臓器移植 ⑭脳死 ⑮15 ⑯年齢 ⑰ゲノム ⑱クローン ⑲遺伝子組み換え ⑳環境 ㉑人工知能 ㉒再生医療 ㉓iPS

B **1** ❶臓器移植法 ❷ドナー・カード ❸インフォームド=コンセント
2 ❶バイオエシックス ❷尊厳死 ❸リヴィング・ウィル ❹ホスピス

【解説】 **1** ❶の臓器移植法は，インフォームド=コンセントのほか，自己決定の尊重，公正さの確保などについても条文で定めている。これらは，いずれも，生命倫理（バイオエシックス）の立場から慎重に考えられなければならない問題である。

▶▶▶時事正誤チェック　**正解［○］**　2014年に加齢黄斑変性症の患者にiPS細胞由来の網膜色素上皮細胞のシートを移植する手術が行われ，2020年には心不全患者にiPS細胞から育てた心臓の細胞シートを移植する手術も行われている。また，将来の再生医療への備えとして，個人向けにiPS細胞を作って保管するビジネスも複数の民間企業で始まっている。

実戦問題

➡P.154・155

1　**問1**　1 地球サミット　　2 循環

問2　(1)臓器移植法　　(2)15歳未満

問3　(1)CO_2（二酸化炭素）

(2)異常気象による災害／海面上昇による島の水没／穀物生産の減少／生物の絶滅／重い感染症の流行など

(3)オゾン層の破壊

問4　(1)国連人間環境会議

(2)各国が自主的に温室効果ガスの削減目標を策定すること。

問5　③（1990年度）　A　　④（2020年度）　C

問6　（例）先進国ほど１人当たりの実質GDPが高く，先進国ほど一次エネルギーの消費量が増加する傾向が見られる。

【解説】　**問1**　1．ブラジルのリオデジャネイロにおいて開催された「環境と開発に関する国連会議」の略称。気候変動枠組み条約，生物多様性条約，環境と開発に関するリオ宣言，アジェンダ21などが採択された。2．循環型社会形成推進基本法においては，「天然資源の消費が抑制され，環境への負荷ができる限り低減された社会」が循環型社会と定義されている。

問2　(1)臓器移植法。臓器移植との関係では脳死を死と見なすことで死体からの臓器摘出を可能にした法律である。医師への殺人罪の適用を阻止している。家族の同意，経験のある医師２人の脳死認定などがその要件である。(2)1997年制定以来，15歳未満の子どもからの臓器提供を禁止してきた。そのため，国内で子どもへの移植ができず，海外で移植を受けざるをえない状態が続いてきた。2009年の法改正で15歳未満の子どもからの臓器提供が解禁された。

問3　(1)温室効果ガスにはCO_2（二酸化炭素），メタン，フロンなどがある。(2)温暖化によって，異常気象が発生して生態系のバランスが崩れたり，氷が解けて海面が上昇したりする。また未知の疫病の恐れもある。(3)フロン（冷蔵庫，クーラーの冷却剤，スプレーに使われていた）は，オゾン層に穴をあけてしまう。

問4　(1)1972年，ストックホルムで国連人間環境会議が開かれ，戦後初めて多国間で地球環境問題を話し合った。(2)2012年末に京都議定書は期限切れとなり，第一約束期間は完了した。2013年以降は京都議定書と同じ内容が実施される第二約束期間に入ったが，日本は強く反対したことから削減数値目標は免除されることになった。2020年以降の「ポスト京都議定書」にあたる国際枠組みは2015年のCOP21で採択され（「パリ協定」），2020年に発効した。「パリ協定」では，産業革命前からの気温上昇を２℃未満に抑えることを目標に，新興国を含む全ての国に目標の策定・報告等の義務が課せられた。しかし，目標達成は義務ではないことから，どの程度実効性があるか課題を残している。

京都議定書		パリ協定
先進国38か国・地域	削減対象国	新興国含む196か国
先進国は2008～12年の間に1990年比で約５％削減	全体の目標	産業革命前からの気温上昇を２℃未満に抑え，1.5℃未満に向けて努力
なし	長期目標	今世紀後半に温室効果ガスの排出量実質ゼロを目指す
各国政府間で交渉し決定	各国の削減目標	全ての国に目標作成・報告等を義務化。目標値は各国が設定。
あり（罰則あり）	目標達成義務	なし

問5　①（1965年度）がD，②（1973年度）がB，③（1990年度）がA，④（2020年度）がCである。1960年以降の水力発電の割合は低下傾向であるから，水力の割合が約４割と高いDのグラフが①（1965年度）である。Dは発電量の構成要素が少ないこと（水力，石炭，石油で９割超）も判断基準となる。1960年代はエネルギー革命が進み，エネルギーの主役が石炭から石油へと転換していった。Bのグラフは，石油が総発電量の約７割を占めているが，天然ガスや原子力による発電も約７％ある。水力による発電が17.2％と比較的高いことから②（1973年度）である。1970年代は２度の石油危機により石油に代わるエネルギーとして原子力や天然ガスが増加した。Aのグラフは，石油が26.5％と全体の４分の１である一方，原子力，天然ガスもそれぞれ同等の割合を占め，エネルギー源の多様化が見られることから③（1990年度）である。この時代は電力需要の増加を原子力や天然ガスで対応した。Cのグラフは，天然ガス等が全体の約４割を占め，新エネ等が約10％あることから④（2020年度）とわかる。震災後，原発停止による電力不足を補うため，天然ガスへの依存が高まった。

問6　１人当たりのGDPが高まると一次エネルギーの消費量が増加する傾向があり，中国やインドのような経済成長が著しい国は，今後，一次エネルギーの消費量が増加することが予想される。

2　**問1**　④　　**問2**　③　　**問3**　④　　**問4**　①，②　**問5**　②

【解説】　**問1**　**正解④**

④不適当。受精卵の胚から取り出す細胞はES細胞である。①適当。出生前診断の需要は高まっているが，胎児に異常があった場合，中絶を選択するケースが見られ，「生命の選別」につながると指摘されている。②適当。ヒトクローンの作製は，安全面，倫理面などにおいて多くの問題点があり，日本では2000年にクローン技術規制法により規

制されている。③適当。わが国でも代理母を規制する法律は整備されておらず，産科婦人科学会の会告によって自己規制されている。しかし，代理母によって生まれた子どもの法律上の親子関係については，最高裁は実際に子どもを生んだ母との関係であるとしている。

問2　正解③

③不適当。1992年にリオデジャネイロで開催された地球サミット（国連環境開発会議）のスローガンは「持続可能な開発」である。ラムサール条約は1971年にイランのラムサールで採択された「特に水鳥の生息地として国際的に重要な湿地に関する条約」であり，地球サミットで採択されていない。地球サミットで採択された条約は，「気候変動枠組み条約」と「生物多様性条約」の二つである。なお，「宇宙船地球号」は，経済学者ボールディングらによって用いられた言葉である。①適当。1972年に開催された国連人間環境会議のスローガンは「かけがえのない地球」であり，「人間環境宣言」が採択された。②適当。ピーター・シンガーは，著書『動物の解放』の中で「動物の権利」や菜食主義を述べた功利主義者である。④適当。ケニアの女性で環境保護活動家のワンガリ・マータイは，日本語の「もったいない」という言葉を用いて，環境保護を推進する３つのR（リデュース，リユース，リサイクル）の大切さを表現し，2004年にノーベル平和賞を受賞した。

問3　正解④

④誤り。気候変動枠組み条約のパリ協定は2015年に結ばれ，2020年以降の新しい枠組みを定めた。加盟各国に温室効果ガスの削減数値目標を設定することは断念し，全ての加盟国が自主的に削減計画を策定し，定期的に報告することが定められた。計画目標の達成が義務づけられた訳ではない。①正しい。国連環境計画（UNEP）は，1972年に国連総会の補助機関として設立された。②正しい。1997年，気候変動枠組み条約に関する第３回締約国会議（COP３）が開催され，京都議定書が採択された。温室効果ガスの排出削減目標が先進国に設定された。③正しい。国連持続可能な開発会議（リオ＋20）が，リオデジャネイロで開かれ，そこで示されたのが「グリーン経済」の推進である。

問4　正解①，②

①正しい。地熱は自然エネルギーであるが，可能な場所に限りがある。②正しい。風力エネルギーの発電装置設備も開発され，実用化が始まっている。③誤り。太陽光などのソーラーシステムは一つの施設で少量のエネルギー供給しかできない。④誤り。バイオマスは，生物エネルギーであり，廃材の燃焼などでエネルギーを得ようとするものである。捨てられていた廃熱を再利用するというものではない。

問5　正解②

②適当。生産者が自ら生産した製品が使用され廃棄された後においても，一定の責任を負うという考え方を「拡大生産者責任」という。生産者は使用済み製品を回収，リサイクルまたは廃棄し，その費用も負担することが義務づけられた。①不適当。循環型社会形成推進基本法では，１番目が発生抑制（リデュース），２番目が再使用（リユース），３番目が再生利用（リサイクル）の優先順位となっている。③不適当。1997年に容器包装リサイクル法，2001年に家電リサイクル法が施行された。④不適当。建設工事で使われた資材の再資源化を促進する法律としては，建設リサイクル法が2002年に施行されている。

特別講座

複数資料読解問題⑤　私たちの課題

➡P.156・157

1　問1　③　　問2　②

【解説】　問1　正解③

③不適当。**資料２**で，極端な降水（豪雨の増加）から出る矢印をたどっていくと，原子力発電効率の低下にはつながっていないことがわかる。①適当。**資料１**から世界の平均気温が上昇していることがわかり，**資料２**で気温の上昇から出る矢印をたどっていくと，湖沼や河川の水温の上昇，河川流量の減少，水資源の減少や生物多様性の低下につながることがわかる。②適当。**資料１**から海面水位が上昇していることがわかり，**資料２**で海面水位の上昇から出る矢印をたどっていくと，「人間生活」のところの水の安全保障の悪化，居住地の移動，紛争の激化などにつながることがわかる。④適当。**資料２**の「社会経済」のところのエネルギー需要の増加から，逆に矢印をたどっていくと，河川水質の悪化，洪水の増加，豪雨の増加とつながっていることがわかる。

問2　正解②

自助とは，災害に備えて自分でできることを考え，対策しておくことをいい，防災，減災の基本となる考え方である。共助とは，近所や地域全体で協力し，相互に助け合うという考え方である。公助とは，行政が災害発生に備えて防災に対する啓発や整備などを進めることである。

2　問1　②　　問2　④

【解説】　問1　正解②

SOL（生命の尊厳）とは，患者の生命を維持することに絶対的な価値を置く考え方である。**資料１**は，「自身の能力と判断に従って，患者に利すると思う治療法を選択し」とあることから，SOLの立場の資料と判断できる。QOL（生命の質）とは，患者の人生や生活の質に重点を置いた考え方である。**資料２**の緩和ケアは，QOLを改善するために行われている。

問2　正解④

④不適当。**資料３**から，日本はOPTING INの制度の国であり，本人が生前，臓器提供の意思表示をした場合，または家族が臓器提供に同意しない限り臓器提供はされない。**資料４**の「臓器提供の意思」に関する資料では，臓器を「提供したい」，「どちらかといえば提供したい」と回答した人の割合が４割程度であることから不適当である。①適当。**資料３**の中で100万人当たりの臓器提供数が最も多

いアメリカは，OPTING INの制度の国である。②適当。**資料３**で100万人当たりの臓器提供数を見ると，韓国は9.22人，日本は0.61人である。③適当。**資料４**の「臓器提供の意思表示について」の資料では，「すでに意思表示をしている」，「すでに意思表示したことを，家族または親しい人に話している」と回答している人の割合の合計は10.2％である。

大学入学共通テスト対策　解答

倫理

1 身体論　正解【 ⑤ 】

ア…『パイドン』の資料の「戦争も内乱も戦いも，みんな肉体とその欲望が起すものではないか」，朱子の資料の「人間は身体があるので，物欲でおおわれないわけにはいきません」より，空欄には「欲望」が入るとわかる。

イ…デカルトの資料における「私」とは，「考える私」であり，「私をして私たらしめるところの「精神」」である。その「私」は「いかなる物質的なものにも依存しない」，「物体から全然分かたれているもの」であるとしているので，空欄には「身体から独立して存在する実体」が入るとわかる。また，資料を読まなくてもデカルトの心身二元論を理解していれば答えを導くことができる。

ウ…メルロ-ポンティは現象学の立場から，身体は物体（客体）であると同時に意識（主体）でもあるととらえる身体論を展開し，デカルトの心身二元論の克服を図った。

エ…直前の「身体を機械と同じように扱って人の手を加えるならば，それは問題があると思う」という発言より，空欄には身体に人の手を加えることになる「遺伝子操作を行うこと」が入る。尊厳死は，回復の見込みのない患者に対して，延命措置をやめて自然な死を迎えさせることである。

2 認識論　正解【 ① 】

バークリーの言葉は**資料A**。事物が存在するのは，私たちがこれを知覚する限りにおいてであり，外的な物質世界の存在を否定した（「存在するとは知覚されることである」）。

Ⅰ…「砂漠の熱さみたいな外的な事物も自分の心が見出したものに過ぎないと考えた」というところから，全ての事物は，心によって生み出された表象にほかならないとする唯識思想と判断できる。

Ⅱ…デカルトとカントとが外的な事物の存在を認めているという記述より，デカルトおよびカントの記述が**資料C・資料D**のいずれかにしぼられる。**資料C**はカントの言葉。カントは，人間が認識できるものは物自体（対象そのもの）ではなく，感性の形式が捉えた素材を悟性によって整理・構成したものであるとした。デカルトの言う「延長」が量的な広がりであるということを理解していれば，それが純粋数学の対象だということが判断できる。なお「明断判明」というキーワードを知っていればデカルトの言葉が**資料D**だと判断できる。

Ⅲ…フッサールの言葉は**資料B**。フッサールは，私たちが「実在する」とみなしているものは，意識との関わりにおいて存在しているとし，そのような素朴な世界認識を判断停止（エポケー）し，意識に現れる現象をありのままに記述し考察する「現象学」を創始した。

3 キリスト教的道徳とルサンチマン　正解【 ⑦ 】

イエスの山上の垂訓は，「心の貧しい人々は，幸いである。天の国はその人たちのものだからである」との有名な言葉で知られている。これは，弱者の側に立ったイエスの教えである。よってaに入るのはイ。

一方，ニーチェは，19世紀末の実存主義の思想家であるが，『善悪の彼岸』『道徳の系譜』などの著作において，このキリスト教的道徳を批判している。この問題では，本文と会話文からニーチェがキリスト教的道徳を，どのように分析し，批判していたかを適切に読み取る必要がある。その論理は以下のように整理できる。まず，弱者の群れに，一人の強者がいたとする。弱者たちは，一人の強者を危険なものとして「悪」とみなし，一方，自分たちは安全な「善」と考える。これは「謙虚であれ」「優しくあれ」という道徳であるとも言えるが，別の見方をすると，一人の強者を弱者の群れが引きずり下ろす，ということでもあると言える。ニーチェはこれを「道徳における奴隷一揆」と呼んでいるのである。この時，価値判断は，まず弱者が強者を悪と決めつけ，その反対の自分たちを善と考えることによって行われている。よってbに入るのはウである。

4 アイデンティティ　正解【 ⑧ 】

ア…「ダンサーになることに疑問を感じたことはありません」とあるので，「危機」は経験していない。また，「毎日，練習に励んでいます」とあるので，「関与」はしていることから，Cである。

イ…「公務員には向いていないのではないかとずっと思っていました」とあるので，「危機」は経験している。また，「関与」はしていないので，Dである。

ウ…「進路に悩んで」いたから，「危機」は経験している。「地域活性化事業」について積極的に関わっているので，「関与」はしていることから，Aである。

エ…「将来について真剣に悩んで」いるので，「危機」は経験している。「関連する本を読んだり，ボランティアに参加したりする」とあるが，「自分が何をしたいのかが分かりません」とあり，将来につながるか分からないので「関与」は曖昧である。よってBである。

5 道徳的判断　正解【 ④ 】

④**適当**　「所有者を人として尊重」しようとして個人の尊厳にも目を向け，また，「自らの内面的な正義の基準」に照らしていることから，自らの良心の原理にも従っている。よって，レベル3であると言える。

①**不適当**　単に規則を守るだけでなく，他者の幸福や，普遍的な道理について考えているので，レベル3であると言える。

②**不適当**　単純な不快や罰を避けようとするのみなので，レベル1である。

③**不適当**　罰を避けようとするのみなので，レベル1である。

政治・経済

1 よりよい経済社会　　正解【 ⑩ 】

ア…生徒ｃの発言にある「1980年代以降のアメリカ，イギリス，日本などで行われた」政策とは，米レーガン政権，英サッチャー政権，日本の中曽根政権の新自由主義的な政策をさすのでＥが入る。

イ…アメリカが20世紀の前半，ケインズの主張に基づいたニューディール政策によって世界恐慌後の不況から脱却したため，その後，多くの国で政府が経済に積極的に介入するようになった。よってＡが入る。

ウ…生徒ｂの「各国が協力してうまく富裕層へ課税することができれば，格差の是正につながりそう」という発言からＢが入ると判断できる。

エ…生徒ａの「市場経済では効率的な資源配分が難しい」という発言からＦが入ると判断できる。

2 GDP　　正解　問1【 ② 】　問2【 ⑥ 】

問１　②が正解。(3)の小売店の売り上げのうち400万円はジュースの仕入れ代なので，これを引いて200万円。つまり，500万円＋200万円＋200万円＝900万円が各段階での付加価値の合計である。

問２　⑥が正解。**ア**は誤り。GNI＝GDP＋海外純所得（海外からの所得－海外への所得）なので，GDP＝GNI－海外純所得である。表の数字をあてはめると，GDPは550－（30－15）＝535兆円。**イ**は正しい。NNP＝GNI－固定資本減耗なので，550－100＝450兆円。**ウ**は誤り。NI＝NNP－（間接税－補助金）なので，450－（50－20）＝420兆円。

3 国際人権条約

正解　問1【 ③ 】　問2【 ① ② ③ ④ 】
　　　問3【 ③ 】

問１　Ａ，Ｃは正しい。Ａについて，ジェノサイド条約は締約国に対し，国内法による処罰を義務づけている。条約では集団殺害につながる共同謀議や扇動など実行者だけでなく協力者や扇動者も処罰対象で，日本の法体系では未整備な部分が多く，加盟しようとすれば大きな法改正が想定されるため批准には至っていない。なお，ジェノサイド条約の第１条には「締約国は，集団殺害が平時に行われるか戦時に行われるかを問わず，国際法上の犯罪であることを確認し，これを，防止し処罰することを約束する。」とあり，他国の集団殺害行為を防止し処罰するためには実質的に軍を送り制圧しなければならず，これが憲法第９条に抵触するため批准できないという学説上の見解もある。Ｂは誤り。「高校大学教育の無償化」の留保については，高校の授業料無償化等の措置を受けて，2012年に撤回された。Ｄも誤り。最高裁は，2015年に夫婦別姓を認めない民法と戸籍法の規定を合憲とする判決を下した。その後，「選択的夫婦別姓」の導入に賛成する人の割合が増えるなど国民の意識の変化がみられる中で注目された2021年の裁判でも，最高裁は夫婦別姓を認めない民法と戸籍法の規定を合憲とした。ただし，2021年の判決時の最高裁判事の中には，日本が「姓を選択する権利」を明記した女子差別撤廃条約を批准していることや，女子差別撤廃委員会から法改正の勧告を受けていること，さらに世界的な動向等を踏まえて「違憲」だとする反対意見もあった。

問２　①～④はいずれもこの条約で子どもの権利とされている。この条約では，生きる権利（すべての子どもの命が守られる権利），育つ権利（生まれつきもつ能力を十分にのばして成長できるよう，医療や教育，生活への支援などを受ける権利），守られる権利（暴力や搾取，有害な労働などから守られる権利），参加する権利（自由に意見を表明したり，団体を作ったりできる権利）の４つの権利を子どもにとって重要な権利としている。

問３　2016年に施行された障害者差別解消法では，合理的配慮は，国や自治体の法的義務，民間事業者の努力義務とされていたが，2021年に改正障害者差別解消法が成立し，民間事業者の合理的配慮の提供も法的義務とされるようになった。ただし，施行は公布から３年以内とされた。なお，障害者権利条約でも重視される合理的配慮は，障害者雇用促進法でも法的義務とされている。①，②，④はいずれも適当。

4 日本銀行の金融政策

正解　問1　ア【 ① 】イ【 ③ 】ウ【 ② 】
　　　問2　ア【 ① 】イ【 ② 】ウ【 ④ 】
　　　　　　エ【 ③ 】オ【 ⑥ 】カ【 ⑤ 】
　　　問3【 ③ 】

問１　日本銀行の金融政策とは，金融市場での金利の調整を通じて景気や物価の安定をはかることである。金利自由化以前は，日銀が金融機関に貸し出す際の金利である公定歩合が政策金利であり，市中金利は公定歩合に連動するよう規制されていた。しかし，1990年代に金利の自由化が進み市中金利に公定歩合が連動しなくなったため，政策金利は無担保コールレート（翌日物）に変更された。日銀は政策金利として役割を終えた公定歩合を，2006年に「基準割引率および基準貸付利率」に名称変更した。預金準備率操作は短期金融市場が発達した主要国では金融政策の手段としては利用されていない。

　グラフや統計の問題では，資料の読み取りができれば知識がなくても答えられる問題も出題されているが，一定の知識を必要とする問題もある。この設問では，日銀の金融政策の３つの手段とその変遷の知識からグラフを読み取る問題ともいえる。

問２　銀行は銀行どうしで資金の過不足を調整するため資金を貸し借りしている。担保なしで当日から翌日にかけての資金の貸し借りを翌日物の無担保コールレートといい，日銀の政策金利に位置づけられている。この金利が高くなると，銀行は資金を調達するコストが高くなるので，銀行の貸出金利も高くなる。日本銀行は景気が悪いときには，市中の金利を下げて経済活動が活発になるようこの無担保コールレートを下げようとする。無担保コールレートは，短期金融市場での資金の需要と供給によって決まる。無担保コールレートが高いということは，銀行に貸し出せる資金の余裕がないということであるので，日本銀行は銀行から国債などを買って銀行に資金を供給する。これが資金供給オペレーションであり，そうすると銀行は手持ちの資金が増えるから，他の銀行から資金を借りる必要が少なくなり結果的に無担保コールレートは下がる。金融政策のうち金利を下げるようなものを金融緩和といい，反対に金利を上げるようなものを金融引き締めという。【資料】の景気動向と金利のグラフからも読み取れる。

共通テストでは，図を使った問題がみられ，また，選択肢が多いのも特徴である。

問３ 「異次元金融緩和」と呼ばれる政策を行っても2020年時点では物価上昇率２％は達成されず，目標は変更されていない。

共通テストでは，近年の世の中の動きを中心とする問題も出題されているので，新聞などを読む習慣をつけ，最新の動向やそれに関わる統計表・グラフ等があれば目を通すようにしたい。

MEMO

年　組　番	
年　組　番	

A1XW